ÉTAT GÉNÉRAL DES TAPISSERIES

DE

LA MANUFACTURE DES GOBELINS

DEPUIS SON ORIGINE JUSQU'À NOS JOURS

1600-1900

PUBLIÉ

PAR M. MAURICE FENAILLE

LES ATELIERS PARISIENS

AU DIX-SEPTIÈME SIÈCLE

1601-1662

PARIS
IMPRIMERIE NATIONALE

LIBRAIRIE HACHETTE ET Cⁱᵉ

MDCCCCXXIII

ÉTAT GÉNÉRAL DES TAPISSERIES

LA MANUFACTURE DES GOBELINS

DEPUIS SON ORIGINE JUSQU'À NOS JOURS

1600-1900

ÉTAT GÉNÉRAL

DES TAPISSERIES

DE LA MANUFACTURE

DES GOBELINS

DEPUIS SON ORIGINE JUSQU'À NOS JOURS

1600-1900

PUBLIÉ

PAR M. MAURICE FENAILLE

PARIS

IMPRIMERIE NATIONALE

LIBRAIRIE HACHETTE ET Cⁱᵉ

MDCCCCXXIII

AVERTISSEMENT.

Ce volume comprend la description des tentures fabriquées dans les ateliers des artisans flamands appelés en France par le roi en 1601, pour y faire revivre l'art de la tapisserie, et installés faubourg Saint-Marcel et faubourg Saint-Germain, ateliers d'où sortira en 1662, renouvelée et agrandie, la Manufacture Royale des meubles de la Couronne.

Il y est également fait état des tentures sorties des autres ateliers parisiens, antérieurs comme ceux de la Trinité, et contemporains comme ceux du Louvre, ou exécutées par des tapissiers parisiens pour des particuliers en dehors de ces ateliers, en ville et même en province. Nous avons signalé, au début du volume, deux tentures qui furent tissées au XVI⁰ siècle sur les métiers du château de Fontainebleau, où François I⁰ⁿ avait organisé une première ébauche de Manufacture Royale de tapisseries.

Nous avons placé en tête du volume une notice de Jules Guiffrey sur les origines de la Manufacture des Gobelins, complétée par un choix de pièces justificatives, et nous l'avons fait suivre d'une note sur la topographie du bourg Saint-Marcel, habité pendant plusieurs siècles par des teinturiers et des tapissiers, et où s'installa ensuite la Manufacture Royale.

Les modèles des tapisseries du XVII⁰ siècle sont exécutés par des peintres qui, plus peut-être qu'à aucune autre époque, furent avant tout des décorateurs : Rubens, Poussin, Philippe de Champaigne, Sébastien Bourdon, Vouet surtout et ses élèves. Ce caractère décoratif de leurs œuvres concorde admirablement avec l'art de la tapisserie; aussi la collaboration des peintres et des tapissiers a-t-elle rarement été plus féconde et a-t-elle produit peu de plus belles pièces, tant par l'ampleur de la composition que par la richesse des encadrements : l'Histoire de Constantin, d'après Rubens, la Vie de la Vierge, d'après Philippe de Champaigne, l'Histoire de l'Ancien Testament, Renaud et Armide, les Travaux d'Ulysse, d'après Vouet, l'Histoire de Daphné, resteront comme les types les plus accomplis de l'art de la tapisserie, et des modèles pour les tapissiers de tous les siècles.

B.

RÉSUMÉ CHRONOLOGIQUE

DE L'HISTOIRE DES ATELIERS PARISIENS AU XVIIe SIÈCLE.

1599. 4 janvier.... De Foucry reçoit le brevet de la charge et intendance de la manufacture de tapisserie de haute lisse.

ATELIER DU FAUBOURG SAINT-MARCEL.

1601. 29 janvier... Acte d'association formée entre Marc de Comans, Jérôme de Comans et François de La Planche, pour la constitution et l'exploitation d'un atelier de tapisseries.

1604. Avril....... Installation de Marc de Comans, Jérôme de Comans et François de La Planche au faubourg Saint-Marcel.

1607. Janvier..... Édit royal organisant les ateliers de François de La Planche et Marc de Comans.

1608. 26 octobre... Jérôme de Comans se retire de la Société.

1627. Juin-août.... Mort de François de La Planche. Inventaire de sa succession.

1628. .... Marc de Comans cède la direction de la manufacture à son fils Charles de Comans.

1629. .... Association de Raphaël de La Planche et Charles de Comans.

1633. .... Rupture de l'association. Raphaël de La Planche s'installe faubourg Saint-Germain.

1633. 24 septembre. Règlement définitif des comptes entre les de La Planche et les Comans.

1634. .... Mort de Charles de Comans. Son frère Alexandre lui succède.

1650. 16 septembre. Mort d'Alexandre de Comans. Son frère Hippolyte lui succède.

ATELIER DU FAUBOURG SAINT-GERMAIN.

1633. .... Raphaël de La Planche s'installe faubourg Saint-Germain.

1661. 27 septembre. Inventaire de la manufacture de Raphaël de La Planche.

1661. 5 novembre.. Raphaël de La Planche partage ses biens entre ses enfants, et cède la direction des ateliers à son fils Sébastien-François.

1667-1668....... Liquidation des ateliers du faubourg Saint-Germain.

1691-1692....... Livraison au Mobilier royal des dernières tentures exécutées dans la manufacture de Raphaël de La Planche.

ATELIER DE LA TRINITÉ.

1551. 12 septembre. Fondation d'un atelier de tapisserie dans l'Hôpital de la Trinité.

ATELIER DES GALERIES DU LOUVRE.

1608. 4 janvier.... Installation de Maurice Dubout et de Girard Laurent dans la galerie du Louvre.

1655. 25 février... Installation de Pierre Le Fevre et de son fils Jean dans la galerie du Louvre.

1662. 6 juin...... Acquisition de l'Hôtel des Gobelins par Colbert, pour y réunir les différents ateliers parisiens et y installer la Manufacture royale des meubles de la Couronne.

NATOS ET NOSTRA TVEMVR

ORDRE DES TENTURES

DÉCRITES DANS LE PRÉSENT VOLUME.

Pages.

Tenture de la Galerie de François Ier à Fontainebleau, d'après le Primatice et le Rosso . 94

Histoire de Diane, du château d'Anet 98

Histoire de saint Crépin et saint Crépinien 103

La Vie de Notre-Seigneur, de l'église Saint-Merri. 105

Histoire d'Arthémise. 109

Histoire de Coriolan. 213

Les Amours de Gombaut et de Macée. 219

Le « Pastor fido »,. 225

Histoire de Diane, par Toussaint Du Breul. 231

Les Chasses du roi François. 241

Histoire de Constantin, d'après Rubens. 245

Histoire de Henry troisième. 257

La Vie de la Vierge, d'après Philippe de Champaigne. 263

Saint Gervais et saint Protais, d'après Philippe de Champaigne, Eustache Le Sueur,
Thomas Goussé et Sébastien Bourdon. 269

La Vie de saint Étienne, d'après La Hire 275

Les Actes des Apôtres, d'après Raphaël. 279

Les Sacrements, d'après Poussin. 283

Histoire de Psyché, d'après Raphaël. 287

L'Enlèvement des Sabines. 293

Les Bacchanales, d'après Jules Romain. 295

Les Mois de l'année. 301

Les Faits d'Achille, d'après le P. Luc. 302

Histoire de l'Ancien Testament, d'après Vouet 309

Renaud et Armide, d'après Vouet. 319

Les Travaux d'Ulysse, d'après Vouet. 329

Les Amours des Dieux, d'après Vouet 335

Histoire de Daphné. 347

Scènes mythologiques. 349

Verdures et paysages. 353

Aminte et Sylvie 355

Clorinde et Tancrède. 359

Théagène et Cariclée, d'après Ambroise Dubois 363

Ariane, d'après Claude Vignon 367

Les Maisons royales 371

Les Jeux d'Enfants, d'après Michel Corneille 373

Les Rinceaux, d'après Polydore de Caravage 375

NOTES ET DOCUMENTS

SUR LES ORIGINES DE

LA MANUFACTURE DES GOBELINS

ET SUR

LES AUTRES ATELIERS PARISIENS

PENDANT LA PREMIÈRE MOITIÉ DU DIX-SEPTIÈME SIÈCLE,

PAR JULES GUIFFREY.

I

L'ATELIER DES GOBELINS AVANT LOUIS XIV.

A Manufacture des Meubles de la Couronne ou Manufacture des Gobelins existait longtemps avant de prendre l'extension et l'importance qu'elle reçut de Louis XIV et de Colbert. Le souverain dont on rencontre le nom à l'origine de toutes nos grandes institutions financières, industrielles, commerciales, le roi Henri IV avait montré, avant même son avènement à la couronne de France, une sollicitude particulière pour l'art de la tapisserie et le désir de doter la France de manufactures capables de lutter avec les ateliers des Pays-Bas, alors en pleine possession de leur renommée. Dès 1583, un des conseillers intimes du roi de Navarre, Duplessis-Mornay, lui soumettait un projet ayant pour but d'attirer et de fixer dans ses États héréditaires une colonie d'artisans flamands de haute et de basse lisse. D'autres préoccupations empêchèrent le Béarnais de donner suite à cette idée; mais il ne la perdit pas de vue, car il s'occupa sans relâche de la réaliser dès que les circonstances l'eurent appelé au trône de France. Diverses tentatives pour installer des métiers à Fontainebleau, puis à Paris, dans la maison professe des Jésuites de la rue Saint-Antoine, ne produisirent pas de résultats; il devint évident qu'il fallait tirer de l'étranger les éléments de la nouvelle fondation, si l'on ne voulait s'exposer à perdre beaucoup de temps pour former de vrais tapissiers avec des artisans français. On reprit alors le plan de 1583, et l'on résolut de créer d'un seul coup une manufacture en pleine activité en appelant et en installant à Paris toute une colonie d'ouvriers flamands. Le Roi réalisa ce projet sans retard. Si les lettres patentes assurant aux nouveaux venus de nombreux avantages et d'importants privilèges portent la date du mois de janvier 1607, un document authentique nous apprend que l'acte d'association conclu entre Jérôme Comans, Marc Comans et François van den Planken ou de La Planche, pour la fabrication de la tapisserie, date du 29 janvier 1601.

Cet acte ne nous est connu que par l'analyse insérée dans un inventaire de 1627. Il fixe l'arrivée de nos Flamands aux derniers mois de 1600 ou aux premiers jours de 1601.

Il convient de résumer d'abord la biographie de ces étrangers, qui jouèrent un si grand rôle dans l'histoire économique de notre pays.

Un des directeurs investis de la confiance royale et chargés de restaurer et de développer en France l'art de la tapisserie se nommait, comme il vient d'être dit, François de La Planche, en flamand Franz van den Planken, ou Françoys van Plancken. Ces diverses formes se rencontrent au bas d'actes notariés, à côté de celui de l'autre directeur de la maison, qui signe Marco Comans en 1603, Marc de Comans en 1605.

Franz van den Planken a inscrit son monogramme FVDP sur certaines pièces. Le Musée des Gobelins expose un des sujets de l'histoire de Gombaut et Macée portant cette signature.

Originaire d'Audenarde, un des centres les plus actifs de l'industrie textile aux Pays-Bas, notre tapissier était né le 10 mars 1573; il atteignait donc sa trente-huitième année quand il quitta son pays natal. Il était fils de Louis van Planken [1] et d'Elisabeth de Pikre ou de Pickere, qui survécut longtemps à son mari. La sœur de François, Catherine, avait épousé Marc de Comans, associé de son frère. François de La Planche prit pour femme, le 14 novembre 1595 [2], dans l'église de la ville d'Ath, Catherine Hennecart, dont il eut deux fils, Louis et Raphaël, et quatre filles, Marie, Françoise, Élisabeth et Jeanne.

C'est Raphaël, le fils cadet de François de La Planche, qui, après la mort de son père, s'en alla fonder au bourg Saint-Germain, dans la rue de la Chaise, un établissement dont l'éclat ne tarda pas à balancer la réputation de la Manufacture du faubourg Saint-Marcel. Lors du décès du chef de famille, en 1627, une seule de ses filles était établie : Élisabeth avait épousé, le 27 février 1620, un capitaine exempt des gardes du corps et hommes d'armes de la compagnie du Roi, Robert Gillot, écuyer, sieur des Périères; elle apportait à son mari une dot de 16,500 livres [3].

François de La Planche avait des prétentions nobiliaires que le Roi de France ne fit point difficulté d'admettre. A ses titres de gentilhomme flamand et d'écuyer, il joint souvent, dans les actes importants, celui de seigneur de Fontruisseau, du Croissant et du Bois, petits fiefs situés à Peteghem, près Audenarde [4]. Il mourut en mars ou avril 1627, âgé de cinquante-quatre ans.

L'autre fondateur de la Manufacture de tapisseries, Marc de Comans, gentilhomme flamand et seigneur des Armines, était né dans la ville d'Anvers en 1563; son père, Thomas de Comans, avait eu trois fils : Marc, Gaspard et Jérôme.

---

[1] Procuration de 1607. — Déclaration de 1622. Tous les renseignements biographiques donnés ici sont empruntés aux minutes du notaire Nourry, dont l'étude a pour titulaire actuel Mᵉ Mouchet.

[2] Déclaration de 1622.

[3] De plus, les parents s'engageaient à nourrir les jeunes époux pendant deux années et à mettre à leur disposition deux valets et deux chevaux. Le douaire consistait en une rente de 400 livres. Le sieur des Périères mourut en 1647.

[4] Acte de 1625.

Marc de Comans avait épousé Catherine de La Planche, avant de s'établir à Paris. Elle lui donna cinq enfants : trois fils, Charles-César, Louis-Alexandre et Hippolyte, et deux filles, Catherine et Françoise.

Charles-César, associé par son père à son entreprise, mourut jeune, en 1634, après avoir signé de ses initiales, deux C enlacés, certaines pièces dont le Musée des Gobelins possède un échantillon curieux, représentant le *Sanglier d'Érymanthe*. Louis-Alexandre remplaça son frère dans la direction de l'atelier et mourut le 16 septembre 1650, peu d'années après son père. Le dernier des frères, Hippolyte, qui portait le titre de seigneur de Sourdes, avait embrassé le métier des armes qu'il quitta après la mort de son second frère pour se charger de la direction de l'industrie fondée par le chef de la famille. La fille aînée, Catherine, avait épousé Jean de Vandrenetz, agent du duc de Toscane. Elle restait veuve avec plusieurs enfants en 1647. La dernière fille, Françoise, fut mariée en 1621 à noble homme Adrien Cochx, écuyer, sieur de Bergleon, demeurant rue Saint-Martin. La dot s'élevait à 12,000 livres [1]. Le commerce de nos tapissiers avait donc prospéré, puisqu'il permettait au chef de l'entreprise de faire de pareilles libéralités à ses enfants.

Un fait assez singulier se produisit à l'occasion du mariage de cette dernière fille; il est révélé par les minutes du notaire. Un premier contrat fut rédigé à la fin de juin 1608. Cet acte ne porte aucune signature et n'a, par suite, aucune valeur; cependant il est conservé à sa date dans les dossiers de l'étude. Le contrat de mariage, signé treize ans plus tard, reproduit exactement les clauses de la minute de 1608. On ne s'explique pas les raisons qui firent suspendre aussi longtemps la conclusion du mariage.

On connaît maintenant l'état civil des deux familles Comans et de La Planche. Les faits et les dates ont été relevés dans les actes authentiques déposés chez le notaire Nicolas Nourry. Beaucoup de contrats, ventes, accords, associations, procurations, traités d'apprentissage ne valent guère la peine d'être analysés ici [2]. On en a tiré tout ce qui se rapporte à la famille et à la biographie de nos deux Flamands, dont nous allons maintenant exposer les travaux.

L'association dura jusqu'en 1627, date de la mort de François de La Planche. Peu après, Raphaël de La Planche quitte la maison fondée par son père et va créer au bourg Saint-Germain un établissement rival, tandis que Marc de Comans prend pour associé son fils Charles-César, puis, à la mort de celui-ci, en 1634, son second fils, Louis-Alexandre. Ce dernier étant venu à décéder en 1650, la direction passe aux mains, comme il a été dit ci-dessus, du dernier représentant de la famille, Hippolyte de Comans, seigneur de Sourdes.

Nos deux Flamands sont donc fixés à Paris dès le début de l'année 1601. Il s'agissait d'abord de trouver un local favorable à l'installation des métiers. Vers ce temps-là, une vieille famille d'extraction bourgeoise, qui s'était élevée peu à peu par son industrie et son travail aux plus hauts degrés de la hiérarchie financière, songeait à quitter le berceau de ses débuts. La famille des Gobelin était unie par des liens de parenté à l'un des nouveaux arrivants, au sieur de La Planche. L'endroit où elle avait fondé vers 1440, puis entretenu pendant un siècle et demi, un atelier célèbre de teinture, source de sa fortune,

---

[1] Sur cette somme, 7,000 livres tombaient dans la communauté et 5,000 restaient propres à la femme. En plus, un trousseau de 1,500 livres. Le douaire était fixé à 6,000 livres.

[2] Voici, comme exemple, un acte, en date du 2 juin 1603, par lequel nobles seigneurs Marc Commans et François de La Planche (ils signent *Marco Commans* et *Planken*), gentilshommes flamands, directeurs de la fabrique de tapisseries du Roi, demeurant à Saint-Marcel-lez-Paris, vendent, pour la somme de 300 livres tournois payée comptant, à deux marchands fruitiers de leur quartier, tous les fruits des arbres qui sont dans les deux clos au delà de la rivière, dépendant de leur maison. A cet effet, deux clefs desdits clos sont remises aux acquéreurs.

offrait les conditions les plus favorables à l'établissement d'une industrie textile : l'espace, la lumière, l'eau en abondance. L'eau de la Bièvre avait la réputation de posséder des propriétés particulières pour la teinture des laines. Le long de son cours s'étaient fixés trois ateliers de teinture en grande réputation. Ces maisons se partageaient l'espace compris entre le moulin de Croulebarbe et la rue de la Reine-Blanche, aujourd'hui rue des Gobelins. Ce fut là que Jean Gobelin, marchand teinturier en écarlate, c'est-à-dire en draps d'une qualité supérieure [1], s'était établi vers le milieu du XVe siècle, entre deux familles occupées au même métier, les Peultre et les Canaye. Les descendants de Jean Gobelin avaient vu leur fortune grandir grâce à leur intelligence. A la fin du XVIe siècle, ils occupaient des charges à la Cour. L'un d'eux, Balthazar, était parvenu à la présidence de la Chambre des Comptes et avait transmis à son fils cette haute situation [2]. A des personnages de cette importance, il n'était guère possible de continuer l'exercice de l'industrie à laquelle la famille devait son élévation. Et c'est ainsi que Comans et de La Planche trouvèrent disponible l'atelier, ou, comme on disait alors, l'«ouvrouer» du vieux Jean Gobelin et s'y installèrent dès leur arrivée à Paris. Ce local avait conservé le nom du premier occupant, et voici comment l'obscur teinturier Jean Gobelin devint, un siècle et demi après sa mort, le parrain de l'atelier fameux qui devait illustrer son nom.

De grands avantages avaient été consentis aux deux nouveaux venus pour les attirer à Paris avec un certain nombre de leurs compatriotes. Toutefois ces privilèges n'avaient que de très lointains rapports avec ceux dont fut doté plus tard l'atelier de Colbert. Il convient donc de déterminer avant tout les différences qui distinguent l'organisation primitive de celle de Louis XIV.

Sous Henri IV, les hôtes de l'ancienne maison de Jean Gobelin jouissaient sans doute d'avantages importants et d'une large subvention; mais, en même temps, d'assez lourdes charges pesaient sur eux. C'est à eux de pourvoir à leurs besoins personnels et aux dépenses de leur industrie. Le Roi, bien entendu, restera un de leurs meilleurs clients; il n'assumera pas toutefois les conséquences de leur gestion, leur laissant toute liberté de travailler pour la Cour et la Ville. L'intention manifeste du prince est de créer sur des bases solides une industrie nationale, mais non un atelier de grand luxe, défrayé de toutes ses dépenses par le souverain et entièrement à sa charge. Les lettres patentes du mois de janvier 1607 ne laissent aucun doute sur les conditions de ce premier établissement.

Les directeurs, Comans et de La Planche, seront considérés comme nobles, commensaux et domestiques de la Maison royale; ils jouiront de toutes prérogatives, exemptions et immunités attachées à cette qualité. Un privilège exclusif de quinze années leur est concédé pour la fabrication et la vente des tapisseries; défense à toute autre personne de leur faire concurrence dans le royaume; prohibition absolue des tapisseries étrangères, sous peine de confiscation et d'amende; logement gratuit assuré aux tapissiers, à Paris et dans toute autre ville de France où ils formeront des établissements. Les étrangers venant travailler en France seront relevés du droit d'aubaine, affranchis des tailles, subsides, gardes et impositions. Exemption de toutes taxes et impôts sur les laines, soies et autres matières nécessaires à la fabrication, et aussi sur les tapisseries vendues dans le royaume ou exportées à l'étranger. Chacun des deux directeurs de l'établissement recevra une pension de 1,500 livres; une somme de 100,000 livres, une fois payée, leur est allouée pour frais de premier établissement. Autorisation d'ouvrir des brasseries de bière

[1] Voir J.-B. WECKERLIN, Le drap «escarlate» au moyen âge, essai sur l'étymologie et la signification du mot «écarlate» et notes techniques sur la fabrication de ce drap de laine au moyen âge. Lyon, 1905, in-8°, 90 pages.

[2] Voir Jules GUIFFREY, Les Gobelin, teinturiers en écarlate au faubourg Saint-Marcel. (Dans les Mémoires de la Société de l'histoire de Paris et de l'Île-de-France, t. XXXI, 1904.)

partout où ils le jugeront utile, avantage bien sensible à de bons Flamands. Le Roi leur promet sa protection en cas de poursuites exercées contre eux dans leur pays d'origine en raison de leur départ. Enfin leurs apprentis, au nombre de vingt-cinq la première année, de vingt la seconde, seront entretenus aux frais du Trésor royal. En retour de ces faveurs, les Flamands ne prennent qu'un seul engagement, celui d'avoir constamment en activité quatre-vingts métiers : soixante à Paris et vingt à Amiens, ou dans toute autre ville qu'ils choisiront. Encore ne devaient-ils pas vendre leurs tapisseries à un prix plus élevé que celles qui arrivaient auparavant de Flandre et dont l'introduction se trouvait désormais prohibée.

De pareils avantages ne pouvaient manquer de susciter une vive opposition chez les défenseurs des vieilles traditions. Aussi l'enregistrement des lettres patentes rencontrat-il de sérieux adversaires dans le Parlement et les autres grands corps de l'État. Le Bureau de la Ville de Paris, que l'exemption des taxes et redevances imposées aux bourgeois atteignait dans ses revenus, se montra particulièrement récalcitrant. Son opposition à l'enregistrement des lettres royales persista pendant des années et trouva un écho favorable au Parlement et dans les hautes cours financières. Il fallut pourtant se soumettre en fin de compte. Les magistrats parisiens durent faire contre mauvaise fortune bon cœur; ils exigèrent toutefois, quand ils durent céder, que toutes les productions de l'atelier royal fussent marquées d'une fleur de lis précédée de la lettre P pour les tentures fabriquées à Paris; enfin ils laissèrent dans leur acquiescement une trace de leur dépit où se lit un précieux renseignement sur les différences qui distinguaient les ouvrages des anciens métiers parisiens de ceux récemment introduits par les étrangers. Ils déclaraient que la tapisserie de haute lisse «qui a cy devant fleury en ceste dicte ville, et délaissée et discontinuée depuis quelques années, est beaucoup plus précieuse et meilleure que celle de la marche, dont ils usent aux Pays-Bas, qui est celle que l'on veut établir... ». C'est une constatation officielle des procédés propres aux anciens artisans parisiens; c'est la preuve formelle que les Flamands comptaient faire usage surtout, sinon exclusivement, du métier à la marche ou de basse lisse.

Autre source de difficultés continuelles pour les directeurs de la nouvelle entreprise. Sans doute, le Roi était animé à leur égard des meilleures intentions. Les subsides promis, il avait bien la volonté formelle de les fournir; mais il fallait compter aussi avec les nécessités financières, avec la pénurie du Trésor, que les fonctionnaires mal disposés pour les nouveaux venus exagéraient à plaisir. Les subsides promis se faisaient longtemps attendre; les pensions n'étaient jamais payées à leur échéance. Des suppliques sans cesse renouvelées ne les obtenaient qu'après de longues résistances, ce qui créait de continuels embarras aux entrepreneurs.

Et cependant l'organisation décrétée par le Roi visait avant tout le développement de l'industrie nationale. Tandis que, plus tard, Colbert et Louis XIV, lors de la constitution de la Manufacture des meubles de la Couronne, se proposeront d'employer les artisans d'élite réunis aux Gobelins au mobilier et à la décoration des résidences royales, Henri IV avait avant tout pour but de créer une nouvelle source de revenus à l'industrie nationale et d'affranchir la France du tribut payé aux métiers des Pays-Bas. C'était comprendre, avec cette haute intelligence qui dicte tous les actes du premier des Bourbons, les véritables intérêts économiques du pays.

A peine installés dans leur maison du faubourg Saint-Marcel, Comans et de La Planche s'étaient mis à l'œuvre sans retard. Pendant vingt-cinq ou vingt-six ans, ils déployent une activité infatigable non seulement à se procurer des modèles, des ouvriers, à former des apprentis, à écouler leurs produits, mais encore à se procurer des ressources par des entreprises n'ayant aucun rapport avec l'industrie textile. De nombreux contrats conservés dans l'étude de leur notaire donnent des détails précis sur ces diverses tentatives. Nous allons les indiquer sommairement, avant de nous occuper de l'atelier de tapisseries, pour n'avoir plus à revenir sur ces affaires étrangères à notre sujet.

L'association formée pour la constitution et l'exploitation d'un atelier de tapisseries porte, comme on l'a vu, la date du 29 janvier 1601. Dès le début de l'année 1607, nos tapissiers avaient signé avec Jeanne de Saulx, dame de Mortemart et de la principauté de Tonnay-Charente, représentant divers membres de la maison de Rochechouart, un acte par lequel ladite dame leur cédait tous ses droits dans le desséchement des marais énoncés audit acte, à eux et à leur associé Louis Metezeau, architecte des Bâtimens du Roi[1].

Acte d'association, du 3 janvier 1610, entre Marc de Comans, François de La Planche et Bradelet pour le desséchement des marais. Une transaction sur le même objet intervient le 20 septembre 1614 entre la dame de Mortemart déjà nommée et Jérôme van Uffe, gentilhomme brabançon, associé des Comans et des de La Planche. L'association de ce van Uffe avec les tapissiers de la Bièvre remontait à plusieurs années; le 30 août 1608, il formait avec eux une Société pour dessécher les marais dans la mer de Hollande. Leurs opérations agricoles s'étendaient donc fort loin. Elles paraissent avoir médiocrement réussi, car, par un acte sous seing privé du 7 mars 1615, Comans et de La Planche déclarent renoncer à l'exploitation des marais. On procède à la liquidation de la Société, et, le 4 septembre 1618, un partage général de tous les terrains gagnés sur les eaux est consenti par les associés. Notons encore l'acte de foi et hommage rendu par Louis de La Planche, seigneur de Fontruisseau, au nom de son père, pour le fief du Croissant, à la dame de Mortemart : et nous aurons donné une idée générale de cette vaste opération, qui ne présente qu'un rapport très indirect avec notre sujet[2].

Autre opération de grande envergure. Les aventures lointaines n'effrayent pas nos hardis Flamands. Ils se chargent, avec un certain Jean Truson, seigneur de Villebousin, d'envoyer du blé aux chevaliers de Malte. Ils possèdent même pour cet objet un vaisseau nommé le *Saint-Pierre,* avec sa galiote, commandé par un certain Marc van Uffe, probablement un parent du Jérôme van Uffe nommé ci-dessus; ce navire était sorti du port de Malte le 6 mai 1607. Inutile d'insister sur ces opérations commerciales, dont le résultat n'offre aujourd'hui que peu d'intérêt; il en est de même du projet d'établissement d'une fabrique de savons à Paris, au sujet duquel un traité avait été conclu, le 29 octobre 1616, entre nos Comans et de La Planche, Isaac-François de Maurois et Charles Letellier, savonnier, traité annulé bientôt après par un acte subséquent.

Ces diverses tentatives paraissent, en général, n'avoir pas produit de bien heureux résultats. Aidèrent-elles nos entrepreneurs de tapisseries à supporter les dépenses énormes de leur atelier? Impossible de se prononcer. Toutefois, d'après les révélations des actes authentiques, il semble bien que la manufacture des bords de la Bièvre connut le succès et la prospérité. C'est ce que nous essayerons d'établir, en présentant les détails qui nous sont parvenus sur ses travaux et son fonctionnement intérieur.

De tous les livres journaux, livres de comptes, registres de recettes et dépenses, longuement énumérés à la fin de l'inventaire de 1627, il ne subsiste plus rien aujourd'hui. Au moins, devons-nous à cet inventaire précieux la connaissance du nombre de métiers

[1] Les contrats analysés ici sont mentionnés dans l'Inventaire de 1627, qui a fourni la plupart des détails que nous possédons sur la première maison des Gobelin et ses directeurs.

[2] Une étude approfondie de la question du desséchement des marais offrirait sans doute un grand intérêt; mais elle nous éloignerait trop de la question qui nous occupe : l'organisation et la direction de l'atelier des tapisseries. Aussi n'avons-nous pas cherché à approfondir pourquoi le surintendant des Bâtiments du Roi, Henri de Fourcy, se désistait, le 26 mai 1626, d'une vente de marais.

en activité au moment de la séparation et l'indication des tentures alors en cours d'exécution. Sans doute, certaines tapisseries d'une date antérieure ne paraissent pas sur ce relevé; toutefois la liste des modèles vient, dans une certaine mesure, compléter celle des pièces terminées ou seulement commencées.

Tout inventaire, et celui-ci ne manque pas à la règle, débute par l'énumération des ustensiles de cuisine, des vêtements, du linge, de la vaisselle d'argent, des tableaux, des lits, enfin d'un carrosse, le tout propriété du sieur de La Planche. Le matériel et les approvisionnements de la brasserie appartenaient à l'association, de même que les chaudières, chaudrons, tonneaux et autres appareils de la teinturerie, dont la direction paraît avoir été confiée à un certain Josse Le Jeune ou de Jonghe qui épouse, le 17 août 1618, Catherine Bagges, âgée de vingt-cinq ans, fille d'un corroyeur d'Audenarde. Josse Le Jeune a son domicile dans la grande cour de l'hôtel des Gobelins; son père, Étienne Le Jeune, «Steine de Jonghe», était, d'après l'acte de mariage, «aussi maître teinturier».

A côté de la teinturerie, un magasin renferme 402 livres de laine blanche, 569 livres de laine teinte, 51 livres de chaîne et 90 livres de laine renouée; le tout représentant une valeur de 1,975 livres tournois.

Mais la maison possède bien d'autres approvisionnements de matière première. C'est d'abord dans la boutique dite «la boutique d'or»: 584 livres de laine teinte et 220 livres de soie écrue ou teinte, du prix de 16 et 17 livres tournois la livre. Dans le comptoir, 165 livres de soie fine teinte, soit plus de 6,300 livres tournois pour la provision des soies, sans tenir compte de celles qui sont réparties avec des laines en flottes ou en écheveaux dans les huit ou neuf boutiques ou ateliers occupés par les tapissiers Pierre Bernard, Claude de la Pierre, Jean de la Croix, Josse de la Haye, Adrien van de Welde, Robert Alemant, Pierre Sitard, Paul Froennes. La valeur totale de ces matières en cours d'emploi s'élève encore à 6,879 livres. L'approvisionnement général représente environ, tout compris, une quinzaine de mille livres.

Nous arrivons aux tapisseries. L'énumération débute par les tentures terminées se trouvant en magasin; elle donne aux sujets mentionnés le certificat d'origine le plus certain qu'on puisse désirer. Le détail de chaque tenture se lira dans l'état dressé par M. Fenaille. Il suffira donc de présenter ici la liste sommaire de ces œuvres de notre première manufacture des Gobelins.

L'*Histoire de Constantin le Grand* paraît la première en raison de son illustre origine. Rubens a fourni les modèles, tout au moins les esquisses peintes à l'huile sur bois. Ces esquisses auront été reportées sur papier et mises à la taille des tapisseries par quelque peintre attaché à la Manufacture, suivant une coutume constante; aussi les esquisses sont-elles estimées 1,200 livres, et les modèles garnis de leur bordure, en même quantité, 500 livres seulement. Deux suites se trouvaient en magasin: une, complète en douze panneaux; l'autre, en neuf seulement; plus une tapisserie isolée; en tout: 22 pièces.

L'*Histoire d'Artémise*, qui vient ensuite, exigerait à elle seule de longs développements. Aucune tenture n'a été aussi souvent recopiée pendant près d'un siècle que celle-ci. Comme nos reines veuves ont vu dans ces sujets de transparentes allusions à leur régence, les bordures ont porté successivement les attributs de Catherine de Médicis, puis de Marie de Médicis; cette suite resta en vogue jusque sous la régence d'Anne d'Autriche. Les dessins ayant fourni les premières idées de ces panneaux ont été étudiés en détail. Nous en reparlerons tout à l'heure.

Les autres tentures du magasin de Comans ont joui d'une moindre réputation que celles dont on vient de parler. Toutefois l'*Histoire de Diane* en huit panneaux fut reproduite à plusieurs exemplaires, car il en existe encore au moins trois répétitions, à Paris, à Madrid et à Vienne. L'«État général du mobilier de la Couronne sous Louis XIV» attribue l'invention de cette série à Toussaint Dubreuil. Elle ne laisse pas que de lui faire honneur.

Les modèles de l'*Histoire d'Artémise* sont au nombre de vingt-quatre. Rarement une tenture comprenait tous les sujets. La plus complète et la plus riche de celles qui sont portées à l'Inventaire compte vingt et un panneaux. Les autres n'ont généralement que huit pièces. Les titres sembleraient indiquer un nombre bien supérieur aux vingt-quatre modèles, estimés ensemble 300 livres; mais, à examiner en détail ces descriptions, on remarque qu'on divisait un tableau en deux ou trois parties suivant la proportion des panneaux. Ces processions de porteurs de trophées, de vases ou d'étendards, d'enfants et de capitaines à pied ou à cheval, s'accommodaient fort bien de ces fractionnements arbitraires. Les tapissiers en prenaient à leur aise avec les compositions des artistes et ne se faisaient pas scrupule d'ajouter et de retrancher, suivant les demandes des clients, une ou plusieurs figures. Ils ne tenaient pas, comme on le fait aujourd'hui, le modèle peint pour une œuvre intangible. Et souvent ils traitaient avec la même liberté les couleurs et les ornements, préoccupés avant tout de soustraire leur travail aux atteintes du temps et du soleil.

On voit maintenant la difficulté que rencontre l'établissement d'une liste complète des tapisseries consacrées à l'*Histoire d'Artémise;* car plus d'un sujet figurant sur les tapisseries que nous connaissons ne paraît pas sur l'Inventaire de 1627. Telle est la suite des Chars de triomphe conservée au Garde-Meuble national [1] : Char d'Artémise traîné par des éléphants, Char d'Apollon et des Muses attelé de licornes, Char du général avec des lions, etc. C'est une raison de plus pour réunir ici tout ce qu'on sait des études et dessins préparatoires sur cette tenture unique, aussi importante au moins pour la période qui nous occupe que l'*Histoire du Roi* pour le règne de Louis XIV.

Les compositions attribuées à Antoine Caron et à ses collaborateurs, où sont retracés les épisodes de la lutte d'Artémise contre la ville de Rhodes, de son triomphe, de la pompe funèbre du roi Mausole, de l'éducation du jeune prince, avec allusions transparentes à la régence de Catherine de Médicis, sont dispersées dans quatre collections différentes. La série la plus importante forme un recueil conservé à la Bibliothèque nationale, avec épître dédicatoire en vers de Nicolas Houel, ingénieux auteur de cette légende allégorique. Un sonnet inscrit au dos de chaque dessin en explique le sens. Les images et les descriptions données ici nous dispensent de tout commentaire [2].

Le Cabinet des dessins du Louvre possède huit dessins se rapportant plus ou moins à l'*Histoire d'Artémise :* deux compositions faisant suite au recueil de la Bibliothèque nationale, mais d'une main différente; puis six feuilles avec de jeunes enfants à cheval, des coursiers caparaçonnés tenus par des guerriers, des porteurs de trophées, de vases, comme en décrit l'Inventaire de 1627. Il existe encore des tapisseries où sont représentés certains groupes de ce cortège triomphal.

Une troisième suite appartenant à la Bibliothèque royale de Madrid, composée de dix-neuf sujets, a été découverte par mon fils au cours d'un voyage en Espagne. Enfin M. Fenaille a récemment acquis une série de vingt compositions dont cinq rentrent dans l'*Histoire d'Artémise* avec sept des compositions de Madrid. Il existe encore, paraît-il, d'autres fragments de l'histoire de la veuve de Mausole, épars dans des collections particulières dont nous ne connaissons pas les propriétaires et dont l'existence ne nous a été révélée que par les tapisseries reproduisant ces sujets.

[1] Voir, sur les pièces d'*Artémise* du Mobilier national, notre Catalogue des tapisseries du Garde-Meuble, dans l'*Inventaire des richesses d'art.*

[2] Voir, dans les *Mémoires de la Société de l'Histoire de Paris et de l'Île-de-France* de 1898 (tirage à part de 94 pages), l'article intitulé *Nicolas Houel, apothicaire parisien, inventeur de la tenture d'Artémise,* contenant une description des 39 dessins du Cabinet des estampes accompagnée de quelques échantillons des sonnets où ils sont commentés.

Comme nous venons de le dire, les deux séries de Madrid et de M. Fenaille comptent ensemble trente-neuf sujets dont douze appartiennent aux développements de l'histoire artémisienne.

Les dessins appartenant à cette série se distinguent à première vue par la légende de Catherine, *Ardorem extincta testantur vivere flamma,* accompagnant dans la bordure la pluie de larmes éteignant le foyer embrasé. Voici les sujets des sept compositions de la bibliothèque de Madrid :

1° Titre ainsi libellé : « *Les figures des deux premiers livres de l'histoire de la Royne Artemise exposées en vers françoys, faictes par les plus excellans paintres tant de l'Italie que de la France.* — De l'invention de Nicolas Houel, Parisien. — A la Royne mere du Roy »;

2° Funérailles de Mausole. Le cercueil richement décoré est déposé sous une grotte surmontée d'une pyramide. Une longue suite de guerriers portant des étendards vient rendre hommage au roi défunt;

3° Musiciens et musiciennes jouant de divers instruments autour de la pyramide décorée d'un médaillon du prince;

4° La reine et le jeune prince reçoivent un livre d'un vieillard et une épée d'un guerrier;

5° Simulacre d'un combat naval;

6° Le jeune prince portant une couronne sur la tête s'exerce à la natation;

7° Les tombeaux de Mausole et de Henri II sont placés vis-à-vis l'un de l'autre. Au centre, l'Amour unit les deux époux.

Les dessins de la collection acquise par M. Fenaille, destinés à servir de modèles, représentent les sujets suivants :

1° Titre du second livre de l'histoire d'Artémise : « *Les figures du second livre de l'histoire de la royne Artemise exposées en vers françois.* — De l'invention de Nicolas Houel, Parisien »;

2° Le portrait de la reine Catherine dans un médaillon central entouré des figures allégoriques des Arts, des Sciences et des Vertus. Sonnet de Houel au bas de la pièce. La figure de la reine est nettement d'une autre main que l'entourage;

3° Le repas du jeune prince et de sa mère;

4° Le prince étudiant devant une table. Au milieu, des musiciens dans un pavillon entouré de pampres de vigne chargés de grappes;

5° La reine tient la coupe contenant les cendres de Mausole qu'elle va mêler à son breuvage.

Quant aux vingt-sept autres compositions, inspirées par Houel, elles constituent une collection spéciale destinée à illustrer une histoire de France. Peut-être aurait-elle fourni par la suite des modèles aux tapissiers, mais elle ne paraît pas conçue dans ce but.

Il est à remarquer d'abord que l'arrangement et le dessin de ces scènes historiques semblent dénoter des mains plus habiles que les compositions relatives à la vie d'Artémise. Faut-il faire honneur de leur exécution à Antoine Caron et à ses collaborateurs habituels? Sur ce point, impossible de rien affirmer.

Nicolas Houel, d'après le livre de La Croix du Maine, aurait écrit une Histoire de France, dont le manuscrit a depuis longtemps disparu et dont la dédicace s'adressait à la protectrice attitrée de l'écrivain-poète.

Sans aucun doute, les dessins qui nous sont parvenus et d'autres encore, aujourd'hui dispersés, devaient illustrer ce récit des gloires de la France. Tous ceux que nous connaissons se rapportent presque exclusivement aux règnes de François Ier et de Henri II, en insistant tout particulièrement sur les événements auxquels se trouve mêlée la reine Catherine.

Bien que ne présentant qu'un rapport très indirect avec les tapisseries qui nous occupent en ce moment, ces compositions historiques méritent par leur importance et leurs qualités une description sommaire :

1° Titre de l'ouvrage : l'*Histoire françoyse de nostre temps, etc.* Dédicace à Catherine : *Madame vous avez avec votre prudence, etc.;*

2° Les anciens rois de France. Autour de la figure centrale figurent les souverains des deux premières dynasties;

3° Ici sont les ancêtres de François Ier. La série des ducs d'Orléans depuis Charles V;

4° Titre général de l'histoire des derniers Valois;

5° La bataille de Marignan. Charge de cavaliers contre des fantassins présentant leurs lances;

6° Soumission du gouverneur et des habitants de Milan;

7° Débarquement à Marseille de Clément VII venu pour préparer le mariage de sa nièce avec le fils du roi de France;

8° Les Médicis. La couronne présentée à Catherine;

9° Mariage de Henri et de Catherine célébré par le pape lui-même;

10° Tournoi donné à l'occasion du mariage;

11° Le roi fait présent d'une tapisserie au pape Clément et d'un lion apprivoisé au cardinal Hippolyte de Médicis;

12° Nomination de cardinaux français consacrés par le pape pendant son séjour en France;

13° La bataille de Cérisoles. Ce sujet est fixé par le sonnet où le duc d'Enghien est nommé;

14° Combat de cavalerie pendant le règne de François Ier;

15° Mort du roi François Ier;

16° La renaissance des arts et des lettres;

17° Titre du règne de Henri II;

18° Portraits de Henri et Catherine tenant une corne d'abondance, dessin paraissant d'un autre artiste que les autres compositions (pl., p. 108);

19° La descendance de Catherine. La fécondité de la Reine est célébrée dans deux sonnets;

20° Sacre du Roi prêtant serment sur les Évangiles;

21° Couronnement de la Reine à Saint-Denis;

22° Attaque de la ville de Boulogne. Les canons battent les murs en brèche;

23° Assaut donné à un fort (Calais? Toul, Metz ou Verdun?);

24° Soumission du général vaincu;

25° Consécration d'une image de Notre-Dame;

26° Frontispice pour l'histoire de François II;

27° Allégorie sur les guerres religieuses. Peut-être allusion à un succès remporté sur les Protestants.

Est-il besoin d'insister sur l'intérêt que présenteraient aujourd'hui l'*Histoire du roi François*, encore en huit pièces, ou les trois tentures en neuf sujets de l'*Histoire de France*, rapprochant si singulièrement les aventures de Clovis tuant Alaric, de saint Denis portant sa tête, des campagnes de Charlemagne devant Pampelune, de saint Louis au siège de Tunis, ou de François Ier recevant les clefs de la ville de Milan? Mais, de ces compositions historiques, il n'existe plus que le souvenir consacré par les anciens inventaires. Il ne nous a jamais été donné de rencontrer un panneau ayant appartenu à cette tenture.

L'*Histoire du Pastor fido*, en huit pièces, — c'est décidément le nombre consacré pour une tenture ordinaire, — eut son heure de célébrité, puisque ce fut le thème proposé aux concurrents désireux de conquérir le titre envié de peintre ordinaire des tapisseries du

Roi. Les pastorales de Laurent Guyot et de Dumée échappèrent longtemps à toutes les recherches, car elles ressemblent bien plus à des verdures étoffées de quelques moutons qu'à des scènes idylliques. Il a fallu rencontrer un panneau portant en toutes lettres l'inscription *Pastor fido* pour être édifié sur la nature des sujets traités par les peintres de Henri IV.

L'*Histoire de Théagène et Cariclée* fut de celles qu'on aimait à reproduire au XVIIᵉ siècle. Les huit tapisseries mentionnées dans notre Inventaire ressemblaient-elles aux scènes retracées vers la même époque dans une salle du palais de Fontainebleau? C'est assez vraisemblable; mais nous ne possédons aucun argument décisif pour confirmer cette hypothèse.

Comme les précédentes, l'*Histoire de Gombaut et Macée* comptait huit tableaux, bien qu'on supprimât le plus souvent la conclusion philosophique du drame où l'on voit la Mort poursuivre les pauvres habitants de la campagne. A toutes les époques, depuis le moyen âge jusqu'à la fin du XVIIᵉ siècle, ce récit pittoresque de la vie du paysan, avec légendes appropriées à chaque acte du drame, reste populaire; aussi est-il souvent reproduit dans tous les ateliers parisiens et provinciaux, et en connaît-on des interprétations assez différentes. La plupart sont assez communes de matière et de travail. Ce n'était pas le cas pour celles qui sortaient de l'atelier royal et dont le Musée des Gobelins possède un remarquable échantillon. Peut-être a-t-il appartenu à la série mentionnée dans l'Inventaire, puisque, à côté de la marque de Paris, un P suivi d'une fleur de lis, il porte un monogramme composé des lettres FVDP, signature probable de Franz van den Planken.

Peu de légendes populaires obtinrent un aussi vif succès et fournirent une aussi longue carrière que cette représentation, prise sur le vif, des jeux, des plaisirs, des joies et aussi des tristesses et des misères de l'homme attaché à la glèbe. Les huit sujets qu'on rencontre dans l'atelier des Gobelins, et dont de très bonnes planches gravées en bois vers la fin du XVIᵉ siècle nous ont conservé la composition et les légendes, paraissent avoir atteint le comble de leur succès à l'époque de l'installation de Comans. Les scènes originales furent souvent modifiées ou altérées, comme dans la tapisserie du mariage de Gombaut conservée au Musée d'Orléans et que nous avons entendu dénommer le Mariage de Rabelais. Des épisodes nouveaux furent parfois ajoutés aux sujets primitifs. C'est ainsi que nous avons rencontré une fois ce jeu barbare de l'oie à laquelle un paysan, les yeux bandés, doit trancher la tête d'un coup de sabre, scène que nous aurions difficilement comprise si nous n'avions vu pratiquer ce jeu à la campagne il n'y a pas bien longtemps. L'histoire de Gombaut et Macée se rencontre dans les inventaires du XVIIᵉ siècle, par exemple dans celui du maréchal de La Meilleraye, dressé par le père de Molière vers 1660, et c'est peut-être bien là que notre grand poète comique a connu et admiré cette tenture, à laquelle un passage bien connu de l'*Avare* a fait une sorte de célébrité [1].

Nous ne nous arrêterons pas aux tapisseries flamandes sommairement énumérées [2]. Ces pièces communes, d'un prix médiocre, n'offrent pas d'intérêt pour nous. Elles rappellent seulement que nos entrepreneurs jouissaient du privilège exclusif de l'introduction et de la vente des tapisseries étrangères en France.

Mais les *Verdures et Paysages* doivent retenir un instant notre attention. Ce genre a une grande importance dans une entreprise commerciale qui cherche sa clientèle non seulement dans la noblesse, mais aussi dans la riche bourgeoisie. On en voit donc figurer

[1] Voir Jules GUIFFREY, *Les Amours de Gombaut et de Macée, étude sur une tapisserie française du Musée de Saint-Lô*, Paris, 1882, in-4° avec cinq héliogravures et neuf reproductions d'estampes anciennes.

[2] *Histoire d'Andromède*, de saint Paul, d'Holoferne et de Gédéon (celle-ci à deux exemplaires). Notons que certaines suites d'Artémise sont dites en tapisserie de Flandre. Le prix indique un travail assez commun.

ici plus de soixante pièces, souvent confondues avec le *Pastor fido*, ce qui confirme l'opinion précédemment énoncée que cette tenture pastorale doit être considérée, elle aussi, comme une verdure.

Les pièces les plus communes, à semis de fleurs de lis, estimées moins de cent livres l'une, prouveraient encore que nos commerçants ne négligeaient pas les petits profits et acceptaient toutes les commandes. Par contre, les grandes machines décoratives valent jusqu'à quatre et cinq mille livres pièce. C'est le cas notamment de l'*Histoire de Constantin*. Elle paraît, par sa richesse, l'avoir emporté sur toutes les autres tentures. *Artémise*, même rehaussée d'or et d'argent, est prisée à peine le tiers du *Constantin*.

Le magasin de la Manufacture était abondamment garni en 1627. Sans tenir compte des ouvrages sur le métier, dont nous nous occuperons à part, il ne contenait pas moins de trois cent deux pièces de tapisserie constituant cinquante-neuf tentures, la majeure partie en huit panneaux, et trois morceaux isolés. Le tout ne valait pas moins de 260,762 livres, somme énorme, bien inférieure pourtant, est-il besoin de le dire, au prix que ces trois cents tapisseries atteindraient aujourd'hui, même avec la dépréciation que des dimensions trop vastes infligent aux plus beaux ouvrages.

Et nous n'en avons pas fini avec l'énumération des marchandises enregistrées dans l'inventaire en question. Les ateliers contiennent encore cinquante-trois pièces, soit terminées, soit en cours d'exécution, groupées en dix-huit tentures d'une valeur de 25,110 livres. Ces ateliers ou boutiques dispersés dans la Manufacture ou aux environs — l'un d'eux est dit installé dans l'hôtel des Canaye — sont garnis de soixante-deux métiers en activité et de dix imparfaits et démontés. Dans le nombre est spécifiée la présence d'un métier de haute lisse, d'où il est permis de conclure que presque tout le travail se faisait en basse lisse. Le prix de chaque métier ne dépasse pas vingt-quatre et trente livres; certains ne sont évalués que quinze livres; un seul est porté à cent trente livres. Chaque atelier est dirigé par un maître tapissier, dont le nom est bon à recueillir, car il peut s'appliquer aux initiales qu'on rencontre parfois sur les lisières ou galons. Le nombre de métiers accuse l'importance du chef d'atelier qui les a sous ses ordres. La boutique de Jean Tayer ne contient pas moins de treize métiers. Lucas van de Dalle paraît disputer le premier rang à Tayer; il dirige vingt-quatre métiers. La boutique de P. Bernard n'en contient qu'un seul; celles d'Adrian de Welde, de Joseph de la Hœcque, de Paul Frooesme et de Claude de la Pierre sont garnies chacune de deux métiers; enfin Robert Alleaume en surveille six. C'est à ce Claude de la Pierre, installé à Cadillac par le duc d'Épernon, qu'est due l'histoire des batailles du roi Henri III.

Plusieurs des noms figurant dans l'inventaire se retrouvent dans les contrats d'apprentissage, inventaires, procurations ou autres actes passés par les habitants de la Manufacture dans l'étude du notaire qui rédigea l'Inventaire de 1627. Voici l'analyse sommaire de quelques-uns de ces documents :

1619 (6 février). — Inventaire après décès de feue dame Béatrix Allexandre, à la requête de Josse Kempen, «tapissier en basse lisse, fasson de Flandres», demeurant sur les fossez d'entre la porte Saint-Bernard et Saint-Victor, son mari et exécuteur testamentaire.

1622 (8 avril). — Procuration donnée par Jehan van der Cruysen, maître tapissier, demeurant en l'hôtel des Gobelins. Sa femme se nommait Anne Crappone.

1622 (mai). — Apprentissage d'Élisabeth, fille de Jean Rabouain, tapissier, travaillant pour MM. de Comans et de La Planche, demeurant proche la porte Saint-Bernard.

1622 (1er août). — Procuration de Cornille van der Heyden, tapissier flamand aux Gobelins, à son frère Antoine, fermier à Lunbec (?), près Bruxelles, pour revendiquer des propriétés lui revenant.

1623. — Bail signé par Aubin Charpentier, tapissier aux Gobelins. Ce nom a une forme bien française.

1623. — Mariage de Josse Colpart, compagnon tapissier.

1623. — Van der Guchten, tapissier flamand aux Gobelins, se dessaisit de divers objets mobiliers.

1624 (février). — Mariage de Jean Cools, tapissier flamand, demeurant proche la porte Saint-Bernard, et de Catherine Popermans, veuve de feu Jean Besnardy, aussi tapissier. Témoins : Isaac Troyens, gendre; Corneille van Coolen, beau-frère; Pierre Rombault, Guillaume Fatray et Pierre de Reydes, tous tapissiers.

1624 (mars). — Mariage de Claude Rousseau, maître tapissier, demeurant en l'hôtel des Canaye, et de Madeleine de Poppe, veuve de Jean Truyen, maître tapissier, demeurant aussi en l'hôtel des Canaye.

1624 (mai). — Inventaire après décès de la femme de Nicolas Herbelot, compagnon teinturier aux Gobelins.

1624 (mai). — Procuration donnée à sa femme par Barthélemy Roussoins, tapissier du Roi, demeurant rue Gobelin, au faubourg Saint-Marcel.

1624 (décembre). — Mariage d'Adrien Anton, tapissier flamand, demeurant aux Gobelins, et de Saincte Rosson, veuve de François van Contesson, aussi tapissier. Témoin : Barthélemy Rosson, tapissier.

1625 (4 novembre). — Contrat d'apprentissage du fils de Paul Froonens, tapissier flamand, demeurant proche la porte Saint-Bernard, chez Michel van Lochoem, graveur en taille-douce, demeurant rue Saint-Jacques.

1626. — Apprentissage dans l'atelier de Comans et de de La Planche des fils de tapissiers ou autres dont les noms suivent :

Robert Brimard, âgé de douze ans, fils de Pierre Brimard, maître tapissier, rue Gobelin.
Abraham de la Corde, fils de Samuel de la Corde, tapissier.
Antoine Antes, fils de feu Lucas Antes, tapissier, sous la tutelle de Gilles van Tye, tapissier, mari de sa mère.
Josse Mondekens, fils de feu Jaspart Mondekens, tapissier. Tuteur : Martin van Buthele, tapissier.
Théodore Dautruche, fils de Jean Dautruche, tapissier.
Martin Vandrisse, fils de Guillaume Vandrisse, tapissier, demeurant hôtel des Canaye.
Louis Authon, fils de Jean Authon, tapissier.
Pierre Vels, fils de Philippe Vels, tapissier, hôtel des Canaye.
Aulbin Poyrée, fils de Jean Poyrée, demeurant faubourg Saint-Marcel.
Henry Bouché, fils de Gérard Bouché, tapissier, rue Gobelin.
Daniel van der Heyden, fils de Corneille van der Heyden, tapissier.
Philippes Wauters, fils de Dierick Wauters, tapissier.
Abraham de Vligher, fils d'Abraham de Vligher, tapissier.
Jacques Douart, fils de Nicolas Douart, manouvrier, rue Gobelin.
Gilles Thibault, fils de Claude Thibault, meunier.
Pierre Douart, fils de Nicolas Douart, manouvrier.
Jacques Du Coing, fils de feu Martin Du Coing, vivant au régiment des Gardes du Roi.
Jean Perclas, fils de Nicolas Perclas, tapissier, rue Mouffetard.
Antoine Gaschon, fils d'Audry Gaschon, vigneron à Villejuif.
Pierre Pelletier, fils de Martin Pelletier, marchand de bétail.
Pierre Sauvaige, fils de feu Antoine Sauvaige, jardinier.

Par ces exemples, pris dans un court espace de temps et qu'il eût été facile de multiplier, on voit que le recrutement de l'atelier royal de tapisseries était largement assuré.

D'autres noms de tapissiers de l'hôtel des Canaye ou de la rue des Gobelins sont encore conservés par des contrats d'apprentissage. C'est Line Nante, dont le fils est placé chez le graveur en taille-douce Balthazar Moncornet; puis les fils des tapissiers Jean Gilles, Samuel de la Corde, Jean de la Croix, Jacques Chevallier; tous ceux-ci entrent en apprentissage chez les tapissiers de Saint-Marcel.

Mentionnons, pour terminer, une procuration du 11 octobre 1626, donnée par Claire van Bronchonen à son mari, Adrien van Weldené, tapissier flamand, pour recevoir la succession de son père, en son vivant capitaine de la ville d'Anvers, et une autre procuration donnée par le tapissier Josse van den Hocke, d'Audenarde, demeurant faubourg Saint-Marcel, à Arnauld de Vrise, demeurant à Audenarde, pour vendre une rente lui appartenant.

II

LES ATELIERS PROVINCIAUX DE TOURS, D'AMIENS, DE CALAIS, DE CADILLAC.

Il a été question plus haut des sociétés formées pour le desséchement des marais de Tonnay-Charente, pour l'envoi de blé dans l'île de Malte, pour l'établissement d'une fabrique de savon à Paris. Tous ces négoces, rappelés dans l'Inventaire de 1627, n'offrent qu'un intérêt très secondaire. Il en est autrement des mentions concernant les manufactures de tapisseries que nos associés s'étaient engagés à créer dans plusieurs centres provinciaux et qui ne manquent pas d'une certaine importance. Trois de ces ateliers, d'une durée plus ou moins éphémère, sont rappelés ici. D'abord, celui de Tours (cotes 24 à 28, et 98 de l'inventaire des papiers), puis ceux d'Amiens et de Calais, rappelés sous les cotes 75, 79, 89, 91 à 93. De ces énonciations sommaires, il n'y a guère à tirer. Elles constatent seulement que les deux manufactures picardes, installées dès 1604, prolongèrent leur travail jusqu'en 1620 au moins, et, à en juger par la masse de papiers, de livres, de comptes mentionnés ici, elles ne seraient pas restées inactives [1].

Sur l'atelier tourangeau, les recherches de plusieurs érudits provinciaux ont jeté une vive lumière [2]; mais l'Inventaire de 1627 fournit des détails qui ne sont pas à négliger. Le 23 février 1613, Comans et de La Planche, ne pouvant surveiller par eux-mêmes les tapissiers des bords de la Loire, avaient signé avec Jean Gabourg et Jacques Costard, maîtres tapissiers à Paris, et avec Alexandre Motheron, un acte d'association en vue de l'établissement d'une manufacture de tapisseries à Tours. Douze ans plus tard, le 6 juin 1625, une transaction, dont nous ignorons le but, intervint entre Alexandre Motheron, resté seul à la tête de l'atelier tourangeau, et les deux directeurs de la maison mère. La mort de François de La Planche entraîna la liquidation de la société. Tous comptes faits, Comans et Catherine Hennecart, représentant son mari défunt, se trouvaient débiteurs d'une somme de 5,811 l. 12. L'entreprise n'avait donc jamais donné de brillants résultats pendant les quinze années de la durée de la Société. Et cependant la Manufacture avait compté, un moment, une quarantaine de tapissiers. Réduit à ses propres ressources à partir du 24 février 1628, Alexandre Motheron ne parvint pas à rendre la prospérité à l'atelier de Tours. Les encouragements de la Reine mère et du cardinal de Richelieu ne lui firent pas défaut; mais l'entreprise végéta sans pouvoir lutter contre les fabriques parisiennes, et finit par disparaître à une époque indéterminée.

L'atelier que le duc d'Épernon ouvrit sous la minorité de Louis XIII, dans son château de Cadillac, se rattache indirectement à la maison du faubourg Saint-Marcel. En effet, il avait à sa tête ce Claude de la Pierre que nous avons vu dans une des boutiques de l'hôtel des Canaye et que le duc d'Épernon installa d'abord à Cadillac et, plus tard, à Bordeaux. L'*Histoire de Henri III* comptait une vingtaine de sujets. Il en existe encore

---

[1] L'inventaire de la Vrillière mentionne « sept pièces de tapisserie de haute lisse d'Amiens représentant fontaines, chardons et bestiaux…».

[2] Voir GRANDMAISON, *Documents inédits sur les arts en Touraine*, in-8°, 1870, et Dr GIRAUDET, *Les Artistes tourangeaux*, in-8°, 1885.

des fragments, qui offrent un grand intérêt par les sujets représentés et les commentaires qui les accompagnent. L'atelier du duc d'Épernon végéta pendant une trentaine d'années, pour se fermer vers 1650.

D'autres indications précieuses sont encore à recueillir dans les articles de notre Inventaire de 1627. Ainsi les cotes 64 et 65 mentionnent une suite d'*Artémise* vendue au Roi pour la somme de 36,900 livres. Cette tenture est peut-être une de celles que conserve encore le Mobilier national. Ailleurs (cote 92) il est question de onze pièces de tapisserie faites pour le duc de Bavière; le texte, malheureusement, ne dit pas le sujet. On les retrouverait peut-être dans les collections du Musée de Munich, car il possède des échantillons du travail de la Manufacture de Henri IV et de Louis XIII. Les édits, lettres patentes, confirmations, arrêts relatifs à la constitution de la Manufacture ne pouvaient être passés sous silence. Ils sont énumérés sous les cotes 109 et suivantes. C'est ainsi que l'Inventaire de 1627 présente le résumé le plus fidèle de l'histoire et des travaux de notre vieille Manufacture jusqu'au moment de la scission.

Il ne s'agit plus que de compléter ces détails précis par des éléments puisés à d'autres sources.

III

LE FAUBOURG SAINT-GERMAIN. LA TRINITÉ.

A la mort de François de La Planche, son fils aîné, Raphaël, prenait naturellement sa place dans la direction de la Manufacture fondée en 1601. Nous ignorons les raisons qui décidèrent Raphaël de La Planche à quitter la maison du faubourg Saint-Marcel pour fonder un nouvel atelier dans un autre quartier de Paris, au faubourg Saint-Germain, au croisement des rues de la Chaise et de Varenne. Sur les débuts de l'entreprise, nous ne savons rien, sinon que, les deux maisons rivales se faisant concurrence, une hostilité sourde semble en être résultée entre leurs directeurs, et un accord dut intervenir à la date du 4 mai 1634, pour régler les rapports des deux rivaux. Chacun convint qu'il ne chercherait plus, à l'avenir, à débaucher les ouvriers de son concurrent, ni les jeunes enfants en apprentissage. Comme sanction de cette transaction, une liste des travailleurs de chaque maison devait être établie. On fit plus : les ouvriers venus de Bruxelles ou des autres villes de Flandres devaient être partagés également entre les contractants, à moins que l'un d'eux ne déclarât n'avoir pas besoin de ces nouveaux venus et ne renonçât formellement à ses droits.

Lors de cette convention, Marc de Comans vivait encore; mais son âge — il atteignait sa soixante-dixième année — l'avait décidé, l'année précédente, à céder la direction de l'atelier des Gobelins à son fils Charles. Celui-ci ne la garda qu'un an, car il mourut l'année suivante et fut remplacé par son frère Alexandre. C'est en faveur d'Alexandre que le privilège fut continué pour une période de vingt années, par acte du 31 décembre 1643, enregistré au Parlement le 18 avril de l'année suivante. L'acte réservait la survivance à Marc de Comans, devenu octogénaire, en cas de prédécès de son fils. Cette prévision ne devait pas se réaliser, car Alexandre, étant venu à mourir le 16 septembre 1650, eut pour successeur son frère, Hippolyte de Comans, seigneur de Sourdes, qui avait suivi jusqu'à ce moment la carrière militaire, dont l'accès lui avait été ouvert par les lettres de noblesse concédées au chef de la famille. Après la mort de son frère Alexandre, Hippolyte sollicita et obtint sa succession.

Sa nomination porte la date du 10 mai 1651. Une prolongation de privilège de neuf années, à joindre à celle de vingt ans fixée par l'acte de 1643, lui était accordée. Le privilège de la Manufacture du faubourg Saint-Marcel se trouvait ainsi prorogé jusqu'en 1671 au moins. Le dernier des fils de Marc de Comans ne devait pas en voir l'expiration.

Sur les productions de la Manufacture pendant cette période qui s'étend de 1627 à 1662, les détails font presque complètement défaut. Seule la pièce du *Sanglier d'Erymanthe*, conservée au Musée des Gobelins, a pu être attribuée avec quelque vraisemblance à la courte direction de Charles de Comans, parce qu'elle porte deux C enlacés tissés en jaune dans le galon de droite. Il est probable que l'atelier de Saint-Marcel continua la copie des anciens modèles de *Constantin*, d'*Artémise*, de *Diane*, du *Pastor fido*, de *Gombaut et Macée*, et aussi les chasses et les paysages qui, étant de moindre prix, trouvaient plus aisément amateur dans la clientèle bourgeoise. Nous avons constaté plus haut que la marque des Gobelins consistait en un P suivi d'une fleur de lis; mais comme cette estampille était commune à toutes les fabriques parisiennes, il restera toujours bien difficile de répartir entre les deux ateliers rivaux les pièces exécutées après 1627. Ce qui complique encore la question, c'est qu'il existait en même temps à Paris plusieurs autres manufactures de tapisseries, celle des galeries du Louvre et celle de l'hôpital de la Trinité notamment, participant elles aussi aux libéralités royales, sans compter plusieurs entreprises nées de l'initiative individuelle et n'ayant eu qu'une durée éphémère. Aussi est-il nécessaire de passer en revue ces divers établissements dont les œuvres sont le plus souvent presque impossibles à discerner de celles des Gobelins proprement dits[1].

L'atelier de l'hôpital de la Trinité ne saurait nous retenir longtemps. Ses productions ne seront jamais confondues avec celles de notre Manufacture nationale. L'hôpital réorganisé par Henri II dans la rue Saint-Denis sous l'invocation de la Trinité pour y recueillir les orphelins de Paris enseignait à ses pensionnaires un métier manuel leur permettant de gagner leur vie en travaillant. Dans ce but, un atelier de tapisserie y était installé vers 1550. Des travaux de cet atelier, on ne sait presque rien. La seule tenture qui lui soit attribuée avec certitude est une *Histoire de saint Crépin et saint Crépinien*, commandée par la confrérie des cordonniers parisiens pour la décoration de sa chapelle dans l'église Notre-Dame de Paris. Avant 1870, les quatre tapisseries de cette tenture se trouvaient encore à la Manufacture des Gobelins; elles y avaient sans doute été recueillies pendant la Révolution. Il n'existe plus qu'une pièce aujourd'hui; celle qui portait l'inscription relatant l'origine de la tenture a disparu; il faut donc nous en rapporter au témoignage des personnes qui avaient vu le texte de cette inscription avant sa destruction et y avaient lu la date de 1635. D'ailleurs la tapisserie encore existante se rapproche plus des œuvres d'Aubusson ou de Felletin que des travaux des Gobelins. Le dessin incorrect trahit des mains inexpérimentées; le tissu est irrégulier, composé de laine assez grossière, d'un ton triste et uniforme. N'étaient les souvenirs qu'évoque cette relique, elle ne mériterait guère l'attention.

[1] Dans notre étude sur *Les manufactures parisiennes de tapisseries au XVII* siècle* (1892), nous avons réuni des détails, empruntés pour une partie aux *Entretiens sur la vie des peintres*, de Félibien, sur les artistes auteurs de modèles de tapisseries pendant cette première moitié du XVII* siècle. Nous renvoyons à ce qui a été dit dans ce travail sur Henri Lerambert, sur Laurent Guyot et Guillaume Dumée, son beau-frère, sur Toussaint Dubreuil, auteur des modèles de l'*Histoire de Diane*, d'après Félibien, sur Simon Vouet, sur le compte duquel nous aurons à revenir plus loin, enfin sur les modèles dus aux premiers maîtres de l'époque, Nicolas Poussin, Eustache Le Sueur et Philippe de Champaigne. A cette liste qui comprend les noms les plus célèbres d'une des plus brillantes périodes de l'art français, nous avons pu ajouter, sur des renseignements particuliers, celui du fécond et médiocre Claude Vignon. Du reste, il est peu d'artistes de valeur de ce temps-là qui n'aient été appelés à collaborer avec les tapissiers. Ceci est fort important, car le mérite d'une tenture dépend pour beaucoup de la valeur du modèle. Nos recherches nous ont également permis d'établir l'influence directe et particulièrement heureuse que Simon Vouet exerça sur la décoration de la tapisserie pendant la première moitié du XVII* siècle.

Les anciens auteurs parlent d'une autre tenture dont on voit encore quelques fragments dans le Musée des Gobelins; mais cet ouvrage, dont nous avons eu l'occasion de reconstituer l'historique à l'aide du marché passé par le tapissier, remonte réellement au XVIe siècle. C'est la suite commandée à Maurice Dubout, tapissier de haute lisse, demeurant à Paris dans l'enclos de la Trinité, par les marguilliers de l'église Saint-Merri. Le marché fut conclu le 2 septembre 1584; une des pièces qui venait d'être terminée, représentant la *Nativité*, devait servir de type pour les suivantes. Les autres seraient consacrées aux scènes de la vie de Jésus-Christ, d'après les dessins de Lerambert conservés aujourd'hui au Cabinet des estampes. Le prix convenu s'élevait à 12 écus soleil l'aune carrée, rétribution assez élevée pour l'époque, ce qui semble indiquer que le tapissier jouissait déjà de quelque réputation et que le tissu était d'une certaine finesse; on ne saurait se prononcer sur ce dernier point d'après les fragments informes qui nous sont parvenus.

Si nous nous sommes étendu un peu longuement sur une tapisserie fort antérieure à la fondation des Gobelins, c'est parce qu'elle marque les débuts d'un tapissier que nous retrouvons parmi les rivaux les plus distingués des Comans et des de La Planche.

IV

L'ATELIER DU LOUVRE.

Maurice Dubout, en effet, le maître tisseur de la Trinité, le signataire du marché de 1584, après diverses aventures sur lesquelles nous croyons inutile de nous étendre ici [1], fut installé par Henri IV dans la grande galerie du Louvre, peu après l'époque de l'arrivée des Flamands sur les bords de la Bièvre. Dubout était accompagné d'un associé, Henri Laurent, qui avait toujours partagé sa fortune. Le brevet leur attribuant un logement dans la galerie du Louvre est du 4 janvier 1608. Le local concédé était assez spacieux pour recevoir des métiers de haute lisse; il confinait aux Tuileries, dans le voisinage immédiat de l'atelier de Pierre Dupont, l'inventeur des tapis à la façon du Levant, le fondateur de la Savonnerie. Laurent et Dubout furent remplacés par leurs fils, et l'atelier continua ses travaux jusqu'à la réorganisation des Gobelins par Colbert. Les derniers tapissiers des galeries furent alors réunis à la Manufacture royale. Un certain Henri Laurent figure parmi les entrepreneurs des Gobelins de 1665 à 1668. Il est remplacé en 1669 par son fils Girard Laurent. Les comptes des Bâtiments du Roi, qui ont conservé ces détails, nous font encore savoir qu'Anne Jolain, veuve du tapissier Maurice Dubourg ou Dubout, avait vendu à la maison des Gobelins, avant 1664, «quatre rouleaux à faire de la tapisserie».

L'atelier de haute lisse des Galeries fut affecté, en 1657, à l'Académie royale de peinture et de sculpture. Dès cette époque, Dubout et Laurent avaient-ils donc cessé leurs travaux, sur lesquels on ne possède guère d'autres renseignements que les indications fournies par l'Inventaire du Mobilier de la Couronne? D'après ce document, l'atelier de Dubout et de Laurent aurait produit plusieurs pièces pouvant être citées parmi les plus belles décorations de la première moitié du XVIIe siècle. C'est la série des sujets tirés de l'Ancien Testament dont les modèles sont l'œuvre de Simon Vouet. Le grand décorateur encadra ses compositions de bordures d'une largeur inusitée qui constituent un des caractères distinctifs des tentures de cette période. Des médaillons soutenus par des enfants, reliés par

[1] Voir *Les manufactures parisiennes de tapisseries au XVIIe siècle*, dans les *Mémoires de la Société de l'histoire de Paris et de l'Île-de-France*, 1892, t. XIX (tirage à part de 254 pages).

des guirlandes de fleurs, en constituent l'élément essentiel. L'emploi si heureux de ces enfants en camaïeu gris se retrouve dans certaines peintures encore existantes de l'artiste, notamment dans la nymphée du château de Wideville appartenant au comte de Galard, dans le voisinage de Villepreux (Seine-et-Oise).

Vouet avait peint pour les tapissiers les sujets suivants : *Moïse sauvé des eaux, la Fille de Jephté allant à la rencontre de son père, le Jugement de Salomon, Samson au festin des Philistins, le Sacrifice d'Abraham, Élie transporté au ciel.* Ces deux dernières compositions, acquises par Alfred Darcel pour les Gobelins, sont exposées dans le Musée de la Manufacture avec des fragments du *Moïse* et de *la Fille de Jephté.* Les deux grands panneaux du Garde-Meuble national, exposés en 1903 à l'occasion du troisième centenaire de la fondation de la Manufacture, excitèrent la plus vive admiration. Les bordures surtout montraient chez leur auteur un rare sentiment des lois et des ressources de l'art décoratif. Nos manufactures n'ont jamais reçu de modèles mieux compris; les compositions les plus vantées de Le Brun et de son école ne soutiennent pas la comparaison avec les chefs-d'œuvre de Vouet. Aussi furent-ils plusieurs fois remis sur le métier et reproduits à un certain nombre d'exemplaires de dimensions différentes, avec des bordures variées. Les tapisseries du Mobilier national ont une supériorité incontestable sur toutes celles que nous avons rencontrées. Véritables pièces de musée, elles ont leur place marquée au Louvre comme une des productions les plus parfaites de l'art français et de l'industrie nationale. On aura d'ailleurs une idée de leur mérite par les reproductions données dans le présent ouvrage. Ces planches permettent de juger de quelle fantaisie charmante l'auteur a su relever ces sujets bibliques. Il n'a garde de se laisser aller à une interprétation froide et compassée du sujet. Le sens décoratif se traduit dans chaque détail. C'est bien un modèle de tapisserie, non un tableau.

Nous avons publié dans notre étude sur les Manufactures parisiennes du xviie siècle un acte daté du 16 avril 1658 relatif à la vente faite par Anne Jolain, veuve de Maurice Dubout, à Henri-Auguste de Loménie, comte de Brienne, et à sa femme, Louise de Luxembourg, de deux tentures de tapisserie de haute lisse désignées sous le titre d'*Histoire sainte* et d'*Histoire de Psyché,* la première en quatre, l'autre en six panneaux, sur lesquelles il restait dû une somme de 10,140 livres tournois. Ce document est précieux pour l'histoire de l'atelier des galeries du Louvre. S'il paraît assez vraisemblable que les quatre scènes tirées de l'Histoire sainte sont précisément des compositions de Vouet, l'acte de vente prouverait que Dubout et Laurent auraient aussi reproduit les scènes de cette *Histoire de Psyché* dont l'invention première est attribuée à Raphaël et dont nous possédons encore deux tentures, l'une exposée actuellement au château de Pau, l'autre à Fontainebleau.

V

L'ATELIER DES DE LA PLANCHE.

Le dernier des ateliers parisiens de tapisserie dans l'ordre chronologique est celui du faubourg Saint-Germain. La mort de François de La Planche entraîna, comme on l'a dit, la séparation de ses héritiers et de son ancien associé. Tandis que Marc de Comans restait seul à la tête de la maison des Gobelins, Raphaël de La Planche, fils aîné de François, s'en allait fonder un nouvel établissement dans le faubourg Saint-Germain-des-Prés. Le terrain sur lequel il jeta son dévolu pour y élever la nouvelle manufacture se trouvait limité par la rue de la Chaise, du côté du levant, la rue du Bac au couchant, au nord par une voie qui reçut des nouveaux venus le nom de «rue de la Planche», enfin par l'hôpital des Teigneux au midi.

Avant la mort de son père, Raphaël de La Planche avait épousé, en 1626, Catherine de Juyé, fille de Sébastien de Juyé, secrétaire de la Chambre du Roi, et d'Anne Rousselet, demeurant rue Quincampoix, paroisse Saint-Josse. Par le contrat de mariage, daté du 26 juillet 1626 [1], on apprend que la jeune épouse apportait en dot à son mari la maison de la rue Quincampoix habitée par ses parents, avec une rente de cent livres sur les gabelles et un mobilier estimé 2,800 livres, le tout atteignant la valeur de 18,000 livres, dont le tiers seulement devait entrer dans la communauté. De son côté, Raphaël reconnaissait à sa future épouse un douaire de 400 livres de rente viagère. Son père lui abandonnait sa charge de directeur de la Manufacture des tapisseries et s'engageait à lui en faire obtenir la reconnaissance avant la célébration du mariage. Raphaël jouirait dorénavant des 1,500 livres de gages attachés aux fonctions de directeur, sans que ses frères ou sœurs pussent en rien y prétendre. Le père se réservait seulement le logement qu'il occupait dans la Manufacture; par contre, il devait loger le jeune ménage à ses frais jusqu'à concurrence de 750 livres de loyer. Les père et mère de la femme seraient hébergés par les mariés, à moins qu'ils ne préférassent vivre chez eux, auquel cas leurs enfants auraient à leur remettre la somme de 300 livres tournois par an. Enfin Raphaël devait recevoir de ses parents, la veille des épousailles, 20,000 livres dont 6,000 seulement entreraient dans la communauté. Le reste de la fortune et les profits du négoce, pendant les quinze années restant à courir du privilège, seraient partagés également entre les enfants de François de La Planche.

Peut-être le chef de la famille se sentait-il gravement atteint, puisqu'il se démit de ses fonctions de directeur quelques mois seulement avant sa mort.

La célébration du mariage suivit sans doute dans un bref délai la rédaction du contrat du 26 juillet 1626, et quand François de La Planche vint à décéder, au début de l'année suivante, son fils Raphaël l'avait déjà remplacé à la tête de la Manufacture du faubourg Saint-Marcel. Pourquoi crut-il devoir se séparer des associés de son père pour aller s'installer seul dans un autre quartier de Paris? Nous avons dit qu'on ignorait les motifs de cette scission; ce qui est certain, c'est que, dès 1628, les métiers de la rue de la Chaise étaient en pleine activité.

De son union avec Catherine de Juyé, Raphaël eut cinq enfants, un fils et quatre filles: 1° Sébastien-François, qui lui succéda dans sa double charge de directeur de la manufacture et de trésorier des Bâtiments; 2° et 3° Catherine et Marie-Antoinette, qui entrèrent l'une et l'autre en religion; 4° Marie-Madeleine, qui épousa, le 4 juin 1646, avec une dot de 66,000 livres, Angran de Fonpertuis et mourut avant 1661; 5° Élisabeth-Claire, mariée le 24 juillet 1656 à François Le Picard, seigneur du Plessis. Élisabeth apportait 40,000 livres de dot; elle prolongea son existence jusqu'en 1716. Devenu veuf de Catherine de Juyé, Raphaël contracta un nouveau mariage avec Anne de Malebranche. Cette union est probablement postérieure à 1661, car, dans l'inventaire de cette date, dont on va résumer le contenu, il n'est question que de la première femme de notre tapissier.

Pour en finir avec les détails biographiques fournis par notre document, nous relevons, dans l'énumération des titres et papiers enregistrés, la confirmation des titres de noblesse octroyée en mars 1538 au sieur de La Planche et à ses descendants; puis les lettres de provision de l'office de conseiller du Roi, trésorier général triennal de ses Bâtiments, datées du 15 février 1639; le nouveau titulaire comptait pour cette charge 71,000 livres

[1] Voir *Les Manufactures parisiennes de tapisseries,* p. 77.

3.

à son prédécesseur. On a dit qu'elle échut par la suite à François, son fils aîné [1]. Puis ce sont différents actes de constitution de rentes, d'acquisition de maisons rue de la Chaise et rue du Bac, de vente d'autres immeubles rue de la Planche et rue du Bac, des quittances de différentes sommes payées par Raphaël en qualité de trésorier des Bâtiments; un règlement de comptes avec ses anciens associés, les Comans; des titres de famille précisant la date du mariage de Marie-Madeleine et d'Élisabeth-Claire; enfin un état des créances et des dettes de la communauté.

De toutes ces pièces il ressort que notre tapissier se trouvait dans une belle situation de fortune et que son industrie avait prospéré; d'ailleurs, à la vente des tapisseries tissées dans sa maison, il joignait le commerce de tentures importées de Flandre, comme le prouvent ses comptes avec un marchand d'Audenarde et avec d'autres clients. Puis intervient une donation générale faite à ses enfants par Raphaël de La Planche, suivie du partage de ses biens, sous la date du 5 novembre 1661. De ces arrangements de famille, il convient de retenir que Raphaël faisait donation entière et irrévocable à Sébastien-François, son fils, de la «charge de directeur de la fabrique et manufacture de tapisseries façon de Flandre» et de tous les droits appartenant au donateur en cette qualité, notamment des 1,500 livres de gages par an, plus 900 livres pour la nourriture des apprentis, 3,750 pour les loyers de la maison où était installée la Manufacture, et aussi le privilège de brasserie et «passeports de vingt-cinq tentures de tapisserie fines et vingt-cinq communes». Ces libéralités royales, à en juger par une requête adressée au Roi et à son Conseil en avril 1655, étaient fort irrégulièrement acquittées, comme il arrive souvent à cette époque.

Raphaël se plaignait en particulier de ne pas avoir reçu depuis dix années la somme de 6,150 livres, due tant pour la nourriture des apprentis que pour le logement des maîtres et ouvriers, au nombre de trois ou quatre cents. Il réclamait encore 33,000 livres pour ses gages de trésorier des Bâtiments dont il n'avait rien touché depuis 1644. Et non seulement il n'obtient rien sur ses créances s'élevant au total à 93,000 livres, mais encore il est menacé de poursuites, de saisies et d'emprisonnement pour le payement de la somme de 5,375 livres, réclamée par le trésorier des parties casuelles. C'est le revers de la médaille. En apparence, la situation apparaît des plus brillantes; mais une bonne partie de cette fortune consiste en créances sur le Trésor royal, c'est-à-dire en valeurs dont les troubles intérieurs et la pénurie générale rendaient le recouvrement assez aléatoire.

Ce n'étaient pas là les seuls embarras avec lesquels notre entrepreneur eut à lutter. Ses ouvriers formaient une population bruyante, tapageuse et, par suite, assez mal vue dans le quartier. Des rixes incessantes avec les habitants, des plaintes continuelles sur le trouble apporté au repos des voisins provoquaient des plaintes, des instructions, et l'entrepreneur se trouvait sous la menace constante d'être privé du concours de ses trop turbulents ouvriers. Nous avons fait connaître diverses plaintes, enquêtes et informations [2] d'après lesquelles de La Planche devait souvent comparaître devant le bailli de Saint-Germain-des-Prés, soit comme demandeur, soit comme défendeur. Évidemment, la présence de cette colonie d'étrangers assez ivrognes au milieu d'un quartier paisible entraînait parfois de graves conflits. Il en était certainement de même au faubourg Saint-Marcel.

Tels sont les détails que nous avons pu réunir jusqu'ici sur la biographie, la famille et

---

[1] Sur la succession de Sébastien-François, voir l'article de Jules Cousin dans les *Nouvelles archives de l'art français*, 1872, p. 290.

[2] *La Manufacture royale de tapisseries établie au faubourg S'-Germain par François et Raphaël de La Planche*, dans le *Bulletin du Comité d'archéologie*, 1885, p. 60-76.

la situation de Raphaël de La Planche. Un document des plus précieux va nous faire connaître la nature des ouvrages exécutés dans son atelier [1].

L'Inventaire, commencé le 27 septembre 1661 à la requête de Raphaël de La Planche, à la suite du décès de Catherine de Juyé, sa femme, survenu le 29 janvier 1661, renferme sur l'atelier de la rue de la Chaise et aussi sur les tapisseries qui en sortaient des détails d'un haut intérêt. Cette pièce confirmera les premières données que nous avions d'autre part sur la situation florissante de l'entreprise. Elle prouvera que, bien avant les encouragements de Louis XIV et de Colbert, les directeurs des manufactures parisiennes étaient parvenus à donner à leur entreprise un grand développement, une réelle vitalité.

Les meubles meublants, les tableaux, les vieilles tentures de Bruxelles, d'Audenarde ou de Rouen ne méritent guère de retenir l'attention; leur prix indique une valeur presque insignifiante. Constatons tout de suite que les espèces monnayées atteignent un total assez respectable : six sacs de mille livres chacun, une grosse somme d'or, des perles baroques, pendants d'oreilles et bijoux.

Les marchandises et objets de prix en magasin forment trois groupes distincts : les modèles, les tentures terminées, les tapisseries en cours d'exécution, sur le prix desquelles le fabricant a reçu d'assez gros acomptes.

L'appréciation de la valeur des cartons a été confiée à l'artiste qui occupe le premier rang à cette époque, à Philippe de Champaigne. Les chiffres paraîtront sans doute bien modestes; mais il s'agit, ne l'oublions pas, de peintures fatiguées et en partie usées par les services auxquels elles sont employées. Aussi le total est-il assez modique : 3,417 livres pour cent vingt et un tableaux, soit un peu moins de trente livres pièce. Quelques-uns dépassent sensiblement cette moyenne. Ainsi les huit panneaux de l'*Histoire d'Achille* [2] du Père Luc [3] atteignent-ils 400 livres [4], les douze pièces en détrempe de l'*Histoire de Constantin*, d'après Rubens, 360 livres; les neuf tableaux de *Théagène et Cariclée*, copies d'après

---

[1] Les noms d'un certain nombre d'ouvriers de cet atelier nous ont été conservés par les contrats d'apprentissage. Plusieurs de ces tapissiers reparaîtront à la Manufacture des Gobelins. Aussi paraît-il utile de les signaler.

Apprentissages chez Raphaël de La Planche :

Juin 1634 : le fils de Jacques Gilles, tapissier flamand, demeurant rue de la Chaise;

Janvier 1634 : le fils de Pierre Zittart, tapissier flamand, en place d'Adrien van Velden qui sort d'apprentissage;

26 juin 1635 : Abraham Jorris, fils d'Abraham Jorris, m^e tapissier, pour cinq ans;

Juin 1635 : André Beaufaict, fils de Nicolas Beaufaict, tapissier français, au lieu de Joseph Durocher, sortant d'apprentissage;

Juin 1635 : Claude Driart, fils de Jean Driart, en place de Jacques Chandenier;

Juin 1635 : René Rondet, fils d'Antoine Rondet, en place de Jacques Chartier;

Août 1636 : Jean Roger, fils de Pierre Roger, compagnon teinturier, en place d'Étienne Roger, son frère;

Août 1636 : Jean Estienne, fils de Guillaume Estienne, à la place de Gilles Alleaume;

Juin 1637 : Bernard Lenfant, fils de Noël Lenfant, tapissier, à la place de Pierre Julien, sous la conduite de François Colignon;

Mars 1640 : Dirich Grounick, fils de Diodore Grounick, tapissier flamand;

Juin 1640 : Jean de la Croix, fils de Charlotte Morat, veuve de Jean de la Croix;

Juin 1640 : Gilles Bienfaict, fils de Nicolas Bienfaict, tapissier français;

1640 : Guillaume Auvergne, fils de Guillaume Auvergne, tapissier flamand;

15 août 1644 : Josse van den Dicke, fils de Josse van den Dicke, tapissier flamand;

17 août 1644 : Jean Boulanger, beau-frère de Pierre de Bye;

26 juin 1645 : Martin Boucher, fils de Henri Boucher, tapissier flamand;

14 janvier 1646 : Clodomir Moncornet, placé par Louis Blomart;

14 janvier 1646 : Jacques Lefebure ou Lefebvre, fils de Jacques Lefebvre, tapissier français;

Janvier 1647 : le fils de Jean Moreau;

22 juin 1648 : Jean Vaverberg, fils de Charles Vaverberg, tapissier flamand.

[2] Peut-être l'artiste s'était-il inspiré de l'*Histoire d'Achille*, peinte par Rubens pour les tapisseries et dont deux tableaux conservés au Musée de Pau ont été l'objet d'une notice de M. Paul Lafond, où sont réunis tous les renseignements qu'on possède sur cette suite de modèles (*Réunion des Sociétés des beaux-arts des départements* de 1902, 26e session, p. 232-238, 3 pl., Paris, Plon, in-8°).

[3] Claude-François d'Amiens, élève de Vouet, aussi connu sous le nom de Frère Luc ou Luc Récollet, du nom de l'ordre dont il faisait partie. Il travaillait surtout pour les églises. Cf. p. 60 et 302, et t. II, p. 45.

[4] 500 livres en 1627.

Ambroise Dubois, 350 livres. Le chiffre le plus élevé est attribué à ces *Jeux d'enfants*, d'après Michel Corneille, dont on possède encore des reproductions en tapisserie. Les six sujets sont portés à 150 livres pièce, soit 900 livres pour l'ensemble. L'*Histoire d'Abraham*, six pièces, dont malheureusement on a oublié de nommer l'auteur, vient tout de suite après ces *Jeux d'enfants*, avec une estimation de 450 livres. Ce prix élevé semble indiquer des peintures originales.

Ensuite l'estimation tombe à 120 livres pour les huit toiles de l'*Histoire de Didon et d'Énée*, soit 15 livres pièce; à 26 livres pour trois tableaux représentant les cinq *Mois de l'année*; à 40 livres pour les sept pièces désignées sous le titre de *Feuillages et rinceaux verts* [1]. Six pièces en détrempe sur papier, *Histoire de Diane*, ne sont cotées que 12 livres, et quatre pièces d'une *Histoire de Roland* [2], dans les mêmes conditions, 6 livres seulement. Les prix remontent un peu avec une seconde suite de l'*Histoire d'Achille*, huit pièces à l'huile, 100 livres; avec deux séries de modèles de l'*Histoire de Didon et d'Énée*, en huit pièces, 120 livres et 200 livres; avec l'*Histoire de Clorinde* [3], huit pièces, toujours à l'huile sur toile. On revient après cela aux chiffres plus modestes : deux modèles des *Mois de l'année*, en cinq et trois tableaux, valent 40 et 26 livres; les *Quatre Saisons*, en quatre panneaux, 80 livres; une *Verdure* en cinq pièces, 50 livres; les *Armes de France et de Navarre*, deux modèles, 20 livres; enfin l'*Histoire de Daphné*, cinq peintures sur toile, 50 livres.

Il semble à peu près certain que les bordures ne faisaient pas corps avec les tableaux. Ces modèles, bien souvent, atteignent à peine 1 m. 50 ou 2 mètres de hauteur. Or il est peu de tapisseries aussi petites; les bordures, souvent très larges, les ramenaient à une dimension normale.

Nous avons ici la liste des sujets le plus souvent reproduits par Raphaël de La Planche, et, de fait, nous allons retrouver toutes ces *Histoires* dans le magasin des tapisseries achevées ou sur les métiers.

L'atelier de la rue de la Chaise se trouvait donc abondamment pourvu de modèles assez variés pour satisfaire à tous les goûts. Il n'en fallait pas moins pour fournir constamment de l'ouvrage à plus de cinquante métiers et à des travailleurs au nombre de deux cents environ.

En 1661, les métiers étaient en pleine activité; on n'en compte pas moins de quarante-deux occupés par les pièces commandées par des amateurs dont notre document a conservé le nom. Il est à remarquer aussi qu'à une ou deux exceptions près, toutes ces peintures à l'huile ou en détrempe appartiennent en propre aux de La Planche. Sauf l'*Histoire de Constantin* et celle de *Théagène et Cariclée*, aucun des sujets énumérés ici ne figurait dans l'Inventaire de 1627.

Les laines et les soies existant dans les différentes chambres aux laines, dans les boutiques et la teinturerie donnent le prix courant des matières premières. Les bonnes laines valent 40, 42, 45 et jusqu'à 58 et 60 sous la livre; les laines de rebut, pourries ou détériorées, tombent à 8 et à 4 sous. Le prix de la soie s'élève à 19 livres la livre pesant. En 1900, la laine des Gobelins était payée 11 francs et la soie variait de 60 à 75 francs la livre, avant la teinture. Les approvisionnements de matières premières représentent une somme totale de 4,500 livres environ.

Dans les ateliers sont emmagasinées cent une tapisseries terminées, composant vingt-sept tentures, plus quarante-deux pièces commencées sur les métiers, à divers états

---

[1] Peut-être la tenture désignée dans l'Inventaire du Mobilier de Louis XIV sous le titre: *les Quatre Élémens et les Quatre Saisons*, plus connue sous celui de *Rinceaux de Polidor*.

[2] Sans doute des sujets tirés de l'Arioste.

[3] Nommée plus loin *Clorinde et Tancrède*. Cette tenture était tirée des épisodes de la *Jérusalem délivrée*, alors en grande faveur.

d'avancement. Un certain Du Laurent, amateur ou marchand, plutôt un marchand, est inscrit pour une trentaine de tapisseries dont voici la liste :

Une *Histoire d'Abraham*, en sept pièces, mesurant en carré 35 aunes 3 quartiers 1/2, à 160 livres l'aune, valant. . . . . 5,740 livres.
Cinq pièces des *Quatre Saisons*, de 34 aunes 3 quartiers en carré, également à 160 livres l'aune. . . . . 5,560 livres.
Six tapisseries de *Daphné*, de 36 aunes en carré, ne sont plus évaluées que 120 livres l'aune, total. . . . . 4,320 livres.
Six *Verdures*, de 16 aunes 1/4 en carré, valent 140 livres l'aune, soit en tout. . . . . . . 2,248 livres.
L'*Histoire de Clorinde*, cinq pièces, du prix de 160 livres l'aune, ne mesure que 8 aunes 1/2 quartier, total. . . . . 1,285 livres.

Au cours de l'Inventaire se rencontrent d'autres pièces terminées d'après les mêmes modèles :

Deux tapisseries de l'*Histoire d'Abraham*, à un sieur Aubert, 21 aunes 1 quartier en carré, à 160 livres l'aune. . . . . 3,400 livres.
La répétition à quatre exemplaires des *Quatre Saisons* indique le succès de cette tenture. Elle devait se rapprocher des *Verdures*. C'est encore le sieur Aubert qui est porté comme acquéreur de trois pièces des *Quatre Saisons*, mesurant en carré 40 aunes 1 quartier 1/2, à 160 livres, total. . . . . 6,460 livres.
Deux autres tapisseries de la même série, 9 aunes 1 quartier 1/2, appartiennent au sieur Brisacier, au prix courant de 160 livres. . . . . 1,507 l. 10 s.
Mme la Chancelière, femme du chancelier Séguier, doit, pour quatre panneaux de la même tenture, 52 aunes en carré, au même prix. . . . . 8,360 livres.
Une autre série, également en quatre pièces, à M. de Richebourg (41 aunes). . . . . . . 6,600 livres.

Comme la tenture des *Quatre Saisons*, celle de *Daphné* est reproduite cinq fois. Mais, tandis que la suite vendue à Du Laurent comptait six pièces, d'autres acquéreurs n'en prennent que deux ou trois. Voici leurs noms :

A Madame d'Argouge, deux pièces, 18 aunes 3 quartiers, à 100 livres l'aune, ce qui se rapproche du prix des *Verdures*. . . . . 2,900 livres.
A Madame de Grimault, trois pièces, 19 aunes 3 quartiers, à 105 livres. . . . . 2,067 l. 5 s.
En magasin, deux pièces de 11 aunes 1 quart en carré, à 80 livres l'aune. . . . . 900 livres.
Au sieur de Guedreville, une tenture de six pièces, mesurant 39 aunes 1/2, à 105 livres. . . . . 4,150 l. 15 s.

Trois exemplaires de *Clorinde et Tancrède* sont cités dans l'Inventaire :

Celui de Du Laurent se composait de cinq panneaux. M. Turgot en a acquis un autre, aussi en cinq pièces, estimé seulement 105 livres l'aune, ce qui donne pour 44 aunes trois quarts la somme de. . . . . 4,692 l. 5 s.
La dernière tenture, destinée à M. Thiersault, offre des particularités curieuses. Elle compte huit panneaux, quatre pour l'alcôve, et les quatre autres pour la chambre, en tout 36 aunes 2/16, à 105 livres l'aune, soit. . . . . 4,836 l. 11 s. 4 d.
Au magasin sont conservées cinq pièces, représentant des *Petits enfants*, de 16 aunes 1/2 de cours sur 2 1/2 de haut, en tout 41 aunes 1/4, à raison de 50 livres l'aune. . . . . 2,062 l. 10 s.

Une tenture d'*Artémise* en sept pièces, de 81 aunes, estimée seulement 40 livres l'aune, valant donc 3,600 livres, est demeurée indivise entre les Comans et les de La Planche; ce qui semble bien indiquer que les modèles d'*Artémise* sont restés aux Gobelins et n'ont pas été copiés dans l'atelier du faubourg Saint-Germain.

Arrivons aux *Verdures*. L'Inventaire énumère onze tentures se décomposant en trente-quatre tapisseries dont le prix varie de 100 à 110 livres l'aune carrée. Celle du sieur Du Laurent montait même à 140 livres.

Voici les détails consignés sur les dix autres *Verdures* :

Une pièce au sieur de Bragelongne, 5 aunes 1/2, à 110 livres.................	611 l. 15 s.
Deux pièces au sieur Boutart, 4 aunes 2/3, même prix......................	513 l. 12 s.
Cinq pièces au sieur Fieubet, 20 aunes 1/2, à 100 livres....................	2,050 livres.
Trois pièces au sieur Aubert, 53 aunes 1/2, à 110 livres...................	5,912 l. 10 s.
Quatre pièces à M. Boilleau, 31 aunes, même prix......................	3,403 livres.
Une au sieur de Sully, 6 aunes 1/2 quartier, même prix.....................	701 l. 5 s.
Trois au sieur Brisacier, 17 aunes, même prix...........................	1,870 livres.
Quatre à M. Grignon, 21 aunes, même prix............................	2,100 livres.
Au magasin : quatre pièces, 39 aunes, à 40 livres	1,160 livres.
Quatre pièces à M. Housset, 18 aunes 1/4, à 110 livres...................	2,010 l. 15 s.

La somme totale des pièces terminées et pour la plupart vendues monte à 87,421 livres 13 sous 4 deniers, sans tenir compte de l'*Artémise*. Les pièces inachevées et encore sur le métier représentent une valeur de près de 26,000 livres.

Nous avons dit que l'Inventaire comptait quarante-quatre métiers en activité. Ils vont nous révéler des tentures dont il n'est pas parlé ailleurs.

Voici d'abord une tenture dite *le Cheval de Pégaze*, dont cinq pièces occupent les métiers numérotés 1, 3, 12, 29 et 31, et une sixième terminée. Commandée par Mlle de Beaumont, elle est cotée 200 livres l'aune carrée, en raison de l'or dont elle est rehaussée. La dépense atteint déjà 4,144 l. 19 s. Nous n'avons rencontré nulle part de tapisserie portant ce titre.

Diverses *Verdures* sont commencées sur les métiers numérotés 4, 6, 7, 8, 20, 30, 33, 36, 48 et 50. Le prix varie de 100 à 110 livres l'aune. Certaines pièces sont dénommées *Verdures à oiseaux*.

Les *Quatre Saisons*, estimées 160 livres l'aune carrée, occupent les six métiers portant les n°s 5, 9, 13, 35, 42, 49.

Daphné se trouve également en cours de fabrication sur six métiers (n°s 10, 11, 40, 43, 45, 52). Le prix varie de 100 à 105 livres l'aune carrée.

Trois métiers travaillent à l'*Histoire d'Abraham* (n°s 16, 19, 28). Le prix est le même que pour les *Quatre Saisons*, soit 160 livres l'aune carrée.

Les métiers 24 et 27 sont occupés par des tapisseries de *Clorinde et Tancrède*, du prix de 105 livres l'aune.

Enfin voici deux tentures nouvelles : la première pour un M. Gabourg, cotée 160 livres l'aune, en train sur les métiers 22, 25, 26, 38 et 39. L'*Histoire de Psyché*, qui paraît ici pour la première fois et qui semble avoir été la propriété de la Manufacture de la rue de la Chaise, est commencée sur quatre métiers (n°s 15, 17, 18, 32); elle est cotée 200 et 220 livres l'aune carrée. C'est le chiffre le plus élevé qui se rencontre dans l'Inventaire. Les pièces en cours de fabrication sont destinées au sieur Rossignol, au Président de Maisons et à M. Turgot.

Pour ne rien omettre, mentionnons deux petits ouvrages insignifiants pour le sieur Du Laurent, occupant les métiers 2 et 41, estimés 20 et 60 livres.

Le dernier métier portait le n° 52, bien qu'il n'y en eût, lors de l'Inventaire, que quarante-quatre en activité.

Est-ce donc exagérer que d'évaluer le chiffre des travailleurs à deux cents ou deux cent cinquante ?

Comme son ancien associé du faubourg Saint-Marcel, Raphaël de La Planche vendait aussi des tentures importées de l'étranger. Deux de ces tapisseries exotiques, toutes deux d'Anvers, une *Verdure* et un *Jardinage*, sont mentionnées ici.

Plus haut ont été analysés les divers actes concernant l'état civil des descendants de notre tapissier. Le règlement de ses comptes en qualité de trésorier des Bâtiments du Roi n'offre guère d'intérêt. Il suffira de mettre en regard de l'actif énuméré ci-dessus les dettes de la communauté. Raphaël reconnaît devoir 16,271 l. 6 s. à Jean Vinz, marchand de soie, pour fourniture de soie, et 8,373 l. 7 s. 3 d. à la dame Bertin, marchande de laine, pour marchandises livrées à la Manufacture.

Notons pour mémoire deux pièces du *Pastor fido* et une pièce de l'*Histoire de Diane*, déposées dans le magasin et appartenant pour partie au frère de Raphaël, à ses sœurs ou à sa fille; enfin la mention de différents comptes en cours avec un marchand d'Aude-narde, nommé Van den Kerchove, et avec certains clients.

L'acquisition de maisons situées rue du Bac et rue de la Chaise avait fait du manu-facturier un gros propriétaire qui laissa un domaine assez considérable à ses enfants[1], comme le constate l'acte que nous allons examiner.

Pas plus que l'Inventaire de 1627, intervenu après la mort de François de La Planche, celui de 1661 n'entraîna la suspension des travaux. Mais Raphaël ayant conçu, suivant ses propres expressions, «le désir de se retirer de ses employs et du grand soin que ses affaires demande et jouir du repos et de la transquillité le reste de ses jours», prit le parti de partager tous ses biens de son vivant et mit ce projet à exécution par un acte de dona-tion passé devant Galloys, notaire, le 5 novembre 1661. Il semble que le chef de famille ait eu pour principale préoccupation d'assurer à ses enfants une répartition équitable de ses biens, car une de ses filles, Marie-Madeleine, mariée au sieur Pierre Angran de Fon-pertuis, avait été sensiblement avantagée, ayant reçu lors de son mariage une somme de 66,000 livres en écus comptants. Elle venait de mourir dans le cours de l'année, laissant deux filles mineures, Catherine et Angélique, représentées par leur père. Des trois autres filles de Raphaël, Catherine était postulante au couvent des religieuses hospitalières de Sainte-Catherine, à Paris, rue Saint-Denis; Marie-Antoinette avait pris l'habit de novice au couvent des Ursulines de Melun; la dernière enfin, Élisabeth-Claire, était mariée depuis cinq ans à François le Picard, seigneur du Plessis, qui n'avait reçu pour l'apport de sa femme que 40,000 livres.

En dehors des meubles meublants, deniers comptants et marchandises ou tapisseries, la fortune à répartir consistait d'abord en l'office de conseiller du Roi, trésorier triennal des Bâtiments, estimé 76,000 livres, puis en divers immeubles dont la description mérite d'être citée :

«La grande maison où est establie la manufacture de tapisseries, consistant en une grande court sur le devant avec un grand corps de logis sur la rue de la Chaize, et dans ladite court, en entrant, à main droite, une grande gallerie, et, en outre, quatre gros pa-villons, et entre deux d'icelles, une gallerie de chacun des deux costez; au meillieu desdits pavillons et gallerie un parterre; le tout séparé de ladite court d'une ballustrade de fer, estimé 75,000 livres.

«Plus, une maison tenant à ladicte grande maison, qui sert présentement à une bras-serie, consistant en deux petits corps de logis, ung grant couvert au millieu des deux courtz, ung moulin et autres dépendances, estimé 12,000 livres.

[1] Voir dans les *Nouvelles Archives de l'art français*, I, 1872, p. 290, l'article déjà signalé de Jules Cousin sur les origines de la rue de la Planche et sur les grands hôtels construits sur l'emplacement de la Manufacture de tapis-series, après le règlement de la succession de Sébastien-François.

«Plus, une grande place contenant environ 3,000 toises (près de 6,000 mètres), séparées par la rue qui est au meillieu, dicte de la Planche, partie de laquelle place est présentement en deux jardins du costé de la grande maison, le tout fermé de murailles, et l'autre partie qui est du costé des Religieuses Récollettes, non fermée, estimée à raison de 30 livres la thoise pour ce qui a face sur la rue du Bacq, où ladite place aboutit et jusques à 20 toises de profondeur, et pour le surplus à raison de 24 livres la toise, et à tout vendre en blocq 25 livres la toise.»

Comme ces terrains, sur lesquels furent construits de grands hôtels, ainsi que l'a raconté Jules Cousin, ne se vendirent que vingt ou trente ans plus tard, les prévisions de Raphaël de La Planche durent être dépassées, et on peut bien attribuer une valeur de six à huit mille livres à ces terrains nus. Les immeubles représentaient donc une centaine de mille livres, à ajouter aux 75,000 livres de l'office de trésorier triennal et aux cent mille livres de tapisseries en magasin et de meubles, sous déduction des dettes, soit un actif de 275 à 300 mille livres auxquelles s'ajoutent 250 livres de rente à prendre sur les entrées; 60 l. 16 s. de rente sur le clergé de France; 10 livres sur les aydes et 36 l. 13 s. 4 d. de rente de bail d'héritage; au total, 336 livres de rente représentant encore un capital de six ou sept mille livres.

Le fils aîné, Sébastien-François, qui depuis plusieurs années s'est employé à la direction de la Manufacture, «où il a réussi au proffit et contentement de ses père et mère, n'ayant eu aucune utillité en particulier jusqu'à présent, quoyqu'il y ait donné tout son temps», reçoit en don la charge de directeur de la fabrique et manufacture de tapisseries façon de Flandres «en ce royaume establie par le deffunct roy Henry le Grand», avec les gages de 1,500 livres par an, 900 livres pour la nourriture des apprentis et 3,750 pour le loyer de la manufacture, privilège de brasserie, passeports de vingt-cinq tentures de tapisserie fine et vingt-cinq de tapisserie commune, suivant l'édit d'établissement de l'année 1617 et les articles en forme de traité du 18 avril 1625. En outre, Sébastien-François aura la propriété de la moitié des métiers, soies, laines et ustensiles de la manufacture, cette moitié représentant une valeur de 5,618 livres. En résumé, Sébastien-François de La Planche succède à son père et à tous les droits qu'il tenait du privilège royal; il doit donc continuer les travaux de l'atelier dont il s'occupe activement depuis plusieurs années.

Sur les autres arrangements de famille tendant à constituer à la dame du Plessis et à ses sœurs religieuses une part égale à celle de sa sœur aînée récemment décédée, nous n'avons pas à insister. Sébastien-François tiendra compte à ses cohéritiers du prix de la charge de trésorier triennal des Bâtiments porté à 76,000 livres, et leur payera 3,000 livres de loyer par an pendant sept ans pour la jouissance de la grande maison et dépendances. En outre, le donataire avait pris l'engagement de payer à son père une somme de 31,600 livres tournois destinée à être placée en acquisition de rentes sur l'Hôtel de ville de Paris, pour produire mille livres de revenu par an, que Raphaël se réserve pour vivre avec les 250 livres à prendre sur les entrées. Il conservera de plus dans la grande maison un logement pour lui et son valet. Sébastien-François était donc bien réellement mis en possession de la manufacture et en devenait, dès le 5 novembre 1661, l'unique directeur, sous réserve des comptes à régler avec ses cohéritiers.

Jusqu'à quelle époque l'atelier de la rue de la Chaise continua-t-il ses travaux? Jusqu'ici, aucun document ne nous a fixé sur cette date. Il semblerait que la manufacture subsista encore quelques années après la réorganisation de la Manufacture des Gobelins par Colbert. Elle continua sans doute à exploiter les modèles dont la liste a été donnée plus haut. Voici l'unique mention permettant de fixer approximativement la date de la fermeture de l'atelier. Les *Comptes des Bâtiments de Louis XIV* (tome Ier, année 1667, p. 214) contiennent cet article de dépense à la date du 21 mai 1668 : «Au sieur de La Planche, directeur de l'une des manufactures de tapisseries de Sa Majesté, la somme de 89,175 livres 8 sous 9 deniers, pour l'entier et parfait payement de sept tentures de tapisseries qu'il a livrées pour le service de Sa Majesté». Cet article ne donne pas le sujet de ces tapisseries; mais elles sont décrites dans l'*Inventaire du Mobilier de la Couronne* à leur date d'entrée. Le *Compte des Bâtiments* indique donc d'une façon précise la date de la fermeture de l'atelier de la rue de la Chaise.

A partir de 1668, Sébastien-François de La Planche ne paraît plus sur les registres qu'en qualité de trésorier général des Bâtiments.

Voici la désignation des sept tentures livrées par Sébastien-François de La Planche en 1668, et inscrites au Mobilier de la Couronne à leur date d'entrée[1] :

    N°s 46. *Histoire de Constantin*, d'après Rubens, à or.................... 12 pièces.
          47. *Histoire de Psiché*, à or............................ 6
          48. *Histoire de Psiché*, à or............................ 6
          67. *Jeux d'enfants*, sans or............................ 6
          68. *Les Rinceaux*..................................... 8
          69. *Ancien et Nouveau Testament*...................... 5
          70. *Verdures et Oiseaux*, de Vouet................... 5

Vers 1691, toujours d'après le même Inventaire, eut lieu une autre fourniture de sept tentures de La Planche[2]; plusieurs répètent les sujets déjà fournis en 1668. Toutes ces tentures sont en laine et soie, sans or :

    N°s 162. *Clorinde et Tancrède*............................ 6 pièces.
        163. *Six Maisons royales*............................ 6
        164. *Jeux d'enfants*................................ 6
        165. *Paysages (à oyseaux)*.......................... 5
        166. *Constantin*................................... 12
        167. *Psiché*...................................... 5
        168. *Faits d'Achille*.............................. 3

A en juger par le nombre des métiers en activité et des tapisseries en magasin lors de l'Inventaire de 1661, c'est certainement à un chiffre très élevé que doit être porté le nombre des pièces de tapisserie sorties de la Manufacture de la rue de la Chaise. On en connaît quelques-unes par les inventaires officiels; mais celles qui sont entrées dans le commerce sont à peu près impossibles à distinguer.

VI

ATELIERS SECONDAIRES.

Parmi les ateliers de tapisserie du xviie siècle ayant conservé leur indépendance et leur activité jusqu'au règne de Louis XIV, il en est un dont nous ne pouvons nous dispenser de dire quelques mots, car les artistes et tapissiers qui y furent occupés formèrent le premier et le principal noyau de la seconde Manufacture des Gobelins. Nous voulons parler de cet atelier de Maincy, installé par Fouquet dans le voisinage de son château de Vaux, où le peintre Charles Le Brun fit ses débuts et révéla ses aptitudes de décorateur[3].

Fouquet avait attiré et installé à Maincy une certaine quantité de tisseurs flamands,

---

[1] Pages 302 et 343. — [2] Pages 360 et 361. — [3] Un acte royal de mai 1660, conservé aux archives du château de Vaux et signalé récemment par M. Jean Cordey, accorde aux ateliers de Maincy érigés en manufacture de tapisserie de haute lisse sous la direction de Fouquet les mêmes droits et prérogatives qu'à la manufacture de Comans et de La Planche. Cet acte constate entre autres le brillant succès des ateliers parisiens des galeries du Louvre, du faubourg Saint-Germain et des Gobelins et l'abondance des commandes qui leur sont faites.

venus, les uns de Bruxelles, d'autres d'Enghien; les noms de plusieurs autres, Lenfant, Lefèvre, Lourdet, accusent une origine plutôt française. M. Grésy a pris la peine de relever sur les registres paroissiaux de la petite commune les noms des tapissiers ayant travaillé à Maincy sous la direction de Le Brun. C'est ainsi que l'atelier de Maincy joue, lui aussi, un rôle, et un rôle important, dans la constitution de la seconde Manufacture des Gobelins. Il compte à peine une dizaine d'années de durée, et les renseignements font entièrement défaut sur son organisation et sur les œuvres qu'il produisit. Il reste tout juste le dessin d'une portière destinée au château de Vaux, car on y voit figurer l'écureuil allégorique et la fameuse devise : *Quo non ascendet!* L'écureuil de Fouquet fut remplacé par la couleuvre de Colbert, et les deux figures, dessinées par Le Brun pour accompagner l'écusson du ministre, servirent plus tard aux portières de Louis XIV. L'*Histoire de Méléagre,* commencée à Maincy d'après les modèles de Le Brun, fut terminée aux Gobelins; mais cette suite n'entra jamais dans les collections de la Couronne. Sa présence eût réveillé des souvenirs importuns.

On ne connaît pas les autres modèles traduits par les tapissiers de Maincy, et c'est par pure hypothèse que nous leur avons attribué jadis quelques tentures d'origine inconnue : l'*Histoire d'Iphygénie,* l'*Histoire de Gédéon,* l'*Histoire de Salomon,* et les *Vertus,* en huit pièces chacune.

A côté de ces ateliers réguliers, dont l'existence se prolongea pendant des périodes d'une durée variable, des tapissiers indépendants, des nomades, comme il en existait au moyen âge, viennent de temps en temps travailler, à la demande des clients, dans des locaux non destinés à cet usage. Nous avons pu reconstituer l'histoire d'une tenture importante, ne comptant pas moins de quatorze panneaux d'une énorme surface, tissée dans ces conditions toutes spéciales [1]. C'est la *Vie de la Vierge,* commandée par l'abbé Le Masle, prieur des Roches, chantre de Notre-Dame de Paris, secrétaire et homme de confiance du cardinal de Richelieu. Cette belle tenture appartient aujourd'hui à la cathédrale de Strasbourg; elle avait été commandée par le chanoine pour la décoration du chœur de notre église métropolitaine. Elle y fut placée, aux jours de fêtes solennelles, jusqu'à la mise en place des statues commandées en exécution du vœu de Louis XIII. Ces tapisseries reproduisent des compositions de Philippe de Champaigne et de ses élèves. Elles furent tissées à Paris, dans le cloître même de Notre-Dame, par un artiste parisien fort habile, nommé Pierre Damour, et portent les armes du cardinal de Richelieu au-dessus de celles du donateur [2].

Pendant la première moitié du xviie siècle, il a donc existé presque simultanément, à Paris même, quatre ou cinq ateliers ou manufactures de tapisseries : au faubourg Saint-Marcel, au faubourg Saint-Germain, aux galeries du Louvre, à la Trinité, et dans le cloître de Notre-Dame. Presque tous ces ateliers ont eu leur part des faveurs royales; mais tous ont dû chercher dans la vente de leurs produits des ressources pour vivre et entretenir leur nombreux personnel. Jamais peut-être le nombre des tapissiers travaillant à Paris n'a été aussi considérable qu'à cette époque. Aussi, malgré les ruines causées par le temps, possédons-nous encore nombre de pièces de la première moitié du xviie siècle.

[1] *La Vie de la Vierge, monographie sur les tapisseries de la cathédrale de Strasbourg.* Extrait de la *Revue alsacienne illustrée,* brochure gr. in-8° de 28 pages et album de 14 planches.

[2] Elles ont le caractère très particulier des tapisseries de la première moitié du xvie siècle : de très larges bordures avec des enfants se jouant dans des guirlandes, des médaillons garnis de figures ou d'inscriptions.

Si la date précise de la création d'une manufacture nouvelle reste souvent ignorée, la cessation des travaux est encore plus difficile à fixer. Sur les ateliers parisiens dont nous venons de parler, bien des éléments manquent encore pour permettre d'écrire leur histoire de l'origine jusqu'à leur dernier jour. Nous essayerons cependant de rechercher la date approximative de leur clôture.

La maison du faubourg Saint-Marcel, par une transition presque insensible, se transforma, comme on le sait, en Manufacture royale des meubles de la Couronne. Elle absorba peu à peu les différents établissements rivaux, à commencer par l'atelier de Maincy. Après la disgrâce de Fouquet, le directeur des travaux, le peintre Le Brun, passa au service du Roi avec tous ses collaborateurs, et, bien que l'édit royal portant établissement d'une Manufacture des meubles de la Couronne porte seulement la date du mois de novembre 1667, dès l'année 1662, les différents métiers réunis par les soins de Colbert se trouvaient en pleine activité. D'après Voltaire, l'enclos des Gobelins contenait plus de huit cents ouvriers dans tous les genres, dont trois cents étaient logés. Si le personnel n'atteignait pas ce chiffre élevé dès les premières années, il alla en s'augmentant constamment pendant une période de vingt à vingt-cinq années; mais, dès les premiers temps, l'ancien atelier des Comans avait apporté au nouvel établissement un contingent fort respectable de maîtres habiles et d'ouvriers exercés. Dès 1654, Jean Jans était venu des Flandres se fixer à Paris et avait reçu le titre de maître tapissier du Roi. Où pouvait-il exercer son métier, si ce n'est dans la maison des Comans? Pierre Lefebvre, l'habile directeur de la manufacture florentine, avait été attiré en France dès 1648 et avait obtenu un brevet de logement dans les galeries du Louvre avec une boutique dans le jardin des Tuileries. Ainsi, avant même l'arrivée de Colbert aux affaires, l'atelier de tapisseries qui devait fournir une si glorieuse carrière pendant le règne de Louis XIV avait reçu une organisation complète. Quel était le régime de l'entreprise pendant la période s'étendant de 1648 à 1662? Aucun document contemporain ne le fait connaître. Elle végéta probablement jusqu'au jour où la volonté de Colbert lui imprima un brillant essor. C'est ainsi que l'atelier des Comans et des de La Planche, fondé en 1601, n'interrompit jamais ses travaux, mais se transforma sans secousse en manufacture royale ne travaillant que pour la Couronne. Il absorba successivement les métiers de Maincy et ceux de Dubourg, installés dans la galerie du Louvre. C'est en 1657 que l'Académie de peinture, cédant le local qu'elle occupait au peintre Pierre Picou, est transférée dans le local précédemment occupé par le tapissier Pierre Dubourg, décédé. Cette date coïncide vraisemblablement avec la cessation des travaux de l'atelier installé dans la grande galerie du Louvre par Henri IV. La mort de Dubourg laissa sans travail un certain nombre d'ouvriers; ils furent sans doute recueillis par le dernier des Comans.

Sur les derniers jours de l'atelier de la Trinité, nous n'avons pu découvrir aucun renseignement. Comment ses produits inférieurs auraient-ils pu lutter avec les brillantes productions des manufactures subventionnées par le souverain?

Quant à la manufacture de la rue de la Chaise, lorsque son fondateur Raphaël de La Planche céda la direction à son fils Sébastien-François, le travail, comme le démontre l'Inventaire de 1661, continuait avec une grande activité. Cet acte vante les capacités administratives de Sébastien-François. Il semble donc probable qu'il ne se résigna pas de prime abord à cesser un commerce prospère. Le succès de l'entreprise plus directement protégée par le Roi et le ministre dut causer un préjudice sensible à la maison rivale, et l'on n'entend plus parler, après 1662, des métiers de la rue de la Chaise. Continuèrent-ils pendant quelques années à végéter obscurément? Les frais de l'entreprise furent-ils une des causes de la déconfiture de Sébastien-François de La Planche? Ce qui ressort des documents authentiques, c'est que, vers 1680, de La Planche, à bout de ressources, était remplacé dans ses fonctions de trésorier triennal, et de somptueux hôtels étaient construits sur les terrains et les dépendances de l'ancienne manufacture. Encore cet atelier du faubourg Saint-Germain paraît-il être le seul des ateliers parisiens qui ait continué ses travaux, alors que la Manufacture des Gobelins, entièrement reconstituée, avait inauguré le cours de sa glorieuse carrière.

JULES GUIFFREY.

PIÈCES JUSTIFICATIVES.

4 janvier 1599. — Brevet de la charge et intendance de la manufacture de tapisserie de haute lisse, en faveur de Fourcy :

Aujourd'huy 4 janvier 1599, le Roy étant à Paris désirant rétablir en son royaume la Manufacture de tapisserie de haute lisse et se pourvoir aussi de quelque quantité de ladite tapisserie belles et excellentes et d'histoires choisies pour décorer et enrichir les maisons et chateaux, ayant à cette fin fait recherche d'ouvriers tant peintres que tapissiers pour travailler aux patrons et tapisseries et iceux fait accommoder en la maison des Jésuites rue St-Antoine, espérant aussi sadite Majesté que le dessein qu'elle a de faire venir des païs bas grand nombre d'ouvriers pour travailler esdites tapisseries réussira et étant besoin de faire élection de personnages capables qui ait les parties requises pour la conduite de telles œuvres, qui ait l'œil sur lesdits ouvriers et soin d'eux, leur ordonne paiement, leur fasse faire les achats de fil d'or, soyes, laines, matières et toutes autres choses nécessaires, Sa Majesté reconnoissant l'expérience du sieur de Fourcy a voulu et ordonné, veut et ordonne, qu'il ait la charge et intendance de tout ce qui regarde le fait et façon desdites tapisseries, fasse faire les desseins d'icelles, ordonne de la dépense des deniers qu'il conviendra tant pour achat de matières que payement d'ouvriers et toutes autres choses nécessaires dont il expédiera ses ordonnances aux trésoriers des Batimens pour être par [eux] payées et acquittez des deniers de leurs charges. Comme aussy la somme de six cens Ecus que Sa Majesté a ordonné et ordonne audit sieur de Fourcy, d'État et entretenement par chacun an, tant pour cette dite charge que augmentation outre et par dessus la somme à luy ordonnée par sadite Majesté pour son état d'Intendant et ordonnateur de ses Batimens en considération de la grande sujétion et assiduité que ledit sieur de Fourcy rend esdites charges et dépenses qu'il est contraint de faire à cette occasion, à commencer le payement de ladite somme de six cens écus du premier jour du présent mois et lesquels payemens qui seront faits par lesdits trésoriers des Batimens, Sa Majesté veut être passez et allouez en la dépense de leurs comptes par les gens d'iceux, auxquels elle mande ainsi la faire sans difficulté, nonobstant que telles dépenses ne soit à la charge desdits Batimens. Ce qu'elle veut être ainsi fait pour certaines considérations de quoy Sa Majesté m'a commandé d'expédier toutes lettres, commissions, validations et autres à ce requises et nécessaires et cependant le présent brevet qu'elle a voulu signer de sa main et fait contresigner par moy son conseiller, secrétaire de ses Commandemens et finances.

Signé : Henry.   *Et plus bas :* Potier.

(Bibliothèque nationale, ms. fr. 21786, fol. 248. Collection Delamarre.)

1601. — Brevet d'intendance sur le fait des tapissiers employez au service du Roi, accordé au s^r de Fourcy, intendant des Batimens de Sa Majesté :

Aujourd'hui douzieme jour de janvier mil six cens un le Roy étant à ......, désirant que les ouvriers étrangers que Sa Majesté a fait venir des pays bas pour travailler les tapisseries en la Ville de Paris, soient établis et fassent leurs ouvrages sous la conduite de quelques personnes afectionées à Sa Majesté, qui ayent aussi l'œil à ce que les dits ouvriers soient assistés de tout ce qu'il leur sera nécessaire, conférer ce qui se présentera avec les maîtres des dites tapisserie et leur faire fournir deniers, et voulant davantage sa d. Majesté prendre quelque quantité des d. tapisseries pour l'ameublement de ses maisons et châteaux sa dite Majesté mémorative de la charge qu'elle a cy devant donné au sieur de Fourcy, Intendant et Ordonnateur de ses Batimens, pour les tapisseries de haute lisse qu'elle fait faire en sa Ville de Paris, a voulu et ordonné, veut et ordonne que le dit sieur de fourcy ait encore aussi la charge et intendance de tout ce qui dépendra du fait de l'établissement des dits ouvriers tapissiers flamands logemens d'iceux, ordonne de tous et chacun les deniers que sa dite Majesté fera metre pour cet effet ès mains des Trésoriers de ses Batimens, auxquels il expédiera toutes ord^rs et acquits à ce nécessaire et ordoner de tout ce qui dépendra du fait et fabrique des dites tapisseries, mêmes des nécessités des dits ouvriers selon les occasions et occurences, lesquels payemens qui seront faits par les dits Trésoriers, sa dite Majesté veut être passés et alloués en la dépense de leurs comptes par les S^{rs} de ses d. comptes, auxquels elle mande le faire ainsi sans dificulté nonobstant que telle dépense ne sont de la charge des d. Batimens m'ayant sa d. Majesté comandé d'expédier toutes lettres, commissions et validations à ce requises et nécessaires, et cependant le présent Brevet qu'elle a voulu signer de sa main et fait contresigner par moi Conseiller et Secrétaire de ses finances et commandemens.

Signé : HENRY.   *Et plus bas* : Potier.

(Archives nationales, O¹ 2140ᴬ.)

29 janvier 1601. — Société contractée entre Marc de Comans, Hierosme de Comans et François de La Planche [1].

Avril 1601. — Première installation des tapissiers flamands dans quelques bâtiments encore debout du palais des Tournelles, précédemment démoli par ordre de Charles IX, et en l'hôtel des Canaye, au faubourg Saint-Marcel. François de La Planche étant aux Tournelles et Marc de Comans en l'hôtel des Canaye.

11 septembre 1601. — Défense d'introduire des tapisseries étrangères en France :

De par le Roy. On faict deffences à tous marchans tapissiers et autres de quelque estat et condition qu'ilz soient de faire doresnavant apporter, venir et entrer dans ce royaume aucunes tapisseries à personnages, boccages ou verdures des pays estrangers, lesquelles Sa Ma^{té} a deffendues sur peine de confiscation d'icelles dont le tiers appartiendra à Sad. Ma^{té}, un autre au dénonciateur et l'autre à ceulx de la compagnie des M^{es} ouvriers en tapisseries auxquelz Sad. Ma^{té} la affecté. Ce qui sera publié en tous lieux et endroitz que besoing sera pour avoir lad. deffence lieu du jour que la publication en sera faicte affin qu'aucun n'en prétende cause d'ignorance. Faict au conseil du Roy tenu à Paris le xi jour de septembre Mil six cens ung.

Bellievre.

(Archives nationales, Conseil d'État, E 3', f° 52.)

1ᵉʳ février 1602. — Création de la brasserie de l'hôtel des Canaye, tenue par Marc de Comans.

1ᵉʳ février 1602. — Création de la brasserie de la Tournelle, tenue par François de La Planche.

2 juin 1603. — Conventions passées entre Marc de Comans, François de La Planche et les sieurs Le Redde et Baudry au sujet des deux clos sis au delà de la rivière des Gobelins.

Nobles seigneurs Marc Commans et François de La Planche, gentilz hommes flamans et directeurs de la fabricque de tapisseries du Roy, demeurans à St-Marcel lez Paris, confessent avoir voluntairement et.... l'un et l'autre chacun d'eulx seul et pour le tout sans division ne discution, renonçant aud. benesfice de division, fidéjussion, ordre de droict et de discussion, garentir de touctes revendications et troubles quelconques à Henry Bauldry et Cezar Le Redde, marchans fruictiers, demeurans à Paris rue Ste-Geneviève en la maison de l'Espée de bois, paroisse St-Estienne-du-Mont, à ce presens et ce acceptans pour eulx, que ont achapté et acceptent, tous et chascuns les fruictz des arbres qui sont plantez dedans les deux cloz au delà de la rivière des apartenances de la maison en laquelle lesd. Srs Commans et de La Planche sont à présent demeurans, et ce pour ceste présente année, pour desdict fruictz qui sont esdictz arbres d'iceulx deux cloz en joir, faire et disposer par lesd. achepteurs comme bon leur semblera, et iceulx recueillir ceste dicte presente année à leurs fraiz et despens, et pour ce faire les garder et faire garder per lesd. achepteurs tant de nuict que de jour comme bon leur semblera. Et, en ce faisant, lesd. Srs Commans et de La Planche

(1) *Factum pour D^{lle} Françoise de Comans*, etc. Bibliothèque nationale, Dép. des Impr. (Thoisy, 154, fol. 335), et Inventaire de 1627, ci-après, où sont prises presque toutes ces dates.

leur ont présentement baillé et dellivré deux clefs desd. deux cloz, et néanmoins lesd. Sʳˢ Commans et de La Planche et leurs amys porront avoir licence aller et venir auxd. deux cloz pour se promener et y prandre leur esbat sans que néanmoins y puissent rien prendre desd. fruictz presentement vendus, lesquelz lesd. acheteurs seront tenuz garder et conserver à leurs perilz et fortunes, tant de nuict que de jour, comme dict est. Ceste vente faicte moyennant la somme de trois cens livres tournois que lesd. sieurs Commans et de La Planche ont confessé et confessent avoir eu et reçu desd. achepteurs qui leur ont présentement baillé, payé, compté, nombré et délaissé. . . . . la somme de cent cinquante livres tournois en quartz d'escu, testons et monnaie, le tout bon, et dont etc. etc. et le surplus montant pareille somme de cent cinquante livres tournoiz lesd. Bauldry et Le redde ont promis et sont tenus, promettent et gaignent l'un et l'autre chacun d'eulx sel [seul] et pour le tout, sans division ne discussion, renonçans aud. beneffice de division fidéjussion, ordre de droict et de discussion, bailler et paier lesd. Sʳˢ Commans et de la Planche . . . . aux jours et feste Sᵗ Remy prochain venant, chascun en droict say, chascun d'eulx seul et pour le tout sans division ne discussion etc. etc. renonçant esd. beneffice et droictz sus dittz. Faict et passé double copie es estudes des notaires soussignez l'an mil six cent trois, le lundy après midi deuxiesme jour de juing.

Marco Comans.   F. Plancken.

Le Redde.   Baudry.

Jullien (not.).   Nourry (not.).

1604. — Établissement de la manufacture d'Amiens. (Dˡˡᵉ de Pierre et François de La Planche. Article 92 de l'inventaire de 1627.)

19 septembre 1605. — Arrêt accordant aux sieurs Commans et de La Planche, directeurs de la fabrique de tapisseries établie au faubourg Saint-Marcel et à Amiens, mainlevée, pour cette fois seulement, des balles de soie qu'ils avaient fait venir de Flandre, et qui avaient été saisies comme n'étant pas entrées par Lyon. (Noël Valois. Inventaire des arrêts du Conseil d'État, nº 9681.)

8 juillet 1606. — Arrêt donnant à la comtesse de Sault mainlevée de 46 tapisseries des Pays-Bas qu'elle faisait envoyer à Savigny et qui avaient été saisies par le fermier de la Douane de Paris et par le directeur de la manufacture des tapisseries de Flandre. (Noël Valois. Inventaire des arrêts du Conseil d'État, nº 10317.)

Janvier 1607. — Édit de création des ateliers de François de La Planche et Marc de Comans :

Henry par la grace de Dieu roy de France et de Navarre. A tous presens et advenir, Salut. Depuis qu'il a pleu à Dieu nous donner la paix en ce Royaulme, Nous n'avons rien eu en plus singuliere recommandation que de le remectre en sa premiere splendeur... et adjouster ce que nous avons trouvé necessaire [pour] mesmes establir le commerce, arts et manufacture, presque entierement esteints par le malheur des troubles. En quoy Nous avons si heureusement travaillé que à present l'on y peult remarquer un changement presque inespéré, ayant... faict plusieurs edicts et reglemens, mesmes depuis peu sur l'establissement d'aucunes manufactures, dont nos sujets n'avoient ny congnoissance, ny usage, pour le recouvrement desquelles ils estoient contraints avec grands frais et despens recourir à nos voisins estrangers à prix et grandes sommes d'argent, et continuant ceste volonté Nous avons pris ceste resolution d'establir en nostre Ville de Paris et autres en ce Royaulme la Manufacture des tapisseries en intention de rendre cappable nosdits Subjects par la pratique et experience qu'en feront les seigneurs Marc de Commans et François de La Planche et Compagnie, lesquels Nous avons faict venir exprès du Païs Bas, et depuis leur arrivée entendu diverses fois sur ce subject aucuns des plus notables Bourgeois et Marchans de nostre Ville de Paris, qui ont quelque congnoissance en cet Art. Sur quoy ayant esté delibéré de cest affaire en nostre conseil... auroit esté trouvé expedient, pour conduire promptement ceste entreprise à sa perfection, de commestre en nostre ville de Paris quelques personnes cappables et expérimentées en cest establissement affin que oultre le contentement que nous en recevrons, l'exemple serve à l'accroissement des manufactures et commerce de nostre dit Royaulme. Et nous confiant de la fidelité, prud'homie, intelligence... desdits sieurs de Commans et de La Planche, les avons... chargé,... et par ces présentes, commettons et depputons à l'establissement et entreprise en nostre dite ville de Paris, et autres de nostre Royaulme, des Manufactures des tapisseries de laine, soye, capiton, enrichis d'or et d'argent... avec defenses expresses, que personne autres qu'eulx ou par eulx commis, ne puissent pendant quinze ans prochainement venant à leur imitation dresser ou entretenir aucuns asteliers et mestiers, ou employer en quelque sorte que ce soit maistres, ouvriers, tapissiers, hormis ceulx de haulte-lisse de Paris.

En faveur duquel establissement... Nous avons lesdits sieurs de Commans et de La Planche declarez nobles et domesticques et commençaulx de nostre Maison..., ensemble leur postérité naiz et à naistre... Voullons que durant le temps de quinze années prochaines, nul autre qu'eulx puisse en ceste Ville... de Paris, ny partout ailleurs en nostre Royaulme, entreprendre ny imiter lesdictes Manufactures, ny lever bouticque pour en travailler, ny en vendre de neufves... Promectons ausdits sieurs de Commans et de La Planche, pour les loger et retirer avec les ouvriers qu'ils employeront à ladicte Manufacture, et pour dresser asteliers et mestiers qui seront nécessaires de leur faire donner maison et lieux spacieux à Nous appartenans, ou en faire louer pour les loger, et les ouvriers, dont nous ferons payer les louages...

Et pour induire et attirer les ouvriers estrangers a venir travailler a ladicte Manufacture, nous avons iceulx estrangers déclarés naturels et regnicolles et dispensez du droict d'aulbeyne... D'habondant avons lesdits ouvriers durant lesdites quinzes années exemptez et exemptons de toutes tailles... voullant au surplus qu'ils jouïssent des mesmes privilleges, exemptions, franchises, et immunitez, dont jouissent les ouvriers de draps de soye de nostre ville de Lion... et ne pourront... durant le temps qu'ils seront tenus de servir lesdits entrepreneurs, quicter leur mestier pour s'addonner à aultre trafic ou service... à peine de cent livres d'amande pour la premiere fois...

Et d'aultant que nostre intention est d'establir en ce royaulme ledit art et manufacture, Nous promectons bailler ausdicts sieurs de Commans et de La Planche quelque nombre et quantité d'enfans François, assavoir en la presente année vingt-cinq, l'année ensuivant vingt, et l'autre d'après vingt, et lesquels ils seront tenus faire instruire, et leur apprendre ledict art et mestier, en leur payant par Nous leurs pensions et vie et leurs parens leur entretenemens...

Dès à present nous deffendons très expressément à touttes personnes de quelque qualité et conditions qu'elles soient de faire entrer en ce royaulme aucunes tapisseries sur peine de confiscation [1]... à la charge néantmoings qu'ils [de Commans et de La Planche] ne pourront vendre les tapisseries par eux faites en France à plus haut prix que celles de pareille estoffe et bonté pouvoient estre vendus au Pays-Bas, et qu'ils seront tenus de dresser et entretenir quatre vingt mestiers au moings pour la Manufacture desdictes tappisseries, assavoir soixante en nostre ville de Paris, vingt en celle d'Amyens ou aultre lieu que bon leur semblera... [2].

A ce qu'ils puissent plus aisément recouvrer les étoffes nécessaires pour ladicte manufacture, seront toutes les dites étoffes exemptes [3]... hormis l'or, l'argent et la soye.

Et pour faciliter le debit de tapisseries... Nous voullons que sur nostre marque qui y sera par eulx apposée, ils les puissent vendre et debiter sans aulcune imposition...

Pour donner plus de moyen ausdicts seigneurs de Commans et de La Planche de subvenir aux grandes dépenses qu'il leur conviendra supporter pour l'establissement de ladite manufacture, Nous leur avons permis et accordé, permectons et accordons par ces presentes qu'ils puissent faire dresser en telle ville de nostre dict royaulme que bon leur semblera, des brasseries de bierre, et les faire vendre et debiter sans qu'ils puissent estre troublez ny empeschez par les brasseurs de bierre, ny aultres, en quelque manière que ce soit...

Pareillement pour recongnoistre envers lesdits sieurs de Commans et de La Planche les services qu'ils nous rendront... leur avons accordé et accordons par ces présentes à chacun d'eux la somme de quinze cent livres tournois de pension, laquelle nous promectons leur faire payer chacun an, de quartier en quartier, ainsy qu'à nos pensionnaires de nostre espargne...

Advenant qu'en haine de l'establissement de ladite Manufacture, ou à cause des guerres,... les biens ou facultez desdits sieurs de Commans et de La Planche, ou leurs participes ouvriers feussent saisis ou

[1] Ce passage est ainsi modifié dans la pièce imprimée conservée à la Bibliothèque nationale (F 5001 [49]):

«Dès à present Nous deffendons très-expressement à toutes personnes de quelque qualité et condition qu'elles soient, mesme ausdits sieurs de Comans et de La Planche, que durant huict années prochaines ils n'ayent à tirer ny acheter hors cetuy nostre Royaume aucunes tapisseries, ny en vendre autres que celles qui auront esté faites et fabriquées en iceluy...»

[2] L'imprimé porte ici la restriction suivante: «Declarant neantmoins que nous n'entendons préjudicier en aucune chose à l'establissement des tapisseries de haute-lice, Feletin,

Beauvais, et autres establis en nostre Royaume, lesquelles nous voulons avoir et continuer leur cours ainsi que par cy-devant.

«A ce qu'ils puissent plus aisément recouvrer les étoffes necessaires pour ladicte manufacture, seront toutes lesdites étoffes exemptes.»

[3] Nouvelle restriction dans l'imprimé:

«Défendant néantmoins ausdits de Comans et de La Planche employer d'autres estoffes que de la teinture de Paris, ny d'autre or ny argent que celuy qui sera tiré en ladite ville, sans qu'ils puissent en faire venir de dehors ce royaume.»

arrestez et confisquez... Nous leur ferons expedier nos lettres de represailles sur les biens qui se trouveront en ce Royaulme... appartenant ausdits sujets des Rois et Princes étrangers, sous l'authorité desquels lesdites saisies auroient esté faites.

Et pour ce que nous avons recongnu que l'establissement de ladicte fabricque de tapisserie est une entreprise plus que privée... Nous avons promis et accordé, promectons et accordons ausdits de Commans et de la Planche la somme de cent mil livres tournois, pour touttes les dépenses de ladicte entreprise...

Données à Paris au mois de janvier l'an de grace mil six cens sept et de nostre regne le dix-huictième. *Signé :* HENRY. *Et plus bas :* PAR LE ROY, DE LOMENIE. *Et scellé de cire verte.*
(Arch. nat., H 1794, fol. 220 v°-227 v°. Copie de l'édit royal faite dans le registre du bureau de la ville de Paris.)

Un autre texte de cet édit avec quelques variantes, restrictions apportées aux privilèges des Comans et de La Planche, a été imprimé sous ce titre : « Edict de l'establissement de la manufacture des tapisseries, façon de Flandres en France, de l'année 1607, accordé par le roi Henry le Grand, confirmé par les rois Louis XIII et Louis XIV », impr. de 4 p. fol. (Bibl. nat., F 5001 [49]). Il se termine par les indications suivantes :

Registrées... à Paris en Parlement le 15 juillet 1607. *Signé :* DU TILLET.
Registrées... en la Chambre des Comptes le 13 aoust 1607. *Signé :* DE LA FONTAINE.
Enregistrées au Greffe de l'espection de Paris... le 19 septembre 1607... *Signé :* N. PARFAIT.

Cet édit avait été précédé d'un accord en 16 articles établissant succinctement les privilèges octroyés par le roi à Comans et de La Planche : « Articles accordés à De Comans et La Planche pour establir en France la manufacture des tapisseries et brasseries de bieres de Flandre ». Cet accord, sans date, se trouve dans le volume du fonds Harlay contenant les « Mémoires concernant les manufactures » (Bibl. nat., ms. fr. 16739, fol. 24).

1607. — Association entre Ysaac-Martin de Maunoy et François de La Planche (stipulant pour lui et Marc de Comans) et Charles de Tellier, maître savonnier, pour l'exploitation d'une manufacture de savons ès villes de Paris, Rouen, Nantes et autres.

4 janvier 1608. — Brevet de logement dans la grande Galerie du Louvre, accordé à Girard Laurent, tapissier haute-lisseur[1].

26 octobre 1608. — Hierosme de Comans se retire de la Société[2].

22 décembre 1608. — Lettres patentes données par le roi au profit des maîtres des arts et métiers établis dans la galerie du Louvre, et notamment de Maurice Dubout et Girard Laurent, tapissiers de haute lisse.

1609. — Rupture de l'association pour la fabrique de savons. Tous les ustensiles, outils et bâtiments de la savonnerie, près Chaillot, sont cédés à Ysaac-Martin de Maunoy[3].

1609. — François de La Planche et Marc de Comans louent à Pierre de Beringhen, premier valet de chambre du Roi, deux maisons près du quai Saint-Bernard.

20 mars 1613. — Girard Laurent se démet de son titre de tapissier de haute lisse du Roi en faveur de son fils[4].

1614. — L'ancienne fabrique de savons est transformée en orphelinat par Marie de Médicis, qui oblige les entrepreneurs de tapis, « autres ameublements et ouvrages du Levant » à prendre 100 apprentis parmi les orphelins, et l'ancienne fabrique de savons de François de La Planche prend le nom de « Manufacture royale de tapis, façon de Turquie, de la Savonnerie ».

---

[1] Archives nationales, O¹. 1055, p. 17.

[2] *Factum pour D¹¹ᵉ Françoise de Comans*, etc. Bibliothèque nationale, Dép. des Impr., Thoisy, 154.

[3] Cet Ysaac-Martin de Maunoy n'est autre qu'Isaac-Martin Mannoir, conseiller du Roi et secrétaire de la Marine,

propriétaire des bâtiments de la savonnerie dont il louait les vastes locaux à la Couronne. En 1626, il les vendit 50,000 ₶ à Marie de Médicis. La Savonnerie tire donc son origine de l'éphémère installation industrielle de François de La Planche.

[4] Archives nationales, O¹. 1055, p. 26.

5.

1613. — Établissement de la manufacture de Tours. Association entre lesdits sieurs Marc de Comans et François de La Planche, d'une part, et Jehan Gabourg, Jacques Cotard, maîtres tapissiers à Paris, et Alexandre Matheron (23 février).

1614. — Manufactures de Calais et Amiens.

1616. — François de La Planche et Marc de Comans prennent à bail une nouvelle maison faubourg Saint-Marcel, appartenant au sieur Marchand.

1619. — Également faubourg Saint-Marcel, ils acquièrent la maison « la Corne du daim » appartenant au sieur de Morillon.

18 avril 1625. — Continuation pour dix-huit ans du privilège accordé par le roi « à Marc de Comans et François de La Planche, entrepreneurs de l'establissement de la fabrique et manufacture des tapisseries façon de Flandres en ce royaume ». Enregistré au Parlement le 5 février 1626, et au greffe du bailliage de Saint-Germain-des-Prés, le 28 mai 1633. (Bibl. nat., ms. fr. 17311; fol. 42.)

4 octobre 1625. — François de La Planche demande la survivance de sa charge pour son fils Raphaël.

1625. — Établissement de Charles de Comans, rue Saint-Martin, vis-à-vis la fontaine Maubué, et de Raphaël de La Planche, rue Quincampoix, vis-à-vis Saint-Josse, qui ouvrent boutique pour vendre les tapisseries [1].

1627. — Mort de François de La Planche. Inventaire de sa succession. Cette pièce est la plus importante de toutes les pièces justificatives; elle donne les indications les plus précises sur les travaux des tapissiers depuis leur arrivée à Paris, et sur les noms des principaux maîtres d'ateliers.

INVENTAIRE DRESSÉ À LA MORT DE FRANÇOIS DE LA PLANCHE [1].

L'an mil six cent vingt sept, le mardy avant midi, troisiesme jour d'aoust et autres jours ensuivans, à la requeste de damoiselle Catherine Hennecart, vefve de feu noble homme François de La Planche, vivant escuier, sieur de Fonruisseau et du Croissant, l'un des directeurs des Manufactures de tappisseries façon de Flandre qui se font en France pour le service du Roy, au nom et comme tutrice créée par justice aux personnes et biens des damoiselles Marie, Françoise, Elizabeth et Jehanne de La Planche, enfans mineures d'ans dud. deffunct sieur de La Planche et de lad. damoiselle Catherine Hennecart, et aussy à la requeste de Louis de La Planche, escuier, sieur desd. lieux de Fonruisseau et Croissant, filz aisné dud. deffunct et de Raphaël de La Planche, aussy escuier, filz puisné d'icelluy deffunct, majeurs ainsy qu'ilz ont dict, et en la présence de Robert Gillot, escuier, sieur Desperières cappitaine exempt des gardes du corps du Roy, tant en son nom, à cause de damoiselle Elizabeth de La Planche, sa femme, fille majeure dud. deffunct sieur de la Planche et de la dad. damoiselle Catherine Hennecart, que comme subrogé tuteur créé et ordonné par justice auxd. mineurs quant à la confection du présent inventaire, partages et actions desd. mineurs ainsy qu'il est par acte donné au Chastelet de Paris ce jour d'hier, tous lesd. mineurs et majeurs enffans dud. deffunct sieur de La Planche et de lad. damoiselle habilles à se dire, porter et nommer pour héritiers dud. deffunct sieur de La Planche, leur père, et à la conservation des droictz de qui il apartiendra, sans que les qualitez puissent nuire ny préjudicier aux droicts et prétentions des partyes, par Estienne le Roy et Nicolas Nourry, notaires du Roy nostre Sire en son Chastelet de Paris soussignez fut et a esté faict inventaire, description de tous et chacuns les biens meubles, ustancilles d'hostel et argent non monayé, tapisseries, ustancilles desd. manufactures, lettres, tiltres, pappiers, enseignemens, et autres choses diverses après le décès dud. deffunct sieur de La Planche, trouvés et estans en l'hostel des Canayes scis es faulxbourg Saint Marcel, paroisse Saint Hippolyte, auquel led. deffunct estoit demeurant et où il seroit décéddé, monstrez, exibez et enseignez auxd. notaires par lad. damoiselle vefve et par les dits sieurs et damoiselle ses enffans après serment par eulx faict es mains desd. notaires de tous lesd. biens monstrer et enseigner sans autams en retirer, ni cacher, sur les peynes de droict en tel cas introduictes, qui leur ont esté déclarez et donnez à entendre par lesd. notaires, prisez et estimez par honorable Estienne Morlot, sergent à Verge, juré priseur es ville, prevosté et vicomté de Paris qui a serment presté pour ce faire. Laquelle prisée auroit esté par luy faicte au cours du temps de présent auxd. somme de deniers selon et ainsy qu'il s'ensuit.

Signé : Catherine Hannekart.	Morelot.
Louis de la Planche.	Nourry.
De la Planche.	
Des perières.	Leroy.

Et premièrement aux caves de lad. maison a esté trouvé deux muids de vin du creu d'Argenteuil, prisé le muids. 72ᵗᵗ
Item un muids de bière prisé. 10ᵗᵗ

En la cuisine a esté trouvé ce qui s'ensuict :

Enumération de pelles, pincettes, chenets, une crémaillière de Flandres à trois crémaillons, neuf chaudrons, bassinoires, poislons, chandeliers de potin, passoires, casserolles, marmitte, goffrier, une table de cuisine, et deux cent douze livres pesant de pots, platz, esquelles, et autres ustancilles d'estain estimé douze sols l'étain d'Angleterre et 8 sols l'estain commun, montant le tout à 220 livres 10 sols ;

[1] *Factum pour Dᴵˡᵉ Françoise de Comans,* etc. Bibliothèque nationale. Fol. Fm. 3807.
[1] Cet inventaire a été retrouvé par M. Jules Guiffrey et publié par lui d'après les papiers conservés dans les archives de Mᵉ Mouchet, notaire à Paris (*Les Manufactures parisiennes de tapisseries au xvıı˚ siècle,* p. 47).

Suit la description des meubles (tables, chaises, couchettes, etc.) et objets trouvés en un petit bouge joignant la dite cuisine, «en une salle aussy joignant ladite cuisine», en une petite garde-robbe joignant ladite salle», «en une autre salle à côté de celle cy dessus en une petite garde robbe à costé de la dite salle» (coffre de babut façon des Flandres, 5 o s.), «en ung autre petit cabinet aussy à costé de la dite salle», «en la chambre au-dessus de ladite salle», «en une petite garde robbe joignant la dite chambre», «au grenier de ladite maison».

Ensuict les habitz dud. deffunct sieur de La Planche (à son usage) :

Item, ung hault de chausses et pourpoinct de petit velouté noir, un bas de soye noir, une paire de jaretières de taffetas noir, prisez ensemble. 15ᵗᵗ

Item, ung hault de chausses en satin noir moucheté avec le pourpoinct de mesme étoffe, prisez.. 8ᵗᵗ

Item, un manteau de drap d'Espaigne noir doublé de jaune, prisez. 5oᵗᵗ

Ensuict le linge :

Deux douzaines de draps de thoille de lin, à demi usez à 5oᵗᵗ la douzaine.

Deux autres douzaines de draps de thoille (plus étroits) à 25ᵗᵗ la douzaine.

Une douzaine d'autres draps de thoille de chanvre de deux lez, à 2oᵗᵗ la douzaine.

Trois grandes nappes de bancquet, de 6 aulnes de long. 6oᵗᵗ

Une douzaine d'autres nappes de cuisine de thoille de chanvre. 8ᵗᵗ

Deux douzaines de nappes tant grandes que petites. 36ᵗᵗ

Trois douzaines de serviettes de thoille. 24ᵗᵗ

Quatre douzaines de serviettes de lin. 24ᵗᵗ

Une douzaine de tayes d'orillier de thoille de Hollande. 15ᵗᵗ

Six douzaines de grosses serviettes communes. 18ᵗᵗ

Deux douzaines de thouaille à main. 18ᵗᵗ

Ensuict la vaisselle d'argent :

Premièrement ung bassin à laver les mains, une esguière, trois flambeaux, deux sallières, deux tasses, deux vinaigriers, une douzaine de cuillères et une douzaine de fourchettes, le tout d'argent poinson de Paris, poisant ensemble avec une escuelle à orillon 33 marcs, prisé le marc 2oᵗᵗ revenant ensemble aud. prix, à. 666ᵗᵗ

Item 12 tableaux peints en huille, tant sur bois que sur thoille, garnis de leurs bordures, où sont dépinz diverses histoires, prisez ensemble. 1ooᵗᵗ

Item quatre tapis de Turquie de diverses longueurs et ung tappisserye à gros poinct, prisez ensemble. 1ooᵗᵗ

Item la garniture d'un lict contenant trois pentes, dossier, trois rideaux, deux bonnes grâces, quenouilles et courte poincte, le tout de damas jaulne doré, garny de passement, franges, crespine et mollet de soye, le tout prisé. 3ooᵗᵗ

Item une autre garniture de lict contenant trois pentes, dossier, trois rideaux, deux bonnes grâces et quenouilles de serge bleue, garny de passement de mesme coulleur, franges, mollet et crespine, prisez ensemble. 6oᵗᵗ

Item six aulnes de velours, ou environ, de coulleur feuille morte, prisez 3ᵗᵗ l'aulne. 18ᵗᵗ

Item quatre aulnes, ou environ, de satin rayé, prisé 3ᵗᵗ 10 s: l'aulne. 14ᵗᵗ

Item un carrosse sur quatre roues, couvert de cuir, garny de six coussins et rideaux de serge roze seiche, prisé. 2ooᵗᵗ

Toutes les dites choses cy dessus inventoriées appartiennent aud. deffunct sieur de La Planche en son particulier.

Ensuivent les meubles, unstancilles, mestiers, marchandises, tapisseryes et aultres choses deppendans de la communaulté et association que le dit deffunct sieur de La Planche avoit avec noble homme Marc de Commans, son beau-frère, aussy l'un des directeurs de la dite manufacture, à cause d'icelle manufacture, trouvez et estant aud. hostel des Canayes et aux environs d'icelluy hostel, et aultres lieulx de la ville et fauxbourgs de Paris :

Premièrement en la brasserie dud. hostel; c'est trouvé trois grandes chaudières de cuivre de diverses grandeurs; l'une contenant 25 muids, l'autre 20 muids, et l'autre 12 muids ou environ prisez ensemble. 4ooᵗᵗ

Item deux grandes cuves en bois garnys de leurs cercles de fer, contenant chacune 25 muids 5oᵗᵗ

Item deux grands bacquets de bois. 36ᵗᵗ

Item trois petites flottes garnys de leurs cercles de fer. 2oᵗᵗ

Item cinq chaudrons d'airin.. 4ᵗᵗ 10
Item plusieurs fourches et gouttières de bois, servans à la brasserie................ 6ᵗᵗ
Item cinq chantiers de bois.. 4ᵗᵗ
Item vingt-cinq mannes d'ozier, une brouette garny de ses roues.................. 15ᵗᵗ
Item une pompe garny de ses tuyaux et ustancilles servans à tirer l'eau de la citerne
estant en lad. brasserie, prisés.. 40ᵗᵗ
Item soixante voyes de bois flotté ou environ, prisé la voye 110 sols revenant à.......... 330ᵗᵗ
Item cent cinquante tonnes servans à mettre bière............................... 60ᵗᵗ
Item ung moulin servant à moudre grain, garny de ses unstancilles tournans et travaillans
avec deux meules de Flandres, ensemble.. 100ᵗᵗ
Item s'est trouvé dans les greniers et autres lieux estans au-dessus et attenans lad. brasserie
la quantité de treize muids d'orge, tant mouillez, germez que secgz, servans à faire bière, prisé
le muids 60ᵗᵗ l'un portant l'autre, revenant ensemble à......................... 780ᵗᵗ
Item dans led. grenier, un demi muids d'avoyne................................... 36ᵗᵗ
Item cinq cens livres de foin, prisé le cent 6ᵗᵗ, ensemble......................... 30ᵗᵗ
Item dix huit cens livres de houblon, tant amballé que non amballé prisé le cent 9ᵗᵗ revenant ensemble à.. 172ᵗᵗ
Item pour le service de lad. brasserie s'est trouvé quatre chevaulx de traict soulz poil bay,
ayans crain, queue et oreilles, garnys de leurs harnais de traicts, prisez.......... 400ᵗᵗ
Item deux hacquets de bois garnys de leurs roues................................ 60ᵗᵗ
3 matelas, 3 traversins, 3 couvertures, 4 paires de draps......................... 14ᵗᵗ

En la teinturerie s'est trouvé ce qui ensuict :

Premièrement, sept chaudières de cuivre, tant grandes que petites servans à faire teinture. 120ᵗᵗ
Item quatre chaudrons, tant grands que petits.................................... 6ᵗᵗ
Item 900 livres de gaude servans à faire teinture, prisé le cent 4ᵗᵗ, ensemble.......... 36ᵗᵗ

En une salle à costé de lad. teinturerie a esté trouvé ce qui ensuict :

Trois tonneaux, 3ᵗᵗ, quatre cuviers avec ourdissoir de bois servant à hourdir tappisseryes, 40 sols ; une
paire d'ormoires de chesne garnyes de tablettes, 6ᵗᵗ, deux grandes ormoires de bois blanc, à mettre laynes,
6ᵗᵗ, une longue table, deux panniers, un rouet à filler laynes ; deux chevallets de bois ; deux paires de bal-
lances de bois, garnyes de poix de fer, le tout 6ᵗᵗ.

Ensuict les laynes trouvées en lad. salle à costé de lad. teinturerie, tant blanche que teinte :

Premièrement, 402 livres de layne blanche, prisé le cent 175ᵗᵗ, revenant ensemble à..... 703ᵗᵗ 10
Item 51 livres d'autre layne appelée chaisne, prisé la livre 35 sols, cy............... 89ᵗᵗ 5
Item 90 livres de layne renouée, prisé la livre 20 sols............................ 90ᵗᵗ
Item 569 livres de layne teinte en plusieurs coulleurs, prisé la livre 38 sols, revenant à... 1,081ᵗᵗ 2

Ensuict ce qui s'est trouvé dans la bouticque appelée la *bouticque d'or* :

Premièrement 430 livres de layne en eschevaux de plusieurs coulleurs, prisé 60 sols la
livre revenant à.. 1,290ᵗᵗ
Item 154 livres d'autre layne en flottes de diverses coulleurs prisé la livre 40 sols, revenant à 308ᵗᵗ
Item 60 livres de soye nette sur baubeyne, de plusieurs coulleurs, prisé la livre 16ᵗᵗ,
revenant à... 960ᵗᵗ
Item 143 livres de soye en eschevaulx de plusieurs coulleurs prisé 16ᵗᵗ 6 la livre, revenant à 2,364ᵗᵗ 10
Item 17 livres de soye crue, aussy de diverses coulleurs, prisé la livre 17ᵗᵗ, revenant à 195ᵗᵗ 10

Ensuict ce qui s'est trouvé dans le comptoir dud. hostel :

Premièrement 165 livres de soye fine de plusieurs coulleurs prisé 17ᵗᵗ la livre, revenant à 2,805ᵗᵗ

Ensuict ce qui s'est trouvé dans la boutique appelée *bouticque de Pierre Bernard* :

Premièrement 189 livres de layne en eschevaulx de plusieurs coulleurs, prisé 38 sols,
revenant à... 369ᵗᵗ 2
Item 60 livres de layne en flottes de diverses coulleurs, prisé 30 sols, revenant à....... 90ᵗᵗ
Item 6 livres de soye nette en bobeynes de plusieurs coulleurs prisé 15ᵗᵗ la livre, revenant à 90ᵗᵗ
Item 20 livres de soye fine en eschevaulx, de plusieurs coulleurs, prisé à 7ᵗᵗ 10 sols la livre,
revenant à... 330ᵗᵗ

Ensuict ce qui s'est trouvé dans une autre bouticque appelée la *bouticque neufve* :

Premièrement 335 livres de layne en eschevaulx de plusieurs coulleurs, prisé 50 sols, revenant à.. 837ᵗᵗ 10

Item 243 livres d'autres layne en flottes de plusieurs coulleurs prisé la livre 35 sols, revenant à 424ᵗᵗ 5

Item 56 livres de soye nette sur bobeynes, de plusieurs coulleurs prisé la livre 15ᵗᵗ, revenant à 840ᵗᵗ

Item 44 livres de soye fine en eschevaulx de plusieurs coulleurs, prisez 16ᵗᵗ 10 sols, revenant à 726ᵗᵗ

Ensuict ce qui a esté trouvé en la *bouticque de Claude de la Pierre* :

Premièrement 30 livres de layne, tant en eschevaulx qu'en flottes de plusieurs coulleurs, prisé la livre 30 sols revenant à.. 45ᵗᵗ

Item 3 livres de soys fine en eschevaulx, prisé 15ᵗᵗ revenant à.................... 45ᵗᵗ

Item 2 livres de soye nette sur bobeynes, prisés 15ᵗᵗ revenant à.................. 30ᵗᵗ

Ensuict ce qui s'est trouvé en la *bouticque de Jehan de la Croix* :

Premièrement 225 livres de layne en eschevaulx de coulleurs, prisés la livre 38 sols, 15ᵗᵗ, revenant à... 427ᵗᵗ 10

Item 72 livres de layne en plotte, de plusieurs coulleurs, prisé la livre 30 sols, revenant à 108ᵗᵗ

Item 15 livres de soye nette, fine, sur bobeynes, de plusieurs coulleurs, prisé la livre 15ᵗᵗ, revenant à... 225ᵗᵗ

Item 4 livres de soye en eschevaulx, prisé 16ᵗᵗ 10 sols la livre, revenant à.......... 66ᵗᵗ

En la *bouticque de Josse de la Haye* s'est trouvé ce qui s'ensuict :

Item 79 livres de layne en eschevaulx de plusieurs coulleurs, prisé la livre 38 sols, revenant à.. 150ᵗᵗ 2

Item 80 livres de layne en plotte, de plusieurs coulleurs, prisé la livre 30 sols, revenant à 120ᵗᵗ

Item 7 livres de fleuret, de plusieurs coulleurs, prisé la livre 7ᵗᵗ, revenant à........... 49ᵗᵗ

Item 4 livres de soye fine en eschevaulx, prisés la livre 16ᵗᵗ 10 sols, ensemble......... 66ᵗᵗ

Item 4 livres de soye nette sur bobeyne, prisé la livre 15ᵗᵗ..................... 60ᵗᵗ

En la *bouticque de Adrian van Weldeme* a été trouvé ce qui s'ensuict :

Premièrement 52 livres laynes en eschevaulx de plusieurs coulleurs, prisé la livre 38 sols, ensemble.. 98ᵗᵗ 16

Item 40 livres de laynes en plotte, 30 sols la livre............................ 60ᵗᵗ

Item 4 livres de soye nette sur bobeynes, 15ᵗᵗ la livre......................... 60ᵗᵗ

Item 3 livres de soye fine en eschevaulx, 16ᵗᵗ 10 sols la livre.................. 49ᵗᵗ 10

En la *bouticque de Robert Allemant* a esté trouvé ce qui s'ensuict :

Premièrement 90 livres de layne en eschevaulx, à 30 sols la livre.................. 171ᵗᵗ

Item 100 livres de layne en plotte, à 30 sols la livre.......................... 150ᵗᵗ

Item 5 livres de soye nette sur bobeyne, à 15ᵗᵗ la livre........................ 75ᵗᵗ

Item 3 livres et demie de soye fine en eschevaulx, à 16ᵗᵗ 10 sols la livre, revenant à....... 57ᵗᵗ 15

En la *bouticque de Pierre Sitard* a esté trouvé ce qui s'ensuict :

Premièrement 30 livres de layne en eschevaulx de plusieurs coulleurs, prisé la livre 38 solz, revenant à.. 57ᵗᵗ

Item 39 livres de layne en plotte, à 30 sols la livre.......................... 58ᵗᵗ 10

Item 2 livres de soye nette en bobeyne, à 15ᵗᵗ............................... 30ᵗᵗ

Item 3 livres de soye en eschevaulx, à 16ᵗᵗ 10 sols.......................... 49ᵗᵗ 10

En la *bouticque de Paul Froennes* a esté trouvé ce qui s'ensuict :

Item 50 livres de layne en eschevaulx, prisé 30 sols la livre.................... 95ᵗᵗ

Item 20 livres de layne en plotte, à 30 sols la livre.......................... 30ᵗᵗ

Item 3 livres de soye en bobeyne, nette, à 15ᵗᵗ la livre........................ 45ᵗᵗ

Item 11 livres et demie de soye fine, à 16ᵗᵗ 10 sols la livre.................... 189ᵗᵗ 15

Item 20 marcz d'or de Millan fillé, prisé le marc 30ᵗᵗ et revenant ensemble aud. prix, à .. 600ᵗᵗ

Au magazin estant aud. *hostel des Canayes* s'est trouvé les tapisseryes qui s'ensuivent :

Premièrement neuf pièces de tappisseryes rehaulsées de soye, or et argent, et d'or dont les bordures sont à fonds gauffré, représentant l'*Histoire de Constantin le Grand*, lad. tappisserye ayant 4 a. 1/4 de haulteur, mesure de Paris, ayant le cours comme s'ensuict, assavoir : une pièce où est représenté le *bastiment de Constantinople*, contenant 4 a. 1/2 quart; une autre l'*Alliance de Constantin*, 5 a. 1/2 de cours. Une autre où *Constantin voit le cigne au ciel*, 4 a. 3/4 ; l'autre le *Bastesme de Constantin*, 5 aulnes; l'autre où on lui montre *une bannière*, 3 a. 3/4 ; une autre où est le *Trophée de Constantin*, 3 a. 3/4 ; une autre où est *Sainte Hélène*, 4 a. 1/4 ; une autre où est représentée la *bataille de Pont de Molle*, 6 a. 1/2 demi cart; une autre où *Constantin fait son entrée dans Rome*, 4 a. 1/4 ; contenant le tout ensemble 42 a. 1/2 de cours sur la haulteur de 4 a. 1/4, font ensemble 180 a. 1/2 demy cart en carré mesure de Paris, prisé l'aulne 270ᴴ, revenant ensemble audit prix, à 48,768ᴴ 15

Item une tenture de tappisserye contenant douze pièces de lad. *histoire de Constantin*, dont les figures sont réhaulsées d'or et d'argent et la bordure d'icelle sur fonds de layne cramoisy rouge brun, ayant 4 aulnes de hauteur mesure de Paris, ayant le cours qui ensuict, assavoir : la première représentant le *bastiment de Constantinople*, 4 aulnes demy quart; la 2ᵉ le *Baptesme de Constantin*, 4 a. 2/3 demy quart; la 3ᵉ, la *Providence divine*, 3 a. 1/2 quart; la 4ᵉ une *alliance de Constantin*, 5 a. 1/2 ; la 5ᵉ la *bataille de Pont de Molle*, 6 a. 1/2; la 6ᵉ *Constantin voit le cigne au ciel*, 4 a. 2/3 ; la 7ᵉ l'*Entrée de Constantin dans Rome*, 4 a. 3/4; la 8ᵉ le *Trespas de Constantin*, 4 a. ; la 9ᵉ *Sainte Heleyne*, 4 a. 1/4; la 10ᵉ où *Constantin est en bataille à cheval*, 5 a. 3/4 et demy; la 11ᵉ où est le *Trophée de Constantin*, 3 a. 1/2 demy quart; la 12ᵉ une *bannière qu'on présente à Constantin*, 3 a. 3/4; toutes les quelles pièces contenant ensemble 55 a. 1/3 de cours sur ladite haulteur de 4 aulnes font ensemble 221 a. 1/3 en carré, prisé l'aulne 210ᴴ, revenant ensemble à 46,480ᴴ

Item une pièce de tappisserye rehaulsée d'or et d'argent, estant resté d'une tenture de tapisserye de l'*Histoire de Constantin* que Sa Majesté a donnée à M. le Légat, lad. pièce ayant 4 a. 1/4 de haulteur et 3 a. 3/4 de cours faisant ensemble 15 aulnes et 15/16 en carré, prisé l'aulne 210ᴴ, revenant à 3,346ᴴ 15ˢ6

Item une tenture de tappisserye contenant vingt et une pièces de l'*Histoire de la royne Arthemise*, ayant 4 aulnes de haulteur, rehaulsée d'or et d'argent et de cours comme s'ensuict : la 1ʳᵉ pièce représentant *comme l'on porte des Trophées*, 2 a. 3/4 ; la 2ᵉ des *enffans à cheval*, 4 a. 1/3 ; la 3ᵉ *des présens que l'on porte sur une quaisse*, 4 a. 1/3 ; la 4ᵉ *comme l'on porte des bassins*, 3 a. 3/4 ; la 5ᵉ *Arthemise l'espée au costé*, 3 a. 3/4 ; la 6ᵉ les *Offrandes*, 6 aulnes ; la 7ᵉ *comme l'on présente l'espée au roy Arthemise*, 5 aulnes ; la 8ᵉ *comme Arthemise est au conseil*, 2 a. 15/16 ; la 9ᵉ des *estendards et trophées*, 3 aulnes demy quart ; la 10ᵉ *deux figures de bronze*, 3 a. 15/16 ; la 11ᵉ le *maistre d'hostel*, 3 a. 1/3 ; la 12ᵉ *partie de la pièce des joyaulx*, 2 a. 1/16 ; la 13ᵉ *aussy partie de la pièce aux joyaulx*, 2 a. 1/16 ; la 14ᵉ *partie de la pièce de la fontaine*, 2 a. 1/16 ; la 15ᵉ *partie de la pièce du lieutenant*, 2 aulnes ; la 16ᵉ *partie de ladite pièce du lieutenant*, 1 aulne ; la 17ᵉ *trompettes à pied*, 2 a. 1/16 ; la 18ᵉ *faisant partie de lad. pièce des lieutenans*, 1 aulne ; la 19ᵉ *partie de la pièce des picqueurs*, 1 aulne ; la 20ᵉ *partie de la pièce de la bataille*, 1 aulne ; la 21ᵉ *partie des trompettes à cheval*, 1 aulne ; toutes lesdites pièces contenant ensemble 58 a. 1/2 de cours sur 4 aulnes de haulteur, faisans 234 aulnes carré, prisé l'aulne 165ᴴ, revenant ensemble à 38,610ᴴ

Item une autre tenture de tappisserye du *roi François*, contenant huict pièces rehaulsés de soye, ayant 3 a. 1/2 de haulteur et 27 aulnes de cours faisans 94 a. 1/2 en carré prisé l'aulne 36ᴴ, revenant ensemble à 4,402ᴴ

Item une autre tenture de tappisserye rehaulsée de soye, représentant l'histoire du *Pastor fido*, contenant huict pièces, ayant 3 a. 1/2 de haulteur et 25 aulnes de cours faisans 87 a. 1/2 en carré, prisé l'aulne 36ᴴ, revenant ensemble à 3,150ᴴ

Item une autre tenture de tappisserye rehaulsée de soye, représentant l'*Histoire de Diane*, contenant six pièces, ayant 3 a. 1/4 de haulteur et le cours qui ensuit : la 1ʳᵉ où est *Diane seulle avec ses lévriers*, 2 a. 1/2 demy cart; la 2ᵉ *Diane avec Apollo sur ung rocher*, 3 aulnes demy cart; la 3ᵉ l'*Offrande de la Tonne*, 3 aulnes demy quart; la 4ᵉ la *Chasse de Diane*, 3 a. 3/4 ; la 5ᵉ l'*Accouchement de la Tonne*, 3 aulnes; et la 6ᵉ l'*Assemblée des Dieulx*, 5 a. 3/4 et demy, toutes les d. pièces contenant 21 a. 1/2 de cours, faisans ensemble 69 a. 3/4 et demy en carré, prisé l'aulne 60ᴴ, revenant à 4,192ᴴ 10

Item une autre tenture de tappisserye de lad. histoire du *Pastor fido*, contenant huict pièces, rehaulsées de soye avec un peu d'or, ayant 3 a. 1/3 de haulteur et 27 aulnes de cours, faisans 90 aulnes en carré, prisé l'aulne 66ᴴ, revenant à 5,940ᴴ

Du lendemain mercredy, le 4ᵉ jour desd. mois et an, du matin, a esté par lesd. notaires, en procédant à la confection dud. inventaire, inventorié ce qui ensuict :

Aud. *magasin des tappisseryes.*

Premièrement une autre tenture de tappisserye représentant l'*Histoire de France,* contenant neuf pièces, rellevée de soye, ayant 3 a. 1/2 de haulteur et leur bordure estant en cette manière : en bas dans les coings, des Turcz, et aux coings d'en hault, des croix blanches ; lesd. pièces ayant le cours qui ensuict, scavoir : la 1ʳᵉ pièce représentant la *bataille ae Marignan*, 3 a. 2/3 ; la 2ᵉ comme *Saint Louis assiège le fort de la Goullette*, 4 a. 2/3 ; la 3ᵉ la *Bataille de Pampelune donnée par Charlemaigne*, 4 a. 2/3 ; la 4ᵉ le *Roy Clovis tuant de sa main le Roy Allaric*, 3 aulnes ; la 5ᵉ *Saint Denis portant sa teste*, 4 aulnes ; la 6ᵉ le *Sacre de Clovis*, 3 a. 3/4 ; la 7ᵉ comme *les Milanois viennent au devant du Roy François*, 3 a. 1/2 ; la 8ᵉ *le Roy Saint Louis devant la ville de thunis*, 3 a. 1/4 ; et la 9ᵉ *Charlemaigne qui tue de sa main un porte enseigne*, 3 a. 1/2 ; touttes lesd. pièces contenant ensemble 34 aulnes de cours, faisans ensemble 119 aulnes en carré, prisé l'aulne 75ᵗᵗ.. 8,925ᵗᵗ

Item une autre tenture de tappisserye de lad. *Histoire de France*, contenant pareille quantité de neuf pièces ayant pareille haulteur de 3 a. 1/2 que la préceddante et pareille quantité de 34 aulnes de cours ayant touttefois la bordure différante, laquelle est composée de boucliers aux quatre coings de chascune pièce ; font 119 aulnes en carré, prisé 75ᵗᵗ, revenant à............................. 8,925ᵗᵗ

Item une autre tenture de tappisserye contenant cinq pièces, de lad. *Histoire de France*, dont les bordures sont composées des Turcz aux coings d'en bas, et aux coings d'en hault des boucliers, de 3 a. 1/2 de haulteur, rellevées de soye, ayant le cours qui ensuict : la 1ʳᵉ pièce, comme *Saint Louis assiège la ville de Thunis*, 3 a. 1/2 cart de cours ; le 2ᵉ comme *Charlemaigne tue de sa main un porte enseigne Turc*, 3 a. 1/2 de cours ; la 3ᵉ comme *Saint Louis assiège le fort de la Goullette*, 4 a. 3/4 ; la 4ᵉ comme *les Milannois apportent les clez de leur ville au Roy François*, 3 a. 1/2 demy cart ; la 5ᵉ comme *le Roy Clovis tue le Roy Allaric*, 3 aulnes et demy cart ; touttes led. pièces contenant ensemble 18 aulnes demy cart de cours, faisans 63 a. 7/16 en carré, prisé l'aulne 75ᵗᵗ revenant à......................... 4,757ᵗᵗ 16ˢ 3ᵈ

Item une autre tenture de tappisserye de l'*Histoire d'Arthemise*, contenant huit pièces rellevées de soye, ayant 3 a. 1/2 de haulteur et le cours qui ensuict : la 1ʳᵉ comme *on porte des bazins*, 2 a. 1/2 demy cart ; la 2ᵉ le *maistre d'hostel*, 2 a. 3/4 et demy ; la 3ᵉ comme *on porte des présens*, 2 a. 3/4 ; la 4ᵉ le *Roy apprenant à monter à cheval*, 5 aulnes cart et demy ; la 5ᵉ des *cappitaines*, 2 a. 3/4 ; la 6ᵉ les *Trompettes à pied*, 2 a. 3/4 et demy ; la 7ᵉ le *Collosse de Roddes*, 5 a. 1/2 ; la 8ᵉ les *Trompettes à cheval*, 5 a. 1/2 ; touttes lesd. pièces ayant leur bordure composée de frizes, contenant ensemble 30 a. 1/4 de cours, faisans 105 a. 3/4 et demy en carré, prisé 65ᵗᵗ, revenant à....................................... 6,987ᵗᵗ 7ˢ 15ᵈ

Item une autre histoire de tappisserye de lad. *histoire d'Arthemise*, contenant huict pièces rellevées de soye, 3 aulnes et demye de haulteur et le cours qui ensuict : la 1ʳᵉ comme *l'on porte des présens*, 3 a. 3/4 de cours ; la 2ᵉ comme la *Reyne Arthemise distribue des joyaulx*, 5 a. 1/2 ; la 3ᵉ comme le *Roy Arthemise apprend à monter à cheval*, 5 aulnes cart et demy ; la 4ᵉ les *Trompettes à cheval*, 5 a. 1/4 ; la 5ᵉ *Arthemise qui deffend un chasteau*, 5 a. 1/4 et demy ; la 6ᵉ l'*Offrande faicte au temple*, 4 aulnes ; la 7ᵉ les *Philosophes*, 2 a. 3/4 ; la 8ᵉ comme le *Roy apprend les matematicques*, 5 aulnes cart et demy ; touttes lesd. pièces ayant leur bordure composée des armes du Roy de France, et des bandes blanches autour d'icelles, contenant ensemble 37 aulnes cart et demy de cours, faisans 130 a. 3/4 en carré, prisé l'aulne 60ᵗᵗ, revenant à.... 7,845ᵗᵗ

Item une autre tenture de lad. *histoire d'Arthemise*, contenant huict pièces rellevées de soye, ayant 3 a. 1/2 de haulteur et le cours qui s'ensuict : la 1ʳᵉ représentant les *Philosophes*, 2 a. 3/4 ; la 2ᵉ des *Cappitaines*, 3 aulnes ; la 3ᵉ la *Fontaine*, 4 a. 3/4 ; la 4ᵉ les *Joyaulx*, 5 a. 1/4 ; la 5ᵉ comme on *présente l'espée au Roy Arthemise*, 4 a. 1/4 ; la 6ᵉ comme le *Roy aprant à tirer des armes*, 5 a. 1/4 ; la 7ᵉ comme *on porte des vases*, 3 a. 1/4 ; la 8ᵉ comme on *porte des présens*, 3 a. 3/4 ; touttes lesd. pièces dont les bordures sont composées de boucquetz de fleurs et quatre testes de bélier aux quatre coings contenant ensemble 32 a. 1/4, faisans 112 a. 3/4 et demy en carré, prisé l'aulne 60ᵗᵗ, revenant à...................... 6,772ᵗᵗ 10

Item une tappisserye seulle faisans le commencement d'une tenture de lad. *Histoire d'Arthemise*, rehaulsée de soye représentant des *cappitaines et soldatz*, 3 a. 1/2 de haulteur et 2 a. 3/4 et demy de cours, dont la bordure est composée de fleurs et de testes de bélier au coing, faisant 10 aulnes en carré, prisé l'aulne 66ᵗᵗ, revenant à... 660ᵗᵗ

Item quatre pièces désorties de l'*Histoire de Diane*, rehaulsées de soye, 3 a. 1/2 de haulteur et de cours : la 1ʳᵉ représentant l'*Assemblée des dieulx*, de 5 a. 3/4 et demy ; la 2ᵉ *Diane et Appolon sur un rocher*, 6 aulnes ;

la 3ᵉ *Diane seulle avec ses lévriers*, 2 a. 1/2 ; la 4ᵉ comme *les paysans furent changez en grenouilles*, 3 a. 3/4 et demy ; les bordures composées de différantes façons contenant ensemble 18 a. 1/4 de cours, faisant 63 aulnes en carré, prisé l'aulne 60ᵗᵗ, revenant à.. 3,780ᵗᵗ

Item une tenture de tappisserye de l'*Histoere de Combault et Macée*, contenant sept pièces rellevées de soye, ayant 3 aulnes e haulteur et de cours ensemble 22 a. 3/4, faisant 68 a. 1/4 en carré, prisé l'aulne 36ᵗᵗ.. 2,457ᵗᵗ

Item quatre tentures de tappisseryes de menues verdures, païsages, contenant chascune huict pièces dont les bordures sont composées, scavoir : une tanture de boucquets de fleurs et en chaque coing, une teste verte ; une autre tenture de crotesques, et une autre tenture pareillement de boucquetz de fleurs partout, lesd. pièces de 3 aulnes de haulteur, contenant chascune desd. quatre tentures 25 aulnes de cours, faisans 75 aulnes en carré, revenant à 300 aulnes en carré, prisé l'aulne 36ᵗᵗ, revenans ensemble à.. 10,800ᵗᵗ

Item huict pièces de verdures et païsages desortyes, de 3 aulnes de haulteur, rehaulsées de soye, dont la 1ʳᵉ appelée trente cinq, la 2ᵉ et la 3ᵉ, trente ; la 4ᵉ, la 5ᵉ et la 6ᵉ appelées vingt cinq, et la 7ᵉ et 8ᵉ appelées vingt, contenant de cours 24 aulnes faisans 72 aulnes en carré, prisé 36ᵗᵗ, revenans à..... 2,592ᵗᵗ

Dud. jour de rellevée, en procédant par lesd. notaires à la confection du présent inventaire fut par eux inventorié ce qui s'ensuict :

Item six pièces de tappisseryes de même verdure et païsage, rehaulsées de soye, de 3 aulnes de haulteur, l'une appelée ung quarante, l'autre ung trente cinq, une autre ung trente, deux vingt cinq, et l'autre ung vingt, ensemble 20 aulnes de cours, faisant 60 aulnes de cours, prisé l'aulne 36ᵗᵗ.......... 2,160ᵗᵗ

Item trois pièces de même verdure réhaulsée de soye, de 2 a. 3/4 de hault. mesurant ensemble 16 a. 1/2 en carré, prisé l'aulne 36ᵗᵗ.. 594ᵗᵗ

Item quatre pièces de tappisserye de l'histoire du *Pastor fido*, rehaulsées de soye, de 3 aulnes de haulteur, la 1ʳᵉ appelée ung trente ; la 2ᵉ ung vingt cinq ; la 3ᵉ et 4ᵉ appelées ung vingt, ayant de cours 12 aulnes revenant ensemble à 36 aulnes en carré, prisé l'aulne 31ᵗᵗ, revenant à.................... 1,296ᵗᵗ

Item une pièce de tappisserye de la *Chasse du Roy François* ayant les armes des comtes de Verme, appelée vingt cinq, 3 aulnes de hault, 2 3/4 de cours soit 8 a. 1/4 en carré, à 36ᵗᵗ l'aulne............. 297ᵗᵗ

Item cinq tentures de tappisseryes de Flandres, contenant chascune huict pièces de 3 aulnes de haulteur et chascune tenture 25 aulnes de cours, prisé scavoir :

La tenture représentant *Andromedde et Persée*, 900ᵗᵗ ; la tenture représentant l'*Histoire de Saint Paul*, 600ᵗᵗ ; la tenture de l'*Histoire de Gédéon*, 500ᵗᵗ ; l'autre de l'*Histoire d'Olofernes*, 300ᵗᵗ ; et l'autre l'*Histoire dud. Gédéon*, 500ᵗᵗ, revenans ensemble à... 2,800ᵗᵗ

Item sept pièces de tappisseryes à fleurs de lys de 2 a. 1/2 demy quart de haulteur, de leurd. manufacture, ayant de cours 23 aulnes faisant 60 a. 1/4 et demy en carré, prisé l'aulne 12ᵗᵗ, revenant à. 724ᵗᵗ 8

Item trois autres pièces de tappisseryes à fleurs de lys, manufacture de Flandres, de 3 aulnes de hault, 10 a. 3/4 de cours, faisant ensemble 32 a. 1/4 en carré, prisé 8ᵗᵗ l'aulne.................. 258ᵗᵗ

Item trois pièces de tappisseryes de fleurs de lys, manufacture de Paris, dont deux ayant 2 a. 1/2 de haulteur et l'autre 3/4, ayant de cours les deux premières 5 aulnes et l'autre 3 aulnes, faisans ensemble 14 aulnes demy cart en carré, prisé l'aulne 12ᵗᵗ.................................... 169ᵗᵗ 10

Item cinq pièces de mesme verdure, rehaulsée de soye de 3 aulnes de hault, la première appelée ung quarante, la 2ᵉ ung vingt cinq, etc., ayant les armes des comtes de Bresnes, contenant ensemble 14 aulnes de cours, faisans 42 a. en carré, prisé l'aulne 24ᵗᵗ, revenant à................ 1,008ᵗᵗ

Item une autre tenture de tappisserye de mesme verdure, rehaulsée de soye contenant huict pièces de 3 aulnes de haulteur et 25 aulnes de cours, faisant 75 aulnes en carré, prisé 36ᵗᵗ l'aulne..... 2,700ᵗᵗ

Ensuict six tentures de tappisseryes qui sont es-mains dud. sieur Raphaël de la Planche, filz dud. deffunct :

Item une tenture de tappisseryes contenant huict pièces, représentant l'*Histoire du Pastor fido*, rehaulsée de soye, ayant 3 a. 1/2 de hault et 29 aulnes de cours, ensemble 101 a. 3/4 en carré, prisé l'aulne 60ᵗᵗ, revenant à.. 6,105ᵗᵗ

Item une autre tenture de tappisserye contenant huict pièces représentant l'*Histoire d'Arthemise*, rehaulsée de soye, de 3 a. 1/2 de hault et 29 a. 3/4 de cours, faisant 104 a. 1/8 en carré, prisé l'aulne 60^{tt}.. 6,246^{tt} 10

Item une autre tenture de lad. *Histoire d'Arthemise*, contenant sept pièces rehaulsée de soye, de 3 a. 1/2 de haulteur et 29 a. 14/16 de cours, faisant ensemble 104 a. 9/16 en carré, prisé 60^{tt} l'aulne, revenant à.. 6,273^{tt} 15

Item une autre tenture représentant l'*Histoire de Théagène et Cariclée*, contenant huict pièces rehaulsée de soye, ayant 3 aulnes de hault et 27 aulnes de cours, faisant 81 aulnes en carré, prisé 37^{tt} l'aulne.   3,000^{tt}

Item une autre tenture représentant l'*Histoire du Pastor fidelle*, contenant huict pièces rehaulsée de soye de 3 aulnes de haulteur et de 25 aulnes de cours, faisant 81 aulnes en carré, prisé 60^{tt} l'aulne.... 4,500^{tt}

Item une tenture de mesme verdure, en huict pièces, de 3 aulnes de haulteur, sur 25 aulnes de cours, faisant 75 aulnes en carré, prisé 36^{tt} l'aulne, revenant à.............................. 2,700^{tt}

Ensuict les tappisseryes encommencées estant sur les mestiers trouvez ès-boutiques estant aud. *hostel des Canayes*, proche et es environs d'icelluy :

Premièrement en la *bouticque d'or* s'est trouvé unze pièces de l'*Histoire d'Arthemise*, la 1re représentant la *procession des enffans qui vont au mozollé*, contenant 4 aulnes de hault sur 7 aulnes de large, rehaussée de soye d'or et d'argent, revenant ensemble à 29 a. 3/4 en carré, aulnage de Flandres, prisé à raison de 55^{tt} l'aulne, 1,636^{tt} 5; la 2e pièce de lad. *Histoire d'Arthemise, comme le Roy Arthemyse apprent à monter à cheval*, 3 aulnes de hault sur 7 aulnes de large, 21 aulnes en carré, prisé 55^{tt} l'aulne, 1,155^{tt}; la 3e de lad. histoire, rehaulsés lesd. deux pièces de soye, or et argent, représentant lad. 3e pièce, *les Philosophes*, de 5 a. 1/2 de hault sur 7 aulnes de large, 38 aulnes en carré, aulnage de Flandres, prisé 55^{tt} l'aulne, 2,118^{tt}; la 4e où est représenté le *collosse de Rhoddes*, aussy rehaulsée de soye, or et argent, de 6 a. 1/2 de hault sur 7 aulnes de large, 43 a. 3/4 en carré, prisé 55^{tt} l'aulne, 2,406^{tt} 5; la 5e où sont les *Trompettes à pied*, rehaulsée de soye, or et argent, de 2 aulnes de hault, 7 aulnes de large, 14 aulnes en carré prisé 55^{tt} l'aulne, 770^{tt}; la 6e représentant le *Cappitaine à cheval*, aussy rehaulsée de soye, or et argent, 2 a. 1/2 de hault, 7 aulnes de large, 17 a. 1/2 en carré, à 55^{tt} l'aulne, 962^{tt} 10; la 7e où est le *Roy qui aprent l'arithmétique*, soye, or et argent, 3 a. 3/4 de hault, 7 aulnes de large, 26 a. 1/4 en carré à 55^{tt} l'aulne, 1,443^{tt} 15; la 8e où est le *lieutenant du Roy Arthemise tenant conseil*, avec soye, or et argent, 6 a. 1/2 de hault et 4 aulnes de large, 45 a. 1/2 carré, à 55^{tt} l'aulne, 2,502^{tt} 10; la 9e où la *Reyne Arthemyse distribue des présens et récompenses aux chefs de ses armées*, avec soye, or et argent, 4 a. 3/4 de hault et 7 aulnes de large, 33 a. 1/4 carré à 55^{tt} l'aulne, 1,828^{tt} 15; la 10e les *Trompettes à cheval*, avec soye, or et argent, de 1 a. 3/4 de hault, 7 aulnes de large, 12 a. 1/4 de carré, à 55^{tt} l'aulne, 673^{tt} 15; la 11e et dernière pièce de *fleurs de lys*, rehaulsée de soye avec les armes du Roy pendant jusques au milieu de la pièce, avec bordure, contenant 2 a. 1/2 de hault et 5 aulnes demy quart de large, 12 a. 13/16 en carré à 7^{tt} l'aulne, 89^{tt} 13 s. 9 d. Touttes lesd. sommes cy dessus montans et revenans ensemble à.. 15,585^{tt} 18 s. 9 d.

Du lendemain jeudy 5e desd. mois et an, du matin, en procéddant par lesd. notaires à la confection du présent inventaire fut par eux inventorié ce qui s'ensuict :

En la *bouticque neufve* a esté trouvé ce qui s'ensuict :

Item trois pièces de tappisseryes de l'*Histoire de France*, rehaussée de soye, or et argent, aulnage de Flandres, la 1re où est représenté le *Baptesme de Clovis*, de 5 a. 6/16 de hault sur 6 aulnes de large, revenant à 32 a. 1/4, 806^{tt} 5; la 2e où est le *Siège de Pampelune par Charlemaigne*, 3 a. 1/2 de hault sur 6 aulnes de large, 28 aulnes en carré, à 25^{tt} l'aulne, 525^{tt}; la 3e où est la *Bataille du Roy François contre les Suisses*, de 6 aulnes de hault sur 6 aulnes de large, 36 aulnes en carré, à 25^{tt} l'aulne, 900^{tt}. Revenant ensemble à.. 2,231^{tt} 5

Item sept pièces de tappisseryes de l'*Histoire d'Arthemise*; la 1re où est le *lieutenant d'Arthemise tenant conseil*, de 5 a. 5/8 de hault et de 6 aulnes de large, 33 a. 3/4 carré, prisé 22^{tt} l'aulne, 742^{tt} 10; la 2e où sont des *Cappitaines à cheval*, de 3 a. 1/4 de hault sur 6 aulnes de large, 19 a. 1/2 en carré à 22^{tt} l'aulne, 429^{tt}; la 3e où est le *Roy qui aprent l'arrithméticque*, 5 a. 1/2 de hault, 6 de large, 33 aulnes carré, à 22^{tt} l'aulne, 726^{tt}; la 4e où est le *maistre d'hostel*, de 3 aulnes de hault sur 6 aulnes de large, 18 aulnes carré, à 22^{tt} l'aulne, 396^{tt}; la 5e où est des *statues de bronze*, de 5 aulnes de hault sur 6 aulnes de large, 30 aulnes en carré, à 22^{tt} l'aulne, 660^{tt}; la 6e où est le *Collosse de Rhoddes*, de 3 a. 1/2 de hault sur 6 aulnes de large, 22 aulnes en carré à 22^{tt} l'aulne, 462^{tt}; la 7e où est des *figures portant des étendarz*, 3 aulnes de hault sur 6 aulnes de large, 18 aulnes carré à 22^{tt} l'aulne, 396^{tt}. Touttes les pièces aulnage de Flandres, rehaulsées de trois soyes, revenant ensemble à .... 3,811^{tt}

Item trois pièces faisant le commencement d'une tenture du *Pastor fido*, rehaulsée de soye, la 1re où est représenté comme *il baise le chien*, de 1 a. 5/16 de hault sur 5 a. 1/4 de large, 6 a. 14/16 en carré, à 12^{tt} l'aulne, 92^{tt} 10 ; la 2e où est *Amarille qui donne à Eleine Missette*, de 1 a. 1/2 de hault sur 5 a. 1/4 de large, 8 aulnes en carré, à 12^{tt} l'aulne, 96^{tt} ; la 3e où est le *père de Silvio et d'Amarille*, 3 a. 1/4 de hault sur 5 aulnes de large, 17 a. 1/16 en carré, à 12^{tt} l'aulne, 204^{tt} 15, revenant le tout ensemble à... 383^{tt} 5

Item deux autres pièces de l'*Histoire du Pastor fido*, rehaulsée de soye, la 1re où est représenté le *sacrifice d'Aminthe*, 1 aulne de hault, sur 5 aulnes de large, 5 aulnes en carré, à 12^{tt} l'aulne, 60^{tt} ; la 2e où est *Silvio qui baise son chien*, rehaulsée de soye, 1/2 aulne de hault sur 5 aulnes de large, 2 a. 1/2 en carré à 12^{tt} l'aulne, 30^{tt} ; revenant le tout à.. 90^{tt}

Ensuict ce qui s'est trouvé dans la *bouticque de Pierre Brmard*, estant dans led. *hostel des Canayes* :

Premièrement une pièce de tappisserye de l'*Histoire du Pastor fido* rehaulsée de soye, contenant 4 a. 10/16 de hault et 3/4 aulne de large, en carré 3 a. 1/2, à 12^{tt} l'aulne............... 42^{tt}

Item une autre pièce de lad. *Histoire du Pastor fido*, de 4 a. 10/16 de hault et de 2 aulnes de large, 9 aulnes en carré, à 12^{tt} l'aulne... 111^{tt}

Item une autre pièce de lad. histoire, 2 a. 1/2 de hault, 4 aulnes de large, 10 a. 15/16 carré, à 12^{tt} l'aulne.. 131^{tt} 5

Item une autre pièce de lad. histoire de 4 a. 10/16 de haut et demy aulne de large, 2 a. 5/16 carré, à 12^{tt} l'aulne.. 27^{tt} 15

Item une autre pièce de lad. histoire de 5 a. 1/4 de hault sur 2 a. 1/2 de large, 13 aulnes et demy quart carré, à 12^{tt} l'aulne.. 157^{tt} 10

Item une autre pièce de lad. histoire, de 5 aulnes de hault sur demy aulne de large, 2 aulnes et demy au carré, à 12^{tt} l'aulne.. 30^{tt}

Touttes les sommes revenant ensemble à 499^{tt} 10.

Ensuict ce qui s'est trouvé dans la *bouticque de Jehan de la Croix*, mestre tappissier estant au bout de la rue Gobelin, proche led. *hostel des Canayes* :

Premièrement cinq pièces de menues verdures rehaulsées de soye, la première appelée quarante, de 6 a. 1/2 de hault sur 5 aulnes de large, 32 a. 1/2 en carré ; la 2e encore appelée quarante, 2 aulnes de hault sur 5 aulnes de large, 10 en carré ; la 3e appelée trente, de 3 a. 1/4 sur 5 aulnes de large, 16 a. 1/4 en carré ; la 4e encore appelée trente, 4 aulnes de hault sur 5 aulnes de large, 20 aulnes en carré, et la 5e appelée vingt-cinq, de 3/4 aulnes de hault sur 5 de large, 3 a. 3/4 en carré, revenant le tout à 75 aulnes, à 12^{tt} l'aulne... 900^{tt}

Item trois pièces de tappisserye faisant le commencement d'une tenture du *Pastor fido*, rehaulsée de soye, la 1re appelée quarante, de 3 a. 1/4 de hault sur 5 a. de large, 16 a. 1/4 en carré ; la 2e appelée vingt-cinq, de 1 a. 3/4 de hault et de 5 aulnes de large, 8 a. 3/4 en carré ; la 3e appelée trente, de 1/2 aulne de hault sur 5 de large, 2 a. 1/2 en carré, revenant à 27 a. 1/2, prisé l'aulne 12^{tt}............ 330^{tt}

Item deux autres pièces faisant un autre commencement de l'*Histoire du Pastor fido*, rehaulsée de soye, la 1re appelée trente-cinq, de 5 aulnes de hault sur 5 a. 1/4 de large, 26 a. 1/4 en carré ; la 2e appelée vingt-cinq, de 3 a. 1/2 de hault sur 5 a. 1/4 de large, 18 a. 6/16 en carré, revenant à 44 a. 10/16, prisé 12^{tt} l'aulne... 535^{tt} 10

Item une pièce de tappisserye de verdure, appelée vingt, avec soye, de 5 aulnes de hault et 1/2 aulne de large, 2 a. 1/2 en carré, à 12^{tt} l'aulne.. 30^{tt}

Item une pièce de l'*Histoire du Pastor fido*, de 5 aulnes demy quart de hault sur 4 a. 1/2 de large, 23 aulnes en carré, à 12^{tt} l'aulne... 276^{tt}

Item une autre pièce estant parfaict de l'histoire dud. *Pastor fido*, de 5 aulnes demy cart de hault sur 6 aulnes de large, 30 a. 3/4 carré, prisé.. 369^{tt}

Ensuict ce qui s'est trouvé dans la *bouticque de Adrian du Welde*, maistre tappissier flamant, scize en lad. rue Gobelin, proche led. *hostel des Canayes* :

Premièrement une pièce faisant le commencement d'une tenture de verdure, rehaulsée de soye, appelée vingt, de 1/4 de hault sur 5 a. 1/4 de large, 1 a. 1/4 en carré, à 12^{tt} l'aulne............... 15^{tt}

Item une autre pièce de mesme verdure, faisant le commencement d'une autre tenture avec soye, appelée aussy vingt, de 3 a. 14/16 de haul sur 4 a. 3/4 de large, 18 a. 3/16 en carré, à 12^{tt} l'aulne... 218^{tt} 5

Ensuict ce qui s'est trouvé dans la *bouticque de Robert Alleaume,* maistre tappissier, scize en lad. rue Gobelin, proche de led. *hostel des Canayes :*

Premièrement trois pièces faisant le commencement d'une tenture de tappisserye de l'*Histoire du Pastor fidelle,* rehaulsées de soye; la 1re, appelée trente, contenant 2 aulnes de hault sur 4 a. 10/16 de large, 9 a. 1/4 en carré; la 2e, appelée vingt-cinq, de 1 a. 1/4 de hault sur 4 a. 10/16 de large, 5 a. 3/4 en carré; la 3e, appelée aussy vingt-cinq, de 1 a. 1/4 de hault sur 4 a. 10/16 de large, 5 a. 3/4 en carré; revenant à 20 a. 3/4, prisé 12^{tt} l'aulne... 249^{tt}

Item deux pièces de menues verdures rehaulsées de soye : l'une de 2 a. 1/4 de hault sur 4 a. 3/4 de large, 10 a. 1/16 en carré; l'autre de 2 a. 1/4 de hault sur 4 a. 3/4 de large, 10 a. 1/16 carré; revenant ensemble à 20 a. 2/16, prisé l'aulne 12^{tt}.. 141^{tt} 10

Item une pièce faisant le commencement d'une tenture de menues verdures, appelée trente, rehaulsée de soye, 3 aulnes de hault sur 5 aulnes de large, 15 aulnes en carré, à 12^{tt} l'aulne.............. 180^{tt}

En la *bouticque de Josse de la Haicque,* maistre tappissier, scize en lad. rue des Gobelins, proche led. hostel :

Item une pièce de menues verdures, avec soye, de 3/4 aulne de hault sur 5 aulnes de large, 3 a. 3/4 en carré, prisé 12^{tt} l'aulne.. 45^{tt}

Item une pièce faisant partie de l'*Histoire du Pastor fido,* rehaulsée de soye, de 5 a. 1/4 de hault sur 5 aulnes demy quart de large, 26 a. 14/16 en carré, prisé 12^{tt} l'aulne.................. 322^{tt} 10

En la *bouticque de Claude de la Pierre,* maistre tappissier, scize grande rue Mouffetard, contre et attenant led. *hostel des Canayes :*

Item une pièce de verdure faisant partie d'une tenture, rehaulsée de soye, appelée trente, contenant 1 aulne de hault sur 5 aulnes de large, 5 aulnes en carré, prisé à 12^{tt} l'aulne................ 60^{tt}

Item une autre pièce du *Pastor fido,* de 10/16 de hault sur 4 a. 10/16 de large, 2 a. 14/16 en carré, prisé 12^{tt} l'aulne... 34^{tt} 10

Ensuict ce qui s'est trouvé dans la *bouticque de Paul Froonenne,* maistre tappissier, scize proche et contre la porte Saint-Bernard :

Item une pièce faisant partie d'une tenture de verdure, appelée trente, de 3 a. 1/2 de hault sur 4 a. 3/4 de large, 16 a. 10/16 en carré, prisé l'aulne 12^{tt}.................................. 99^{tt} 10

Ensuict ce qui s'est trouvé dans lad. *bouticque de haulte lisse* estant aud. *hostel des Canayes* au-dessus de lad. *bouticque d'or :*

Item une pièce de tappisserye de la haulte lisse rehaulsée de soye, de 5 a. 1/4 de hault, 1 aulne de large, prisé 12^{tt} l'aulne.. 54^{tt}

Dud. jour de rellevée en procédant par lesd. nottaires à la confection dud. inventaire fut par eulx inventorié ce qui ensuict :

Ensuict les desseins pintz à destrampe sur pappier trouvez aud. *hostel des Canayes :*

Premièrement douze pièces de l'*Histoire de Constantin,* garnyes de leur bordure en pappier, prisez. 500^{tt}

Item huict pièces représentant l'*Histoire de Diane,* garnyes de leurs bordures, prisez.......... 60^{tt}

Item neuf pièces représentant l'*Histoire de France,* aussy garnyes de leurs bordures, prisez..... 400^{tt}

Item vingt-quatre pièces représentant l'*Histoire de la Reyne Arthemise,* aussy garnyes de leurs bordures, prisez... 300^{tt}

Item huict pièces représentant l'*Histoire du Pastor fido,* garnyes de leurs bordures, prisez...... 100^{tt}

Item huict autres pièces représentant l'*Histoire de Combault et Massée,* garnyes de leurs bordures, prisez... 75^{tt}

Item vingt pièces de menues verdures avec leurs bordures aussy pintz sur pappier, prisez...... 200^{tt}

Item douze petitz desseings peintz en huille sur des planches de bois, de la main de Pierre Paul Rubens, représentant l'*Histoire de Constantin,* prisé à raison de 100^{tt} pièce...................... 1,200^{tt}

Item huict pièces représentant l'*Histoire de Théagénes et Cariclée,* garnyes de leurs bordures, prisez... 200^{tt}

Item deux grands escussons de France, pinz sur pappier tenus par des anges desoulz ung pavillon royal, avec leurs bordures, prisez... 30^{tt}

Du septiesme jour desd. mois et an, de rellevée, fut proceddé à la confection du présent inventaire par lesd. nottaires,

Ainsy qu'il ensuict :

Ensuict les mestiers et ustancilles d'iceulx trouvez esd. bouticques :

Premièrement, en la *bouticque d'or* soubz la conduite de Jean Taye, maistre tappissier, a esté trouvé la quantité de 13 mestiers parfaictz avec les travaillans et ustancilles, assavoir : 8 mestiers estans en la boutique d'en bas; 4 en ung grenier au-dessus de la chambre dud. maistre tappissier, et l'autre mestier en une gallerie à costé dud. grenier, prisez à raison de 24^{tt} pièce, la somme de................ 312^{tt}

En une *bouticque* encommencée pour travailler en tappisserye de haulte lisse estant attenant le susd. grenier a esté trouvé :

Item ung mestier parfaict, garni de ses travaillans et ustancilles, à l'usage de haulte lisse, prisé... 24^{tt}

En lad. *bouticque de Lucas Wandandalle* appelée la *bouticque nefve* :

Item 15 mestiers parfaictz, garnis de leurs travaillans et ustancilles, scavoir : 12 en bas dans lad. bouticque, et trois dans une autre salle à costé et deppendant d'icelluy bastiment, prisé 24^{tt} pièce. 180^{tt}

Ensuicte ce qui s'est trouvé en la *bouticque de Pierre Brimard* :

Item 9 mestiers parfaictz garnis de leurs travaillans et ustancilles, prisez à raison de 15^{tt} pièce.. 135^{tt}

En la *bouticque de Jehan de la Croix* s'est trouvé :

Item 10 mestiers parfaictz, garnis [etc., comme dessus], prisez 15^{tt}................... 150^{tt}

En la *bouticque de Adrian de Welde,* maistre tappissier :

Item deux mestiers parfaictz, à 15^{tt}................ 30^{tt}

En la *bouticque de Robert Alleaume* :

Item six mestiers parfaictz, garnis, etc., à 15^{tt}................ 90^{tt}

En la *bouticque de Josse de la Haicque,* maistre tappissier :

Item deux mestiers parfaictz, garnis, etc., à 15^{tt}................ 30^{tt}

En la *bouticque de Claude de la Pierre* :

Item deux mestiers parfaictz, garnis, etc., à 15^{tt}................ 30^{tt}

En la *bouticque de Paul Frooesne* :

Item deux autres mestiers parfaictz, garnis, etc., à 15^{tt}................ 30^{tt}

Item aud. hostel s'est trouvé huict mestiers imparfaictz et desmontez, prisez à raison de 10^{tt} pièce. 80^{tt}

Touttes lesd. tappisseries, marchandises et estoffes de layne, soye et or, mestiers, ustancilles, vesseaux, desseings et autres choses cy dessus inventoriées estant de lad. société d'entre led. deffunct S^r de La Planche et led. Sr de Comans, ont esté prisez et estimez par led. Morlot, sergent priseur dessus nommé, et par Jehan Teys et Pierre Brimard, maistres tappissiers à Paris, pour le regard desd. tappisseryes, estoffes et mestiers, et quant à lad. brasserie, par Jehan Coullon, maistre brasseur à Paris, et au regard de la tinturerie, par Estienne Le Jeune, maistre tinturier, tous pour ce appelez, et ce en la présence du Sr Marc de Comans, ce associé dud. deffunct S^r de La Planche, après serment par luy faict es mains desd. notaires en tel cas requis et acoustumé, de déclarer, monstrer et enseigner tous les biens et choses apartenans à lad. société, sans en cacher ni celler aulcuns, déclairant led. Sr de Comans ne scavoir autres biens de lad. societté que ceulx cy dessus inventoriez, sinon ung diamant qui apartient à icelle société qui est de présent es mains du Sr de Ronval, filz aisné dud. Sr de Comans, lequel diamant a esté par luy représenté, et icelluy prisé et estimé par led. Morlot, sergent priseur, assisté de honnorable homme Paris Turquet, marchant orfèvre à Paris, pour ce appellé, à la somme de mil livres tournois. Et les debtes deues à lad. société dont il baillera estat à lad. damoiselle vefve pour estre inventorié au présent inventaire avec les tiltres et pappiers de la succession dud. deffunct S^r de La Planche; lequel estat contiendra aussy les debtes deues par lad. société, et sera d'icelluy estat faict deux coppies qui seront signées respectivement par led. Sr de Comans et lad. damoiselle vefve, dont ilz en auront chacun ung par devers eulx afin de leur servir à l'advenir d'éclaircissement des debtes qui sont deues à lad. sociotté et celles qu'elle doibt.

Et pour le regard des biens meubles et autres choses cy devant inventoriées, apartenant aud. feu Sr de la Planche en son particulier, sont demeurés es mains et possession de lad. damoiselle vefve, et au regard desd. choses apartenans à lad. société, cy devant inventoriées, sont demeurez es lieulx et endroietz où elles ont esté trouvées, en la possession et direction desd. Sr de Comans et d^{elle} vefve, pour en user selon leurd. société et sans préjudice d'icelle; et quant au diamant, est aussy demeuré en la possession dud. Sr de Comans qui s'en est chargé comme apartenant à lad. sociétté et ont tous lesd. dessus nommez signé :

Jehan Tÿs.   Jehan Coullon.

By my Steine de Jonghe.

Pierre Brimard.

Caterinne Hannekart.

Turquet.   De Comans.

Morlot.

Du neufiesme jour desd. mois et an, du matin, a esté par lesd. nottaires procéddé à la confection du présent inventaire ainsy qu'il s'ensuict :

Ensuivent les lettres, tiltres, pappiers et enseignemens estans de la succession, trouvez en lad. maison en l'hostel des Canayes.

Premièrement lad. damoiselle a déclaré qu'il y a un fief au lieu de Wurenne, jurisdiction de la ville de Audenard en Flandre, appellé le fief des Fondz rousseaux, appartenant aud. deffunct S^r de La Planche, de son propre; les tiltres concernans lequel fief avec les rentes et choses en deppendantes sont aud. lieu d'Audenard ; desquels pappiers sera faict inventaire particulier sur les lieux et led inventaire rapporté pour estre inventorié par un seul article au présent inventaire, etc.

Item, lad. damoiselle déclare qu'il y a encore un aultre fief aud. pais de Flandre, proche la vallé entre Courtray et led. Audenard, led. fief appellé du bois au bourg baubosse, appartenant aussy aud. deffunct, de son propre; les tiltres faisans mention duquel fief a dict estre sur les lieux aud. pais de Flandre, etc.

Item, déclare aussy qu'il y a 120 livres tournoiz de rente en trois parties par les estatz de Flandre, dont les lettres et transportz sont en la ville de Bruxelles en une chambre que lad. damoiselle tient garnye en lad. ville.

Item, un contract en papier passé par devant de Blois, notaire en la ville d'Ath [1] pays de Henault, en la présence de Cambier et Pierre, hommes de fiefz, datté du 16 Octobre 1595, qui est le contract de mariage d'entre led. deffunct François de La Planche et lad. damoiselle Catherine Hannecart, sa vefve, par lequel appert avoir esté promis aud. François de La Planche, en faveur dud. mariage, 6,000ˡˡ, monnoye de Hainault, et pour le regard de lad. Catherine Hannecart led. Jehan Desprez, son beau-père, auroit adverty que à elle appartenoit la somme de 457ˡˡ 13 s. 4 d. de groz monnoye de Flandre, d'une part; de 11ˡˡ de groz en principal d'aultre, et quant aux biens, propriétés que lad. Catherine Hannecart, pourroit avoir après le décedz de sa mère, ou s'en seroit contanté, et quant au douaire de lad. Catherine Hannecart, il luy auroit esté constitué, suivant la loy et coustume d'Audenard, et que le dernier vivant d'eux deux demeureroit en tous biens meubles, debtes, joyaulx, marchandises, etc., au dessoulz duquel contract de mariage est l'insinuation d'icelluy faicte au Chastelet de Paris le Mardy 3ᵉ jour du présent mois et an. Inventorié ung.

Item, une sentence donnée par..... Conseiller du Roy au Chastelet de Paris, le lundy xᵉ desd. mois et an qui est l'acte de tutelle des enffans mineurs dud. deffunct et de sa femme, par lequel appert que lad. damoiselle avoit esté esleue tutrice desd. mineurs et pour subrogé led. Sʳ Desperières. Deux.

Du Mercredy après Midy, 11ᵉ desd. moys et an en procédant, etc., fut inventorié ce qui ensuict :

Item, une feuille de papier escript jusques sur la 3ᵉ page, contenant quinze articles, signés en fin : Hierosnisme Comans, Marc Comans, François Van der Planken, datté du 29ᵉ Janvier 1601, qui est l'association faicte soubz les seings privez desd. sieurs pour la compagnye de la fabricque et commerce des tapisseries et toutes aultres espèces de marchandises qui pourroit faire et négocier entre eulx; lad. sociétté représentée par led. Marc de Comans et à luy rendue. Inventoriée trois.

Item, une coppye non signée de certain contract passé par devant Francquellin et Haulteseur, nottaires au Chastelet de Paris en datte du 26 Janvier 1625, par lequel appert Umfroy Bradelay, gentilhomme brabançon et maistre des digues en France, avoir associé avec luy au desséchement des marais de France les sieurs Hierosme et Marc de Comans, frères, et François Van der Planken, aussy gentilhomme brabançon, naturalizés français, et Louis Metseau, architecq du Roy. Quatre.

Item, une coppie en papier, signée par collation le 20 Juillet 1620 d'ung contract passé par devant Robert Rousseau, notaire tabellion et garde notes héréditaire au Châtelet d'Orléans, datté du 1ᵉʳ jour de l'année 1607, qui est un contract faict entre haulte et puissante dame Mᵐᵉ Jehanne de Saulz, dame de Mortenard et de la principauté de Tommé Charente, tant en son nom que comme procuratrice de hault et puissant seigneur Mʳᵉ Gaspart de Rochechouart seigneur dud. Mortenard, et comme soy faisant et portant fort de hault et puissant seigneur Mʳᵉ René de Rochechouart, aussy chevalier, seigneur de Mont de Papeau, haultes et puissantes dames Elizabeth de Rochechouart, femme et espouze de Messire Pierre de Laval, aussy chevalier, capitaine de cinquante hommes d'armes, seigneur et baron de Lezay, et Hemerri de Rochechouart, vefve de hault et puissant seigneur Mʳᵉ Phillippes de Vaulluire, vivant chevallier, marquise de Ruffé, tous enffans de lad. dame, ausquels elle auroit promis faire ratiffier, et encores lad. dame de Mortenard, comme soy faisant fort de Jehan et damoiselle Léonarde de Rochechouart, aussy ses enffans, lors mineurs et par lesquels elle auroit promis faire ratiffier, d'une part, et Jacques du Boys, escuyer, sieur dud. lieu, huissier de la Chambre du Roy, au nom et comme procureur de Marc de Comans, gentilhomme brabançon, naturalizé françois, tant en son nom que comme soy faisant et portant forts de Hierosme de Comans, son frère, et François de La Planche, gentilhomme flamant, aussy naturalizé françois, et Louis Metzeau, architecq des bastimens du Roy, tant en leurs noms que pour leurs associez à l'entreprise du desséchement des marais, d'aultre part, par lequel appert lad. dame de Montenard avoir ceddé et transporté à perpétuité ausd. Sʳˢ Du

---

[1] Les archives de l'état civil et des fonds notariaux de la ville d'Ath n'ont fourni aucun renseignement.

Boys et Metzeau, esdictz noms, tous et chacuns les palluez, rouchez et marais à quelque nombre qui se puissent monter et estans au dedans des parroisses de Tommé Charente, Moregues et environs, le tout au plein déclaré par led. contract, etc. Cinq.

Item, un contract daté du 11 septembre 1614, qui est une transaction entre lad. dame de Mortenart, d'une part, et Hierosme Van Ufle, gentilhomme brabançon d'autre, tant pour luy que pour MM. de Comans et de La Planche, ses associez pour raison des droictz litigieux du dessèchement des marais, mentionnez esd. contractz, etc. Six.

[Suivent divers contracts et comptes datés de 1610 à 1615, relatifs à ces marais de Tomé-Charente.] Voici le règlement final :

Item, une feuille de papier escripte des quatre costez qui est le partage général faict entre tous les associez des terres de Tomé Charente et Muron, faict soulz les seings desd. associez, datté à Paris du 21e Aoust 1618, signé en fin : de Harlay, Pierre Fourey, Martin (sic) de Comans, de La Planche et Van Ufle, au dessoulz duquel est la reconnoissance dud. partage par lesd. associez par devant Le Camces et Pottevin, nottaires, le 4e Septembre 1618 par lequel partage appert le deuxiesme desd. lotz estre escheu auxd. Srs de Comans et François de La Planche, comme le contient plus au long led. partaige. Neuf.

Item, une feuille de papier qui est le partage faict entre lesd. Srs Marc de Comans et François de La Planche qui est du second lot du partage dessus inventorié, duquel lot ilz ont faict deux lotz entre eulx ainsy qu'il appert par led. acte portant la subdivision dud. second lot et partage qui a esté faict dud. lot subdivisé, le premier contenant 339 journaulx est eschu aud. deffunct Sr de La Planche et le second à M. Marc de Comans, contenant 339 journaulx, led. partage datté du 22 Aoust 1618. Dix.

Item, ung contract en papier par brevet passé devant Perrier et Nourry, nottaires, le 26 Mai 1626, par lequel appert Messire Henry de Fourcy, sieur du Checy, conseiller du Roy en ses Conseils d'Estat et privé, superintendant et ordonnateur des Bastimens de S. M., avoir déclaré que, en la vente qui luy avoit esté faicte par devant Grouin et Baudry, nottaires, le 26 Mai, de la quantité de 400 arpens de terre et marais et tout tel autre droict que led. Sr de Sancy avoit aux marais de Muron en Xaintonge, y en avoit moictié appartenant auxd. Srs de Comans et François de La Planche, ainsy et comme le contient plus au long led. acte de déclaration par lequel appert lesd. Srs de Comans et de La Planche avoir promis aud. Sr de Fourcy luy payer moictyé de la somme de 4,800tt qui est la somme pour laquelle lad. vente a esté faicte auxd. Sr de Fourcy par led. Sr de Sancy. Unze.

Item, ung acte en parchemin contenant la foy hommage rendue par Louis de La Planche, escuyer, sieur de Fontrusseau, au nom et comme procureur dud. deffunct Sr de La Planche, son père, à Mme la Marquise de Mortenart et fust appellé le Croissant avec les terres mentionnées par lad. foy et hommage, etc. Douze.

[Du Jeudy après midi, 12e jour desd. mois et an, contrats, règlements de contrats et papiers divers (13 à 23) concernant la société pour le dessèchement des marais et une autre association pour envoyer des blés à Malte, arbitrages, compromis, etc.
On y mentionne le compte de l'armement d'un vaisseau appelé *Saint-Pierre* avec sa galiote, commandé par le Capitaine Jacques Van Ufle, ledit vaisseau sorti du port de Malte le 6 mai 1607.

Du Samedi 14e jour desd. mois et an :

Du n° 24 au n° 28, mention de comptes pour la Société de Malte entre Comans, de La Planche, Van Ufle et Grison jusqu'en 1622.]

Ensuict les pappiers concernans l'establissement de la manufacture des tappisseryes à Tours :

Item, un traité en pappier faict entre lesd. sieurs de Comans et de La Planche d'une part, Jehan Gaboury et Jacques Cotard, maistres tappissiers à Paris, et Alexandre Motteron soulz leurs seings manuelz, datté de Paris le 23 Février 1613, contenant l'association par eulx faicte pour l'establissement de la Manufacture des tappisseryes à Tours [mention des signatures des associés sur les traités passés devant les nottaires Demas et Chappelain]. Vingt neuf.

Item, un brevet en pappier dud. Chatelet de Paris passé par devant nottaire le 6 juin 1625 qui est une transaction faicte entre lesd. sieurs Comans et de La Planche, d'une part, et Alexandre Motteron, l'un de leurs associez en lad. manufacture de Tours, tant en son nom que comme ayant les droictz ceddés dud. Gaboury touchant les choses y déclarées consernant lad. société. Trente.

[Article 31 concernant la vente d'un fief dit le fief du moulin près Audenarde, cédé par Comans et de La Planche à un sieur Robin.

Arrangements divers au sujet de cette vente. Art. 32, 33.]

Item, un pappier faict entre les sieurs Ysaac-Martin de Maunoy et François de La Planche, stipulant pour lui et son beau-frère Comans, et Charles Le Tellier, maistre savonnier, par lequel appert qu'ilz se sont associez ensemble pour la manufacture des savons, négoce et traficq d'iceulx es villes de Paris, Rouen, Nantes et autres, pour le temps et ainsy qu'il est porté par ledit traité faict par devant Richez et Herbin, nottaires, le 29 octobre 1607. Trente quatre.

Item, du 4 février 1609, rupture de l'association pour la fabrique de savons; tous les ustancilles, outilz et Bastimens de la Savonnerie commencez prez Chaillot sont cédés à Martin de Maunoy, qui s'engage à désintéresser ses associés. Trente cinq.

D'un compte arrêté le 14 février 1609, il résulte que les Sᵣ Comans et de La Planche restent créanciers de 3,582ᵗᵗ 10. Trente six.

Du Mardy 17ᵉ desd. mois et an :

[Cotes 37 à 41 : Divers règlements de comptes entre le Sʳ de Fourcy et les Sᵣˢ Comans et de La Planche concernant le négoce de Malte; voici d'ailleurs la mention du traité concernant ce commerce :]

Item, une feuille de pappier, contenant led. escript un traité et association faict entre Jehan de Fourcy, Sʳ de....., Ysaac-Martin de Maunoy, advocat en Parlement, François de La Planche tant en son nom qu'en se faisant et portant fort de Marc de Comans et de Pierre Pognan, bourgeois de Paris, pour raison de l'achat et traicté des bledz qu'ils voulaient lors faire au pays de Bretagne pour faire transporter en Italie, Malte, et austres lieulx ainsy qu'il est plus au long porté par led. traicté faict soubz leurs seings 1607. Quarante deux.

[Article 43 concernant la vente de 3,000 tonneaux de blé par Martin de Maunoy aux associés.]

Item, douze livres en pappier, journaulx escriptz en langue flamande tenuz par led. Sʳ de Comans, contenant la vente et débit des bierres faictes en la brasserie estant aud. hostel des Canayes, le premier commençant le 1ᵉʳ Février jusques au dernier de Décembre 1602, etc. Led. Sʳ Comans a dict avoir tenu lad. brasserye pour son particulier, attendu que pendant led. tems led. deffunct Sʳ de La Planche tenoit en son particullier la brasserye de la Tournelle selon la convention faicte entre eulx. [Le dernier des douze livres journaulx finit le 8 avril 1617.] Quarante quatre.

[Suite des journaulx de la brasserye des Canayes.] Quarante cinq.

Du Mercredy 18ᵉ jour desd. mois et an :

Item, douze livres de comptes de la brasserye des Canayes tenuz par le sieur de Comans, du 1ᵉʳ janvier 1602 au 8 avril 1617. Quarante six.

Item, six livres journaulx concernant la sociétté entre led. Sʳ de Comans et le Sʳ de La Planche, escriptz en langue italienne, le 1ᵉʳ commençant en Mai 1601, le 6ᵉ finissant le 23 Octobre 1606. Quarante sept.

Item, des extraits en langue flamande des livres journaulx ci-dessus commençant au mois de juillet 1601. Quarante huit.

Item, trois livres journaulx en langue françoise, du 1ᵉʳ Janvier 1612 au 9 Aoust 1617. Quarante neuf.

Item, liasse de papiers, mémoires sans valeur, concernant lad. société. Cinquante.

Item, deux comptes en papier en flamand de 1601 à 1605. Cinquante et un.

Item, cinq livres de comptes en flamand (1612-1617). Cinquante deux.

Item, trois autres journaulx en flamand (1614-1617). Cinquante trois.

Item, trois livres de comptes en flamand (1608-1611). Cinquante quatre.

Item, ung compte courant en langue françoise contenant l'achapt tant de soye, grains et autres choses concernans lad. sociétté, escript de la main d'un nommé Grandon, cy devant leur commis, en fin duquel compte est une déclaration dud. Grandon par laquelle il recognoist qu'encores que, par le contenu dud. livre de compte, il parroisse que lesd. S⁰ de Comans et de La Planche luy sont débiteurs de la somme de 18,000ᵗᵗ, néant moins qu'ilz ne luy doibvent aulcune chose, suivant la déclaration du 24 Février 1615. Cinquante cinq.

Item, un conteract de la manufacture des tappisseryes de Calais et Amiens es années 1613, 1614, 1615 et 1616, escript en françois, non signé. Cinquante six.

Du lundy 23ᵉ jour desd. mois et an :

[Cotes 57 à 63 : Papiers contenant les quittances des sommes payées par le trésorier Jacquelin, les mémoires des promesses par luy faictes, récépissés, et quittances de loyers des maisons louées pour servir à lad. manufacture, quittances payées par led. Jacquelin.]

64. Item, un inventaire en papier des pièces des tappisseryes de la suitte de l'*Histoire d'Artémise* en or et argent, de *Diane* rellevez en soye et de Perare (?) commune, ensemble l'aulnage faict d'icelles mises es mains du S. Moinier, garde général des meubles du Roy, dont il s'est chargé pour les garder pour le service du Roy, signé en fin de Fourcy.

65. Item, une coppye en pappier, dont l'original est emporté en la Chambre des Comptes, de la prisée et estimation faictes de touttes tappisseryes par les nommez d'office y denommez, laquelle estimation s'est trouvée monter à la somme de 36,907ᵗᵗ 2 s. 6 d. sur laquelle led. Simon (sic) de Comans et de La Planche, ont reçu les sommes y contenuz revenans ensemble à 35,561ᵗᵗ 17 s. 3 d. portant appert leur estre deub par Sa Majesté la somme de 1,345ᵗᵗ 5 s. 3 d., ainsy qu'il est plus au long déclaré en lad. coppye dattée du 23 May 1622 et signée de Fourcy.

66. Item, un estat du compte faict entre le Sʳ de Morillon et Mademoiselle sa femme, d'une part, et les Sʳˢ de Comans et de La Planche d'aultre, pour raison de la vente faicte auxd. Sʳˢ de Comans et de La Planche de la maison de la Corne de Daim, scize es-faulx bourg Saint-Marcel, le 29 Juillet 1619, par la fin duquel estat il appert que lesd. Sʳˢ sont demeurés quittes du pris de lad. maison, ainsy qu'il est déclaré aud. estat en datte du 25 Octobre 1624.

67. Notte en flamand des deniers reçus du sʳ Comans par Elisabeth de Pierre, mère dud. deffunct de La Planche.

Ensuite les livres de comptes et aultres trouvez au bureau de lad. manufacture estant aud. hostel des Canayes :

68. Item, livre des reccettes et dépenses, tant de lad. manufacture de tappisseryes que de lad. brasserye, du 4 Mars 1617 au 31 Décembre 1620.

69 à 72. Austres livres de comptes de recettes et dépenses escripts en françois allant jusqu'au 23 Octobre 1625 de la main de sieur de La Planche, de Raphaël son fils et de Charles de Comans fils [sans aucun détail].

Du Mardy avant midy 24ᵉ jour desd. mois et an :

Ensuict ce qui s'est trouvé dans le cabinet dud. deffunct sieur de La Planche.

Ensuivent les livres de feu Louis de La Planche, père dud. deffunct sieur de La Planche.

73. Ung gros pacquet de livres aud. deffunct sieur Louis de La Planche, composé d'un mémorial en datte du 18 Novembre 1585, d'un aultre mémorial sans datte, d'un mémorial an datte de l'an 1588, de cinq aultres mémoriaulx sans datte, aultres mémoriaulx et livres de comptes allant jusqu'en 1599.

74. Ung aultre pacquet de livres de feue Damoiselle Elisabeth de Pichié, femme dud. feu Louis de La Planche, composé de livres terriers, livres de caisse et de comptes, allant de 1605 à 1616.

75. Aultre pacquet de livres dud. sieur de Comans, composé d'un livre des sommaires des tailles des ouvriers, etc., aultre livre de comptes d'Amiens administrés par lad. Damoiselle deffuncte de Pichié aultre livre des laynes fournyes par le sieur Pollart, ensemble cinq livres.

76. Ung pacquet de livres du sieur de Gaudon contenant trois livres de payements des ouvriers en 1607-1608-1609.

77. Ung pacquet de livres de Philippes de Maecht, maistre de la *boutieque d'or*, comptes, tailles et mémoires.

78. Pacquet de livres de Jehan de la Pierre, maistre tappissier de la *boutieque de la Tournelle*, de tailles et mémoires concernans lad. bouticque.

79. Ung gros pacquet de livres concernant les affaires de Callais et Amiens, comptes, mémoriaulx et livres de caisse des années 1613 à 1620.

80. Ung aultre pacquet de livres dud. deffunct, contenant un livre de despenses faictes touchant la manufacture de tappisseryes en datte de l'an 1601, d'un mémorial de 1604, de livres des despenses desd. manufactures de 1603 à 1605, d'un aultre livre de comptes de 1601, livres de tailles de 1605-1606, coppyes de contractz faicts avec aulcuns tappissiers, cahier des frais faicts pour la brasserye en 1605-1606, livre des ouvriers tappissiers, rolles des apprentis, livres de contractz faicts en 1609-1610; livre de comptes de savons, livre de comptes de la manufacture d'Amiens de 1615-1616; livre mémorial des frais de douane en 1602; deux cahiers et un livre touchant les bierres de la brasserie de la Tournelle en 1611-1612; livre de caisse de 1607; livres des sommes dues par les tappissiers, 1609, etc.; aultre livre de dépense dud. deffunct S. de La Planche de 1601 à 1606, auquel est compris l'or et l'argent que l'on a livré pour lad. manufacture pendant led. temps; un autre livre où il y a estat des tappisseryes du magazin avec estat de louage des maisons que le Roy loue de M. Jacquelin; livre journal des taxes et rentes de 1613 à 1615; contrat original d'une vente faicte par led. deffunct du fief Moussin et terre de Meaulne à Anthoine Robin; autre journal de 1621 avec un inventaire de toutes les tappisseryes qui se sont trouvées aud. magazin et de la grandeur de touttes les pièces trouvées sur les ateliers le 28 d'Aoust 1625, montant ensemble led. pacquet à 28ʰ.

81. Papiers concernant les affaires de Malthe et les comptes du Sʳ de Villebouzin.

[La cote 82 manque.]

83. Papiers concernant les affaires de M. de Sancerre (?) à cause de la maison de la Tournelle.

84. Papiers concernant les affaires de lad. maison de la Tournelle.

85. Factures de tappisseryes vendues et dépenses faictes par led. deffunct en son voiage de Hollande de l'année 1601.

86. Papiers concernant les prétentions dud. deffunct contre le Sʳ Marc de Comans, son beau-frère, avec mémoires.

87. Comptes de lad. damoiselle de Pichié rendus aud. deffunct de La Planche, son filz.

88. Papiers concernant la vente faicte par les religieuses de Magdandale à Audenarde à Louis de La Planche, de quelques terres scizes au fief de Meaulun et agréations et escriptures de Mᵉ Boutrays touchant icelle vente.

89. Papiers concernant l'acquisition faicte par led. deffunct de la maison d'Amiens appartenant à lad. société et avec une quictance du payement d'icelle et des droictz du Roy.

90. Mémoires concernant le procès de lad. damoiselle Catherine Hannecart à Bruxelles, que quelques meubles laissez par sa mère à Audenarde au Sʳ de Pierre.

91. Papiers concernans les afaires d'Amiens, avec compte d'Estienne Hayen de tout ce qui a esté reçu et dépensé à Callais, par lequel led. deffunct de La Planche est demeuré créditeur de 204ʰ.

92. Une grosse liasse de pappiers concernant les procès avec divers, marchandises vendues, pièces concernant les apprentis, lettres des deux associés et d'étrangers, liasse des despenses faictes en 1604 tou-

chant l'establissement d'Amyens, par la Damoiselle de Pierre et le deffunct de La Planche; liasse de loyers de maisons payés de 1609 à 1616; un aulnage de onze pièces de tappisseryes faicte pour le duc de Bavière [ce paragraphe a deux grandes pages].

93. Liasse de pappiers concernant les affaires de Callais et d'Amiens, comptes de 1604-1606; lettres de bourgeoisie dud. deffunct Louis de La Planche en la ville d'Audenarde; constitution de 27ᵗᵗ de rente annuelle acquise par Louis de La Planche de Constantin de Courtenbosse, filz de Arnoul de Courtenbosse; lettres de foy et hommage du fief de Meaulun rendu par led. deffunct Louis de La Planche; lettre de prise de possession du fief de Fondruisseau.

94. Comptes des années 1611 à 1614 avec le Sʳ Lhoste marchant de laynes.

95. Liasse des aulnages et estimations prisés des tappisseryes délivrées au Roy es années 1612-1617 et austres.

96. Pappiers concernant la manufacture, requestes présentées au Roy, mémoire des deniers délivrés à M. de Fourcy.

97. Pappiers concernant la maison et hostel des Canayes où sont plusieurs registres pour le nouvel establissement.

98. Pappiers touchant les affaires de Tours.

99. Pappiers concernant les affaires du Sʳ Villebouzin.

100. Livres de taille du deffunct et de Marc de Comans (1614-1620).

101. Comptes du sieur Wandeburch, du S. Saintot et de Lintlaer (1607-1608).

102. Mémoires et estats touchant la séparation de Marc de Comans avec le baron d'Hoyes.

103. Pappiers concernans les affaires de Thonay-Charente.

104. Pappiers concernant les affaires de M. le Président Lescaloppier; compte de Julien Le Clerc, tappissier; compte de Sʳ Gosset marchand de soye.

105. Cinq contracts du Sʳ Jacquelin pour les patrons rubans et austres pappiers.

106. Pappiers concernant le Sʳ Jerosme de Comans, obligation faicte en acquit des sommes de deniers payés au Sʳ Jerosme de Comans, le contract d'association pour le désséchement des marais, en contract de dissolution faict de la compagnie des manufactures de tapisseryes par lequel ledit sʳ Jerosme de La Planche est sorti d'icelle compagnie, un bilan desd. affaires dud. Marais, une promesse faicte à madame de Mortemart de quatre chevaulx, acquittée par le Sʳ Van Uffle, et un contract de l'acquisition des marais de Meuron.

107. Liasse des pappiers des affaires domestiques dud. deffunct, compte de la maison de Tours, affaires de Villebouzin, de Fourcy, affaires et différents avec le Sʳ de Comans.

108. Liasse contenant une déclaration faicte entre le deffunct et le sieur Marc de Comans, touchant la somme de 12,000ᵗᵗ qui leur estoit due par S. M. suivant les nouveaux articles, par lesquels il est dict qu'ils ne se pourront demander aulcun compte l'un à l'aultre de lad. somme pour les causes portées par lad. déclaration, datté du 9 Janvier; plus un récépicé de 500ᵗᵗ du sʳ Charles de Comans, une sentence rendue au Chastelet de Paris par laquelle il appert qu'il est deub à lad. société 950ᵗᵗ de reste des tappisseryes à fleurs de lys par lesd. Sʳˢ de Comans et de La Planche fournies pour la tenture du siège de justice dud. Chastelet, et plusieurs austres procédures.

Du Samedy 28ᵉ jour desd. mois et an :

109. Cinq pièces attachées ensemble dont il y en a quatre en parchemin, la première desquelles est l'esdit de l'establissement de lad. manufacture desd. tapisseryes façon de Flandre en France, faicte et donnée en l'année 1607 au moys de Janvier, signée : Henry, et plus bas : de par le Roy, de Lomenye, et plus bas sont les registrées faictes dud. edit, tant en la cour de parlement que Chambre des comptes et aussi en l'élection de Paris, et scellé du grand sceau de cire verte. La seconde pièce est les articles accordez par le Roy en son conseil ausdits sieurs de Comans et de La Planche pour la continuation de lad. manufacture,

faictes au Conseil d'Estat de sa Majesté tenu à Paris le 18e d'Apvril 1625, signé en fin : Bardeau, et plus bas sont les registrées faictz desd. articles tant à lad. court de Parlement que Chambre des Comptes signés : du Tillet et Bourbon. La troisiesme pièce est ung mandement de sa Majesté adressant aux cours souveraines affin de faire enregistrer, lire et publier lesd. articles; lesd. lettres données au Conseil le 18e Apvril, l'an de grâce 1625, signé : par le Roy en son conseil, Bardeau, et plus bas sont les registrées tant à la court de Parlement que Chambre des comptes, signé : du Tillet et Bourbon. La quatriesme pièce est ung arrest de la court, par lequel il a esté ordonné que les susd. lettres seront registrées es registres d'icelle court pour jouir par les impetrans de l'affect et contenu en icelles dud. arrest, donné en Parlement le 5e jour de Febvrier 1626. Et la cinquiesme et dernière pièce est une requeste présentée à Messieurs de la Court des Aydes affin de registrer lesd. lettres.

110. Une sédulle, en pappier, signée d'Holland, par laquelle appert le soubz signé avoir confessé debvoir ausd. Srs de Comans et de La Planche la somme de 7,500tt qu'il leur a promis faire payer par M. Langeac, ou aultrement leur payer en son propre et privé nom pour les causes et ainsy qu'il est déclaré en lad. promesse, datté du 29 Mars 1626, au bas de laquelle est une austre promesse faicte par led. de Langeac ausdits srs de Comans et de La Planche, par laquelle il leur promet payer lad. somme de 7,500tt sy tot qu'il aura esté payé de la somme qui sera contenue en l'assignation que led. Sr comte de Holland a promis leur fournir à prendre sur les deniers du mariage de la Reyne d'Angleterre, selon et ainsy qu'il est porté par lad. promesse signée Langeac, dattée du 29 Mars 1626.

111. Les articles en parchemin accordez par le Roy auxd. Srs de Comans et de La Planche pour l'establissement des manufactures des tapisseryes communes, donnés au Conseil de Sa Majesté tenu à Paris le 12 Septembre 1613, signé : Fayet.

112. Un arrest en parchemin du Conseil d'Estat du Roy portant cassation et révocation dud. contract et articles inventoriés en l'article précédant, pour les causes et ainsy qu'il est porté par led. arrest donné au Conseil d'Estat tenu à Paris le 27 Aoust 1616.

Du Lundy 30e jour desd. mois et an :

113. Ung brevet en pappier du Chastelet de Paris par lequel il appert noble homme Adrian Kockx, banquier à Paris, avoir rétrocédé auxd. Sieurs de Comans et de La Planche, ce acceptans, la somme de 33,330tt contenue en une..... de M. Moraut, trésorier de l'Espargne, comme par Sa Majesté en 1625, etc.

114. Un autre brevet du Chastelet, en pappier, qui est le contract de mariage entre led. sieur Desperrières avec damoiselle Elisabeth de La Planche, sa femme, fille dudit deffunct et de Catherine Hennecart, par lequel il appert que lesd. Desperrières et sa femme se sont unis par mariage pour rester ungs et commungs en biens selon la coustume de la ville, prévosté et vicomté de Paris, en faveur duquel mariage ledit deffunct et sa femme ont promis bailler auxdits sieurs et damoiselle Desperrières, la somme de 16,500tt, etc.

Du Mardy dernier jour desd. mois et an :

115. Deux estats en pappier présentés par le sieur de Comans, contenant les Debtes dues à lad. société, celles qu'elle doibt, dattez l'ung comme l'aultre de ce jourd'huy, signez : de Comans et Catherine Hennecart.
Ce faict, tous les dits pappiers, livres tiltres, cy devant inventoriez sont demeurez, sçavoir : ceulx représentés par ledit sieur de Comans qui sont inventoriez depuis la cotte un jusques la cotte 67, es mains et possession d'icelluy Sr de Comans, les livres trouvez aud. bureau sont demeurés en icelluy et le surplus de ce qui est inventorié est demeuré audit cabinet de la maison où est décédé led. deffunct et Sr de La Planche, es mains et possession de la Damoiselle de La Planche dont ils sont respectivement chargez, et quand audites debtes et dits eztats dessus dernier inventorié, lesd. Srs de Comans et Delle vefve en ont retenu chacun ung par devers eulx pour avoir memoire de ce qui est deub à lad. société et aussy de ce que elle doibt, etc., sans préjudicier aux droicts respectifs des partyes.

Signé : Caterinne Hannecart.

Louis de La Planche.

De La Planche.

Le Roy.

Desperrières.

De Comans.

Nourry.

Et le premier jour de Septembre aud. an 1627, le Sr de Comans est comparu par devant les nottaires soussignez, lequel a déclaré que despuis led. inventaire, cydessus, parmi ses papiers il a trouvé ung mémoire de compte courant du Sr Adrian Cocx des années 1624 et 1625, qui a esté mis aud. inventaire, etc. (n° 116).

De Comans.

Le Roy.   Nourry.

1628. — Liquidation de la Manufacture de Tours.

1629. — Association Raphaël de La Planche et Charles de Comans.

2-6 juillet 1630. — Inventaire des tapisseries, métiers et ustensiles par Jean de Fourcy, intendant des bâtiments.

1633. — Rupture de l'association. Charles de Comans reste faubourg Saint-Marcel, Raphaël de La Planche s'installe faubourg Saint-Germain.

1634. — Convention au sujet des ouvriers entre les deux anciens associés[1].

1634. — Mort de Charles de Comans. Son frère Alexandre lui succède.

1640. — Raphaël de La Planche obtient la première prorogation de son privilège pour neuf années.

1648. — Raphaël de La Planche obtient la seconde prorogation de son privilège pour vingt années.

1650. — Mort d'Alexandre de Comans.

1650. — Requête présentée au roi par les artistes logés dans la grande galerie du Louvre, entre autres Girard Laurent et Dubout, descendants des fondateurs des ateliers du Louvre[2].

1651. — Alexandre de Comans est remplacé par son frère Hippolyte.

18 février 1654. — Autorisation d'entrer en France quelques pièces de tapisserie étrangères. (Reprod., p. 58.)

25 février 1655. — Pierre Le Fevre et son fils Jean sont installés par le roi dans les galeries du Louvre[3].

3 juillet 1655. — Brevet accordant auxdits Le Fevre une boutique que l'on fera construire dans la place vide qui reste depuis le magasin des bois du roi, au jardin des Tuileries, le long du quai, tirant vers le gros pavillon du bout de la Galerie du Louvre, ayant en longueur 11 toises dans œuvre[4].

7 août 1655. — Devis des ouvrages à exécuter pour « un astellier propre à travailler les manufactures de tappisseries que le Roy veult estre faites au jardin des Tuileries, proche et attenant le grand magasin de bois de Sa Majesté »[5].

1655. — Requête de Raphaël de La Planche au roi demandant décharge « du payement de 5,975 livres de taxes, vu le peu de débit qu'il a eu de ses tapisseries qu'il a été contraint de vendre à vil prix »[6].

1657. — L'atelier de Pierre Dubout, aux Galeries du Louvre, est affecté à l'Académie royale de peinture et de sculpture[7].

---

[1] Publiée par Jules GUIFFREY (*Manufactures parisiennes de tapisseries au XVIIe siècle*, p. 68).

[2] *Archives curieuses* de CIMBER et DANJOU, 2e série, t. IX, p. 293.

[3] Archives nationales, O¹. 1055, p. 198.

[4] Archives nationales, O¹. 1055, p. 200.

[5] Vente d'autographes du chevalier de B..., 3 novembre 1866.

[6] Publié par Jules GUIFFREY, *op. cit.*, p. 83.

[7] Archives nationales, O¹. 1019.

DE PAR LE ROY.

Et les Commiſſaires deputez par Sa Majeſté.

N fait à ſçauoir à toutes perſonnes de quelle qualité & conditions qu'elles ſoient, que deffenſes leur ſont faites de faire venir ou entrer en ce Royaume aucunes Tapiſſeries eſtrangeres, à peine de confiſcation d'icelles, & des Cheuaux, Harnois & Charettes qui pourroient eſtre employées à leur voiture, & des amandes contre les contreuenans, fors & excepté, qu'il eſt permis à Maiſtre Philippes de Delay ayant ceſſion de Monſeigneur le Cardinal Mazarin, qui auroit droit & pouuoir de Sa Majeſté, de faire venir & entrer en ce Royaume iuſques à la quantité de cent cinquante Tantures de Tapiſſeries de Flandres par chacun an, n'excedant chacune le prix de mil liures, pendant neuf années, à commencer du premier Ianuier mil ſix cens cinquante quatre. Comme auſſi à Maiſtre Raphaël de la Planche vingt-cinq Tantures par an de ladite qualité ſeulement, pour eſtre leſdites Tapiſſeries qui ſeront ainſi que dit eſt permiſe, arriuant en cette Ville de Paris portées au Bureau de la Doüanne, & y payer les droits d'entrée accouſtumez, & immediatement apres au Magazin general dudit Delay, par luy eſtably au logis de Maiſtre Iean Valdor Marchand Bourgeois de Paris, ſcitué aux Galleries du Louure, pour y eſtre marquées d'vn plomb aux Armes de Sa Majeſté, par Iean Manſien Maiſtre Tapiſſier à Paris, & contremarquée du cachet dudit Valdor : Et pour le regard des Tapiſſeries de la ſuſdite qualité, que les Marchands Tapiſſiers & autres ont peu faire venir en cette Ville depuis cinq ans, deſſences leur ſoient faites de les vendre ny expoſer en vente qu'elles n'ayent eſté marquées ainſi que dit eſt cy-deſſus ; ce qu'ils ſeront tenus de faire dans quinze iours pour toutes prefixions & delais, le tout ſur les meſmes peines de confiſcation & amande. Et ſera la preſente Ordonnance publiée à ſon de Trompe, & affichée par tous les Carrefours de cette Ville de Paris, & des autres Villes & lieux où beſoin ſera. Fait à Paris par Nous Commiſſaires ſous-ſignez en vertu dudit Pouuoir qu'il a pleu à Sa Majeſté nous donner par ſes Lettres Patentes du ſeiziéme Fevrier dernier, Et ſera la preſente Ordonnance contre ſignée par Maiſtre Louys Potart noſtre Secretaire en cette partie ; & ſeront les coppies par luy ſignées & deliurées, ce dix-huitiéme Fevrier mil ſix cens cinquante-quatre. Signé, LE FEBVRE DE LEZEAV, & PAGET.

Potart

LEV & publié à ſon de Trompe & cry public en tous les Carrefours de cette Ville & Fauxbourgs de Paris, par moy Charles Canto Iuré Crieur du Roy en ladite Ville, Preuoſté & Vicomté de Paris, accompagné de Iean du Bos, Jacques le Frain, & Eſtienne Chappé, Iurez Trompettes de Sa Majeſté eſdits lieux, le Samedy vingt-vniéme Fevrier 1654. & ledit iour affiché, Signé, CANTO.

ORDONNANCE AUTORISANT L'ENTRÉE EN FRANCE DE QUELQUES TAPISSERIES ÉTRANGÈRES (1654).

16 avril 1658. — Le comte de Brienne reconnaît devoir à Anne Jolain, «demeurante aux Galleries du Louvre», veuve de Maurice Dubout, «vivant tapissier de haulte lisse ordinaire du Roy», et à ses enfants, la somme de 10,840 livres tournois pour deux tentures de l'*Histoire sainte* et de l'*Histoire de Psyché*.

1661. — Inventaire de Raphaël de La Planche dressé à la mort de sa femme, Catherine de Juyé.

On remarque que, outre les tentures fabriquées dans son atelier de la rue de la Chaise, telles que : les *Quatre Saisons*, *Histoire de Daphné*, *Histoire d'Abraham*, *Clorinde et Tancrède*, *Histoire de Psyché*, etc., il se trouve en magasin une *Histoire d'Arthémise*, deux suites du *Pastor fido*, une *Histoire de Diane* provenant de la succession de son père, et restées dans l'indivision.

Cet inventaire offre de particulier que l'estimation des dessins et tableaux est faite par Philippe de Champaigne. Nous le publions ci-après.

1662. — Réunion des ateliers parisiens et création de la Manufacture royale des Meubles de la Couronne, par Colbert.

1667. — Liquidation des ateliers du faubourg Saint-Germain. La tenture de l'*Histoire d'Arthémise*, dont il est parlé plus haut (année 1661), est livrée au roi.

INVENTAIRE DE LA MANUFACTURE DE TAPISSERIES DU FAUBOURG SAINT-GERMAIN.

27 septembre 1661 [1].

L'an 1661, le 27 septembre, du matin, à la requête de *noble homme* [2] Raphaël de La Planche, escuier, conseiller du Roy, trésorier général de ses Bastimens, et directeur de la Manufacture de Tapisseries de Sa Majesté, demeurant fauxbourg Saint-Germain-des-Prés-lez-Paris, rue de la Chaize, paroisse Saint-Sulpice, tant en son nom à cause de la communauté d'entre luy et deffuncte damoiselle Catherine de Juyé, jadis sa femme, que comme tuteur de damoiselles Catherine et Marie-Anthoinette, filles mineures de luy et de la dame deffuncte, esleu par acte faict au Chastelet de Paris, le 16° juillet dernier, reçu par Sagot, greffier en la présence de Sébastien François de La Planche, escuier, sieur de Fontruisseau, demeurant avec led. sieur de La Planche, son père, M° Pierre Angran, seigneur de Fonperthuis, et M. de Lailly, conseiller du Roy, correcteur en sa Chambre des Comptes, demeurant à Paris, rue Beaubourg, paroisse Saint Médéricq, au nom et comme tuteur et ayant la garde noble des enffans mineurs de luy et de deffuncte dame Marie Marguerite de La Planche, jadis son espouze, et encores subrogé-tuteur des dites damoiselles Catherine et Marie-Anthoinette de La Planche, mineures, esleu par le dit acte, et M° François Le Picart, chevalier, seigneur du Plessis, et dame Elizabeth Claire de La Planche, son espouse, de luy anctorizée, pour l'effect qui s'ensuit, demourant au dit Plessis, prez de Melun, estant de présent à Paris, logez en la dite maison du dit sieur de La Planche; les dits sieur Sébastien François, dame Elisabeth Claire de La Planche; les dites damoiselles Catherine et Marie-Anthoinette de La Planche, mineures, et les dits enffans mineurs du d. sieur Angran et de la dite deffuncte dame son espouze, par représentation d'icelle deffuncte dame, leur mère, habilles à se dire et porter héritiers de la dite deffuncte damoiselle Catherine de Juyé, leur mère et ayeule, des dits mineurs du dit sieur Angran.

Et à la conservation des droits des partyes et de ce qui il appartiendra, a esté par les notaires garde-notes du roy, nostre Sire, au Chastelet de Paris, faict inventaire, description de tous et chacuns des biens, etc. et autres choses estans de la communauté d'entre ledit sieur de La Planche et ladite deffuncte trouvez et estans en la maison et lieux en deppendans, à eux appartenans, siz audit fauxbourg Saint-Germain, où le dit sieur

---

[1] Publié par M. Jules GUIFFREY dans *Les manufactures parisiennes de tapisseries au XVII° siècle*, d'après les pièces conservées dans l'étude de M° Blanchet, notaire à Paris

[2] Ces deux mots barrés.

8.

de La Planche est demeurant, etc., et où ladite deffuncte seroit décédée le 29 janvier dernier, représentez par ledit sieur de La Planche et son vallet.

. . . .

Quatre pièces de tapisserie de vieille haute lisse, à verdure, plantes et fruits, à bordure de raisins, de 10 aunes de cours ou environ, sur 2 et demi de haut, prisez 250ᵗᵗ

Une petite pièce de tapisserie de Bruxelles, de 2 aunes ou environ sur 7 quartiers de haut, représentant la *Nativité de Notre-Seigneur*, prisée 60ᵗᵗ

. . . .

Un petit cabinet d'ébène à deux guichets fermant à clef, à plusieurs tiroirs, sur lesquels est peint l'Histoire de l'Enfant prodigue, sur son pied de poirier; un autre petit cabinet, aussy de poirier, à deux guichets et tiroirs, prisés ensemble 54ᵗᵗ

. . . .

Six pièces et une entrefenestre de tapisserie de Hodenarde en Flandre, à figure de fleurs et oiseaux, bordure à fleurs, contenant 16 aunes de cours, sur 2 aunes 3/4 de haut, prisez 500ᵗᵗ

Un miroir à glace de Venise, prisé 15ᵗᵗ

Deux vases, quatre escuelles et dix tasses, le tout de pourseline.

Un tableau de tapisserie, de tulippes à fleurs, garny de sa bordure de bois doré; un autre petit tableau sur toile; prisez ensemble 12ᵗᵗ

Dans la garde-robe attenant à la dite chambre : cinq aunes de tapisserie de Rouen, prisées 4ᵗᵗ. A côté un cabinet.

Dans une chambre au 2ᵉ étage, à côté de la chambre précédente :

Une tenture de fil et laine, à raye blanche et violette, faisant le tour de lad. chambre, contenant sept pièces, de 20 aunes de cours environ, prisez 15ᵗᵗ

Une antichambre joignant la pièce précédente. Chambre du jardinier au 3ᵉ étage. Puis, un grenier contenant plusieurs coffres et bahuts et treize pièces de tapisserie de cuir doré, vieille, à fillets rouges, servant à la salle et à la chambre au-dessus, prisez 100ᵗᵗ

Dans une alcove, au-dessus de la cuisine, douze chaises de bois de noyer, couvertes de tapisserie à fleurs, prisées 30ᵗᵗ, et huit pièces de tapisserie de Rouen, prisées 28ᵗᵗ

Ensuite une galerie le long de laquelle s'ouvrent six cabinets :

Dans le premier cabinet deux pièces de tapisserie vieille de Audenarde, couvrant 7 aunes ou environ, prisez 40ᵗᵗ

Deux morceaux de tapisserie de trois quartiers chacun, sur deux aunes et demi de haut, l'une à personnages et l'autre à feuillage et un soubassement, prisez ensemble 6ᵗᵗ 10

Plusieurs tableaux sans intérêt, deux sont peints sur marbre.

Dans le troisième cabinet, cinq morceaux de vieille tapisserie de Rouen, prisez . . . . 100 s.

Dans le sixième cabinet, trois morceaux de tapisserie de Beauvais, deux morceaux de tapisserie de Rouen, contenant 8 aunes ou environ sur 2 de haut, prisez 7ᵗᵗ

Dans une chambre au troisième étage du premier pavillon où loge M. du Plessis : 10 morceaux de tapisserie de Rouen contenant 20 aunes ou environ, sur 2 aunes de haut ou environ, prisez 24ᵗᵗ

Huit tableaux peints sur toile, représentant l'*Histoire d'Achilles* du sieur François[1], à présent nommé père Luc, Récollet, prisez ensemble 400ᵗᵗ

---

[1] Claude-François d'Amiens, nommé quelquefois Lucas de La Haye, mais plus connu sous le nom de Frère Luc ou Luc Récollet, peintre, né à Amiens en 1615, mort en 1685, élève de Vouet et de Le Brun, entra dans l'ordre des Récollets à l'âge de 26 ans. Il voyagea en Italie. Le tableau d'autel de la chapelle de Saint-Étienne, à la cathédrale d'Amiens, est de ce religieux. Cf. p. 21 et 302, et t. II, p. 45.

Huit tableaux de différentes grandeurs, aussi peints sur toile, sans bordure, représentant l'*Histoire de Didon et d'Énée*, prisez ensemble. . . . . 120^{tt}

Trois autres tableaux peints sur toile, représentant cinq mois de l'année, prisez. . . . . 2^{tt}6

. . . .

Dans le deuxième pavillon sur le jardin :

Cinq morceaux de tapisserie de Beauvais, de 8 aunes de cours, sur 2 aunes et demi de haut. . . . . 7^{tt}

Un fusil de 4 pieds. . . . . 12^{tt}

. . . .

Fonds et dossiers de douze chaises et petits bras, le tout de tapisserie de laine à fleurs, faits à l'aiguille, non garnis. . . . . 40^{tt}

Un tapis de 2 aunes de long, sur 1 aune 1/2 de large, six fonds, neuf dossiers et six bras, le tout de tapisserie de haute lisse à fleurs, prisez ensemble. . . . . 250^{tt}

Un tapis persien, fin, de 3 aunes et demi de long, sur une aune et demi de large, prisé. . . . . . . 100^{tt}

. . . .

Neuf tableaux peints sur toile, de 6 pieds de long, sur 4 pieds de haut, représentant l'*Histoire de Théagène et Cariclée*, coppies d'après M. Du Bois, de Fontainebleau, prisés ensemble. . . . . 350^{tt}

Item, un tableau de Van Mol, sur toile, représentant une Vierge avec un Christ, garni de sa bordure, prisé. . . . . 60^{tt}

Item, six tableaux peints sur toile, sans bordure, contenant 18 aunes de cours, sur 1 aune et demi ou environ, représentant des *Jeux d'enfans*, prisés. . . . . 900^{tt}

Item, douze pièces peintes en destrempe sur papier, d'après Rubens, représentant l'*Histoire du Grand Constantin*, estimez. . . . . 360^{tt}

Item, sept pièces, aussi peintes en destrempe sur papier, représentant des feuillages et rinceaux verts, prisez. . . . . 40^{tt}

Item, une pièce aussi peinte en destrempe sur papier, représentant *Théagène et Cariclée*, prisée. . . . 6^{tt}

Item, six pièces, aussi peintes en destrempe sur papier, représentant l'*Histoire de Diane*, prisez. . . 12^{tt}

Item, quatre pièces de l'*Histoire de Rollan*, aussi peintes en destrempe et sur papier, prisées. . . . . . 6^{tt}

Item, six pièces peintes en huile sur toile, représentant l'*Histoire d'Abraham*, contenant 16 aunes de cours sur 2 aunes de haut, prisées . . . . 450^{tt}

Item, huit pièces, aussi peintes en huile sur toile, contenant 20 aunes de cours sur 2 aunes de haut, représentant l'*Histoire d'Achille*, prisées. . . . . 100^{tt}

Item, huit autres pièces, aussi peintes en huile sur toile, contenant 20 aunes de cours sur 2 aunes de haut, représentant l'*Histoire de Didon et d'Énée*, prisées . . . . 200^{tt}

Item, six pièces peintes en huile sur toile, contenant 20 aunes ou environ sur 2 aunes de haut, représentant l'*Histoire de Clorinde*, prisées. . . . . 120^{tt}

Item, cinq pièces, aussi peintes en huile, sur toile, fort vieilles, contenant ensemble 14 aunes de cours sur 2 aunes de haut, représentant *Des mois de l'Année*, prisées. . . . . 40^{tt}

Item, quatre autres pièces, aussi peintes en huile sur toile, représentans les *Quatre Saisons* de l'année, contenant 13 aunes ou environ sur 2 aunes de haut, prisées . . . . 80^{tt}

Item, cinq autres pièces, aussi peintes en huile sur toile, représentant une *Verdure*, contenant 14 aunes de cours sur 2 aunes de haut, prisées ensemble. . . . . 50^{tt}

Item, cinq autres pièces, peintes sur papier, qui sont coppies des précédentes, de pareil cours et hauteur prisées ensemble. . . . . 25^{tt}

Item, deux autres pièces, peintes en huile sur toille, contenant chacune 2 aunes, représentant chacune pièce les *Armes de France et de Navarre*, prisées . . . . 20^{tt}

Item, cinq autres pièces, aussi peintes en huile et sur toile, contenant ensemble 16 aunes ou environ de cours sur 2 aunes de haut, représentans l'*Histoire de Daphné*, et prisées ensemble. . . . . 50^{tt}

Tous les tableaux priséz et estimez par ledit Moreau de l'advis de Philippes Champaigne, peintre ordinaire du Roi, demeurant à Paris, rue des Escouffes, paroisse Saint-Gervais, pour ce convenu par lesd. partyes et mandé à ceste fin et a signé.

P. DE CHAMPAIGNE.

Dudit jour de rellevée :

Item, un bassin rond et un autre bassin en ovalle, deux esguières, quatre assiettes creuses, 24 assiettes, un coquemar, un réchault, une sallière à quatre branches, un chandellier à deux branches, deux flambeaux, 12 cuillères, quatre autres flambeaux, six autres cuillères et 6 fourchettes, un petit flacon de vermeil doré, un escumoire et plusieurs autres petites ustancilles de mesnage d'enfant, le tout d'argent, poinçon de Paris, poisant ensemble 100 marcs 6 onces 4 gros et prisé le marc 28 livres à la juste valeur et sans creue, revenant audit prix à... 2,822^{tt}

Item, un voile de toille de coton en broderie d'or servant à un calice, prisé................. 24^{tt}

Argent monnoyé :

Item, six saqs de mille livres chacun, cy...................................... 6,000^{tt}

Item, 197 louis d'or à 11 livres pièce, vallant ensemble........................... 2,167^{tt}

Item, 3 escus d'or et monnoyé...................................... 42^{tt}

Item, 7 escus à 114 sols pièce, vallant...................................... 39^{tt}18

Item, une montre d'orloge, sonnant et garnie de son timbre, escript sur le mouvement : Salomon à Blois, à boeste ronde d'argent ; autre montre de cuivre de réveil matin, prisées....................... 40^{tt}

Item, une guirlande de 181 perles baroques servans à une coiffure ausquelz sont attachez 280 pareilles perles baroques, pesans ensemble 3 onces et demye, prisé à raison de 100 livres l'once........ 350^{tt}

Item, deux pendans d'oreille d'or, un diamant à chacun par le milieu, ayant chacun trois perles en pendelocques, prisés.. 40^{tt}

Item, deux autres pendans d'oreille d'or à chacun quatre diamans et ung autre diamant en pendelocque ; un petit Saint-Esprit d'or esmaillé où sont enchassez cinq diamants, un coulant d'or où sont deux diamans et une bague d'or où est enchassé un diamant, prisez ensemble......................... 160^{tt}

Item, deux petits filets de semance de perle, pesant ensemble environ une once, prisez....... 100^{tt}

Mardi 4 octobre :

Inventaire de la brasserie, avec son moulin à moudre et ustansiles divers, prisés........... 172^{tt}

Deux grandes chaudières de cuivre prisées.................................... 320^{tt}

Diverses cuves de bois de 80 et 90^{tt} chacune, etc.

Dans la teinturerie :

Item, une chaudière d'airain tenant deux muids ou environ ; une autre chaudière aussy d'airain tenant environ 1 muid et deux autres petites chaudières aussy d'airain, le tout scellé en plastre et prisez ensemble... 60^{tt}

Item, un chaudron d'airain garny d'un cercle de fer, un autre vieil chaudron d'airain sans cercle ni anse, prisez ensemble.. 4^{tt}10

Item, un chevalet de bois, un hourdissoir aussy de bois, un treteau, un rouet de bois blanc, les bobines, prisez avec 2 tonneaux à mettre la tincture...................................... 6^{tt}

Item, un fléau et deux plateaux de bois garnis de leurs cordes, un poids de 50, un de 25, un de 12^{tt}, le tout de fer et sans anneaux ; un mortier de marbre et un pilon de bois, prisez ensemble...... 7^{tt}10

Ensuivent les manufactures et ustencilles qui en dépendent :

Item, 13 grands mestiers composez de leurs chassis, roulleaux, cordes et autres ustencilles en dépendans, prisé à 48 livres, revenans lesd. 13 mestiers au dit prix à la somme de.................... 624^{tt}

Item, 9 autres mestiers moyens garnis chacun de leurs ustencilles, prisez à raison de 40^{tt} chacun 360^{tt}

Item, 10 autres mestiers plus petits, prisés chacun 32 livres......................... 320^{tt}

Item, 28 autres mestiers plus petits, tant bons que meschans, prisez ensemble............ 450^{tt}

Dans la chambre aux laines :

Item, 4 rouets de bois à dévider soye, fil et laine, les bobines, les mannes, les tablettes, les tables et le bandoir de la boutique, prisé ensemble....................................... 32^{tt}

[Suivent les tables, tablettes, comptoirs, armoire à guichets, carrosse de cuir noir, prisé 60^{tt}, etc.]

Dans une chambre aux laines :

Item, 91 livres de laine blanche ordinaire, prisée à raison de 42 sols la livre, revenant à ...   181ᵗᵗ 2

Item, 92 livres de laine blanche fine, prisée la livre 58 sols, revenant à 266ᵗᵗ 16

Item, 24 livres de laine ordinaire à chaîne à 42 sols la livre, revenant à.............   50ᵗᵗ 8

Item, 16 livres 1/2 de laine fine à chaisne, prisée la livre 58 sols, revenant à.........   48ᵗᵗ 17

Item, 34 livres 1/2 de laine fine teinte en escarlatte, prisée la livre 10ᵗᵗ, revenant à.......   345ᵗᵗ

Item, 149 livres de laine fine teinte de différentes couleurs, prisée la livre, l'une portant l'autre à 58 sols, revenant à..........   432ᵗᵗ 2

Item, 134 livres d'autre laine fine à faire charnières à 60 sols la livre, revenant à..........   402ᵗᵗ

Item, 271 livres de laine ordinaire teinte, prisée à raison de 45 sols, revenant à.........   609ᵗᵗ 15

Item, 137 livres de laines de rebut et pourries, de plusieurs couleurs, prisées à raison de 8 sols la livre, revenant à 54ᵗᵗ 16

Dans la chambre aux laines de la boutique :

Item, 16 livres de laine de rebut et pourrie à 8 sols............................   6ᵗᵗ 8

Item, 40 livres de laines de différentes couleurs, prisées 42 sols 84 livres.

Item, quelques paquets de vieilles laines de rebut et pourries à 4 sols la livre............   4ᵗᵗ 10

Du 5 octobre :

Ensuit la soie trouvée sur les bobines :

Item, 2 livres 1/2 de soie de plusieurs et différentes couleurs, prisée ensemble............   20ᵗᵗ

Item, 15 livres de soye cramoisy, prisée la livre à raison de 27ᵗᵗ 10 sols, revenant à......   412ᵗᵗ 10

Item, 77 livres et demy de soye ordinaire tant bleue que verte et autres couleurs, en bottes, prisée à raison de 19ᵗᵗ la livre, revenant à..   472ᵗᵗ 10

Dans la boutique à main gauche en entrant :

Item, 41 livres de laine à charnière en pelottes, prisée la livre 58 sols, revenant à......   118ᵗᵗ 18

Item, 56 livres et demi de laine de différentes couleurs, prisée 40 sols la livre, revenant à.   113ᵗᵗ

Item, 24 livres de soie de différentes couleurs sur les fluttes, prisée 19ᵗᵗ la livre, revenant à..   216ᵗᵗ

Dans la boutique à main droite en entrant :

Item, 59 livres de laine de différentes couleurs en pelottes, prisée 40 sols la livre, revenant à...   118ᵗᵗ

Item, 19 livres de soye de plusieurs couleurs sur les fluttes, prisée 19ᵗᵗ la livre, revenant à....   361ᵗᵗ

Dans la première boutique de la première gallerye :

Item, 26 livres de layne de plusieurs couleurs en pelotte, prisée 40 sols la livre, revenant à....   52ᵗᵗ

Item, 7 livres de soye de différentes couleurs sur les fluttes, prisée 19 livres la livre, revenant à   133ᵗᵗ

Dans la boutique au-dessus :

Item, 17 livres de laine en pelotte à 40 sols...............................   34ᵗᵗ

Item, 2 livres et demye de soye de plusieurs couleurs sur fluttes, à 19 livres, revenant à....   46ᵗᵗ 10

Dans la teintureric :

Item, 80 livres de laine ordinaire tant teinte que demy teinte, prisée 40 sols la livre, revenant à   160ᵗᵗ

Toutes lesd. soyes et laines prisées à leur juste valleur, de l'advis : sçavoir pour lesd. soyes de : Jean Vinx, marchand de soie, bourgeois de Paris, y demeurant rue Aubry-le-Boucher, à l'ymage de St-Christofle, et pour les laines par le sieur Guillaume Robert, marchand de laine, bourgeois de Paris, y demeurant rue des Lombards.

Ensuivent les ouvrages de tapisserye commencez estant sur aucuns et la plus grande partye des dits mestiers, ci-devant inventoriez, sur le surplus n'y ayant rien :

Les dits ouvraiges se font pour divers particuliers suivant les marchez que led. sieur de La Planche a faicts aveq eux :

Au premier mestier : pour Mlle de Beaumont, une aulne un quartier et demy et un seize de cours, sur trois aulnes et demy quartiers de hault, d'une pièce de tapisserye commencée, rehaussée d'or à rinseaulx verts, du dessin du Cheval de Pégaze, faisant 4 aulnes 1/2 moins un trente deuxième en quarré, qui font, à raison de 200 livres l'aune carrée, suivant le marché fait avec lad. damoiselle de Beaumont, ainsy que led. s. de La Planche a dit, la somme de...................... 893# 15

Au 3ᵉ mestier : pour lad. demoiselle, une aulne et un quartier de cours sur 3 aunes demy quartier de haut d'une pièce de pareille tapisserie du même dessin, à 200 livres l'aune carrée .... 781# 5

Au 12ᵉ mestier : pour lad. demoiselle, pareille tapisserie commencée faisant deux aulnes 1/2, demi seizième en carré, à 200# l'aune.............................. 507# 15 s. 3 d.

Au 29ᵉ mestier : pour lad. damoiselle, 2 aulnes 1/16 de pareille tapisserie, aud. prix. 117# 3 s. 9 d.

Au 31ᵉ mestier : pour lad. damoiselle, sept aunes un quartier et demy, trois quarts un seizième. 1485#

Dans le magasin, pour lad. damoiselle :

Une pièce de pareille tapisserye parfaite et achevée, d'une aune un quartier et demy de cours sur 3 aulnes demy quartiers de haut, faisant 4 aulnes, un quartier 3/16 en carré, qui font .... 860#

Montant toutes lesd. sommes ensemble.................................. 4,144# 19

Et led. s. de la Planche a déclaré avoir reçu de lad. damoiselle de Beaumont, en plusieurs fois, sur son marché, la somme de 5,468#, partant le s. de La Planche a en ses mains la somme de 823# pour l'employer au parachèvement de l'ouvrage.

Pour M. Du Laurent [1] :

Au 2ᵉ mestier : un seizième d'une allonge sur deux aunes de hault, faisant demy quartier en quarré, qui fait, à raison de 160# l'aune carrée .... 20#

Au 41ᵉ mestier : un quartier de cours sur deux aulnes de haut, d'une allonge faisant demie aune en carré, à raison de 120# l'aune.. 60#

Abraham, pour led. s. Du Laurent :

Sept pièces contenant ensemble 18 aulnes moins un seizième de cours sur deux aulnes de haut, faisant en quarré 35 aulnes trois quartiers et demy qui font, à raison de 160# l'aune en carré....... 5,740#

Les *Quatre Saisons* de l'année, pour led. s. Du Laurent :

Cinq pièces contenans ensemble 14 aulnes 3 quartiers et demi de cours, sur 2 aunes et 1/3 de haut, faisant 34 aulnes 3 quartiers en carré qui font, à raison de 160# l'aune quarrée............ 5,560#

Daphné, pour led. s. Du Laurent :

Six pièces de 18 aunes de cours sur 2 aunes de haut, ensemble 36 aunes en quarré, à 120# l'aune.. 4,320#

Verdure, pour led. s. Du Laurent :

Six pièces de 9 aunes 3 quartiers 1/2 de cours, les quatre premières sur une aune 1/2, un seizième de hault, les deux autres sur une aune 3/4, ensemble 16 aunes 1/4 en quarré à 140# l'aune..... 2,248#

Clorinde, pour led. s. Du Laurent :

Cinq pièces de 4 aunes 1/16 de cours sur 2 aunes de haut, ensemble 8 aunes 1/2 quartier à 160# l'aune.. 1,285#

---

[1] Conseiller au Parlement de Paris.

Au magasin, pour led. s. Du Laurent :

Deux morceaux faisant 1 aune, 1 quartier et demy à raison de 100^{tt} l'aune . . . . 137^{tt} 10

Montant, toutes les dites sommes ensemble 19,370^{tt}10.

Sur quoy led. s. de La Planche a déclaré avoir reçeu en diverses fois la somme de 13,200^{tt}, partant reste deu . . . . 6,170^{tt} 10

Pour M. de Guénégaud :

Au 4e mestier : une aune 3 quartiers, sur 2 aunes 1/2 de haut, d'une pièce de tapisserie de *Verdure* commencée, faisant 4 aunes, un quartier et demy en quarré, à raison de 110^{tt} l'aune carrée. . 481^{tt} 5

Au 36e mestier : quatre aunes et demy en quarré de pareille tapisserye qui font, à lad. raison. 481^{tt} 5

Au 51e mestier : trois aunes, moins demy seizième en quarré, à lad. raison . . . . 336^{tt} 15

Montant toutes lesd. sommes ensemble à 1,289^{tt} 5.

Sur quoy led. de La Planche a déclaré avoir reçu 1,100^{tt}.

Pour M. de la Vieville :

Au 5e mestier : trois quartiers, demi seizième en quarré de tapisserie commencée du dessin des *Quatre Saisons* de l'année, à raison de 160^{tt} l'aune quarrée . . . . 125^{tt}

Au 9e mestier : deux aunes, un quartier et un seizième en carré de pareille tapisserie, à raison de 160^{tt} l'aune . . . . 370^{tt}

Au 35e mestier : une aulne et un seizième en quarré de pareille tapisserie, à lad. raison . . . . . . 170^{tt}

Au 42e mestier : une aune en carré de pareille tapisserye . . . . 160^{tt}

Montant toutes lesd. sommes à 825^{tt}.

Le s. de La Planche déclare avoir reçu 1,000^{tt}.

Pour M. de Bragelongne [1] :

Au 6e mestier : huit aunes et demi, deux quartiers en carré de tapisserye de *Verdure*, à raison de 110^{tt} l'aune . . . . 948^{tt} 15

Au 7e mestier : neuf aulnes, demy quartier carré de pareille tapisserie, à 110^{tt} l'aune . . . . . 1,003^{tt} 15

Au 48e mestier : huit aulnes et demy, demy quartier en carré de pareille tapisserie, audit prix. 948^{tt} 15

Au magazin, pour led. s. de Bragelongne :

Une pièce de pareille tapisserie de *Verdure,* achevée, contenant 2 aulnes, 2 quartiers de cours, sur 2 aunes 2/3 de haut, faisant 5 aulnes 1/2, un seizième en carré, à lad. raison de 110^{tt} l'aune. . 611^{tt} 15

Montant toutes lesd. sommes à 3,513^{tt}.

Sur quoy led. s. de La Planche a déclaré avoir reçu 3,000^{tt}.

Pour M. Boutart :

Au 8e mestier : trois aunes, moins un seizième en quarré de tapisserie de *Verdure,* à 110^{tt} l'aune quarrée . . . . 323^{tt} 5

Au 30e mestier : deux aulnes, deux quartiers, un seizième en quarré de pareille *Verdure,* à lad. raison . . . . 240^{tt} 15

Au 50e mestier : trois aulnes, demy quartier et un seizième en quarré de pareille tapisserie, à lad. raison . . . . 350^{tt} 15

Au magazin, pour led. s. Boutart :

Deux pièces de pareille tapisserye, de 4 aunes 2/3 en quarré, faisant à lad. raison . . . . 513^{tt} 12

Montant toutes lesd. sommes à 1,428^{tt} 1.

Sur quoy led. de La Planche a déclaré avoir reçu 500^{tt}.

---

[1] Thomas de Bragelongne (*ou* Bragelonne), président de la 2e Chambre des enquêtes, puis du Parlement de Metz.

Pour M. Petitpied, greffier :

Au 10ᵉ mestier : trois aunes, un quartier, demi seizième de l'*histoire Daphné*, à raison de 105ᵗᵗ l'aune, font.. 344ᵗᵗ 10

Au 40ᵉ mestier : quatre aunes, un quartier, moins demi seizième de pareille tapisserie, à lad. raison.. 443ᵗᵗ

Au 45ᵉ mestier : trois aunes, trois quartiers en quarré de pareille tapisserie, à lad. raison. . 393ᵗᵗ 15

Au 52ᵉ mestier : trois aunes, trois quartiers et demy, deux seizièmes de pareille tapisserie... 410ᵗᵗ 5

Montant toutes lesd. sommes à 1,591ᵗᵗ 10.

Sur quoy led. s. de la Planche a déclaré avoir reçu 1,000ᵗᵗ.

Pour M. Fieubet :

Au 11ᵉ mestier : un quartier et demy en quarré d'une allonge de *Verdure*, à raison de 100ᵗᵗ l'aune... 37ᵗᵗ 10

Au magazin, pour led. s. Fieubet :

Cinq pièces de tapisserye de *Verdure* faisant en tout 20 aunes et demy en quarré qui font, à raison de 100ᵗᵗ l'aune en quarré... 205ᵗᵗ

Montant le tout à 2,087ᵗᵗ 10.

Sur quoy led. s. de La Planche a déclaré avoir reçu 1,500ᵗᵗ.

Pour M. Aubert :

Au 13ᵉ mestier : 17 aunes et demy en carré sur une pièce de tapisserye du dessin des *Quatre Saisons* de l'Année, à raison de 160ᵗᵗ l'aune quarrée.................................... 2,800ᵗᵗ

Au magasin, pour led. s. Aubert :

Trois pièces de tapisserie du même dessin de 5 aunes 1/2, 5 aunes 1/4 et 1 aune, un quartier 1/2 de cours, sur 3 aunes et 1/3 de haut, faisant ensemble 40 aunes 1 quartier 1/2 en quarré, à raison de 160ᵗᵗ l'aune... 6,460ᵗᵗ

Au 16ᵉ mestier : pour le dit s. Aubert, onze aulnes moins un seizième en quarré d'une pièce de tapisserie commencée de l'*Histoire d'Abraham*, à raison de 160ᵗᵗ l'aune........................ 1,750ᵗᵗ

Au 19ᵉ mestier : 10 aunes quarrées de l'*Histoire d'Abraham*, à 160ᵗᵗ l'aune.............. 1,600ᵗᵗ

Au 28ᵉ mestier : unze aulnes 3 quartiers et 1/16 de l'*Histoire d'Abraham*, à 160ᵗᵗ 1,890ᵗᵗ

Au magasin, pour led. s. Aubert :

Deux pièces de pareille tapisserye achevées, aussi de l'*Histoire d'Abraham*, de 4 aunes 1/2 et une aune trois quartiers 1/2 de cours sur 3 aunes 1/3 de haut, ensemble 21 aunes, un quartier en quarré, à 160ᵗᵗ l'aune... 3,400ᵗᵗ

Au magasin, pour led. s. Aubert :

Trois pièces de tapisserye de *Verdure*, cinq aunes, un quartier et demy de cours, sur 3 aunes 1/3 de hault chacune, faisant 53 aunes et demy 1/16 en quarré, à 110ᵗᵗ l'aune.................... 5,912ᵗᵗ 10

Montant toutes lesd. sommes à 23,812ᵗᵗ 10.

Sur quoy led. de La Planche déclare avoir reçu 17,998ᵗᵗ.

Pour M. Rossignol :

Au 15ᵉ mestier : trois quartiers demi seizième en quarré d'une pièce de tapisserye commencée du dessin de *Psiché*, à raison de 200ᵗᵗ l'aune quarrée.................................... 157ᵗᵗ 10

Au 18ᵉ mestier : trois quartiers moins 3/4 d'un seizᵉ en quarré d'une autre tapisserie de *Psiché*, à 200ᵗᵗ l'aune.. 140ᵗᵗ 15

Montant le tout à 298ᵗᵗ 5.

Pour M. le Président de Maison :

Au 17ᵉ mestier : demy aulne moins 1/16 en quarré d'une tapisserie rehaussée d'or, à raison de 180ᵗᵗ l'aune en quarré, mais attendu que la dite demy aune n'est qu'une bande bleue, cela ne peut estre estimé que 12ᵗᵗ

Verdure, pour M. Boilleau :

Au 20ᵉ mestier : 13 aunes trois quartiers, sur une pièce de tapisserie de *Verdure*, à raison de 110ᵗᵗ 1,512ᵗᵗ 10

Au magasin, pour led. s. Boilleau :

Quatre pièces de tapisserye de *Verdure* de deux aunes, trois quartiers de haut, faisant en quarré 31 aunes moins 1/16, à raison de 110ᵗᵗ l'aune 3,403ᵗᵗ

Montant le tout à 4,915ᵗᵗ 10.

Sur quoy led. de La Planche a déclaré avoir reçu 4,000ᵗᵗ.

Pour M. Gaboury :

Au 22ᵉ mestier : trois quartiers moins 3/16 d'un morceau de tapisserie de la *Moisson*, à 160ᵗᵗ l'aune, fait 112ᵗᵗ 10

Au 25ᵉ mestier : demi quartier, trois seizièmes, sur pareille tapisserie, à 160ᵗᵗ 27ᵗᵗ 10

Au 26ᵉ mestier : un quartier et demy, trois seizièmes 57ᵗᵗ 10

Au 38ᵉ mestier : trois quartiers moins 1/16 sur pareille tapisserie 110ᵗᵗ

Au 39ᵉ mestier : un quartier, un seizième et demy, sur pareille tapisserie 55ᵗᵗ

Montant le tout à 372ᵗᵗ 10.

Pour M. Turgot :

Au 24ᵉ mestier : une aune, trois quartiers moins demy seizième d'une pièce de tapisserie de *Clorinde et Tancrède*, à raison de 105ᵗᵗ l'aune 180ᵗᵗ 5

Au 27ᵉ mestier : une aune et demy, trois seizièmes de pareille tapisserie à lad. raison 162ᵗᵗ 5

Au magazin, pour led. s. Turgot :

Cinq pièces de tapisserie de mesme, de 44 aunes 3/4 moins un seizᵉ en quarré, faisant à raison de 105ᵗᵗ l'aune 4,692ᵗᵗ 5

Montant ensemble à 5,034ᵗᵗ 15.

Sur quoy le s. de La Planche a reçu 2,000ᵗᵗ.

Au 32ᵉ mestier, pour vendre : trois quartiers, deux seizièmes en quarré, d'une pièce de tapisserie rehaussée d'or de l'*Histoire de Psyché*, qui font, à raison de 220ᵗᵗ l'aune quarrée 171ᵗᵗ 15

Pour M. de Sully :

Au 33ᵉ mestier : six aunes, deux quartiers et un seizième d'une pièce de tapisserie à *Verdure et Oyseaux*, à raison de 110ᵗᵗ l'aune 761ᵗᵗ 5

Au magazin, pour led. s. de Sully :

Une pièce de pareille tapisserie contenant six aunes, demi quartier et un seizième en carré, qui font à lad. raison la somme de 701ᵗᵗ 5

Le tout montant à 1,402ᵗᵗ 10.

Sur quoy led. de La Planche a reçu 1,000ᵗᵗ.

Pour Mᵐᵉ d'Argouge :

Au 43ᵉ mestier : 10 aunes, un quartier en carré d'une pièce de tapisserie représentant le *Fleuve de Daphné*, à raison de 100ᵗᵗ, font 1,025ᵗᵗ

Au magazin, pour lad. dame :

Deux pièces de tapisserie de mesure contenant 7 aunes et demy de cours, faisant 18 aunes, trois quartiers en quarré, à lad. raison... 1,875^{tt}

Le tout montant à 2,900^{tt}.

Sur quoy led. de La Planche a reçu 500^{tt}.

Pour M. Brisacier :

Au 49e mestier : 7 aunes et demy moins 3/16 d'une pièce de tapisserye du dessein des *Quatre Saisons* de l'Année, à raison de 160^{tt} l'aune.. 1,192^{tt} 10

Au magazin, pour led. s. Brisacier :

Deux pièces de tapisserie du mesme dessein, faisant ensemble 9 aulnes, un quartier et demy, trois seizièmes en quarré, faisant à lad. raison de 160^{tt}............................... 1,507^{tt} 10

Verdure, pour led. s. Brisacier :

Trois pièces de tapisserye de *Verdure et Oyseaux* faisant ensemble 17 aulnes en quarré, à raison de 110^{tt} l'aune.. 1,870^{tt}

Montant le tout à 4,570^{tt}.

Sur quoy led. de La Planche a reçu 2,400^{tt}.

Pour M. Grignon :

Quatre pièces de tapisserie de *Verdure et Oyseaux* faisant ensemble 21 aunes en quarré, à raison de 100^{tt} l'aune quarrée.. 2,100^{tt}

Sur quoy led. de La Planche a reçu 1,840^{tt}.

Pour Mme la Chancelière :

Quatre pièces de tapisserie des *Quatre Saisons* de l'Année, sur 2 aunes, 3 quartiers de haut, faisans ensemble 52 aunes, un quartier quarré, à raison de 160^{tt} l'aune quarrée.............. 8,360^{tt}

Plus, pour l'or et la façon... 744^{tt} 10

Montant le tout à 9,104^{tt} 10.

Sur quoy le dit de La Planche a reçu 6,500^{tt}.

Pour M. de Richebourg :

Quatre pièces de tapisserie des *Quatre Saisons*, faisans ensemble 41 aulnes, un quartier, à raison de 160^{tt} l'aune.. 6,600^{tt}

Sur laquelle led. de La Planche a receu 5,000^{tt}.

Pour M. Thiersault :

Huit pièces de tapisserie de l'*Histoire de Clorinde*, dont quatre pour l'alcove, contenant ensemble 18 aunes, un seizième en quarré, montant, à raison de 105^{tt} l'aune, à 1,896^{tt} 11 s. 4 d.; et les quatre autres pour la chambre, contenant ensemble 28 aunes, un seizième en quarré, qui font, à raison de 105^{tt} l'aune, 2,940^{tt}, lesquelles sont deues; et lesd. 1,896^{tt} 11 s. 4 d. pour lad. alcòve ont esté payez.

Pour Mme de Grimault :

Trois pièces de tapisserye de *Daphné*, faisans ensemble 19 aulnes, trois quartiers, moins un seizième, à raison de 105^{tt} l'aune.. 2,067^{tt} 5

Sur quoy led. de La Planche a reçu 500^{tt}.

Au magazin, pour vendre :

Cinq pièces de tapisserye représentans des *Petits Enfants*, contenans ensemble 16 aunes et demy de cours sur 2 aunes et demy de haut, faisant en quarré 41 aunes, un quartier, à raison de 50^{tt} l'aune.. 2,062^{tt} 10

Quatre pièces de tapisserye de *Verdure* ordinaire faisant en quarré 39 aunes, à 40^{tt} l'aune ... 1,160^{tt}

Deux pièces de tapisserie de l'*Histoire de Daphné* faisans en quarré 11 aulnes et un quart, à raison de 80ᵗᵗ l'aune 900ᵗᵗ

Une vieille pièce de tapisserye de *Fleurs de Lys* aux armes de la Reyne soustenus par deux anges, faisant en quarré 7 aunes et demy, un seizième, estimée 30ᵗᵗ l'aune 226ᵗᵗ15

Sept pièces de l'*Histoire d'Arthémise* contenans ensemble 27 aunes de cours sur 3 aunes un tiers de haut, faisans en quarré 81 aulnes, à raison de 40ᵗᵗ l'aune 3,600ᵗᵗ

Led. s. de La Planche a déclaré que la moitié d'icelle appartient aux sieurs Comans et deux cinquièmes de l'autre moitié au sieur Louis de La Planche, sʳ du Croissant, et demoiselle Marie de La Planche, ses frère et sœur, et qu'il y a un compte à faire avec iceux, pour raison d'autres tapisseryes et argent par eulx reçus.

Et a led. s. de La Planche déclaré qu'il a livré à M. de Guédreville, suivant le marché faict avecq luy :

Deux soubassemens de tapisserie, d'une aulne ou environ chacun, avec des pilliers de fleurs, prisez. 10ᵗᵗ

Du 24 Octobre :

Pour six pièces de tapisserie de l'*Histoire de Daphné,* faisant en quarré 39 aunes et demy, demy seizième, à raison de 105ᵗᵗ l'aune, montent à 4,150ᵗᵗ15

Sur quoy led. de La Planche a reçu dud. s. de Guédreville 3,800ᵗᵗ.

De M. Housset, par marché du 19 Décembre 1659, pour quatre pièces de tapisserye de *Verdure* contenans ensemble 18 aunes un quartier, demy seizième, à raison de 110ᵗᵗ l'aune font 2,010ᵗᵗ15

Sur quoy ledit de La Planche a reçu 1,285ᵗᵗ10.

Plus, déclare qu'il luy est deub par M. de Guenegaud, trésorier de l'Espargne, 800ᵗᵗ pour reste d'une pièce de grosse *Verdure* qu'il luy a faicte et livrée.

Ensuivent les titres et papiers :

Le contract de mariage d'entre lesd. de La Planche et la deffuncte damoiselle Catherine de Juyé, sa femme, fille de deffunt noble homme Sébastien de Juyé, secrétaire de la Chambre du Roy, et de dᵉˡˡᵉ Anne Rousselet, passé le 26 Juillet 1626. [Voir l'analyse ci-dessus.]

(De La Planche déclare avoir reçu de son père les 20,000ᵗᵗ promises par son contrat, suivant la transaction passée entre lui et ses frères et sœurs, le . . . . 1633.)

Avec led. contract s'est trouvé : 1° un brevet obtenu de S. M. daté du 1ᵉʳ Juin 1626, signé « Louis », et plus bas « de Loménie », par lequel S. M. a agréé le délaissement fait aud. s. de La Planche fils de lad. charge de directeur de lad. fabricque, avec quelques autres pièces concernant lad. charge.

2° Confirmation par le Roy, au mois de Mars 1638, du titre de noblesse pour led. de La Planche et ses enfans nés et à naistre, etc., vérifiée en la Chambre des Comptes, le 3 Décembre 1653.

3° Lettres de provision de l'Office de Conseiller du Roy, trésorier général triennal des Batimens, obtenues sur la résignation de Nicolas Desnotz, datées du 15 Février 1639; lad. charge payée par led. de La Planche 71,000ᵗᵗ.

4° Constitution de 250ᵗᵗ de rente consentie par les Prévost des Marchands et Echevins de Paris, moyennant 3,000ᵗᵗ, le 28 Novembre 1649.

5° Vente au sieur de La Planche, par Mᵉ Nicolas Barisan, prêtre aumosnier du Roy, moyennant 625ᵗᵗ de rente, d'une maison, jardin et dépendances, où étoit autrefois pour enseigne la Selle de Cheval, sise rue de la Chaize, en date du 8 Octobre 1633.

6° Acquisition, par le sieur de La Planche, de Mᵉ Gilbert Manguin, conseiller du Roy, Président des Monnoyes, et de Suzanne Dreux, sa femme, moyennant 300ᵗᵗ de rente, rachetable à 5,400ᵗᵗ, d'un grand et petit jardin avec leurs maisons et bâtimens, le tout contenans 4 arpens ou environ, siz rue de la Chaize (18 Août 1637).

7° Acquisition d'une maison rue du Bacq, moyennant 2,251ᵗᵗ (31 Août 1637).

8° Vente, le 13 Mars 1646, aux religieuses Récollettes de la rue du Bac, d'une maison sise rue du Bac, de 288 toises de superficie, moyennant 11,910^{tt}.

9° Vente, le 3 Mai 1648, à Gilbert Charton, voiturier par terre, d'une place située rue de la Planche, de la superficie de 16 toises et demie.

10° Quittance de 20,000^{tt} payées par de La Planche en qualité de Trésorier des bâtimens.

11° Autres pièces concernant le même office.

12° Échange de la maison de la rue Quincampoix, comprise dans le contrat de mariage de lad. dame de La Planche, contre une rente de 700^{tt} au principal de 12,600^{tt} (24 Juillet 1637).

13° Payement d'une somme dont le s. de La Planche était redevable comme exécuteur du testament de Jean de la Chassaigne, s^r de la Rivière (29 Octobre 1639).

14° «Un escript signé de Comans, de Comans et de La Planche, du 22 Septembre 1633, en fin d'un Mémoire de plusieurs tapisseries montant à 22,020^{tt} contenant que, pour la dite somme, a esté fourny quictance desd. s. de Comans et de La Planche, dont les deniers ont esté entièrement touchez par led. s. de Comans père, et promettre sollidairement acquitter et garantir led. de La Planche envers ses frères et sœurs, etc.»

15° Une liasse de 100 pièces qui sont quittances et marchez pour les ouvrages et bastimens que led. s. de La Planche a fait faire sur partie desd. places par luy acquises au faubourg St. Germain.

16° Liasse de 8 quittances d'arrérages de rente.

17° Billet de 50,000^{tt} ayant trait aux fonctions dud. sieur de La Planche comme Trésorier des bâtimens.

18° Contrat de mariage, en date du 4 Juin 1646, de (deffunt) sieur de Fonperthuis et damoiselle Marie-Madeleine de La Planche, par lequel le père et la mère de lad. damoiselle ont promis lui bailler, en avancement d'hoirie, la somme de 66,000^{tt}, dont 30,000 en deniers comptans, la veille des espouzailles, etc.

[Le sieur de Fonperthuis n'était pas mort, car il signe un arrêté de compte d'intérêts.]

19° Contrat de mariage, du 25 Juillet 1656, du s. Duplessis et d'Élisabeth-Claire de La Planche, par lequel les père et mère ont promis à leur fille la somme de 40,000^{tt}, en avancement d'hoirie, à prendre sur les gages de l'Office du Trésorier des Bâtimens, plus 2,000^{tt} de meubles et 1,000^{tt} de nourriture.

20° Le contrat par lequel le s. de La Planche promet de payer la somme de 5,000^{tt} plus divers frais pour l'entrée de sa fille Marie-Antoinette de La Planche au couvent des Religieuses de Ste Ursule de Melun.

21°–28° Pièces et quittances relatives aux fonctions du sieur de La Planche comme Trésorier des Bâtimens.

Ensuite le s. de La Planche fait l'énumération des sommes qui lui sont dues comme Trésorier des Bâtimens et sur lesquelles doivent être prises les 40,000^{tt} promises à sa fille Élisabeth-Claire.

Et pareillement led. s. de La Planche déclare qu'il est deue par lad. communauté les sommes qui ensuivent, savoir :

Au s. Jean Vinz, marchand de soye, la somme de 16,271^{tt} 6 s. pour soye qu'il luy a fournye.

A la dame Bertin, marchande de laine, 8,373^{tt} 7 s. 3 d. pour marchandises livrées.

Au sieur Masson, teinturier, 1,234^{tt} 12 s. 6 d. pour teinture.

A la veufve et enffans de deffunct Paul van Den Bouch, marchand à Audenarde, par accord, 300^{tt}.

Aux enffans de deffunct Jean Demerlier, marchand tapissier aud. Audenarde, 218^{tt} 17 s.

Au sieur Langlois, orphebvre, 82^{tt} 17 s.

Au serrurier, 20^{tt}.

[Suit l'énumération des sommes dues à divers domestiques.]

Et le 30ᵉ et dernier jour d'Octobre 1661, le d. s. de La Planche père a fait la déclaration suivante :

Sçavoir : qu'il a en sa possession deux pièces de tapisserie du *Pastor fido* [contenant] l'une 20 aulnes, l'autre 40 aulnes, qui appartiennent au sieur du Croissant, son frère, et à ses deux sœurs dont il est chargé en justice.

Plus, une autre pièce de l'*Histoire de Diane* contenant 30 aulnes, qui est aussy à eulx; mais qu'il y a des comptes à faire avec le d. s. du Croissant et damoiselle Marie de La Planche, fille.

Plus, deux entrefenestres de *Verdure*, fabrique d'Anvers, où il y a de petites figures d'environ une aune chacun de large, dont il est chargé envers le s. Jacques Sentre, marchand aud. Anvers, par le dernier compte qu'il a fait avecq luy.

Plus, une pièce de tapisserie de Jardinage, fabrique d'Anvers, de la veufve de Vic, qui est à rendre à la veufve et héritiers Simon Bouwens, marchand au d. Anvers, après que le procès qui a esté intanté contre led. s. de La Planche sera terminé.

Item, une vieille pièce de tapisserie bordée de fleurs, où il y a un escriteau au bas, sur fond rouge, avec une bordure séparée pour mettre au hault de lad. pièce, où il y a des armes et à chascun escusson deux anges qui le soutiennent, appartenant à la succession de deffunct M. Sarazein, en rendant 500ᵗᵗ qui ont esté advancez pour luy et par son ordre par led. s. de La Planche pour racomodage de tapisserye suivant le mémoire qui en a esté fait.

Plus, déclare qu'il y a un compte à faire avec les héritiers de deffunct Jacques van den Kerchove, marchand de tapisserie à Houdenarde.

Plus, un autre compte à faire avec la veuve et héritiers de deffunct Pierre Duboys, marchand de vins, demeurant dans la ville de . . . . ., pour une tapisserie qu'il a envoyée pour vendre.

Plus, qu'il est deub quelque chose de reste par M. et Madame de Mathé (?) de la vente d'une tapisserie, pour raison de quoy il y a instance.

Plus, qu'il est deub par le sieur Martin, commis de M. de Rambouillet, 191ᵗᵗ 15 s., payés par luy pour coutures d'une tapisserie de Flandre qu'il a fait venir, soubs le nom dud. s. de la Planche par Callais, sur le mémoire à luy déclairé et aussy le droit de passeport, pour raison de quoy il y a instance entre eux.

L'inventaire se termine par la représentation des pièces produites par le s. de la Planche et relatives à sa charge de trésorier des bâtiments et au payement des travaux de maçonnerie faits au palais du Petit Luxembourg par François Ponsard, juré ès œuvres de maçonnerie, et enfin :

Une promesse signée de Brosse, datée du 4 Juillet 1640, de la somme de 500ᵗᵗ pour reste d'une tapisserie au dos de laquelle est un reçu de 2,900ᵗᵗ 11 s. 4. d. du 14 Mai 1641.

Signé : de La Planche.   de La Planche.

Le Caron.   Galloys.

NOTICE SUR L'EMPLACEMENT

DES ANCIENNES TEINTURERIES DU BOURG SAINT-MARCEL,

DES MAISONS DES GOBELIN, DES LE PEULTRE ET DES CANAYE

ET

DE LA MANUFACTURE ROYALE DE TAPISSERIES.

L'emplacement où devaient s'élever les Gobelins de Louis XIV n'était, au commencement du XIIIe siècle, qu'un terrain planté d'arbres, assis des deux côtés du fossé qui descendait de la porte Poupeline à la rivière de Bièvre.

CLOS EUDES DE SAINT-MERRY. — A l'intérieur du fossé, c'était le clos Eudes de Saint-Merry, qui s'étendait entre la rivière de Bièvre et la portion de la rue Saint-Marcel comprise entre la porte Poupeline et une seconde porte située un peu en arrière vers Paris, dite «fausse porte». Ce clos était limité au nord par la rue de Bièvre, qui deviendra plus tard la rue des Gobelins, et au sud par le fossé de l'enceinte, bordé d'un chemin descendant à un abreuvoir. Quelques habitants de Paris, Pierre de Villeneuve et sa femme Mathilde, Ferry de Gentilly, avaient sur ce clos des droits de cens sur les maisons qui pourraient un jour être construites. Ils les abandonnèrent en 1210 aux chanoines de Saint-Marcel [1].

Des maisons se construisirent peu après dans ce clos, et nous trouvons au cours du XIVe siècle une série de transactions, ventes, cessions, échanges de maisons sises «ès Saint-Marcel» [2]. L'endroit s'appela depuis lors le bourg Saint-Marcel, et au XVIIe siècle encore «ville Saint-Marcel». La rue de Bièvre s'était rapidement peuplée, et l'on trouve parmi les propriétaires le chancelier de Meaux, l'évêque d'Amiens et le comte de Saint-Paul; ce dernier y avait une maison de plaisance [3].

[1] Archives nationales, S. 1932, dossier 6.

[2] Voici les principales. — 1304 : vente par Jean Brunier à Eudes de Gilly, chapelain de Saint-Marcel, d'une maison sise rue de Bièvre près la porte Poupeline, tenant d'une part à la maison de Gilles Lemaître et d'autre à celle de Jehan Bachou (Archives nationales, S. 1927b, dossier 1); — 1315 : vente par Jehan Baboe à Symon de Guiberville, bénéficiaire de l'église de Paris, d'une maison séant ès Saint-Marcel, en la rue de Bièvre, tenant d'une part à Aufroy le Maçon et d'autre à Jean le Thiay (Archives nationales, S. 1927b, dossier 1); — 1316 : vente par Jean le Pelletier à Jean de Pise, chanoine de Saint-Marcel, d'une maison sise rue de Bièvre et tenant d'une part à la maison de Maciot de Togues et d'autre à Gille le Maître (Archives nationales, S. 1927b, dossier 1).

[3] Archives nationales, S. 1925b, dossier 1. La maison du comte de Saint-Paul appartenait encore en 1326 à la comtesse (Archives nationales, S. 1921A).

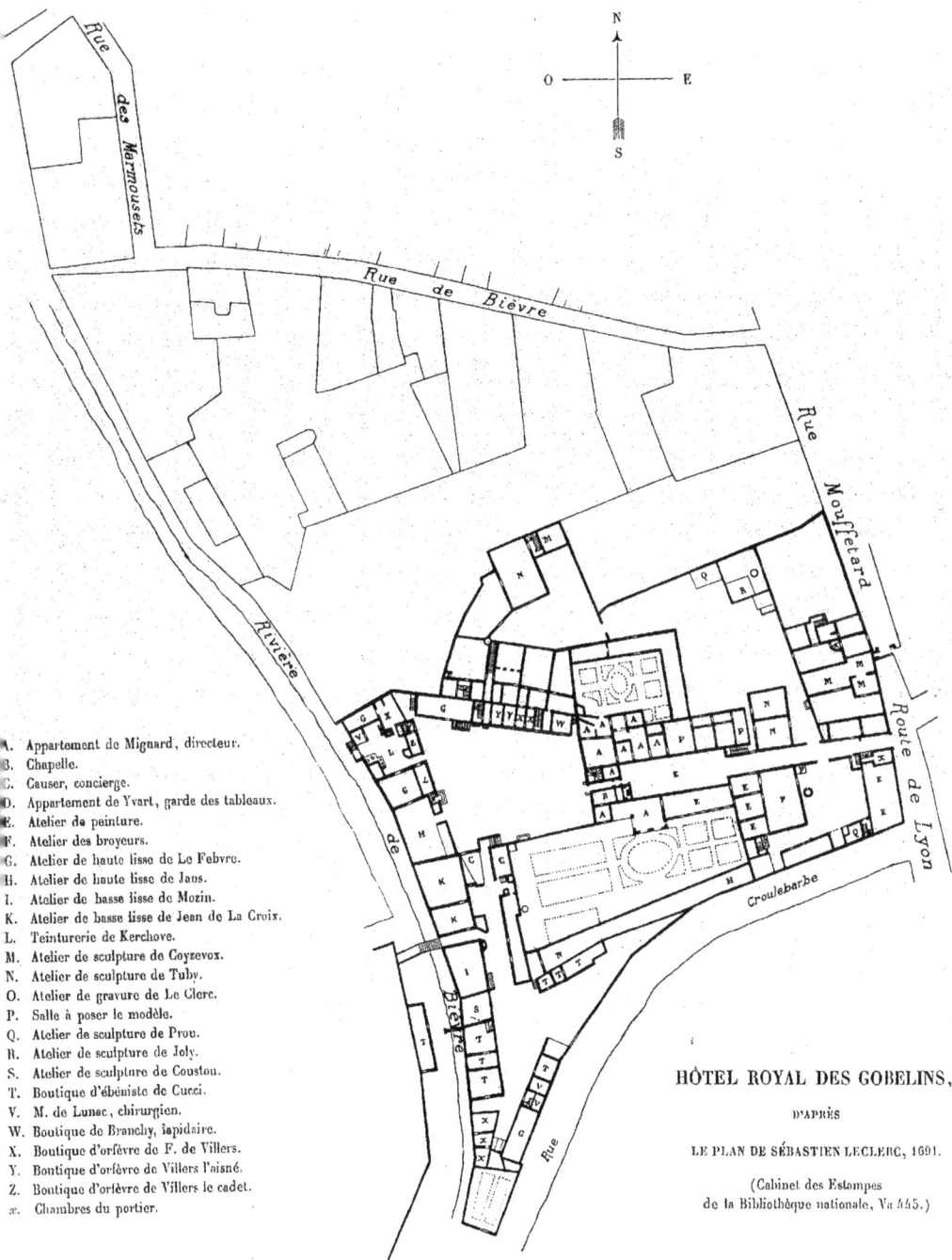

N
O — E
S

A. Appartement de Mignard, directeur.
B. Chapelle.
C. Causer, concierge.
D. Appartement de Yvart, garde des tableaux.
E. Atelier de peinture.
F. Atelier des broyeurs.
G. Atelier de haute lisse de Le Febvre.
H. Atelier de haute lisse de Jans.
I. Atelier de basse lisse de Mozin.
K. Atelier de basse lisse de Jean de La Croix.
L. Teinturerie de Kerchove.
M. Atelier de sculpture de Coyzevox.
N. Atelier de sculpture de Tuby.
O. Atelier de gravure de Le Clerc.
P. Salle à poser le modèle.
Q. Atelier de sculpture de Prou.
R. Atelier de sculpture de Joly.
S. Atelier de sculpture de Coustou.
T. Boutique d'ébéniste de Cucci.
V. M. de Lunac, chirurgien.
W. Boutique de Branchy, lapidaire.
X. Boutique d'orfèvre de F. de Villers.
Y. Boutique d'orfèvre de Villers l'aisné.
Z. Boutique d'orfèvre de Villers le cadet.
x. Chambres du portier.

HÔTEL ROYAL DES GOBELINS,

D'APRÈS

LE PLAN DE SÉBASTIEN LECLERC, 1691.

(Cabinet des Estampes
de la Bibliothèque nationale, Va 445.)

Bd ARAGO

Rue des Marmousets

Rue des Gobelins

Premières maisons des CANAYE

Maisons de la famille GOBELIN

AVENUE

DES

GOBELINS

Croulebarbe

Ancien chemin conduisant à l'abreuvoir

Établissement des LE PEULTRE puis des CANAYE

Rue de

Rue des Gobelins

Rue

N
O — E
S

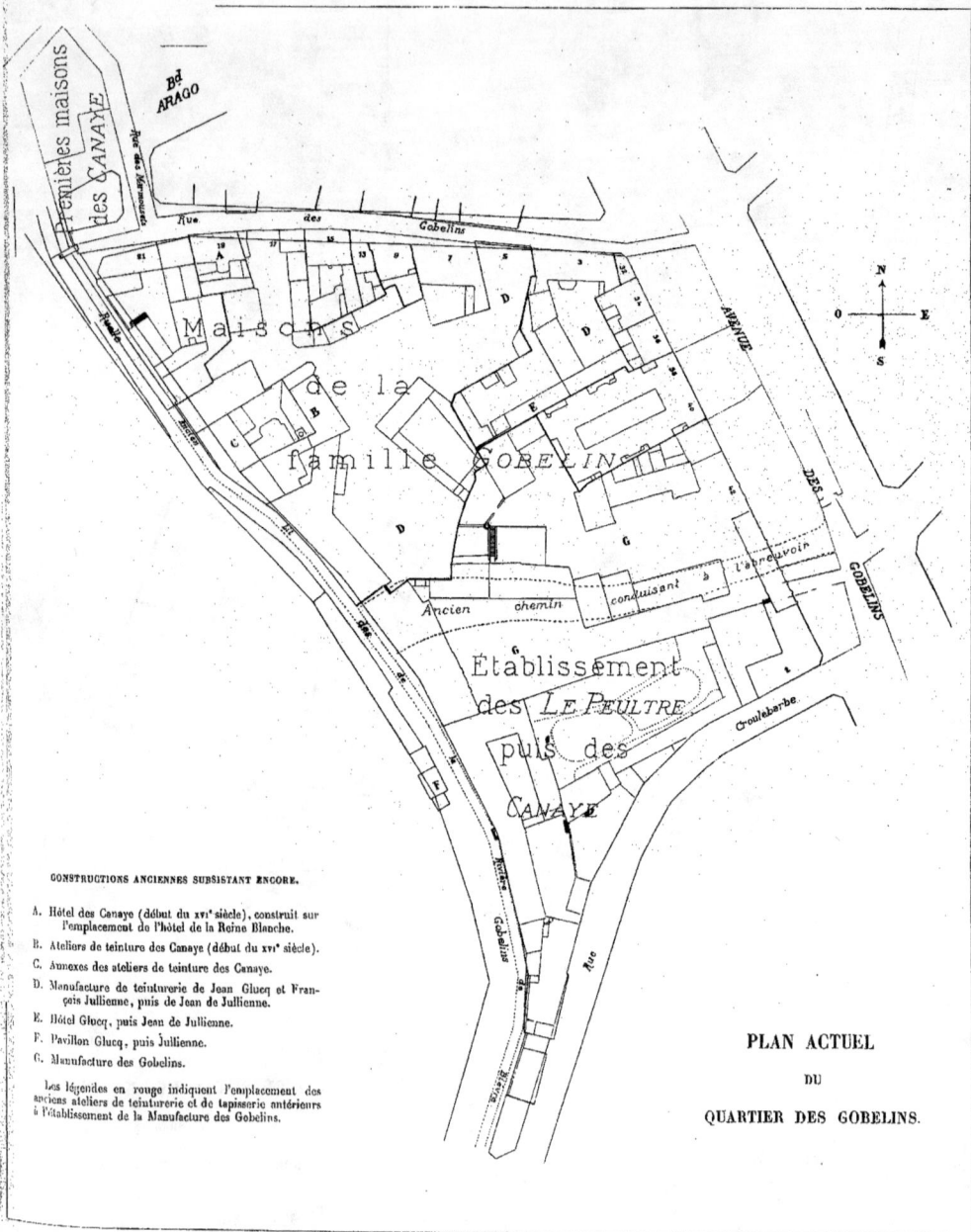

CONSTRUCTIONS ANCIENNES SUBSISTANT ENCORE.

A. Hôtel des Canaye (début du xviᵉ siècle), construit sur l'emplacement de l'Hôtel de la Reine Blanche.

B. Ateliers de teinture des Canaye (début du xviᵉ siècle).

C. Annexes des ateliers de teinture des Canaye.

D. Manufacture de teinturerie de Jean Glucq et François Jullienne, puis de Jean de Jullienne.

E. Hôtel Glucq, puis Jean de Jullienne.

F. Pavillon Glucq, puis Jullienne.

G. Manufacture des Gobelins.

Les légendes en rouge indiquent l'emplacement des anciens ateliers de teinturerie et de tapisserie antérieurs à l'établissement de la Manufacture des Gobelins.

PLAN ACTUEL
DU
QUARTIER DES GOBELINS.

10.

C'est au commencement du xve siècle qu'apparaît pour la première fois la mention d'un teinturier dans ces parages. Vers 1415, Pierre le Gallois achète de Pierre le Roy, abbé du Mont-Saint-Michel, la maison que celui-ci tenait de Sicart Lefevre, chapelier, et qui était située au coin de la rue de Bièvre et de la rivière. Lefevre avait acheté cette maison le 20 juillet 1398 des héritiers de Guillot Aneau, Guyot Bousseau et Jeanne sa femme [1]. Pierre le Gallois fut condamné, le 22 novembre 1416, à payer une rente à la veuve de Guyot Bousseau, remariée à Robert du Val [2]. Nous savons que Pierre le Gallois, qualifié de « taintturier à Saint-Marcel » dans les registres capitulaires de Saint-Marcel, à la date du 13 janvier 1419 [3], habitait encore cette maison en 1437 [4].

LES MAISONS DES GOBELIN. — C'est dans cette maison qu'un peu avant 1447 vint s'établir Jean Gobelin, comme le prouve un acte du 1er décembre 1447, par lequel les chanoines de Saint-Marcel louent à Guyot Boutillier, laboureur, deux maisons sises rue de Bièvre, « tenant d'une part aux hoirs et ayans cause de feu Jehan Thebault, et d'autre part, tenant et aboutissant aux hoirs et ayans cause de feu Pierre le Galois et qui de présent appartient à Jehan Gobelin » [5]. Celui-ci, qui habitait depuis 1443 une maison à l'enseigne du *Cygne*, dans la grande rue Saint-Marcel, sur l'emplacement actuel du n° 12 de l'avenue des Gobelins [6], venait ainsi de trouver dans cette rue qui portera plus tard son nom, au bord de la rivière, l'emplacement qu'il cherchait pour installer, dans les locaux organisés par Pierre le Gallois, sa teinturerie, qui s'étendra peu à peu sur tout l'ancien clos Eudes de Saint-Merry. Au cours du xve siècle et pendant tout le xvie, la famille des Gobelin occupa toutes les maisons du côté sud de la rue de Bièvre, et l'on désignait cet ensemble d'ateliers et de demeures sous le nom de « maison basse des Gobelin » pour la partie construite sur l'emplacement de l'ancien hôtel de Pierre le Gallois, et « maison d'en haut » ou « grande maison des Gobelin » pour la partie touchant à la grande rue Saint-Marcel et descendant à la rivière, derrière la précédente.

Philbert Gobelin, fils de Jean, fait construire un quai en échafaud, sorte de terrasse sur la Bièvre, le 1er avril 1486, terrassé qui sera doublée de longueur le 5 décembre 1490 [7]. A la mort de Philbert, son fils aîné Jean vend à son frère François, le 5 août 1525, la part qui lui revenait : plusieurs corps d'hôtel rue de Bièvre, quai sur la rivière, cours, jardin, etc. [8]. Dès cette époque, les Gobelin possédaient toutes les maisons de la rue de Bièvre, sauf une (le n° 7 actuel de la rue des Gobelins) qui appartenait au chapitre de Saint-Victor [9]. Jean abandonnait à son frère la maison « d'en bas », mais conservait la maison « d'en haut »; il l'agrandit en faisant construire, sur les anciens fossés qui bor-

[1] Archives nationales, S. 1925^B, dossier 1.

[2] *Ibid.*, S. 1925^B, dossier 1.

[3] *Ibid.*, LL. 551, fol. 17.

[4] *Ibid.*, S. 1925^B, dossier 1.

[5] *Ibid.*, S. 1925^B, dossier 1.

[6] Jules GUIFFREY, *Les Gobelin, teinturiers en écarlate*, Paris, 1904, in-8°, p. 5. La succession des propriétaires de la maison du *Cygne* : Pierre Gautier, Duchâteau, Lamy, Plâtelet (Archives nationales, S*. 1948¹, fol. 39), Largillière, Privat, Deballe (S*. 1931, n° 18), Jean Cousin, Desmet

(H. 3381, ch. 10), enfin Pierson à la Révolution (S. 1953°, n° 18), et la collation des plans de 1700, de 1705 et de 1770 (N¹. Seine 8 et N¹¹. Seine 148) avec le plan cadastral de 1900, feuille 326, nous ont permis d'établir que le berceau de la famille des Gobelin se trouvait au n° 12 de l'avenue des Gobelins.

[7] Archives nationales, S. 1925^B, dossier 2.

[8] Jules GUIFFREY, *Les Gobelin, teinturiers...*, 1904, p. 32.

[9] Censive du xvie siècle, conservée aux Archives nationales, S*. 1931.

daient sa propriété, au sud une maison, un quai sur la rivière et une galerie conduisant sur l'autre rive de la Bièvre, où il possédait des terrains étendus [1].

Les Gobelin s'étaient vite trouvés à l'étroit, et, enserrés entre deux autres familles de teinturiers fixés comme eux aux bords de la Bièvre, les Le Peultre au sud et les Canaye au nord, ils se voyaient obligés de franchir la rivière pour chercher à s'agrandir. Ils étaient d'ailleurs en excellents rapports avec leurs voisins, auxquels ils s'apparentèrent à différentes reprises par alliance, sans toutefois fusionner.

Les Canaye étaient établis sur les bords de la Bièvre, au coin de la rue de Bièvre et de la rue des Marmousets [2]. Les Le Peultre s'étaient installés dans la campagne, de l'autre côté des fossés, hors du bourg Saint-Marcel, dans un terrain clos bordé par la route de Ville-juif, la route conduisant au moulin Croulebarbe, les fossés et la rivière, contenant quelques masures et ateliers. Des plans anciens, en particulier celui d'Olivier Truschet et Germain Hoyau, des vues perspectives du xvie siècle publiées par J. Guiffrey [3], nous donnent assez bien l'aspect ancien des trois groupes de maisons sur le bord de la rivière appartenant à ces trois familles de teinturiers, les Gobelin au milieu, séparés des Canaye par la rue de Bièvre et des Le Peultre par la ruelle et l'ancien abreuvoir, ruelle sur laquelle empiétaient peu à peu les ateliers des Gobelin et qui sera fermée en 1586, puis plus tard englobée dans les acquisitions de Louis XIV.

LES MAISONS DES CANAYE. — C'est sur l'emplacement de l'ancien établissement des Le Peultre, devenu au milieu du xvie siècle la propriété des Canaye, que s'établiront sous Henri IV les tapissiers appelés par lui de Flandre, puis sous Louis XIV la manufacture royale des Gobe-lins. Cet établissement des Le Peultre, qui avait appartenu auparavant à Mathurin Rottier, puis à Jean Du Ryer [4], était situé hors du bourg Saint-Marcel, séparé de l'établissement des Gobelin par la ruelle menant à l'ancien abreuvoir; ses jardins étaient enclos d'un mur avec une tourelle d'angle près de la grande rue Saint-Marcel, et ses ateliers s'étendaient sur le bord de la Bièvre, où se dressait un quai porté par des piliers de bois. Au milieu du xvie siècle, la propriété des Le Peultre passe, par une série d'acquisitions, aux mains des Canaye. Le 22 juin 1547, les frères Jean et Pierre Canaye, teinturiers à Saint-Marcel, achètent pour 4,500 livres tournois une première maison de Jean Le Peultre avec ses dépendances [5]. Le 5 septembre 1548, Jean Canaye ajoute à sa propriété une cour [6]; le 24 mai 1549, il achète une autre maison qui avait appartenu à Christophe Le Peultre; les 13 et 14 mai 1559, les Canaye se rendent propriétaires du jardin de Jacques Gobelin situé près du moulin de Croulebarbe, et du pré qui s'étend le long des murailles des Cor-

---

[1] En échange des fossés, Jean, le 15 novembre 1525, fait don aux habitants de Saint-Marcel d'un passage pour aller au nouvel abreuvoir près du moulin de Croulebarbe, et d'un pré voisin (Archives nationales, S. 1925B, dossier 4). — C'est en 1526, par contrat du 3 novembre et du 9 décembre, qu'il fut autorisé à construire le quai et la galerie sur la rivière (Ibid., dossier 2).

[2] Ch. MANNEVILLE, Les Canaye, Paris, 1909, in-8°.

[3] Les deux plans avec vues perspectives publiés par Jules Guiffrey dans son volume sur Les Gobelin, teinturiers en écarlate au faubourg Saint-Marcel, Paris, 1904, et tirés des

Archives nationales (S. 4682-3), représentent avec quelques erreurs de dessin et de perspective les deux rives de la Bièvre, bordée d'un côté par des prés, de l'autre par les maisons des Canaye, des Gobelin et des Le Peultre; ils ont été dessinés pour le procès survenu en 1539 entre les Gobelin et les Cordelières, installées de l'autre côté de la rivière.

[4] Archives nationales, S*. 1948¹, fol. 106.

[5] E. COYECQUE, Recueil d'actes notariés, t. II, n° 4746.

[6] Ces acquisitions et les suivantes sont tirées du contrat de vente de Canaye à Michel Charpentier (Archives nationales, S. 1925A).

delières; le 1ᵉʳ septembre de cette même année, ils échangent avec François Gobelin des maisons de l'ancien établissement de Christophe et Nicolas Le Peultre; le 29 février 1563, ils acquièrent de Geneviève Le Bossu une série de maisons qui avaient appartenu à Nicolas et Jacques Le Peultre et à Pierre Gobelin.

Les Canaye n'en conservaient pas moins leurs maisons de la rue des Marmousets. Tandis que Jean et son fils Pierre s'installaient dans leur nouveau logis, François continue de diriger les anciens ateliers, divisés en deux le 5 avril 1558, la partie touchant à la rue de Bièvre ayant alors été vendue à Jean de La Bruyère et à son gendre Jean Sellier, teinturier[1].

La fortune des Canaye s'effondra tout à coup au cours des guerres de religion. Ils avaient adhéré à la religion réformée, et leur nom était célèbre parmi les partisans de Calvin. Se sentant menacé, Pierre Canaye vendit son établissement, par contrat du 6 février 1571, à Jean Gobelin le jeune. Peu après, il était arrêté et mourait en prison l'année suivante. Et c'est ainsi que l'ancien clos des Le Peultre, où devait plus tard s'établir la Manufacture royale de tapisseries, cessa de s'appeler « maison des Canaye » pour prendre le nom des Gobelin.

Jean Gobelin ne resta cependant en possession de la maison des Canaye que deux années à peine. Sommé le 24 décembre 1572 de tenir ses engagements, il dut renoncer à garder cet établissement qui fut vendu le même jour sous seing privé à Michel Charpentier, marchand drapier, bourgeois de Paris, et la vente ratifiée le 23 février 1573 par un contrat dont nous reproduisons les principaux articles à cause des détails intéressants qu'il donne sur cette propriété. Les bailleurs cèdent audit Michel Charpentier :

UNE GRANDE MAISON, contenant plusieurs corps d'hostelz, assise à Sainct Marcel les Paris, hors la porte des Champs des faulx bourgs dudict lieu, ausdicts Maistre Jehan Canaye et myneurs appartenant, tant de propre que d'acquest, tenant d'une part à Sire Jehan Gobelin l'aisné et à une ruelle près de la dicte porte des Champs qui va à la maison des Gobelins, d'aultre part à une autre ruelle qui rend à l'abreuvoir des pastilz, aboutissant d'un bout par devant au grand chemin tendant du dict Saint Marcel à la Villejuisve et par derrière à la rivière de Bièvre. La dicte maison appliquée à l'estat de teinturier, ainsy qu'il se poursuit et comporte, communiquant sur la dicte rivière, granges, estables, maisons, courts, jardins; ensembles les chauldières, cuves, tonnes, les ustancilles servant à l'estat de taincturier, en telle quantité et selon qu'elles ont esté baillées au dict Jehan Gobelin le jeune, avec un grand jardin derrière icelle maison, qui estoit anciennement un pré qui autrefois a appartenu [à] Peultre, et un autre jardin clos de murs, près le moulin de Crouslebarbe, aussy les prez joignant les dicts jardins, acquis de deffunct noble homme Jacques Gobelin, en son vivant correcteur des comptes, les lieux ainsy qu'ils se poursuivent, comportent et estendent de toutes parts sans rien en retenir ny réserver en ce nom, comprins ung moulin à chevaulx et un pressouer estant en une grange du logis qui fust à Pierre Gobelin, ladicte grange faisant partye de ladicte maison, lesquels moulin et pressouer n'estoit comprins en ce présent eschange, ny les aultres meubles estant en dicts lieux non servant au dict estat de taincturier; la dicte maison en la censive de Messieurs les doyens, chanoines et chapitre de l'eglise Sᵗ Marcel et chargée envers eulx du cens qu'elle peut debvoir. . . [2].

Michel Charpentier abandonna bientôt la fabrication pour se consacrer entièrement au « trafic de la teinture des draps »[3]. Il avait épousé une demoiselle Anne Sellier, peut-être de la famille de Jean Sellier, le teinturier de la rue des Marmousets. Se trouvant trop à

---

[1] Archives nationales, Sᵉ. 1948¹. — [2] Ibid., S. 1925ᴬ. — [3] Registres du Parlement, 1ᵉʳ mars 1574 (Archives nationales, Xⁱᵛ. 1642, pl. 156).

l'étroit dans l'ancien hôtel des Canaye où pendait pour enseigne « la Boule »[1], il acquit une maison appelée « la Corne de Daim », construite sur l'emplacement des anciens fossés contre la porte Poupeline appelée maintenant porte des Champs, et qui était séparée de « la Boule » par la ruelle étroite et abandonnée qui conduisait au vieil abreuvoir désaffecté[2]. Ce passage, mal surveillé, sur lequel donnaient les ateliers et les quais, était le théâtre de rixes entre ouvriers, et permettait aux malandrins de venir déranger les travailleurs et de dévaliser les magasins; aussi les teinturiers s'entendirent-ils pour en demander la fermeture. Le 22 septembre 1586, Philbert et François Gobelin, Jean Sellier et Michel Charpentier, tous marchands teinturiers en écarlate, adressèrent au chapitre de Saint-Marcel une requête en ce sens[3]. Anne Sellier mourut le 28 décembre 1587, et son mari Michel Charpentier peu après, le 14 août 1590. L'industrie de la teinture en écarlate ne tenta aucun de leurs enfants. Cependant la succession conserva la maison des Canaye, qui sera mise en location pendant plus d'un demi-siècle.

MANUFACTURE ROYALE DE TAPISSERIES. — Nous pouvons nous représenter assez bien l'état du quartier qu'occupaient les teinturiers à la fin du XVIe siècle, au moment où Henri IV songe à faire revivre dans sa capitale l'art de la tapisserie, grâce au cueilleret du chapitre de Saint-Marcel dressé vers 1598[4].

Dans la rue des Marmousets, Étienne Secart habite l'ancienne maison de François Canaye, en face de Saint-Hippolyte[5]; la maison voisine, au coin de la rue de Bièvre, autrefois réunie à la première, appartient à Jean Sellier[6]. Dans la rue de Bièvre, en partant de la rivière, ce sont les maisons et ateliers de Nicolas Gobelin[7], puis cinq maisons appartenant à Philbert Gobelin et en partie louées par lui[8], une maison dont le propriétaire est le chapitre de Saint-Victor[9], enfin la grande maison de François Gobelin, la maison « d'en hault »[10], qui, comme celles de Philbert, se prolongeait en arrière par une cour descendant jusqu'à la rivière au bord de laquelle étaient les ateliers de teinturerie.

Les maisons sur la grande rue Saint-Marcel jusqu'à la porte des Champs étaient empêchées, par les dépendances des Gobelin, de communiquer avec la rivière; aussi n'étaient-

[1] Cueilleret du chapitre Saint-Marcel, Archives nationales, S*. 1948¹, fol. 106.

[2] Archives nationales, S*. 1948¹, fol. 104 v°.

[3] Ibid., S*. 1925ᴮ, dossier 4.

[4] Ibid., S*. 1948¹.

[5] Maison supprimée par le percement du boulevard Arago.

[6] A l'angle de la rue des Gobelins.

[7] N° 21 de la rue des Gobelins.

[8] Nᵒˢ 19, 17, 15, 13, 9 de la rue des Gobelins.

[9] N° 7 de la rue des Gobelins. Avait été donnée en 1444 par Gilles Le Veau à l'abbaye de Saint-Victor. (F. BONNARD, Hist. de l'abbaye de Saint-Victor, t. I, p. 416.) En 1653, elle était louée aux demoiselles Havard (Archives nationales, S. 2159ᴬ, dossier 10).

[10] Nᵒˢ 3-5 de la rue des Gobelins. Dans la succession de François Gobelin, cette maison reviendra à Antoine de la Planche, scelleur de la chancellerie de France, marié à Marie Gobelin, et à Adam de La Planche, avocat en Parlement,

époux de Geneviève Gobelin, lesquels en vendent, le 14 juin 1608, deux sixièmes à Nicolas Gobelin, fils de François (Archives nationales, S. 1940³, fol. 105). En 1660, la veuve du fils d'Adam de La Planche, mariée en secondes noces avec Gilbert Hessin, a pour locataires François de Somanges et les Vethel, teinturiers (Archives nationales, S. 1927ᴮ, dossier 1). La maison est achetée le 14 février 1670 par André-Paul Mascrany, qui la vend le 10 février 1686 à Jean Glucq et Charlotte Jullienne, sa femme, pour en faire la Manufacture royale de teinture. Le 14 octobre 1718, Jean Glucq en fait donation à Jean-Baptiste Glucq et Claude Glucq, ses enfants (Archives nationales, S. 1927ᴮ, dossier 1). Le 22 mai 1738, elle est vendue par Jean-Baptiste Glucq à Jean de Jullienne et à Louise de Brecey, sa femme, avec d'autres maisons et héritages moyennant la somme de 130,000 livres (Archives nationales, S*. 1943, fol. 244 à 247); enfin Louise de Brecey la cède, après la mort de son mari, à François de Montullé (S*. 1944, fol. 414-418).

elles pas occupées par les teinturiers. L'hôtel important avec cour et jardin, à l'angle de la rue de Bièvre, avait été acheté à Philbert Gobelin le 5 juin 1599 par Marguerite Belot, qui épousa en secondes noces Pierre de La Queue, maréchal des logis au régiment des gardes du roi[1]. Suivent une série de petites maisons, dont l'une, à l'enseigne du «Marmouzet», fut en 1637 transformée en brasserie par Remy Collos et par ses successeurs Pierre Ducrocq et les Nioche[2]. Les autres étaient habitées par Pierre Maugras, François Huguelin, et la maison de «la petite corne de daim» par Concien Mariette.

Hors de la porte des Champs s'étendait le grand clos de la maison de «la Boulle» appartenant aux héritiers de Michel Charpentier, limité par la rue Croulebarbe et la rivière.

Sur la rive gauche de la Bièvre, les prés et marais appartenaient à la Communauté des habitants de la ville de Saint-Marcel, aux Cordelières et à Philibert Le Lièvre, à cause de Marguerite Canaye, sa femme, fille de Philbert Canaye.

Lorsque, au début du xviie siècle, le roi Henri IV chargea l'intendant de Fourcy de trouver un local pour installer la manufacture de tapisseries, il n'y avait que la propriété des Charpentier qui fût libre et qui offrît la superficie et les commodités nécessaires à l'établissement d'une grande industrie. C'est ainsi que, le 24 juin 1601, Jérôme et Marc de Comans, et François de La Planche, unis par un contrat signé le 29 janvier 1601, appelés à Paris par le roi, s'installent dans l'hôtel des Canaye, dont les anciens propriétaires avaient d'ailleurs été en rapports fréquents avec les tapissiers et marchands des Flandres[3]. Leur premier livre de caisse est daté du 11 septembre 1601[4]. L'ancienne maison des Canaye devient la Manufacture royale de tapisseries.

Le premier bail entre les Charpentier et l'intendant de Fourcy, datant de la Saint-Jean-Baptiste 1601, était fait pour quatre années; le deuxième fut signé le 28 janvier 1606. En voici la teneur :

Par devant Gilles Lesemelier et Pierre de Rossignol, notaires du Roy, nostre sire, en son Chastellet de Paris soubz signez, furent présens noble homme Michel Charpentier, conseiller du Roy en sa cour de Parlement de Bretagne, demourant à Paris, rue des Prescheurs, paroisse St Eustache; Me Claude Charpentier, secrétaire de la Chambre du Roy, à présent majeur usant et jouissant de ses droicts; Marie Charpentier, femme de honorable homme Jacques Dampmartin, bourgeois de Paris, demourant rue St Honoré, paroisse St Germain de l'Auxerrois; Catherine Charpentier, femme de noble homme Pierre Mérault, receveur des consignations des requêtes du Pallais, demourant rue St Denis, paroisse St Leu St Gilles; damoiselle Anne Charpentier, femme de honorable homme Jherosme de Bragelonne, conseiller du Roy et correcteur en sa chambre des Comptes, demourant à Paris, rue St Anthoine, paroisse St Paul, led. de Bragelonne ou nom et comme procureur de damoiselle Geneviefve Charpentier, femme de noble homme René de Trémault, secrétaire de la chambre du Roy, lesd. femmes authorisées par justice au reffus de leurs maris et héritières avec lesd. sieurs Charpentier par bénéffice d'inventaire de feu Sr Michel Charpentier, leur père, lesquels vollontairement recognurent, confessèrent avoir baillé et dellaissé à tiltre de loyer et pris d'argent, du jour de

---

[1] N°s 32-34-36 de l'avenue des Gobelins. Revenue en 1630 dans les mains des Gobelin, elle fut vendue ensuite à Boullée en 1637 (Bibliothèque nationale, ms. fr. 18803, fol. 81), puis à Léonard Souffrain, et le 16 février 1667 à Charles Le Brun, premier peintre du roi, qui la baptise «à l'enseigne du grand Louis» (Arch. nat., O[1]. 2054). Le 12 octobre 1772, elle est achetée par Jean-Baptiste Boismare, marchand miroitier (Arch. nat., S*. 1945, fol. 59).

[2] N°s 38-40 de l'avenue des Gobelins (Bibliothèque nationale, ms. fr. 18803, fol. 81; Archives nationales, S*. 1941[1], fol. 152, 1941[2], fol. 89, 1942, fol. 269).

[3] Factum pour Mlle de Comans... contre Nicolas Grassot (Bibliothèque nationale, Département des Imprimés, Thoisy. 154).

[4] Mémoire pour Françoise de Comans (Bibliothèque nationale, Département des Imprimés, 3807).

S¹ Jean Baptiste dernier passé jusques à quatre ans prochains, venans, finis et accomplis, finissant à pareil jour que l'on comptera mil six cens neuf, promisrent et promectent garantir et faire joïr led. temps durant au Roy nostre sire, messire Jehan de Fourcy, chevallier et seigneur de Checsy, de Pomeuze et de Montevrin, conseiller du Roy en ses conseilz d'estat et privé, intendant de ses bastymens, demourant rue de Jouy, paroisse S¹ Gervais, à ce présent, stippullant et acceptant pour Sad. Majesté, et comme ayant charge des tapisseries que l'on faict pour le service de Sa Majesté es faux bourg Sainct Marcel lez Paris, par les tapissiers flamans, et suyvant le commandement que luy a faict Sad. Majesté de prendre la maison cy après déclarée pour loger lesd. ouvriers.

Une grande maison où antiennement se faisoit tainture, assize aud. S¹ Marcel, hors la faulce porte, avecq les jardins et prez deppendans de lad. maison, que led. sieur preneur, ou d. nom, a dict avoir veue et visitée, pour estre lesd. tapissiers demourans en lad. maison et recongneu icelle estre en bon estat et duement réparée de toutes réparations généralement quelz conques, tant grosses que menues, dont led. sieur de Fourcy, pour Sad. Majesté, ce tient pour contant pour en jouir, etc. . . .

Cestz présens bail et prinse faictz à la réservation faicte par lesd. bailleurs de l'usage et commodité de la grande porte de devant et aultres portes, bastimens, manoirs et courtz deppendans de lad. maison servans pour la ferme à iceulx bailleurs appartenant, assize aud. S¹ Marcel, le tout pour aller et venir et se servir par le fermier de lad. ferme et lesd. bailleurs touteffois et quantes qu'il leur plaira sans que led. sieur preneur, oud. nom, leur en puisse faire aulcun empeschement ne prétendant aucune recompence ne diminution dud. loier ;

Et oultre, moyennant la somme de dix huict cens livres tournois que de loier pour et par chacune desd. quatre années led. sieur preneur en a promict, sera tenu, promect et gage, ou d. nom, faire bailler et payer par les trésoriers des bastimens de Sad. Majesté, chacun en l'année de son exercice, auxd. bailleurs ou au porteur, etc. . . . , aux quatre termes en l'an à Paris accoutumestz et à chascun d'iceulx par esgalle portion, dont les premiers termes de paiement sont escheuz aux jours S¹ Remy et Noel derrenier passez et continuez, etc. . . . . payer ce à quoy lad. maison et lieux seront et pourront estre taxez et cottizez pendant ced. bail pour les fortifications, pauvres, boues, lanternes et chandelles cy aucune en convient paier, mesme pour la vuidange et curage de la rivière au droict de lad. maison ;

Souffrira led. S¹ de Fourcy, oud. nom, de faire faire les grosses réparations que lesd. bailleurs sont tenuz de faire faire pendant ced. bail, s'il en est besoing, sans par luy prétendre aulcune diminution dud. loyer, despens, dommages et interestz.

Et d'aultant que lesd. bailleurs pourroient prétendre plusieurs dommages et interestz tant pour les desmollitions faictes en lad. maison que bastimens faicts en icelle sans leur consentement pour l'approprier à l'usage des flamens qui y travaillent à présent pour le service de Sad. Majesté, a esté convenu et accordé entre les parties que toutes lesd. réparations et bastimens faictz en lad. maison par le commandement de Sad. Majesté demeureuront au proffict desd. bailleurs, sans que pour icelles ilz soyent tenuz d'en paier aulcunes choses, ny que l'on leur en puisse faire cy après, ny prétendre faire aucune diminution sur les loiers qui leur en seront dubz.

A esté convenu et accordé que led. S¹ de Fourcy, preneur, oud. nom, rendra les lieux cy-dessus baillez en bon estat de toutes réparations, hors mis les gros murs et la couverture, d'aultant que toutes lesd. réparations ont esté faictes et lad. maison baillée en bon état d'icelles, ainsy qu'il est cy devant dict.

Ne pourra bailler, ne transporter les droictz de Sad. Majesté du présent bail à aultre sans le consentement desd. sieurs bailleurs et aussy à la charge de leur bailler et à leur vollonté aultant de ces présentes aux dépens de Sad. Majesté.

Oultre a esté accordé que sy aulcune chose estoit démoly en lad. maison et lieux, en ce cas sera tenu led. sieur preneur, oud. nom, restablir aux despens de Sad. Majesté ce qui aura esté desmoli.

[Et pour l'accomplissement et entretenement dud. présent bail, sont intervenuz, par le mandement dud. sieur de Fourcy, nobles hommes Henry Estienne et Anne Jacquelin, conseillers et trésoriers de ses bastimens, lesquelz, suivant le mandement dud. sieur de Fourcy, ce sont obligez et obligent, oud. nom de trésoriers des bastimens, chacun en l'année de leur exercice, de payer, outre les autres charges dud. bail, auxd. sieurs bailleurs ou au porteur lad. somme de dix huict cens livres tournois aux quatres termes à Paris accoutumez par chacun an, sans que pour lesd. paiemens lesd. bailleurs soyent tenuz leur fournir ou rapporté autre mandement ou ordonnance dud. sieur de Fourcy sy non le present bail ou copie d'icelluy, deument collationnée, avecq quictance seulement qui leur servira de descharge en leurs comptes, tant envers led. sieur de Fourcy que tous autres[1].]

Et oultre a esté accordé entre lesd. parties que ou lesd. sieurs bailleurs vendrayent lad. maison pendant led. temps, en ce cas le present bail sera et demourera nul et résolu en advertissant led. sieur preneur, oud. nom, six mois devant, sans pour ce pretendre ne demander aucuns despens, dommages et interetz.

Car ainsy... promectons... obligeons chacun en droict soy et led. sieur de Fourcy, oud. nom, ... renonceons...

Faict et passé es maison desd. partyes, le xxviii° jour de janvier avant midi, l'an mil six cens six.

Et ont signé :

Fourcy.

M. Charpentier.	Charpentier.
A. Charpentier.	De Bragelongue.
M. Charpentier.	C. Charpentier.
Lesemelier.	P. de Rossignol [2].

Les Flamands, actifs et entreprenants, ne se contentent pas de faire aménager l'hôtel des Canaye et de construire de nouveaux bâtiments dans l'enclos pour les besoins de leur profession. Dès le 1ᵉʳ janvier 1602, ils avaient établi dans le bâtiment en façade sur la grande rue une brasserie pour leurs ouvriers et aussi pour le public. Elle eut vite grande réputation; d'autres brasseries vinrent s'établir à côté, et les brasseurs furent bientôt aussi nombreux que les teinturiers sur les bords de la Bièvre[3].

Le 23 juillet 1608 a lieu l'adjudication de travaux importants de maçonnerie à faire dans la «maison et corps de logis attenant à celuy des Gobelins... lequel logis S. M. a commandé estre pris et loué pour y loger bon nombre d'ouvriers tant Francoys que Flamens et y mettre plusieurs mestiers de ses tappisseries de Flandres»[4].

Vers la même époque, les Comans obtinrent «de faire faire la prédication aux flamantz les jours de saint et dymanche depuis huict heures du matin jusque à neuf en ceste église St Marcel»[5].

Malgré le départ de Jérôme de Comans, qui redoutait que «la négligence et la mauvaise foi de François de la Planche ne causât la ruine de la Société», le 26 octobre 1608[6], les affaires prospéraient. Hébergés par le roi, Marc de Comans et François de La Planche n'en achètent pas moins, le 27 juillet 1619, d'un des héritiers de Michel Charpentier, Gilles de Trémault, sieur de Morillon, la maison voisine de la Manufacture, où pend pour

---

[1] Le passage entre crochets est barré sur la minute.

[2] Étude de Mᵉ J.-B. Salle, notaire à Paris.

[3] Claude Le Petit, *Paris ridicule* (1655), in-12; — François Colletet, *Les tracas de Paris*, 1692, in-12. — La brasserie fut reprise le 15 novembre 1655 par Aubry Girard, brasseur (Archives nationales, Sᵇ. 1941').

[4] M. F. de Mallavoïe, *Les actes de Sully*, 1911, p. 163-169.

[5] Archives nationales, LL. 566, fol. 91 v°. — En 1626 s'organisa à Saint-Hippolyte une Confrérie flamande, transférée en 1630 à Saint-Germain-des-Prés. Cependant des prédications en flamand continuèrent dans la paroisse des tapissiers jusqu'en 1678, où elles furent faites à l'intérieur de la manufacture. Un chapelain résida définitivement dans la manufacture, depuis le mois de juillet 1693 (Abbé Jean Gaston, *Saint-Hippolyte*, 1908, in-8°, p. 51-54).

[6] Factum pour Françoise de Comans. Bibliothèque nationale, Dép. des Impr., Thoisy 154.

enseigne « la Corne de Daim »[1]. Comme le privilège qui les faisait directeurs de la Manufacture royale ne les contraignait pas à travailler exclusivement pour le roi, ils ouvrirent dès 1625 deux boutiques dans Paris, où ils mirent en vente les tapisseries sortant de la Manufacture; l'une, rue Saint-Martin, vis-à-vis la fontaine Maubuée, fut confiée à Charles de Comans, fils de Marc; l'autre, rue Quincampoix, vis-à-vis Saint-Josse, à Raphaël de La Planche, fils de François[2].

La vieille maison des Canaye transformée en manufacture de tapisseries comprenait alors, après la brasserie, en façade, le pavillon d'habitation des directeurs, la teinturerie, la salle des soies, la salle des laines, la boutique d'or tenue par Filippe Maëcht puis par Hans Taye; l'atelier de haute lisse qui était au-dessus, l'atelier neuf où était Lucas Vandandalle, la boutique de Pierre Brimard, les ateliers de teinture et les magasins de tapisseries. L'exploitation des Flamands occupait encore, rue Mouffetard, la boutique de Claude de La Pierre; dans la rue de Bièvre, devenue rue des Gobelins, s'ouvraient les boutiques de Jean de La Croix, Van de Welde, Robert Alleaume et Josse de La Haye; près de la porte Saint-Bernard, Paul Froesme avait sa boutique.

La mort de François de La Planche, le 27 mai 1627, allait marquer le commencement de grandes tribulations pour la manufacture. Malgré les insinuations de Jérôme de Comans, il semble bien qu'il fut l'âme de la Société. Marc de Comans fut incapable de diriger seul l'entreprise, qui fut confiée à Raphaël de La Planche et à Charles de Comans. La bonne entente ne put durer. En 1633, la rupture de la Société est consommée : Raphaël de La Planche monte la manufacture du faubourg Saint-Germain, et Charles de Comans conserve la direction de la fabrique de Saint-Marcel; mais il meurt à son tour en décembre 1634, et il est remplacé par son frère Alexandre, auquel succédera en 1651 son autre frère Hippolyte.

La manufacture était toujours séparée des maisons des Gobelin par la ruelle conduisant à l'ancien abreuvoir, dont on avait obtenu la fermeture en 1586. Le 4 mars 1635, l'emplacement de l'ancien abreuvoir est cédé au voyer de Saint-Marcel, le maître maçon Mathieu Turpin[3], qui obtient un droit de passage dans la ruelle[4].

Le 13 mars 1655, les descendants de Charpentier, devenus très nombreux, se décident à vendre « la maison et lieu des Gobelins, anciennement appelée des Canayes », aux sieurs Lefebvre et Leleu moyennant la somme de 35,700 livres[5].

Pour la première fois, l'ancienne teinturerie des Le Peultre, exploitée ensuite par les Canaye qui lui donnèrent leur nom, puis par Michel Charpentier, et louée par ses héritiers aux tapissiers du roi, prend le nom des Gobelin, qui en avaient été propriétaires pendant deux ans à peine au moment des troubles des guerres de religion. Le nom des Gobelin était populaire dans tout le quartier : la rue de Bièvre, où ils avaient toujours séjourné, était devenue la rue des Gobelins; la rivière s'appelait rivière des Gobelins; peu à peu on prit l'habitude de donner le nom de Gobelins à l'ancienne maison des Canaye.

Le 19 septembre 1661, Claude Leleu devenait seul propriétaire de la maison, par

[1] Inventaire après décès de François de La Planche.
[2] *Mémoire pour Françoise de Comans*, Bibliothèque nationale, Dép. des Impr., Fm. 3807.
[3] Archives nationales, S. 1927 B.
[4] *Ibid.*, LL. 568.
[5] Arch. nat., Châtelet de Paris, Adjudications, Y. 3057.

l'acquisition de la partie que possédait François Lefebvre, conseiller du roi, maître de la Chambre des Comptes[1].

Peu après, Louis XIV ayant décidé la réorganisation des fabriques de tapisserie fit acheter par Colbert, le 6 juin 1662, l'ancienne maison des Canaye, appelée maintenant les Gobelins, pour y établir la grande Manufacture royale spécialement affectée aux travaux de la Couronne.

Le contrat d'acquisition avec les titres de propriété qui y sont joints, en particulier l'acte de vente de l'hôtel des Canaye par les héritiers Charpentier, en 1655, est un précieux document pour l'histoire de la Manufacture des tapisseries, et nous croyons devoir le publier intégralement.

Par devant les notaires et garde notes du Roy nostre Sire en son Chastelet de Paris soubsignez, feut présent en sa personne Me Claude Leleu, bourgeois de Paris, y demeurant rue Baillet, paroisse St Germain l'Auxerrois, lequel volontairement a recogneu et confesse avoir vendu, ceddé, quitté, transporté et délaissé par ces présentes dès maintenant et à toujours et promet garantir de tous troubles, debtes, ypothèques, douet, douaires, évictions et autres empeschemens généralement quelconques, à Me Jean Baptiste Colbert, chevalier, baron de Seignelay, conseiller du Roy en tous ses conseils, intendant des finances de France, demourant à Paris, rue Neufve des Petits Champs, paroisse St Eustache, à ce présent et acceptant, acquéreur pour luy, ses hoirs et ayans cause :

Une grande maison scize au faux bourg St Marcel-les-Paris, au bout de la rue Mouffetard, paroisse St Ypolite, vulgairement appelée les Gobelins, où il y a une grande porte cochère en entrant par la dite rue Mouffetard et, à l'entrée de la grande cour, un pavillon couvert d'ardoises, le surplus consistant en plusieurs corps de logis, cours, jardins, prés, bois, aulnais, dans lesquels lieux passe en plusieurs endroits la rivière de Bièvre, dite des Gobelins, le tout fermé de murailles en la plus grande partie, et en l'autre partie de ladite rivière. Tout ledit lieu contenant neuf à dix arpens ou environ, sans néanmoins que ledit sieur vendeur soit tenu en faire aucune délivrance par mesure et arpentage; déclarant led. Sr Leleu n'en avoir esté pris ny distrait aucune chose depuis les acquisitions qu'il en a faictes cy après déclarées, hors sept perches ou environ de terres d'un jardin qu'il a vendu à Maistre Henry Rohault, greffier des requêtes du Palais, estant au lieu du Sr Charles, notaire. La dicte maison, courtz, jardins et lieux en deppendans tenant d'une part à la dicte rivière dicte des Gobelins et ung petit ruisseau quy est entre l'un des dictz jardins et heritage du sieur Rouhault; d'autre part aux religieuses et couvent Cordellières et à la demoiselle de La Planche; d'un bout par devant sur la dicte rue Mouffetard et d'autre bout par derrière au sieur Pollet, une rue entre deux, ainsy que les dictz lieux se poursuivent, comportent et estendent de toutes parts et de fonds en comble, sans aucune chose en excepter ny retenir en l'estat et disposition qu'ilz sont à présent et néantmoings fera faire led. Sr Leleu parachever incessamment et à ses frais et dépens ce qu'il reste à faire des ouvrages de couverture d'ardoise, thuille et plond à ce quy dépend d'un pavillon couvert d'ardoize seulement et les rendre faicts et parfaicts dans le jour et feste St Jean Baptiste prochain.

Appartenant au d. Sr Leleu, scavoir :

Moityé au moyen de l'adjudication quy en a esté faicte du tout tant à luy que Monsieur Me François Lefebvre, conseiller du Roy, maistre ordinaire en la chambre des Comptes par sentence de licitation des dictes requestes du Palais du treiziesme mars mil cinq cens cinquante cinq et par decret du Chastelet de Paris du dix huit septembre ensuivant, duquel sieur Lefebvre ledict Sr Leleu a dudict depuis acquis la moityé quy luy appartenoit de la dicte maison, cour et jardin et lieux en dépendans, par contract passé par devant de la Mothe et Corrozet, l'un des notaires soubzsignez, le dix neuf septembre mil cinq cens soixante un.

Icelle maison et lieux sus déclarés estant en la censive de Messieurs les doyen, chanoines et chapitre du dict St Marcel et chargés envers eulx de cens et rentes seigneurialles anciennes et accoutumées que ce peult debvoir et autres charges portées par ledict decret pour toutes et sans aultres charges, debtes et redebvances ny ypotèques quelzconques, francs et quittes des arrérages de cens et rentes et autres charges du passé jusques audict jour Saint Jean Baptiste prochain . . . . .

Le dict contract de vendition faict par led. Sr Lefebvre aud. Sr Leleu de la moityé de lad. maison cy dessus datté et mentionné, estant en parchemin, en marge duquel est l'ensaisinement, signé : Rigaud et Rogu, en datte du vingt six septembre mil six cens soixante ung.

Item, lad. sentence de licitation rendue auxd. Requestes du Palais par devant monsieur Le Clerc de Lesseville et de luy signée, estant aussy en parchemin cy dessus datté du treiziesme mars mil six cens cinquante cinq, entre M. Maistre Thierry Charpentier, conseiller du Roy aud. Requêtes du Palais; dame Anne Charpentier, veufve de feu M. Charles Fedeau, sieur de Callandre, conseiller du Roy, M^e ordinaire en la chambre des Comptes; ledict Sr Lefebvre; Me Germain Marescot, secrétaire du Roy; led. Sr Leleu; Gilles de Trémault, sieur de Morillon, conseiller du Roy, lieutenant particulier au bailliage et siège présidial de Blois; René de Trémault, escuier, sieur de Bellacourt, gentilhomme suivant du Roy; dame Claude de Tré- mault, veufve de feu René Jourdain, premier président en l'élection de Vendosme; Jacques de Guean, escuier, sieur de Sainct Ville; damoiselle Denise de Trémault, sa femme; Claude de Bragelongue, escuier, sieur de Vignolles, tous propriétaires de lad. maison et lieux des Gobelins, *anciennement appelée des Canayes,* par laquelle sentence lad. maison et lieux ont esté adjugés aux dictz sieurs Lefebvre et Leleu, moyennant la somme de trente cinq mille sept cens livres aux charges y portées, en marge de laquelle sentence de licitation est l'ensaisinement faict par le Chambrier et receveur dud. chapitre Sainct Marcel, signé : Le Coq, en datte du quatorze mars mil six cens cinquante cinq.

Item, une autre quittance en parchemin passée par devant lesd. Ferret et Corrozet, notaires, le neufviesme jour d'avril aud. an mil six cens cinquante cinq, contenant lad. dame Anne de Charpentier, veufve dud. sieur Charles Feydeau, sieur de Callandre, M^e des Comptes, avoir receu desd. sieurs Lefebvre et Leleu, la somme de trois mil cinq cens soixante dix livres, faisant la dixiesme partye appartenant à lad. dame de son propre dud. prix et adjudication.

Item, une autre quittance en parchemin, passée par devant Le Boucher et led. Corrozet, notaires, le dixiesme jour aud. an mil six cens cinquante cinq, contenant led. René de Tremault sieur de Bellacourt, avoir receu desd. sieurs Lefebvre et Leleu, la somme de dix sept cens quatre vingt cinq livres, faisant le quart à ung cinquiesme aud. sieur de Bellacourt appartenant de son propre aux dictz prix et adjudication susdicte.

Item, une autre quittance en parchemin, passée par devant lesd. Choiseau et Corrozet, notaires, le deuxiesme jour de juillet aud. an mil six cens cinquante cinq, contenant led. sieur Claude de Brageloigne, sieur de Vignolles, trésorier général de l'artillerie de France, avoir receu desd. sieurs Lefebvre et Leleu la somme de onze cens quatre vingt dix livres tournois faisant la cinquiesme partye à luy appartenant à ung sixiesme du prix et adjudication de lad. maison et lieux des Gobelins.

Item, une autre quittance aussy en parchemin, passée par devant lesd. Choiseau et Corrozet, notaires, le dix septiesme jour de septembre aud. an mil six cens cinquante cinq, contenant Me Anthoine Prenelle, procureur desd. Gilles de Trémault, sieur de Morillon, lieutenant particulier au bailliage et siège présidial de Blois, et de damoiselle Claude de Tremault, veufve de sieur René Jourdain, sieur de Monec, president en l'élection de Vendosme, fondé de procuration y transcripte, avoir receu desd. sieurs Lefebvre et Leleu la somme de trois mil cinq cens soixante dix livres tournois, faisant les deux quarts à un cinquiesme dud. prix et adjudication de lad. maison et lieux des Gobelins, appartenant auxd. sieurs Gilles de Tremault et damoiselle Claude de Tremault, sa sœur.

Item, une quittance en papier, en datte du dernier décembre, aud. an mil six cens cinquante cinq, contenant led. sieur Leleu, commis à la charge de receveur des consignations du Chastelet de Paris, avoir receu dud. Sᵣ Lefebvre la somme de deux mil neuf cens soixante livres, qu'il a consignée es mains dud. sieur Leleu pour moityé de la somme de cinq mil neuf cens cinquante livres faisant la sixiesme partye appartenant aud. sieur Germain Marescot de lad. somme de trente cinq mil sept cens livres tournois à laquelle somme a esté adjugée auxd. sieurs Lefebvre et Leleu lad. maison et lieux des Gobelins, par led. decret du Chastelet du dix huitiesme septembre mil six cens cinquante cinq.

Item, un autre decret en parchemin faict par devant Messieurs les Maistres des Requêtes de l'Hostel du Roy, en datte du vingt trois novembre et quatorze décembre mil six cens cinquante huit, signé : Feloust. Contenant avoir esté vendeu et adjugé à Mᵉ Jean Godin, procureur en Parlement, quy en a faict déclaration au profict dud. sieur Lefebvre, de la cinquiesme partye, par indivis au total de lad. maison et lieux des Gobelins, saisye sur Mᵉ Claude Charpentier, cy devant receveur des tailles à Moulins, lad. adjudication faicte moyennant la somme de douze mil livres et charges portées par led. decret, en marge duquel est l'ensaisinement signé : A. Perrier, en datte du douze may mil six cens quarante neuf.

Item, une quittance signé Betaude, en datte du neufviesme décembre mil six cens cinquante huit, contenant Hugues Bertauld, receveur des consignations des requestes de l'Hostel, avoir recongneu que led. sieur Lefebvre a payé et satisfait des droictz de consignation et de controle de lad. somme de douze mil livres, portée aud. decret.

Item, autre decret faict au Chastelet de Paris, en datte du quinziesme décembre, mil six cens quarante neuf, signé Hubert et scellé, contenant avoir esté adjugé à Michel Philippe, sergent à verge au Chastelet, deux cinquiesme au total de lad. maison des Gobelins qui avoit esté saisye réellement à la requeste dud. sieur Leleu sur Alexandre de Comans.

Item, un acte en parchemin, passé devant Dupuis et led. Corrozet, notaires, led. jour quinziesme décembre aud. an, contenant la declaration faicte par luy Philippe que lad. adjudication estoit pour et au profict du sieur Leleu.

Item, un contract en parchemin, passé par devant Edme Parque et Guillaume de Netz, notaires au Chastelet, le vingttroisiesme jour de febvrier mil cinq cens soixante treize, entre Mᵉ Jacques Canaye, sieur de Fresne, advocat en Parlement, procureur et se faisant fort de Jean Canaye, son frère, sieur de Venant, conseiller et secrétaire du Roy, tant en son nom que comme tuteur et curateur avec led. Sᵣ de Fresne, des enfans mineurs de deffuntz Pierre Canaye, leur frère et Denise Rouillé, jadis sa femme, Mᵉ Pierre du Lac, secretaire du Roy et advocat en la Cour, Georges Leullier, controlleur de la maison du Roy et François Gobelin, marchand bourgeois de Paris, à cause de damoiselles Margueritte, Geneviesve et Catherine Canaye, leurs femmes, d'une part.

Et Michel Charpentier, marchand drapier, bourgeois de Paris, d'autre part.

Contenant lesd. sieurs Jacques Canaye, Du Lac, Lullier et Gobellin, es noms, avoir baillé et delaissé aud. sieur Charpentier lad. maison et lieu des Gobelins, avec les chaudières, tonnes et autres ustanciles servant au mestier de teinturier, en eschange de quatre mil cent soixante six livres de rente déclarez aud. contract à prendre sur l'Hostel de ceste ville de Paris, y comprins deux cens livres de rente sur Maillé Picot, sieur d'Amboise.

Item, un autre contract en parchemin passé par devant Perrier et Fardeau, notaires au Chastelet, le vingt deux septembre mil cinq cens quatre vingt six, contenant Mᵉ Guillaume Dagonneau et Gabriel Ledeau, chanoines de l'église collegiale de Sᵗ-Marcel, depputez pour le Chapitre dud. lieu, avoir permis au sieur Philebert Gobelin, tant pour luy que pour Jean Gobelin son frère, François Gobelin, Jean Le Sellier et Michel Charpentier, tous marchands teinturiers en écarlatte, de faire une porte en la ruelle y déclarée moyennant dix sols parisis de rente non racheptable.

Item, un bail en parchemin passé par devant Le Semelier et Rossignol, notaires aud. Chastelet, le vingt huitiesme janvier mil six cens six, contenant Mᵉ Michel Charpentier, Claude Charpentier, Marie Charpentier, femme de Jacques Dampmartin, bourgeois de Paris, Catherine Charpentier, femme de Pierre Merault, receveur des consignations des requêtes du Palais, Anne Charpentier, femme de Jerosme de Brageloigne, correcteur des Comptes, et Genevisve Charpentier, femme de René Trémault, avoir baillé et délaissé à loyer au Roy, nostre Sire, stipulant, par Mre Jean de Fourcy, intendant des bastimens de Sa Majesté et ayant charge des tapisseries qui se font par les flamands, de lad. maison et lieux des Gobelins, moyennant la somme de dix huit cens livres de loyer par an et aux réserves portées aud. bail.

Item, un autre bail en papier, passé par devant Talleron et led. Rossignol, notaires, le septiesme jour de juillet mil six cens neuf, contenant Me Michel Charpentier, Claude Charpentier et dame Anne Charpentier et consortz avoir baillé à loyer à Sad. Majesté lad. maison et lieu des Gobelins, moyennant la somme de deux mille quatre cent livres de loyer par an.

De la délivrance desquelles pièces led. sieur acquereur s'est contenté promettant en ayder led. sieur vendeur lors qu'il en requerra au cas qu'il voulust le poursuivre pour raison de la garantye cy-dessus, estant convenu qu'il sera loisible aud. sieur acquereur de faire decreter, sy bon luy semble, sur luy à ses frais et despans et en telle juridiction qu'il voudra, lad. maison et lieux presentement vendue et s'en rendre adjudicataire pour telle somme qu'il conviendra encherir sans néantmoingt augmentation ny diminution du prix sus déclaré aud. decret. S'il intervenoit des oppositions precedentes d'autre faict que de celuy dud. sieur acquereur, led. sieur Leleu sera tenu les faire lever et cesser et en apporter les mains levées et décharges nécessaires aud. sieur acquereur un mois après qu'elle luy auront esté dénoncées au domicile cy après esleu par le present contract, à peyne de tous depens, dommages et interetz, droit de consignation et contrôle d'iceux le cas eschéant, lequel decret et led. présent contract ne serviroit ensemble que d'un seul et mesme titre d'acquisition. A ce faire sont intervenus et estoient présens damoiselle Denise Leleu et Me Claude Leleu, advocat en parlement, majeurs de vingt cinq ans accomplis, ainsy que led. Leleu leur père, et eux ont approuvé, es mains desd. notaires, iceux Denise et Claude Leleu, enfans dud. sieur Leleu et de deffunte dame Magdellaine Langlois, jadis sa femme, demeurans avec led. sieur Leleu, leur père. Lesquelles volontairement ont dict et déclaré avoir eu et ont le présent contract agréable, le ratifiant, confirmant et aprouvant, déclarent n'avoir ny pretendre aucun droict, ny ypotèque sur lad. maison des Gobelins et ses dépendances présentement vendue dont en tant que besoin ou seroit ils se sont désistés et despartys et les en déchargent mesme, promettant avec led. sieur Leleu, leur père, et iceluy sieur Leleu père avec eux solidairement sans division, discution ne former de fidejussion, a quoy ils ont renoncé, faire faire pareille ratification, désistement et descharge par Françoise et Florimond Leleu, frère et sœur, et en fournir leur actes en bonne forme au sieur Colbert au fur et mesure qu'ilz atteindront l'aage de majorité, à peyne de tous despens, dommages et interest et jusques à ce, lad. damoiselle et sieur Leleu fils demeureront solidairement comme dessus obligés à la garantye de la présente vente.

Car ainsy a esté accordé entre lesd. partyes et pour l'exécution des presentes et dependances, lesd. sieur et damoiselle Leleu ont esleu leur domicille irrévocable en cette ville de Paris en la maison où ilz sont demeurans sus déclarée, auquel lieu ils veulent, consentent et accordent que tous exploictz, sommations et autres actes de justice quy y soient faictz, soient de pareil effect, force et vertu que sy faictz estoient parlant à leur propre personne et vrai domicille, nonobstant changement de demeure, propriétaire ou locataire dud. domicille esleu.

Promettant et obligeant en chacun endroict soy renonçant.

Faict et passé à Paris en la maison du sieur Colbert susdesigné, l'an mil six cens soixante deux, le sixieme jour de juin avant midi, et ont signé la minute des présentes demeurée vers Lefouyn, l'un des notaires soubzsignés.

Signé : Corrozet et Lefouyn [1].

----

[1] Chapitre Saint-Marcel, Ensaisinements. Archives nationales S*. 1941¹, ff. 12-19, et copie du xviiᵉ, *ibid.*, O¹. 2054.

Le roi n'entendait pas se restreindre à cette seule acquisition. Il commença par l'étendre du côté de Croulebarbe. Le 9 septembre 1665, Colbert achète à Henry Rouhault, avocat au Parlement, pour 8,000 livres tournois, une maison attenante à celle « appelée l'hostel des Canettes, dit les grands Gobelins »[1], et située sur la rivière près du moulin de Croulebarbe. Le souvenir des Canaye est déjà à demi oublié, et leur nom déformé. La même année, le roi fait enfermer le Pré des enfants, de l'autre côté de la rivière, dans l'enclos de la Manufacture royale, moyennant la somme de 2,000 livres qu'il donne au chapitre Saint-Marcel.[2]

Se trouvant arrêté de ce côté, Louis XIV prend possession des maisons construites en façade sur la rue Mouffetard, de l'autre côté de la ruelle de l'abreuvoir : la maison de la « Corne de Daim », appartenant aux héritiers Comans et de La Planche (29 décembre 1667), et les trois petites maisons voisines (15 mars 1668)[3]. La Manufacture royale de tapisserie, qui prend le nom de Manufacture des Gobelins, embrasse maintenant tout l'ancien clos des Le Peultre, hors du bourg Saint-Marcel, la ruelle qui conduisait à l'abreuvoir, les maisons construites sur les fossés du bourg et quelques maisons en façade rue Mouffetard, à l'intérieur du bourg. Elle est limitée à l'est par la rivière des Gobelins, à l'ouest par la rue Mouffetard, au sud par la rue Croulebarbe, et au nord par les jardins, cours et ateliers de l'ancienne famille des Gobelin, dont elle a pris le nom.

[1] Archives nationales, S*. 1941[3], fol. 190-192.
[2] Mémoire par le chapitre Saint-Marcel au roy, le 10 janvier 1720; Bibliothèque nationale, fol. Fm. 15139.

[3] GUIFFREY, Comptes des bâtiments du Roi, t. I, col. 177, 223, 233, 282.

LES TAPISSERIES
DES MANUFACTURES ROYALES DE FRANCE
AU XVI⁰ SIÈCLE.

TENTURE DE LA GALERIE DE FRANÇOIS I⁰ À FONTAINEBLEAU

ET HISTOIRE DE DIANE D'ANET.

Plus d'un demi-siècle avant que Henri IV établit aux Gobelins les Comans et les de La Planche, François I⁰ avait organisé dans son château de Fontainebleau une véritable manufacture de tapisseries, avec un surintendant, des peintres de cartons, des chefs d'atelier, des ouvriers tapissiers, des gardes-magasins.

Les *Comptes des bâtiments du Roi* de 1540 à 1550 nous révèlent, en effet, l'activité d'ateliers de tapisseries chargés de commandes immenses. François I⁰ avait pour les tapisseries un goût très prononcé, et il payait très cher les belles pièces qu'on lui présentait. A peine monté sur le trône, il fait des commandes à des tapissiers parisiens[1]. De 1528 à 1539, il achète à Bruxelles plus de trente tentures de 5 à 12 pièces, d'après Raphaël, Jules Romain et autres. Enthousiasmé par les magnifiques décorations dont le Primatice et le Rosso enrichissaient son château, il résolut de les faire reproduire en tapisseries qu'il pourrait transporter partout où il lui plairait.

[1] Quittance par laquelle les sieurs Mioland et Pasquier de Mortagne, tapissiers à Paris, déclarent avoir reçu du roi la somme de 410 l. «pour commencer l'achapt des estouffes et autres choses nécessaires pour besogner en une tapisserie de soye, que ledit seigneur leur a ordonné faire pour son sacre, suivant les patrons que ledit seigneur a fait dresser à cette fin et figurant une Léda, avec certaines nymphes et satyres». (Bibl. nat., Ms. coll. Fontanieu, 216-217.)

1 2

IMPRIMERIE NATIONALE.

En 1539, des métiers de haute lisse sont installés dans une aile du château.

François Ier, rapporte Sauval, ayant fait venir d'Italie François Primatiche, abbé de Saint-Martin, peintre célèbre, lui fit faire des dessins de plusieurs tapisseries et établit à Fontainebleau une manufacture de tapisserie de haute lisse en broderie. Babou de la Bourdaisière, surintendant des bâtiments de cette maison royale, en eut la direction. Des tapissiers flamands et italiens, venus exprès d'Italie et des Pays-Bas, firent avec succès celles que nous voyons quelquefois au Louvre et dans les autres palais royaux. Le roi leur fournissait la soie, la laine avec tout le reste, et les faisait travailler à la journée[1].

Félibien est aussi affirmatif sur l'existence des ateliers et le rôle du Primatice dans leur installation[2] :

Comme le Primatice étoit fort pratique à dessiner, il fit un si grand nombre de dessins et avoit sous lui tant d'habiles hommes, que, tout d'un coup, il parut en France une infinité d'ouvrages d'un meilleur goût que ceux qu'on avoit vus auparavant... Il se trouve même des tapisseries du dessin de Primatice. Il y a une tenture sur de la toile d'argent avec des couleurs claires qui étoit autrefois à Montmorency.

Les *Comptes des bâtiments du Roi* publiés par Léon de Laborde nous fournissent sur ces ateliers les renseignements les plus circonstanciés. Voici les principales mentions que nous avons relevées dans le compte particulier de Nicolas Picart, commis aux dépenses des bâtiments du château de Fontainebleau, commençant le 1er janvier 1541 (n. st.) et finissant le 30 septembre 1550.

A Claude Badouin, peintre, pour avoir vacqué aux patrons pour servir aux tapisseries dudit Fontainebleau, à raison de 20[li] par mois. (T. I, p. 190.)

A Claude Badouyn, Lucas Romain, Charles Carmoy, Francisque Cachenemis et Jean-Baptiste Baignequeval, peintres, pour avoir par eux vacqué tant aux patrons de la tapisserie que le Roy fait faire audit Fontainebleau que aux ouvrages de peintures de ladite salle haulte du grand pavillon près l'estang, et audit pavillon estant au coing du clos dudit estang, à raison de 20[li] pour chacun d'eux par mois, de l'ordonnance desdits commissaires. (P. 195.)

A Badouyn, peintre, pour avoir vacqué tant à la façon des patrons des tapisseries, que à la façon et peinture d'un tableau à frais en façon de tapisserie, contre la muraille, en la salle des poisles, au grand pavillon près l'estang dudit lieu [Fontainebleau], à raison de 20[li] par mois.

A Jean Picart, doreur, pour l'enrichissement d'un grand tableau à frais estant en laditte salle des poisles, entre les deux grands tableaux qui sont en façon de tapisserie, à raison de 16[li] par mois.

Audit Badouin, peintre, pour avoir vacqué à faire des patrons sur grand papier, suivant certains tableaux estans en la grande gallerie dudit lieu pour servir de patrons à ladite tapisserie, à ladite raison de 20[li] par mois. (P. 204.)

Ouvrages de tapisserie :

A Jean Le Brics, tapisser de haulte lisse, pour avoir vacqué esdits ouvrages de tapisserie de haulte lisse suivant les patrons et ouvrages de stucqs et peintures de la grande gallerie dudit chasteau de Fontainebleau, à raison de 12 liv. 10 s. par mois.

[1] Sauval, *Antiquités de Paris*, II, 505.
[2] *Entretiens sur les vies et les ouvrages des plus excellents peintres*, II, 295.

DAVID ET GOLIATH

MODÈLE DE TAPISSERIE

A Jean Desbouts, tapissier de haulte lisse, pour avoir vacqué esdits ouvrages, à raison de 12 liv. 10 s. par mois.

A Pierre Philbert, tapissier de haulte lisse, à ladite raison de 12 liv. 10 s. par mois.

A Pasquier Mailly, tapissier de haulte lisse, à raison de 12ʰ par mois.

A Jean Texier, tapissier, à raison de 10ʰ par mois.

A Pierre Blassay, tapissier, à raison de 10ʰ par mois.

A Pierre Le Bries, tapissier, à raison de 15ʰ par mois.

A Salomon et Pierre de Herbaines frères, maistres tapissiers, ayant la garde des tapisseries du Roy du chasteau de Fontainebleau, la somme de 240ʰ pour leurs gages de une année à cause de leur dite charge.

A Jean Marchay, tapissier de haulte lisse, pour avoir vacqué aux ouvrages susdits, à raison de 13ʰ par mois.

A Nicolas Eustace, tapissier de haulte lisse, à raison de 12ʰ par mois.

A Nicolas Gaillard, tapissier de haulte lisse, à raison de 12ʰ par mois.

A Louis de Rocher, tapissier de haulte lisse, à raison de 12 liv. 10 s. par mois.

A Claude Le Pelletier, tapissier de haulte lisse, à raison de 12 liv. 10 s. par mois.

A Jean Souyn, tapissier de haulte lisse, pour avoir vacqué à recouldre et regarnir les tapisseries qui estoient gâtées, assavoir une chambre de tapisserie de l'*Histoire de purgatoire d'amours*, contenans huit pièces, une autre chambre de tapisserie de l'*Histoire du romant de la Roze*, contenant cinq pièces, une autre chambre de tapisserie de l'*Histoire de Jules César*, aussy contenant cinq pièces, une autre chambre de tapisserie de l'*Histoire de Gédéon*, contenant onze pièces, quatre grandes pièces de l'*Histoire d'Alexandre*, à raison de 10ʰ par mois.

Somme toute, 10,851 liv. 16 s. 9 d. (P. 205-206.)

La manufacture de Fontainebleau était donc placée sous la conduite de Babou de la Bourdaisière, et comprenait un certain nombre de métiers de haute lisse où travaillaient les ouvriers dont les comptes nous donnent les noms, sous la direction de Jean et Pierre Le Bries, chefs d'atelier. Claude Badouyn et plusieurs autres artistes occupés aux travaux de décoration du château étaient chargés de fournir la manufacture de cartons d'après les œuvres les plus réputées de l'époque. Le Primatice — le Rosso était mort en 1540 — donnait des maquettes originales et dirigeait les artistes. Les frères Salomon et Pierre de Herbaines sont préposés à la garde des tentures.

Parmi les tapissiers qui travaillaient à Fontainebleau, certains sont connus d'autre part, comme ce Jean Souyn, parent d'Allardin de Souyn, qui travaillait pour Jean Nicolay en 1507, et qui est peut-être l'auteur de la belle tapisserie offerte par l'archevêque Jean de Salazar à la cathédrale de Sens; et ce Pierre Blacé ou Blassay, qui, aux termes d'un marché passé le 29 janvier 1544 et publié par M. Roy[1], s'engage ainsi que son confrère Jacques Langlois, tous deux tapissiers à Paris, à exécuter pour le cardinal de Givry, évêque de Langres, d'après les cartons de Jean Cousin le

---

[1] Maurice Roy, *Les tapisseries de Saint-Mammès de Langres, composition authentique de Jehan Cousin père.* Société archéologique de Sens, Mémoires, in-4°, fasc. V.

père, huit tapisseries de la vie de saint Mammès, avec larges bordures enrichies de cuirs découpés et de guirlandes de fruits qui rappellent celle de la pièce de *David et Goliath* dont le beau dessin, modèle de tapisserie, est conservé au Musée du Louvre (Pl.). Deux de ces tapisseries existent encore à la cathédrale de Langres ; une troisième est conservée dans une collection particulière. Pierre Blassay était d'ailleurs fort occupé : en 1544, il venait d'achever une tapisserie « de fantaisies et devises » pour le maître des requêtes N. du Mortier, et le 4 août 1550 il s'engage envers Charles de Pisseleu, évêque de Condom, à tisser une pièce de grotesques.

Peu après la mort de François Ier, Henri II nomme Philibert de l'Orme surintendant des bâtiments royaux (3 avril 1548), et parmi ses nombreuses attributions l'artiste a sous sa direction, et il y insiste dans son autobiographie[1], l'atelier de tapisserie de Fontainebleau. Il conserva la charge jusqu'à la mort de Henri II. Deux jours plus tard, le 12 juillet 1559, le Primatice le remplaçait. Mais, à cette époque, il semble que la manufacture de Fontainebleau était presque abandonnée. Vers 1550, Henri II avait installé à la Trinité des ateliers de tapisserie. Fontainebleau était peu à peu délaissé par les rois, et les métiers s'arrêtèrent.

Quelles œuvres sont sorties de ces ateliers ? Qu'en reste-t-il aujourd'hui ?

Les tentures confiées à Jean Souyn sont certainement gothiques, comme l'indiquent les noms qu'elles portent. Elles devaient remonter au xv° siècle et étaient en mauvais état ; Jean Souyn fut chargé de les réparer.

Th. Lhuillier, qui a consacré une excellente notice aux ateliers de Fontainebleau et de Maincy, cite[2] comme pièces venant de la fabrique de Fontainebleau quelques fragments dans l'endroit même où ils avaient été fabriqués, des spécimens au Louvre, et trois belles pièces dans des collections particulières : une *Bacchanale*, aux armes de Catherine de Médicis, qui appartint à M. Peyre, des *grotesques* dans la collection de M. Maillet du Boulay, et un épisode de l'*Histoire de Diane* au château d'Anet... « On sait aussi, ajoute-t-il, que Richelieu en avait chez lui, à Paris et à Richelieu, que Louis XIV en a offert au marquis de Pomponne, à M. de Saint-Hérem, à M. de Caumartin, à des ambassadeurs étrangers et à divers personnages de sa cour. » A la fin de sa notice, Lhuillier signale, dans la salle d'audience du tribunal de commerce de Montereau, dix pièces, malheureusement rognées, provenant du château de Varennes près de Montereau, confisquées en 1793 au duc Florent du Châtelet ; elles représentent des épisodes de la *Guerre de Troye* ; les héros portent des costumes du xvi° siècle, et l'auteur émet l'hypothèse que ce pourrait être une production des ateliers de Fontainebleau.

---

[1] *Instruction de Monsieur d'Ivry, dict de l'Orme*, publié par A. Berty, *Les grands architectes de la Renaissance*, p. 51.

[2] Th. Lhuillier, *La tapisserie dans la Brie et le Gâtinais*, dans *Réunion des Sociétés des Beaux-Arts des départements*, 1885.

Jules Guiffrey et, depuis, M. Dimier ont cru pouvoir attribuer aux ateliers de Fontainebleau quatre pièces qui ont dû faire partie d'une même tenture, et où l'on voit, dans un cartouche central entouré d'arabesques dans le genre de celles que Primatice prodigua dans la galerie d'Ulysse et dont s'inspira plus tard Ducerceau, la représentation des dieux et déesses de l'antiquité. Deux de ces pièces, figurant Flore et Cybèle, sont conservées aux Gobelins ; deux autres, les tapisseries de Bacchus et de Neptune, ont fait partie de la collection Peyre et appartiennent aujourd'hui au Musée des tissus de Lyon. Ces tapisseries, très usées, où l'on distingue encore des croissants et les initiales H et D, datent du règne de Henri II. Guiffrey rapproche de ces pièces une tapisserie du même type représentant, dans le cartouche central, la *Mort de Joab*, elle est conservée également aux Gobelins.

Ces tapisseries ne portent malheureusement aucune marque, et leur caractère ne prouve pas absolument qu'elles aient été fabriquées à Fontainebleau ; elles peuvent aussi bien avoir été tissées à Paris ou dans d'autres ateliers de province.

C'est avec beaucoup plus de vraisemblance que Montaiglon et Guiffrey ont attribué aux ateliers de Fontainebleau les cinq pièces actuellement conservées de l'*Histoire de Diane* tissées sous Henri II pour Anet. Nous y reviendrons plus loin.

Nous connaissons aujourd'hui, grâce à une exposition récente et à la publication des tapisseries ayant appartenu à la couronne d'Autriche, six magnifiques pièces, un peu fatiguées mais d'une richesse de composition, d'une beauté de tons et d'une finesse d'exécution tout à fait remarquables, qui ont certainement été tissées à Fontainebleau au temps de François Ier, dont elles portent l'emblème et l'initiale. Elles ont été exécutées par Jean Le Bries et ses ouvriers, sur les cartons peints par Claude Badouyn d'après la magnifique décoration dont le Rosso et le Primatice venaient d'enrichir la galerie dite « de François Ier » ou « des Réformés ».

DANAË, GRAVURE DE BERNARD THIRY
D'APRÈS LE PRIMATICE.
(Cabinet des Estampes.)

LA MORT D'ADONIS, D'APRÈS LE ROSSO.
TENTURE DE LA GALERIE DE FRANÇOIS Ier À FONTAINEBLEAU.
(Ancienne Collection de la Couronne d'Autriche.)

TENTURE DE LA GALERIE DE FRANÇOIS IER À FONTAINEBLEAU.

L'ancienne galerie des Réformés, dite aujourd'hui « de François Ier », au premier
étage du château de Fontainebleau, est décorée de quinze grands cartouches de stuc
en relief encadrant des tableaux dont les sujets sont pris dans la mythologie. Stucs et
peintures sont l'œuvre du Rosso, qui y travailla de 1531 jusqu'à sa mort. Le Primatice acheva alors la décoration et peignit, dès son retour d'Italie, en 1542, au
milieu du mur sur la cour de la fontaine, une *Danaé* encore aujourd'hui conservée,
et, dans un cabinet détruit depuis, une *Sémélé brûlée par le feu de Jupiter* que nous
ne connaissons plus que par la gravure de Bernard Thiry, qui grava également la
Danaé (fig., p. 93). Le Cabinet des dessins du Musée du Louvre et celui du château
de Chantilly possèdent encore les dessins originaux qui ont servi aux artistes pour
l'exécution de ces peintures ou des gravures d'après ces peintures ; le Cabinet des
Estampes possède un recueil d'encadrements gravés d'après les stucs de la galerie
de François Ier, dont la variété d'invention est infinie. Dessins et gravures nous
permettent de vérifier que, malgré les nombreuses restaurations dont elles ont été
l'objet, par Van Loo d'abord, puis par Couderc et Allaux, les peintures de la galerie
de François Ier sont restées à peu près ce qu'elles étaient autrefois.

Telle est la décoration que furent chargés de reproduire les tapissiers de Fontainebleau, d'après les cartons que leur fournirent Claude Badouyn et son équipe.
Six pièces d'une de ces tentures sont aujourd'hui retrouvées. Elles font partie des
anciennes collections de la couronne d'Autriche, où un inventaire de 1690 les note

DANAÉ

FRANÇOIS 1ᵉʳ EN EMPEREUR ROMAIN.
TENTURE DE LA GALERIE DE FRANÇOIS 1ᵉʳ A FONTAINEBLEAU.
Ateliers de Fontainebleau

Imp.A.Salmon et Cⁱᵉ Paris

comme « les six pièces données par François Ier ». L'imitation est flagrante ; les tapisseries reproduisent non seulement la peinture centrale, mais aussi les cartouches, toute cette décoration de stuc si variée, si riche d'invention, si vivante, et même les lambris et une partie du plafond de bois à compartiments de la galerie.

Voici la description de ces six pièces :

1° *Danaé* (N° 155 de « Die Wiener Gobelins-Sammlung, Amtliche Ausgabe, Vienne, 1919-1921 »). H^r 3 m. 32 ; L^r 6 m. 25, d'après le Primatice (Pl.). — Dans un cartouche ovale, Danaé, nue sur son lit, accueille Jupiter qui lui apparaît sous forme d'une pluie d'or ; derrière, la vieille, avec deux Amours. Au-dessus du cartouche, la salamandre, entre deux représentations des divinités du Soleil et de la

LE COMBAT DES CENTAURES ET DES LAPITHES, D'APRÈS LE ROSSO.

TENTURE DE LA GALERIE DE FRANÇOIS Ier À FONTAINEBLEAU.

(Ancienne Collection de la Couronne d'Autriche.)

Lune, Apollon et Diane sur leurs chars. En bas, l'F de François Ier a été transformé en J (l'empereur Joseph Ier). A droite et à gauche, au-dessus de quatre putti, les trois Grâces en cariatides portant de lourdes corbeilles d'où pendent fleurs et fruits.

2° *La Mort d'Adonis* (N° 156 de « Die Wiener Gobelins-Sammlung »). H^r 3 m. 30 ; L^r 6 m. 40, d'après le Rosso (Fig., p. 94). — Dans un cartouche rectangulaire, Adonis meurt, entouré d'Amours et de femmes ailées ; Vénus arrive dans son char tiré par deux colombes ; elle s'arrache les cheveux de désespoir. En bas du cartouche, une course de chars ; en haut, la salamandre de François Ier. A droite et à gauche, deux petites scènes figurant les effets de l'Amour, dans un riche encadrement d'architecture rehaussé de magnifiques figures nues, inspirées de celles que sculpta Michel-Ange sur les tombeaux des Médicis.

3° *Combat des Centaures et des Lapithes* (N° 157 de « Die Wiener Gobelins-Sammlung »). H^r 3 m. 22 ; L^r 6 m. 20 ; d'après le Rosso (Fig., p. 95). — Dans le cartouche central, rectangulaire, le combat des Centaures et des Lapithes. Dans les encadrements enrichis de putti et de grandes figures nues, on remarque deux Termes portant, l'un l'F (tranformé en J), l'autre la salamandre, répétée au-dessus du cartouche central. Il y a quelques variantes entre l'original, peut-être modifié par les restaurations, et la tapisserie, particulièrement dans la bordure du bas, plus riche dans cette dernière.

CLÉOBIS ET BITON, D'APRÈS LE ROSSO.

TENTURE DE LA GALERIE DE FRANÇOIS Ier À FONTAINEBLEAU.

(Ancienne Collection de la Couronne d'Autriche.)

4° *Cléobis et Biton* (N° 158 de « Die Wiener Gobelins-Sammlung »). H^r 3 m. 32 ; L^r 6 m. 35 ; d'après le Rosso (Fig., p. 96). — Au milieu, dans un cartouche carré, les deux frères, fils de la prêtresse Cydippe, traînent le char de leur mère au temple de Junon. A gauche et à droite, dans deux petits médaillons, la mort des deux frères, tués par Junon qui exauce la prière imprudente que leur mère avait faite à la déesse d'accorder à ses enfants, pour les récompenser de leur piété filiale, la félicité suprême. Au-dessus du cartouche, la salamandre entre deux F transformés en J. Les figures de l'encadrement sont un peu différentes de l'original ; elles sont plus nombreuses et plus variées dans la tapisserie ; les cordons de fleurs et de fruits sont plus riches.

HISTOIRE DE SAINT CRÉPIN ET SAINT CRÉPINIEN.
ATELIER DE LA TRINITÉ.

Perte des Gobelins

Imp. A. Porcabœuf & Cⁱᵉ Paris.

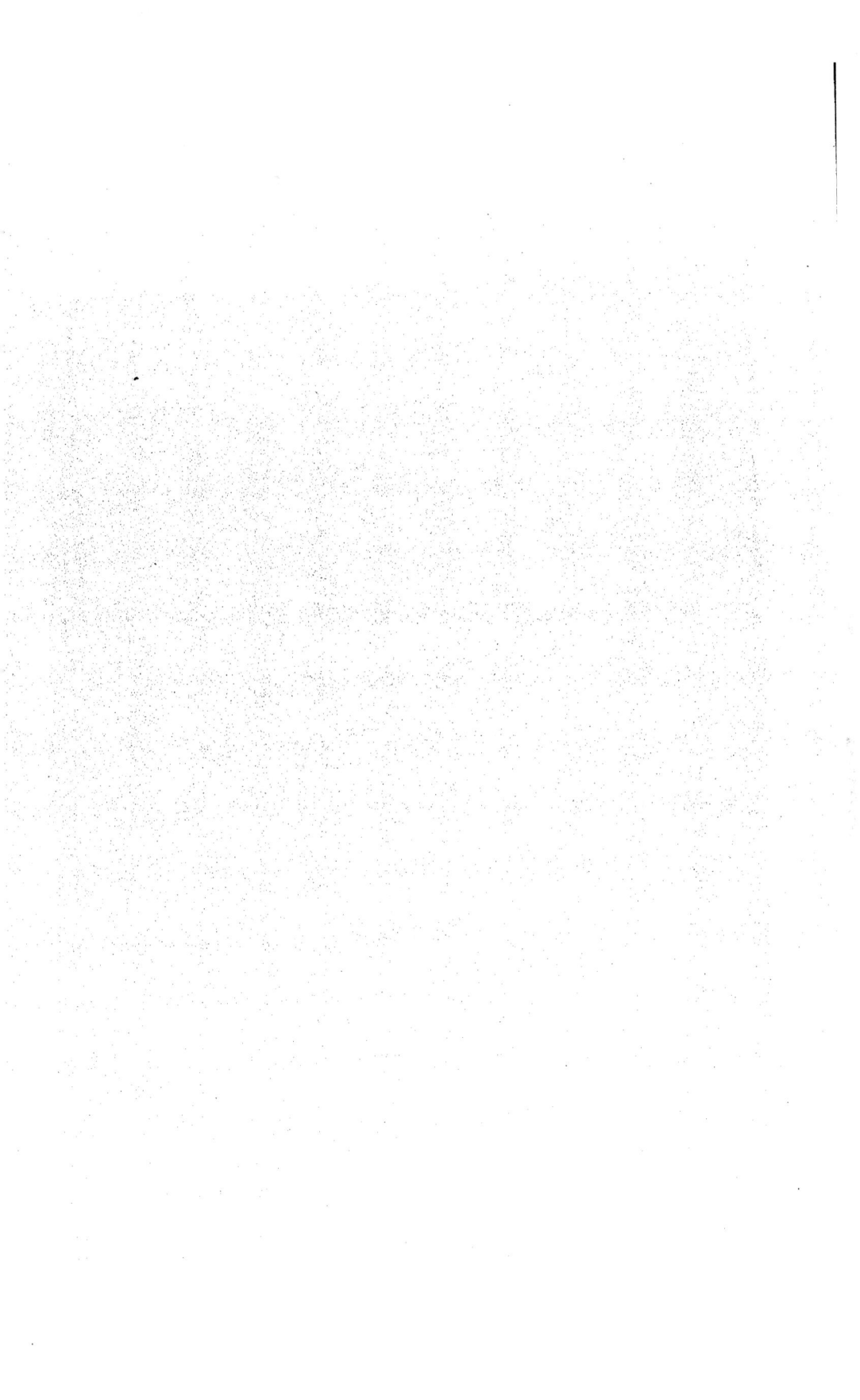

5° *Scène mythologique* (N° 159 de « Die Wiener Gobelins-Sammlung »). H^r 3 m. 25 ; L^r 6 m. 20 ; d'après le Rosso (Fig., p. 97). — Représente peut-être la Fontaine de Jouvence, ou l'Arrivée à Rome d'Esculape, le dieu de la médecine, qui s'est enfui de chez les Épidauriens malgré tous les sacrifices qu'ils lui offrent, sous la forme d'un dragon qu'accueille une jeune femme nue montée sur un âne. Au-dessus, la salamandre ; en bas, un caméléon entre deux gros chiens, un dogue et un lévrier.

6° *François Ier en empereur romain* (N° 160 de « Die Wiener Gobelins-Sammlung »). H^r 3 m. 30 ; L^r 6 m. 20 ; d'après le Rosso (Pl.). — François Ier, entouré de tout son peuple, du soldat au savant, tient dans la main la grenade, symbole de l'Union. En haut, la salamandre ; à droite et à gauche, deux groupes enlacés. Ces groupes étaient déjà presque effacés en 1731, comme le remarque l'abbé Guilbert dans sa « Description du château… de Fontainebleau » ; les restaurateurs les ont refaits et complétés tant bien que mal, ce qui explique les quelques variantes que l'on remarque entre la peinture et la tapisserie.

SCÈNE MYTHOLOGIQUE, D'APRÈS LE ROSSO.

TENTURE DE LA GALERIE DE FRANÇOIS Ier A FONTAINEBLEAU.
(Ancienne Collection de la Couronne d'Autriche.)

IMPRIMERIE NATIONALE.

HISTOIRE DE DIANE, DU CHÂTEAU D'ANET.

Une autre tenture paraît pouvoir être attribuée avec autant de certitude que la précédente aux ateliers de Fontainebleau : c'est l'*Histoire de Diane*, exécutée sur l'ordre de Henri II pour le château d'Anet, sous la direction de Philibert de l'Orme.

JUPITER CHANGE LES PAYSANS
EN GRENOUILLES.

(Château d'Anet.)

Le rapprochement de ces compositions et des pièces signées d'Antoine Caron nous incite à les attribuer à cet artiste ou à quelqu'un de ses élèves.

Dans la bordure, décorée d'arabesques, de Termes, de têtes de cerfs et d'attributs de chasse, d'une élégance et d'une simplicité qui sont la marque du génie de Philibert de l'Orme, on relève les D entre-croisés, les Δ, les croissants, les H, symboles et initiales de Henri II et de Diane de Poitiers. On lit sur des phylactères, en haut et en bas, ces deux hémistiches : « *Sic immota manet* »; « *Non frustra Jupiter ambas* ». En outre, la qualité de la composition, la finesse de l'exécution prouvent, comme l'ont fort bien montré Montaiglon et plus tard J. Guiffrey, que cette tenture ne peut sortir que des ateliers royaux de Fontainebleau.

Quatre de ces pièces, rachetées par M. Moreau en 1875, ont été replacées par lui dans le château d'Anet[1]. Une cinquième a été acquise par le Musée de Rouen, où elle est aujourd'hui conservée[2]. Les initiales du roi et de Diane avaient été remplacées au xviie siècle par les armes et les deux G de la famille Grillo de Gênes, qui en était alors propriétaire; elles ont été remises au jour dans les pièces du château d'Anet. En haut de chaque pièce, un dizain explique le sens de la scène représentée.

1° *Jupiter change les paysans en grenouilles* (Château d'Anet). H^r 4 m. 76 ; L^r 4 m. 82 (Fig., p. 98). — Latone, accompagnée de ses enfants, Apollon et

[1] Montaiglon, *Diane de Poitiers et son goût dans les arts*, dans *Gazette des Beaux-Arts*, 1878, 2e série, t. XVII, p. 289-304, et 1879, t. XIX, p. 152-177.

[2] Gaston Le Breton, *Notice sur deux anciennes tapisseries du Musée des antiquités de Rouen*, dans *Réunion des Soc. des Beaux-Arts des départements*, 1898.

HISTOIRE DE DIANE
LA MORT DE MÉLÉAGRE
Ateliers de Fontainebleau

Château d'Anet   Imp. A. Porcabœuf et Cie

Diane, est agenouillée à gauche et supplie Jupiter de punir les paysans qui lui ont refusé de l'eau pour apaiser sa soif. A droite, dans une mare, où ils étaient occupés à couper des roseaux, les paysans sont déjà en partie métamorphosés en

DIANE IMPLORE DE JUPITER LE DON DE CHASTETE.

(Musée de Rouen.)

grenouilles. Dans le fond, Diane, indifférente aux attraits de l'Amour et de Vénus, chasse à travers bois et vallons.

Dans un cartouche, au milieu de la bordure du haut, le dizain suivant :

> *Latona, encor' fuyant vint en Lycie*
> *Pres d'un estang ou la chimere ardoit*
> *Et pour de leau aux villains s'humilie*
> *Mais d'en avoir chascun d'eux l'en gardoit,*
> *Dont l'œil divin qui du ciel regardoit*
> *Leur cruauté en grenoilles les mue.*
> *D'autre costé Cypris d'orgueil esmeue*
> *Veut que d'amour Diane soit frappée.*
> *Il guette assez, mais en vain se remue*
> *Pour ce qu'elle est à la chasse occupée.*

2° *Diane implore de Jupiter le don de chasteté* (Musée de Rouen). H^r 4 m. 84 ; L^r 4 m. 07 (Fig., p. 99). — La déesse antique, représentée peut-être sous les traits de Diane de Poitiers, implore Jupiter — peut-être Henri II — qu'assistent Junon, Minerve, Mars et Mercure. La scène se passe dans la campagne, et Jupiter est assis sur un trône sous un dais rustique fait d'une draperie accrochée aux branches d'un arbre. Dans le fond, Phébus tue le serpent Python, et l'on voit sur une hauteur le temple circulaire, orné de deux ordres de colonnes et surmonté d'un lanternon,

DIANE SAUVE IPHIGÉNIE.

(Château d'Anet.)

que le peuple reconnaissant lui a élevé. Dans un cartouche, au milieu de la bordure du haut, le dizain :

Depuis pour mieux aux chasses s'adonner
A Jupiter ses prières adresse,
Le suppliant chasteté luy donner
Côme à Pallas, des guerres la maistresse.
En mesme temps, Phoebus ses armes dresse
Contre Pytho et par sa grand vertu
De mille traitz il l'a mort abbatu.
Le peuple lors qui s'estonne et contemple
Voyant des dieux l'ennemy combattu
Pour son honneur luy a dressé un temple.

3° *Diane sauve Iphigénie* (Château d'Anet). Hr 4 m. 74 ; Lr 4 m. 21 (Fig., p. 100). — Sur le bûcher que l'on allume, Iphigénie, que le grand prêtre s'apprête à immoler, est enlevée dans les airs par Diane, qui lui substitue une biche. Derrière, l'armée des Grecs et la flotte. Dans un cartouche, au milieu de la bordure du haut, le dizain :

> Sur tous mortelz la belle Iphigenie,
> Doit a Diane une grâce immortelle
> Elle devoit par mort estre punie
> Car des hautz Dieux l'ordonnance estoit telle.
> Mais par pitié de la saincte pucelle
> Pour qui les rois et capitaines greqs
> Souffroient au cueur mil ennuyeux regretz
> Diane ung cerf sur l'autel leur presente
> Et pour servir a ses honneurs segretz
> Osta du feu la victime innocente.

4° *Diane tue Orion* (Château d'Anet). H^r 4 m. 81 ; L^r 4 m. 23 (Fig., p. 102).— Diane, trompée par son frère Apollon, perce d'une flèche le beau chasseur Orion qu'elle ne reconnaît pas au milieu des flots. Au premier plan, entourée de ses nymphes, elle se lamente auprès du corps inanimé. Dans un cartouche, au milieu de la bordure du haut, le dizain :

> Phœbus mary que Phœbé vouloit tant
> S'accompaigner d'Orion le chasseur:
> Veux-tu, dit-il, faire un beau coup ma sœur,
> Frappe cela qui va sur mer flottant.
> L'arc elle enfonce et sa visée estent
> Si droit que helas a mort sans y penser
> Son Orion lui advint d'offenser :
> Dont la deesse avec ses nymphes pleure
> Mais Juppiter pour le recompenser
> Luy donne au ciel avec son chien demeure.

5° *La Mort de Méléagre* (Château d'Anet). H^r 4 m. 66 ; L^r 4 m. 23 (Pl.). — Méléagre expire sur son lit, condamné à mort par Diane pour avoir tué le sanglier qu'elle avait envoyé ravager le pays. Dans un cartouche, au milieu de la bordure du haut, le dizain suivant décrit la mort du malheureux :

> En Calydon occist Meleager
> Avec le porc de Phœbé mesprisée
> Deux oncles siens, qui vouloyent outrager
> Atalanta sur tous de luy prisée,
> Dont Althea leur seur fut attisée
> D'ire et pitié, mais en fin l'ire a peu
> Tant qu'elle mit le tison en un feu
> Avec lequel son filz devoyt fin prendre.
> Ansi sentit l'outrageux peu à peu
> Et le tison et son corps venir cendre.

Ces tapisseries, exécutées certainement à Fontainebleau, dans les ateliers du château et sous la direction de Philibert de l'Orme, pour Henri II dont elles portent les initiales, annoncent déjà par certains côtés la tenture d'*Arthémise*, qui, par ses allusions au veuvage de Catherine de Médicis, est d'une vingtaine d'années plus récente. On en trouvera plus loin l'étude détaillée.

A partir du milieu du XVIᵉ siècle, ce n'est plus à Fontainebleau, mais à Paris, que seront tissées les tentures exécutées pour le roi ou sous son inspiration. Les métiers de Fontainebleau, déjà menacés par ceux que Henri II avait établis dans l'ancien hôpital de la Trinité à Paris, s'arrêteront après la mort du roi, et c'est à Paris qu'il faut chercher les ateliers d'où sortiront les Gobelins.

DIANE TUE ORION.
(Château d'Anet.)

LES ATELIERS PARISIENS

AU XVII SIÈCLE.

HISTOIRE

DE SAINT CRÉPIN ET SAINT CRÉPINIEN.

A seule tapisserie qui subsiste de cette tenture de quatre pièces exécutée en 1634-1635 pour décorer la chapelle des maîtres cordonniers de Paris, à Notre-Dame, est aujourd'hui conservée au Musée des Gobelins. Les trois autres ont disparu dans l'incendie des Gobelins par la Commune en 1871.

Cette tapisserie représente cinq scènes de l'histoire des deux saints Crépin et Crépinien : ils distribuent leurs biens aux pauvres ; ils apprennent le métier de cordonnier ; ils comparaissent devant le juge ; ils sont fouettés, puis écorchés vifs. Au milieu de la bordure supérieure se lit l'inscription suivante :

RÉGNANT LOUIS LE JUSTE, XIII° DE CE NOM, ROY DE FRANCE ET DE NAVARRE, | CES QUATRE PIESSE DE TAPISSERIE REPRESENTANT LA VIE É MARTIRE DE S¹ CREPIN, | É CRESPINIAN ONT ESTÉ FAICT ES ANNÉS 1634 É 35, DES BIENFAISTS DES MAISTRES | CORDONNIERS POUR SERVIR E DÉCORER LEURS CHAPELLE FONDÉE EN L'EGLIZE NOTRE DAME DE PARIS.

La bordure, peut-être copiée sur un modèle en usage depuis longtemps à l'atelier, reproduit exactement celle qu'indique un dessin du Cabinet des Estampes qui nous a été signalé par M. Courboin (fig., p. 104) : ce dessin est l'esquisse d'un modèle de tapisserie, datée de 1561 et représentant trois épisodes de la vie de saint Nicolas de Myre. Sous la bordure, à gauche, le visa des notaires prouve que le dessin était joint au traité par lequel l'artiste s'engageait à exécuter la tapisserie conforme au dessin : « L'an mil cinq cens soixante et ung, le lundy, dix huictiesme jour d'aoust, ce present patron a esté parafée par les notaires soubzsignez ne varietur ». *Signé :* « Feron ».

Une des pièces détruites de la tenture de saint Crépin et saint Crépinien indiquait qu'elle avait été exécutée aux ateliers de la Trinité.

C'est en 1551 que fut introduit dans l'orphelinat de l'ancien hôpital de la Trinité, au coin des rues Saint-Denis et Grenéta, l'enseignement de la tapisserie [1]. Henri II, par lettres enregistrées au Parlement le 12 septembre 1551, ordonne de faire apprendre aux enfants divers métiers, parmi lesquels le règlement du 22 septembre, reproduit par Sauval [2], indique la haute lisse.

Les maîtres chargés de l'enseignement jouissaient de toutes sortes de privilèges qui soulevèrent contre eux les colères des maîtres et compagnons de la ville, et le roi

ÉPISODES DE LA VIE DE SAINT NICOLAS DE MYRE.
ESQUISSE POUR UN MODÈLE DE TAPISSERIE.
(Cabinet des Estampes.)

dut, en 1556, les prendre sous sa sauvegarde. L'un d'eux est Maurice Dubout, qui dirigea de 1584 à 1594 l'exécution de la tenture de la *Vie de Notre-Seigneur* pour l'église Saint-Merri.

Malgré la renommée qu'eurent au xvie et au commencement du xviie siècle les tapissiers de la Trinité, le peu qui nous reste de leur production ne donne pas une idée avantageuse de leur habileté.

[1] Histoire de l'hôpital de la Trinité écrite par Claude de Bulles en 1602 (Bibliothèque nationale, Département des Manuscrits, Baluze, 95, fol. 361-372). — [2] SAUVAL, *Antiquités de Paris*, II, 505.

LA CIRCONCISION.

ESQUISSE POUR LE CARTON DE LA TENTURE DE SAINT-MERRI.
(Cabinet des Estampes.)

LA VIE DE NOTRE-SEIGNEUR,

TAPISSERIES DE L'ÉGLISE SAINT-MERRI, À PARIS.

Le 2 septembre 1584, les marguilliers de l'église Saint-Merri commandent à Maurice Dubout, tapissier de haute lisse, demeurant dans l'enclos de la Trinité où il avait été élevé, une tenture en douze pièces de la vie du Christ[1]. Lerambert, dont le nom se retrouvera fréquemment dans les travaux exécutés aux Gobelins au commencement du xviie siècle, exécuta les cartons d'après les dessins originaux conservés au Cabinet des Estampes (Ad. 104).

Ces dessins ont été reliés en 1644 en un album dont voici le titre : « Recueil de ce qui s'est trouvé des desseings des pieses de la tappisserie de Sᵗ Mederic, reliez en

[1] J. GUIFFREY a publié dans son *Histoire générale de la Tapisserie, Tapisseries françaises*, p. 90-91, le texte du contrat passé entre Maurice Dubout et les tapissiers de Saint-Merri.

ce livre par l'ordre de Messieurs Hennequin, Tarteron, Le Comte et Soullet, marguilliers de laditte esglise en l'année 1644 ». Ils semblent avoir été exécutés par
plusieurs artistes, dont les noms ne sont d'ailleurs pas connus. La plupart ont été
mis au carreau pour être reportés sur les cartons (fig., p. 107). L'un d'eux, dont
nous donnons la reproduction, porte l'indication de la bordure composée de vases,
dauphins, sirènes, têtes d'anges, avec un cartouche central dans le haut et deux
autres cartouches allongés en bas, destinés à recevoir des inscriptions (fig., p. 105).

LA RÉSURRECTION DE LAZARE.
FRAGMENT DE LA TAPISSERIE DE SAINT-MERRI.
(Musée des Gobelins.)

Voici la liste des sujets représentés :

1. *L'Annonciation.*
2. *La Nativité; adoration des bergers.*
3. *La Circoncision.*
4. *L'Adoration des mages.*
5. *Jésus au milieu des docteurs.*
6. *Le Baptême.*
7. *Les Noces de Cana.*
8. *Jésus chasse les changeurs et marchands du temple.*
9. *La Guérison du paralytique.*
10. *La Guérison du fils de la veuve de Naïm.*
11. *Le Repas chez le Pharisien, Madeleine aux pieds de Jésus.*
12. *La Multiplication des pains et des poissons.*
13. *La Transfiguration.*
14. *La Résurrection de Lazare.*
15. *L'Entrée à Jérusalem.*
16. *La Cène.*
17. *La Jardin des oliviers; arrestation de Jésus.*
18. *Jésus devant Caïphe.*
19. *Jésus devant Hérode.*
20. *Le Crucifiement.*
21. *La Descente aux Limbes.*
22. *La Résurrection.*
23. *Les Pèlerins d'Emmaüs.*
24. *L'Incrédulité de saint Thomas.*
25. *L'Ascension.*
26. *Le Jugement dernier.*
27. *Un Saint devant un proconsul.*

Ce dernier dessin, très différent de main et d'exécution, paraît se rattacher plutôt
à une série des Actes des apôtres qui avait peut-être été projetée.

Dans le dessin de la *Cène* (n° 16), un chanoine agenouillé à droite, l'aumusse sur le bras gauche, est certainement un des donateurs.

Dubout, que l'on trouvera plus tard associé à Girard Laurent dans la direction des ateliers de tapisserie établis par Henri IV en 1597 au faubourg Saint-Antoine, dans la maison professe des Jésuites, puis, après le retour de ceux-ci, installé dans les galeries du Louvre, s'adjoignit le 27 août 1585 un autre maître haut-lissier, Denis Lamy. La tenture de laine, avec un peu de soie, fut terminée, d'après Sauval, en 1594. Il semble bien que, dès la première moitié du XVIIIe siècle, elle ait été mise au rebut. Une pièce existait encore en 1852, dans un état déplorable, et servait à boucher les trous faits aux vitraux des fenêtres par la grêle et le vent. Les onze autres étaient tellement mutilées, qu'Achille Jubinal ne put en recueillir que des fragments qu'il déposa aux Musées de Cluny et des Gobelins.

Le fragment conservé au Musée des Gobelins appartient à la pièce n° 14 : *la Résurrection de Lazare* (fig., p. 107), et représente la tête et les épaules du Christ et de six personnages, ses apôtres, qui l'entourent (fig., p. 106). La date de « 1589 » est une pièce rapportée. H., o m. 70; L., 1 m. 25.

Un autre fragment, de o m. 47 de large sur o m. 57 de haut, appartient au Musée de Cluny. C'est une belle figure du Christ largement conçue, finement exécutée, qui nous semble être celle de la *Guérison du paralytique* (n° 9) où le Christ se penche pour bénir et guérir, ou peut-être celle de la *Cène* (n° 16).

LA RÉSURRECTION DE LAZARE.
ESQUISSE POUR LE CARTON DE LA TENTURE DE SAINT-MERRI.
(Cabinet des Estampes.)

14.

HENRI II ET CATHERINE DE MÉDICIS.
DESSIN POUR L'«HISTOIRE DES ROIS DE FRANCE» DE NICOLAS HOUEL.
(Collection Maurice Fenaille.)

HISTOIRE D'ARTHÉMISE.

L A tenture d'*Arthémise* a son origine dans la publication manuscrite faite en 1562 de l'histoire de Catherine de Médicis, sous l'emblème de la reine Arthémise.

Le texte en est de Nicolas Houel[1], et les dessins seraient pour la plupart d'Antoine Caron[2].

Ces dessins sont conservés au Cabinet des Estampes, au Louvre, à la Bibliothèque royale de Madrid. Il en figura un à la vente Jérôme Pichon, en 1897, et il en existait plusieurs à Londres qui furent acquis récemment par M. Maurice Fenaille.

Il se trouve également à la Bibliothèque royale de Madrid de fort beaux dessins d'une série de l'«Histoire des rois de France», se rapportant à François Ier, Henri II et Catherine de Médicis, de la même main que la majeure partie de ceux d'*Arthémise*[3]. Nous reproduisons ci-contre le beau dessin de la collection Maurice Fenaille, représentant Henri II et Catherine de Médicis; les figures du roi et de la reine, d'une main différente du reste de la composition, sont dignes de rivaliser avec les meilleurs

[1] Apothicaire parisien, fondateur de la Maison de la Charité chrétienne du faubourg Saint-Marcel. Voir l'importante étude que lui a consacrée Jules Guiffrey dans le tome XXV (1898) des *Mémoires de la Société de l'Histoire de Paris et de l'Île-de-France*.

[2] La biographie d'Antoine Caron est assez incertaine. On sait toutefois qu'il naquit à Beauvais vers 1521. Ses principaux ouvrages appartenaient aux églises de cette ville; il n'en reste plus trace aujourd'hui. Ses dessins gravés de *Philostrate* et le portrait équestre de Henri IV, gravé par Gilbert Vœnius en 1600, sont médiocres. La tradition recueillie par Denis Simon fait de Caron un peintre de François Ier. Nous savons, par les comptes des Bâtiments (1559-1560), qu'il travaillait à Fontainebleau sous la direction de

Primatice et recevait 14 livres par mois. «Lequel *Primadicis* lui ordonnait 50 livres pour le *refreckissement* tant au cabinet de la chambre du Roy que en plusieurs lieux et endroits du dit chasteau.» Il fut, avec le poète Dorat et le sculpteur Germain Pilon, chargé de l'organisation artistique de l'entrée de Henri, duc d'Anjou, à Paris, lors de son élection au trône de Pologne (1573). Catherine de Médicis estimait son talent, comme en témoigne le sonnet adressé à la reine mère par Louis d'Orléans :

Voyez votre Caron, Madame, et estimez...

[3] Ces dessins ont été publiés par Jules Guiffrey, pour la Société de l'Histoire de l'art français : *Les dessins de l'histoire des rois de France par Nicolas Houel*, Paris, Champion, 1920, in-4°, xxix pl.

portraits du xvıᵉ siècle. Ces modèles de tapisseries qui ne furent jamais exécutées présentent un grand intérêt, car ils illustrent des faits de l'époque. Par les costumes et les sujets, ils sont de véritables documents. Les dessins devaient illustrer une *Histoire des Français*[1] de ce même Nicolas Houel, et un sonnet était calligraphié au dos de chaque dessin, comme il fut fait pour *Arthémise*.

Ces dessins, « tant français qu'italiens », comme il est dit dans l'ouvrage d'*Arthémise*, sont presque tous de premier ordre. On reconnaît dans leur manière l'exagération des attitudes et de la musculature des personnages de Michel-Ange. Ceux de Caron, écrit Reiset, sont beaucoup plus inspirés de Jean Goujon et de Germain Pilon; ils ont l'allongement et la grâce de l'École de Fontainebleau.

Ils sont exécutés en camaïeu, à l'encre de Chine ou à la sépia avec rehauts d'un blanc devenu par le temps bleu pâle. Dans la bordure supérieure, deux cartouches renferment la devise en deux parties de Catherine de Médicis : *Ardorem testantur — Extincta vivere flamma.* Entre deux cartouches, dans un encadrement de feuillages, quelquefois accosté de deux enfants, l'écu mi-parti de France et de Médicis surmonté d'une couronne royale. Les deux tiers de la bordure inférieure laissés vides étaient destinés à recevoir l'explication du sujet. Dans les bordures montantes, deux cartouches en ovale contiennent un emblème allégorique sur la douleur de la veuve de Henri II : une pluie de larmes tombe des nuages sur un brasier fumant qu'elle n'éteint pas. Aux encoignures supérieures, les deux K accolés, chiffre de Catherine, surmontés d'une couronne royale. Il se trouve également dans ces bordures des attributs rappelant les regrets de la reine : torches renversées, miroirs brisés, palmes et faux.

Un sonnet est calligraphié au dos de chaque dessin; il explique le dessin suivant.

Une épître dédicatoire adressée à Catherine de Médicis par Houel explique comment il avait imaginé « *de dresser un dessein de peinture qui se montrast brave en tapisserie et qui peut servir de patron à beaucoup d'ouvriers* ».

Il n'existe aucune tenture au chiffre de la Reine mère. Les pièces, classées par ordre de date, sont aux chiffres de Henri IV et de Marie de Médicis.

La tenture d'*Arthémise* fut certainement la première exécutée par les Flamands que Henri IV avait appelés à Paris. Lorsque le Roi les eut installés, il fallut leur fournir des modèles. C'est alors que Lerambert exécuta les cartons d'après les dessins inspirés par l'ouvrage de Nicolas Houel, dessins qui, ayant été offerts en leur temps à Catherine de Médicis, devaient appartenir dans la suite au Cabinet du Roi.

[1] Le Père Lelong (*Biblioth. historique*, t. II, nᵒ 15745), qui a signalé cet ouvrage sur l'indication de La Croix du Maine, ne paraît pas l'avoir rencontré, car cet abrégé resta manuscrit; on ignore ce qu'il est devenu.

LE TRIOMPHE D'ARTHÉMISE

L'OUVRAGE DE NICOLAS HOUEL.

Tout est imaginé, au cours de cette fable historique de la reine Arthémise (355 avant J.-C.), pour que l'on pense, en la lisant, à Catherine de Médicis. L'auteur ne pouvait d'ailleurs mieux choisir, parmi les figures de l'antiquité, que celle de cette reine également inconsolable de la perte d'un royal époux. Les veuves de Mausole et de Henri II ne sont donc qu'un même personnage dans le récit du bourgeois parisien. Nicolas Houel, pour qu'on ne s'y trompe pas, a même imaginé une réunion des États généraux à Halicarnasse, pour bien rappeler les États généraux d'Orléans qui, en 1560, confièrent la régence à Catherine de Médicis. Les conseillers de la reine Arthémise, ces vieillards à longue barbe blanche qui sont toujours au premier plan des dessins, ressemblent au chancelier Michel de l'Hôpital; les décors sont à l'avenant; les palais, les statues, les jardins copient ceux de l'époque; on retrouve jusqu'à la *Diane* d'Anet dans un jardin d'Arthémise.

Il faut dire que Nicolas Houel a singulièrement facilité la tâche aux artistes. Il n'est pas une phrase qui ne soit écrite en vue de l'illustration. Il précise tout : la présence d'une allée, combien de têtes de cerfs sont « industrieusement taillées » autour du lit; comment tel héros, monté sur un char, tient sa massue de la main gauche.

Le succès de l'histoire illustrée de la souveraine asiatique fut assuré par la suite des événements historiques. En effet, le récit consacré à Catherine s'appliqua cinquante ans après à Marie de Médicis, et le petit roi Lygdamis devint le jeune roi Louis XIII après avoir été Charles IX enfant. Les Rhodiens vaincus en quelques jours ne sont autres que les Protestants défaits à Dreux par le duc de Guise, et la grandiose sépulture de Mausole est le monumental tombeau de Henri II, le chef-d'œuvre de Germain Pilon, dans la chapelle des Valois.

Dans la dernière partie non illustrée de son ouvrage, Nicolas Houel, s'il maintient ses droits de courtisan, outrepasse ceux de l'historien. En effet, c'est une autre Arthémise — Arthémise I — qui accompagna Xerxès dans son expédition contre les Grecs et se signala à Salamine. Mais le beau conte du philanthrope du faubourg Saint-Marcel ne doit retenir l'attention que par l'actualité opportune de l'évocation du mausolée du roi de Carie, si l'on songe que dix ans avant la remise de son manuscrit à la Reine, mère des derniers Valois, ce monument, mis au nombre des sept merveilles du monde, était encore debout[1]. Des voyageurs de retour d'Orient avaient dû parler avec admiration de son architecture et de ses statues.

On a dit que chaque dessin portait, calligraphié à son verso, un sonnet expliquant le dessin suivant. A l'aide de ces sonnets, il a été possible de proposer un nouveau

---

[1] Le Mausolée fut détruit par les Chevaliers de Rhodes en 1552. Les restes de cet édifice ont été transportés au British Museum par les soins de Ch. Newton, qui les retrouva en 1855.

classement des compositions, pour lequel on a utilisé aussi l'ordre des chapitres du manuscrit de Houel (Bibl. Nat., mss., fr. 3o6). La découverte des dessins de Londres et de Madrid a également permis de reconstituer en grande partie l'enchaînement primitif. Avec les pièces nouvelles et les tapisseries dont les cartons ont disparu, — le *Char des Lions*, la *Lecture*, la *Proclamation*, par exemple, — on arrive à un total de 74 pièces. Les dessins sont de trois ou quatre mains différentes, mais il apparaît, en comparant l'ornementation des encadrements, la facture des paysages aux arbres vaporeux, la poétique fantaisie des fonds et les architectures, que les dessins portant les n⁰ˢ 6, 13, 16, 21, 22, 24, 29, 31, 35, 40, 44, 48, 56, 57, 58, 59, 65, 71, 73, les meilleurs, sont du même artiste. Reiset, qui ne connaissait que les dessins de la Bibliothèque et du Louvre, en attribuait 34 à Caron.

Il est bien difficile de mettre des noms sur ces dessins, si nombreux furent les dessinateurs et les peintres qui vivaient à la suite du Primatice, leur maître officiel : Luca Penni, Bagnacavallo, Roger de Rogery, peintre du Roi, Gaspard Magery, Nicolo dell'Abbate, Jacques Renoust, Canalli, Herliquet, Caron, directeur artistique des Fêtes royales.

De qui peuvent être aussi ces compositions : *Enfants à cheval, Soldats portant un vase sur un brancard, Soldats portant des vases, Porteurs de trophées, Chevaux caparaçonnés*, provenant de la Bibliothèque Sainte-Geneviève, conservés au Cabinet des estampes parmi les dessins originaux de l'École de Fontainebleau (Réserve B. 5), et qui ne sont nulle part signalés? Un ancien conservateur, G. Duplessis, les attribuait à Caron. Ne seraient-ils pas plutôt de Lerambert, le peintre attitré des Ateliers royaux, le collaborateur immédiat de François de La Planche et de Marc de Comans, l'artiste chargé de préparer les modèles, d'indiquer les valeurs et de composer les bordures?

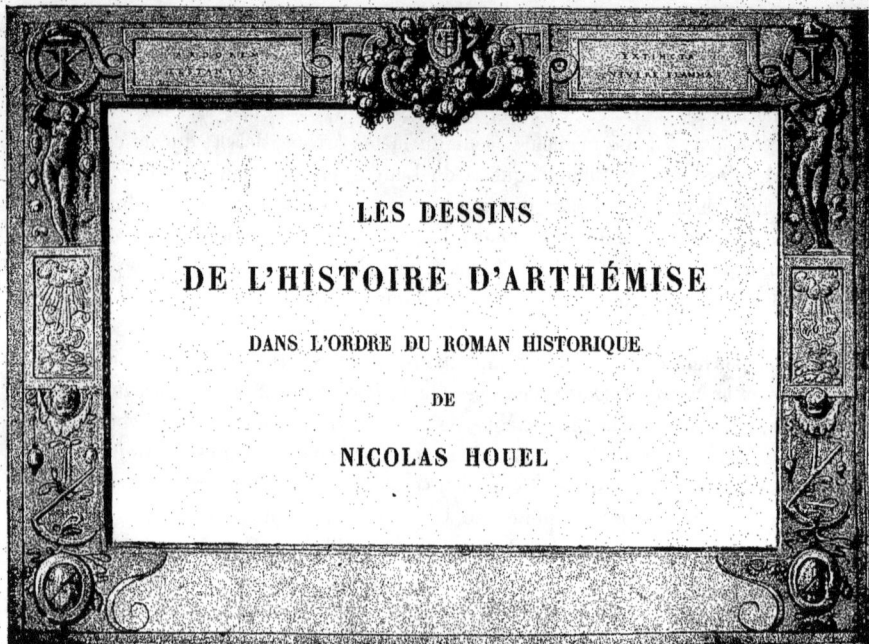

LES DESSINS

DE L'HISTOIRE D'ARTHÉMISE

DANS L'ORDRE DU ROMAN HISTORIQUE

DE

NICOLAS HOUEL

IMPRIMERIE NATIONALE.

NOMENCLATURE DES CARTONS.

1. Portrait de la Reine.
2. Titre de l'ouvrage.
3. Frontispice.
4. La mort de Mausole.
5. L'exposition du roi Mausole.
6. Procession de prêtres et d'enfants.
7. Les trompettes à pied.
8. Un capitaine à cheval.
9. Les soldats portant des trophées.
10. Autres soldats portant des trophées.
11. Soldats portant un vase sur un brancard.
12. Soldats portant des vases.
13. Soldats portant de grands vases.
14. Soldats portant des tours et tourelles en forme de trophées.
15. Les porteurs de couronnes.
16. Les victimaires conduisant trois taureaux blancs.
17. Divers animaux portant des cierges.
18. Enfants à cheval.
19. Chevaux caparaçonnés.
20. Le char des lions.
21. Le char des éléphants.
22. Le char des rhinocéros.
23. Le char du Temps.
24. Le char des licornes.
25. Les philosophes.
26. Le char de la chaise d'or.
27. Nobles et pages portant l'épée et le harnois.
28. La mise au tombeau provisoire.
29. Les sacrifices funèbres.
30. Le banquet des obsèques.
31. Le lion d'or.
32. Les prêtres autour du temple.
33. Offrandes faites au temple.
34. Jeux funèbres autour de la pyramide.
35. L'oraison funèbre.
36. Le présent à l'orateur.
37. Titre du deuxième livre.
38. Les hérauts à cheval.
39. Les requêtes du peuple.
40. Les placets ou la fontaine d'Anet.
41. L'assemblée des États.
42. Les sacrifices aux dieux.
43. Le couronnement du jeune Roi.
44. Le festin.
45. La remise du livre et de l'épée.
46. L'instruction du jeune Roi.
47. Le jeune Roi apprend les mathématiques.
48. Le jeune Roi apprend les beaux-arts.
49. L'équitation.
50. L'escrime.
51. La prise d'un fort.
52. Les manœuvres d'armée.
53. La guerre navale.
54. La natation.
55. La barre, la lutte et le saut.
56. La chasse au cerf.
57. La chasse au sanglier.
58. La Reine avec les sculpteurs et les architectes.
59. Le modèle du sarcophage.
60. Les terrassements.
61. La Reine pose la première pierre.
62. Elévation du monument.
63. Le monument.
64. L'incinération.
65. Les cendres du Roi.
66. Le conseil de guerre.
67. Le combat devant Rhodes.
68. Le colosse de Rhodes.
69. La Reine distribue le butin.
70. Les deux statues.
71. Les antiquités de Rhodes.
72. La ménagerie.
73. La Reine fait voile pour Halicarnasse.
74. Le triomphe d'Arthémise.

On a cherché ici à reconstituer l'ouvrage offert à la Reine, en publiant tous les dessins connus, et à leur défaut les tapisseries qu'ils ont inspirées. Lorsque dessin et tapisserie manquent, on a donné le sonnet dans lequel est expliqué le sujet qu'ils représentaient.

SONNET

sur les Cartons de
peinture contenus
en ce liure

Superbe Antiquité, qui en toy seullement
  Te plais & t'esiouis, & qui oultrecuidée
  Te faitz comme l'exemple & le moulle & l'idée,
  De ce qu'on voyt de beau de soubz le firmament
Voy cett nouueauté, & contemple comment
  Elle s'est auec l'art si haultement guidée,
  Que sans vser de toy, on l'a voit abordée
  Ou sa perfection se voit parfaictement.
Contemple ces cartons, admire leur painture
  Voy comme l'art diuin surmonte la nature,
  Voy de noz bons ouuriers l'esprit & le labeur
Et si la nouueauté t'a tousiours combatue,
  Sans luy vouloir ceder, quittes luy cet honneur,
  Et dy qu'à cete foix tu te cognois vaincue.

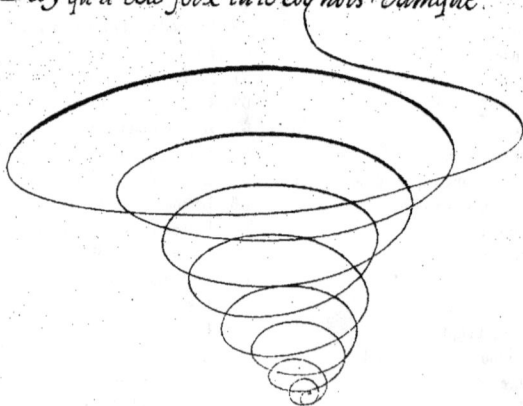

SONNET

sur le pourtrait de la Royne
Mere du Roy.

*

Quel tableau voy-ie ici plein de diuinité?
Passant, di que tu voys tout l'honneur de nostre age.
Comment? je ne f'entan si ne dis dauantage,
Tu voys toutes vertus sous peinte humanité,
Quelle DAME est-ce la? C'est vne maiesté
Pourquoy en dueil piteux? D'vne ROYNE en veuuage.
Qui sont ces quatre au long chacune en son image?
C'est esperance, Foy, Iustice, Charité.
Qui sont les sept auprès? sont les ArtZ liberaulZ
Qu'auecque les vertus cette DANCE rassemble
En saiueté chez soy par ce temps plein de maulx
Donc fi'aporte Estrangier que le Peintre voulant
Montrer l'estat où sont ArtZ & vertus ensemble,
A peint cette grand'ROYNE en cest abit dolent.

I. PORTRAIT DE LA REINE.

Le dessin fait partie de la collection Maurice Fenaille.

Le sujet est expliqué par le sonnet que nous publions en regard. Au milieu, dans une couronne de laurier, la Reine en buste, vêtue du costume des veuves, tient dans les mains le manuscrit de l'*Histoire d'Arthémise*. Au-dessous, les armes de Catherine de Médicis, et dans un cartouche, un sonnet à la Reine.

Aux angles du dessin, dont le fond est tapissé des attributs des Arts, les figures de quatre Vertus : en bas, la Foi et l'Espérance; en haut, la Charité et la Justice; autour du portrait de la Reine, les sept Arts libéraux. Vertus et Arts libéraux sont figurés par des femmes assises et entourées des attributs de l'art ou de la vertu qu'elles symbolisent.

SONNET

Ce ne sera iamais que les aages suiuant
N'estiment & la foy, & l'amour, D'ARTHENISE;
Ce ne sera iamais que l'amour on ne prise
De vous, et de HENRY, merueille de nos ans.
Tousiours sera loué des peuples suruiuant
L'Antique Mausolée, & sa richesse exquise,
Le tumbeau de HENRY, de sa seulle entreprise,
Vn iour estonnera les hommes et le temps.
Si l'vn acreust l'honneur du Peuple de CARIE
L'autre preposera la FRANCE à l'ITALIE,
Et brisera l'orgueil de ses vieux Monument:
Faisant voir à noz yeux la huictiesme merueille,
Qui doibt bien tost donner cet honneur a noz ans
Qu'on dira qu'à iamais on n'a veu sa pareille.

II. TITRE DE L'OUVRAGE.

Ce dessin, aux armes de Henri II et de Catherine de Médicis, qui sert de titre à l'histoire d'Arthémise, reine de Carie et veuve de Mausole, est conservé à la Bibliothèque royale de Madrid où il fut retrouvé, ainsi que le frontispice et les dessins 28, 34, 45, 53 et 54, par M. Jean Guiffrey en 1905, en même temps que les dix dessins analogues de l'*Histoire des Rois de France*, reproduits par Jules Guiffrey dans l'ouvrage qu'il a publié pour la Société de l'Histoire de l'art français. Leur entrée à la Bibliothèque royale de Madrid date du commencement du xixᵉ siècle. M. Solbierdo, ambassadeur d'Espagne près de Napoléon Iᵉʳ, en fit l'acquisition à Paris, à l'instigation de don Manuel Godaï, prince de la Paix, chancelier de Charles IV.

Dans l'encadrement, à droite, les armes de la Reine, avec, en haut et en bas, l'emblème allégorique de la douleur de l'inconsolable Catherine, dont Brantôme parle quelque part : une pluie de larmes tombant sur un brasier fumant qu'elle n'éteint pas. Toutes les bordures des dessins contiennent d'ailleurs des faux, des torches renversées, des miroirs brisés, représentant les regrets éternels de la veuve de Henri II. A gauche, les armes de France. Les deux K accolés, chiffre de Catherine, ont en pendant le chiffre du Roi, entouré d'un croissant qui pourrait être le poétique attribut de Diane de Poitiers.

SONNET.

Quand vous verreZ MADAME, en lisant cet Histoire
Ce qu'aux siecles passeZ vne ARTHEMISE a faict,
Comme elle a remporté sus le Vice defaict,
Auec vn beau Renom, vne Immortelle gloire
Il fault que vous ayeZ de vous-mesmes memoire,
  Et que vous souueniéZ que vous aueZ perfaiCt
Ce qu'en elle on voyoit de manque & d'imparfaict,
Comme ayant arraché de ses mains la viCtoire.
Par cet Histoire Icy vous pourreZ souuenir
  De vos aCtes passeZ, & au temps aduenir
  Vous verreZ la lisant, quelle vous deueZ estre
Et me puis asseurer qu'on dira quelque Iour,
  Qu'vne ROYNE a esté dans le FRANCOYS seiour,
  La plus grande en vertu que l'on veit Iamais naistre.

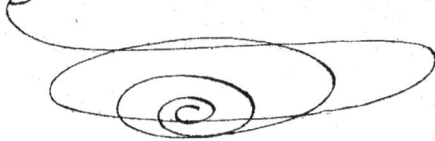

A TRESVERTVEVSE, TRESILLVSTRE ET TRESEXCELLENTE
PRINCESSE, CATHERINE DE MEDICI ROYNE DE FRANCE,
ET MERE DV ROY TRESCHRESTIEN CHARLES IX.ᵉ
DE CE NOM.

Nicolas Houel son treshumble, &
affectionné subiect. SALVT.

MADAME, quand ie commence le discours de cet Histoire, ie ne pensois rien moins faire que descrire choses qui
fussent à l'aduenir presentées a vostre Maiesté. Seulement ma deliberation estoit de dresser vn dessein de peinture
qui se monstrast braue en tapisserie, & qui peut seruir de patron à beaucoup d'ouuriers, auec vn peu d'escriture
pour en donner plus claire intelligence. Mais ayant communiqué l'aduance de ce labeur à quelques miens amis
personnages de sçauoir, & de bon iugement, & trouuant l'inuention belle pour estre conforme à nostre temps, me prierent
de la poursuiure, & d'entreprendre l'Histoire d'Arthemise tout au long, tant par escriture, que par inuentions de peinture,
Me persuadant que la vous ayant dediée, ie ne pouuois faire chose qui vous fust plus agreable, & qui retournast a mon plus
grand honneur. Ce que ie refusé long temps, comme celuy qui n'ignoroit la pesanteur de ceste charge, & qui sçauoit que po'
entreprendre vn labeur si haut, & si beau, & pour s'en acquitter selon son merite, il y auoit beaucoup de trauail & de despence.
Car les bons peintres estans rares aujourd'huy, tant en nostre France qu'ailleurs, ie pensois, comme il a esté vray, qu'vne telle
besongne se tireroit d'eux qu'auec toute dificulté, & auec vne grande quantité d'argent. Ce qui me dégoustoit veritablement veu mon petit mesnage que i'auois à entretenir d'vn costé, d'autre-part aussi le train de ma vocation, & ioint
que ie ne me sentois pas si bien fondé que ie pusse entierement y satisfaire. Toutesfois leurs importunitez & les remon-
strances qu'ils me faisoient de la frequentation que i'auois tousiours euë auec les plus excellens peintres & sculpteurs de la
France, oultre la bonne opinion qu'ils auoient de moy que ie desirerois d'entretenir, & sus tout la volonté singuliere que
i'auois de faire chose qui vous fust agreable, me contraignit de leur donner ce point & d'acquiescer à leurs volontez, ioint
que c'estoient personnages de marque, & qui auoit puissance de me commander. De façon que despouillant toute
creinte, & deliberant de m'incommoder en l'aisance de toute chose a fin de vous faire seruice, ie commençe cet Histoire
tant pour sa grace & beauté, que pour vne conformité de vertus que vous auez auec cest grand Royne Arthemise, & pour
estre les siecles ou vous auez vescu toutes deux, non beaucoup differens les vns des autres. Toutesfois encores y auoit
il vne chose qui me donnoit vn merueilleux esguillon en ceste entreprise, C'estoit que vous voyant aymer dessus
tout, & les histoires, & la peinture, & voyant cet ouurage consister principalement en ces deux choses, ie ne me deses-
perois point, esperant que quelque iour elle pourroit tumber entre voz mains, & que peut estre elle trouueroit
grace & faueur en vostre endroit: mais vne dificulté suruint qui me tourmenta grandement, qui estoit que voyant
mon œuure fort auancé, sans y auoir espargné, ny les veilles de la nuict, ny le trauail du iour, ny la despence, ny
mesmes ma santé, & ne connoissant personne de la court pour vous presenter, ou seulement pour vous toucher
vn mot de ce que i'entreprenois, ie faisois estat d'auoir perdu la principalle occasion de l'entreprise de cet œuure,
& pour tout ie me consolois que le labeur retourneroit au proufit & vtilité du publiq. Mais comme cet Histoire
eust esté fatalement reseruée a vostre Maiesté pour reprendre vne nouuelle renaissance soubz vostre main, ie fus es-
baby qu'vn iour que i'estois en ces alteres, & que i'auois principalement attaché mes pensées a ce point il vous pleut
venir à mon logis pour voir quelques pieces que i'auois en mon Cabinet, & pour y voir quelques peintures des
premiers ouuriers de nostre France. Ou vous voyant prendre plaisir, & sçachant que cet Histoire, ny les Cartons d'i-
celle ne tiendroient point le dernier lieu au plaisir que vous y pourriez receuoir. Comme vsant de l'occasion qui se
soit heureusement presentée, il me souuient que ie vous monstre la minute de mes histoires, auec plusieurs Cartons
de peintures qui vous semblerent veritablement fort beaux, & tirez de la main de plusieurs bons ouuriers & excellens
peintres. Et comme il vous est facile de iuger, l'aise ou ie me sentoys pour vous voir prendre goust aux Cartons de peinture, aussi faut il que vous croyez, Madame, que vous ayant leu l'Epistre de mon Histoire d'Arthemise, auec le discours de
l'vtilité des Histoires, & comme principalement la lecture d'icelles est bien seante a vne Princesse, & à tous grans Seigneurs,
& voyant l'aise que vous receuiez en ce discours, encores qu'il fust long, i'estois touché d'vn plaisir si grand, que louant le
conseil de mes amys qui m'auient faict entreprendre ce labeur, ie me deliberay de ne pardonner a rien que ie n'eusse le moyen de vous en faire voir quelque chose de parfaict & d'accomply. Et de faict vous estant retournée au Chasteau de
Madry, ou le Roy faisoit son seiour, & me trouuant merueilleusement content d'auoir peu contenter vostre Maiesté
en cet endroit, ie commençe a doubler le pas sus mon Histoire, & de poursuiure auec plus grande diligence q̃ deuant

tant l'escriture que la peinture, n'estant aucunement mon desir & trauail alteré pour la suruenue des troubles & guerres
ciuiles : De façon que Dieu mercy i'ay trouué le bout de mon Histoire escrite . & l'aduancement fort grand de celle que ie
veux faire peindre. De laquelle, Madame, ie presente auiourd'huy a vostre Maiesté les deux premiers liures comme ceux
ou vous retrouuerez, ce qui a esté faict par cette bonne Royne Arthemise , & ce qui est auiourd'huy renommée de nostre
temps de telle sorte qu'on diroit que nostre siecle est la reuolution de cet antique & premier, soubs lequel regnoit cete
bonne Princesse Arthemise . Aussi le principal but de mon entreprise a esté de vous representer en elle, & de monstrer
la conformité qu'il y à de son siecle au nostre . Car si vous considerez diligemment & l'vn & l'autre, vous verrez quel
à esté le doux & paisible gouuernement de Mansole & Arthemise, & comme son mary ainsi comme le feu Roy Henry
à contenu son peuple en amour & obeïssance . Vous y pourrez voir comme apres le deçez de son mary, ell'a faict deuoir
de Royne, qui l'aimoit & l'honoroit de sorte que sa douleur, les triumphes de ses obseques, & le Sepulchre quelle luy
à basti à serui long temps de merueille à tout le monde . Ce qui a esté de nostre temps renouuelle en vous apres la mort
du feu Roy Henry vostre espoux . Vous verrez l'instruction qu'ell'a donné a son filz Ligdamis, tant aux lettres qu'aux armes,
qui vous fera redouenir de celle que vous auez donnée, non a vn seulement, mais à tous Nesseigneurs voz enfans, & principa
lement au Roy qui est de present en la France . Vous y verrez les estatz tenus en son Royaume , qui est vne conformité de
ceux qui ont esté tenus à Orleans. Vous verrez comme les Rhodiens rebellez a l'encontre d'elle, elle les a remis à son obeïssance,
tant par les victoires qu'ell'a conquises sur eux, que par vne douleur qu'elle leur a proposée . Qui sera pour vous
ramenteuoir de cinq belles victoires, qui par vostre moyen ont esté conquises sus les Francoys, qui s'estoient par vn soubdain malheur rebellez à l'encontre du Roy, & de vous. Et lesquelz tant par armes que par les traictez de paix vous auez
reünis, comme si vous eussiez reioint deux peuples diuisez ensemble. Vous y verrez les edifices, les colomnes, les pirami-
des par elle construites & esleuees, tant à Rhodes qu'en la ville d Halicarnasse qui seruiront de memoire pour ceux qui se
souuiendront de vostre temps, & qui s'esbahiront grandement de voz edifices & maisons des Tuilleries de Monceaux , de sainct Maur, & infinite d'autres que vous auez faict bastir & construire, enrichir de sculptures & belles peintu
res . Vous y verrez le mariage du Roy Ligdamis, qui vous representera le plaisir, les triumphes & passe temps que
bien tost vous verrez, & que vous receuerez, s'il plaist à Dieu, au mariage du Roy vostre filz. Et vne infinite d'autres choses qui vous reuiendront en memoire par la lecture de cete Histoire, & qui vous remettront deuant voz yeux quasi toutes voz actions, comme estant conformes à celles de cete Royne. Vous asseurant, Madame, qu'ayant ces Histoires en voz
mains auec celles des peintures, qui a esté faicte des premiers hommes tant de l'Italie que de la France, vous y prendrez,
pour les inuentions & nouueautez qui sont en icelles, quelque chose qui peut estre vous sera tresagreable, & tant que ie
vous die, que l'ayant en vostre Cabinet, vous aurez vne chose rare & exquise, & dont vous pourrez commander de faire de belles & riches peintures a tapisseries, pour l'ornement de voz maisons & superbes
edifices. Et s'il plaist à Dieu de nous donner en France quelque asseuré repos, i'espere
vous faire voir le reste de cete histoire, auec aussi grand contentement que
vous en auez peu receuoir par cy deuant. Vous suppliant,
Madame, receuoir cet Histoire d'aussi bon cœur,
que ie la vous presente, priant Dieu qu'il vo'
donne, santé, heureuse & longue vie, &
à moy le moyen de vous fai-
re humble & agreable
seruice.

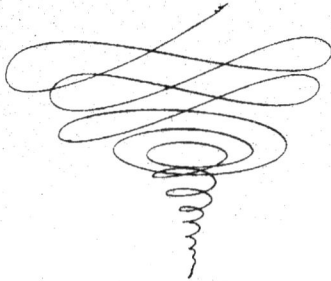

A LA ROYNE DE FRANCE,
MERE DV ROY.

Madame quand HOVEL d'vne brusque entreprise
Nous a descript voz faictz, soubz les faictz d'Arthemise
Egallant vostre honneur comme il a merité :
A ces miracles grandz de nostre antiquité,
Je me suis esiouy de voir en conference
La Royne de Carie, a la Royne de France
Pour auoir ceste Royne autresfois abattue
Le Vice, comme vous, & chery la vertu.

Or bien qu'a sa grandeur egalle il vous ait faicte
Si vous rend il pourtant de beaucoup plus parfaicte
Comme aussi l'estes vous, & le Ciel se consent,
La France en est d'accord, qui le voie, & le sent,
France mon cher païs qui faict experience
Combien à la garder luy sert vostre prudence,
D'auoir ja par trois fois d'vn courage vaillant
Repoussé le malheur qui l'alloit assaillant.
Et malgré les fureurs du Fer, & de la flamme,
Par l'aduis, par le cœur, par l'effort d'vne femme,
De l'auoir secouru, gardé, & maintenu,
Contre son dernier poinct ou il estoit venu.

Qu'on die qu'Arthemise a faict chose semblable,
Je ne le pense pas bien qu'elle soit leuable
Pour auoir aux païs, ou elle a commandé,
Apaisé quelquefois son peuple desbendé.

Car c'est grand heur, grand cœur, grand force, & grand prudence,
D'accorder les discontz des nobles, de la France.
Braues, puissants, accordz & qui à leur pouuoir,
Ont joinct l'honneur, les biens, auec le desespoir.

Aussy qui est celluy (si ce n'est qu'il mendie
De l'honneur pour aultruy) qui librement ne die
Qu'en sagesse, en grandeur, en tout, vous surpassez
Ce qu'Arthemise a faict par les siecles passez.

S'elle se veult priser pour la foy coniugale,
La sienne a la peser n'est a la vostre egalle

Car ores qu'elle eust beu la cendre a son mary
Il ne s'ensuit pourtant qu'elle eust le cœur marry
De le voir sroid, & mort, & pour le moins je pense
Qu'elle perdit de luy, soubdain la souuenance,
Et que tout cest amour en oubli s'en alla
Auec ce vin cendreux, que folle elle aualla

Mais vous sans boire ainsi vne cendre mortelle,
Auez pris de HENRY, vne memoire telle
Qu'il fault que vous viuante elle viue tousjours
Et qu'elle n'ait sa fin qu'a la fin de vos jours.

Mais elle a, dira on, basti le Mausolée,
Dont le nom, & renom, & la gloire est volé
Depuis nostre Ocean, iusques au lit vermeil
Qui descoeure premier les beautez du soleil.

Et bien je le veux bien : mais estoit elle sage
De bastir a grandz frail vn si superbe ouurage
Pour seruir puis apres de viande, & d'apas,
Au temps qui en a faict, sa vie, & son repas ?

Le tumbeau de HENRY pour æternelle gloire,
Estant basti des mains des filles de memoire,
Est bien plus beau, plus grand, plus riche, j'asseuré :
Quand ny l'antiquité, ny le Temps coniuré
De ne rien delaisser en ce monde durable,
Ne sçauroit empescher que son plant admirable
Sa structure, & beauté, ne se voyent tousjours
Maistresse, & de la mort, & de l'aage, & des jours.

Qu'elle n'allegue point sa race, & ses anestres :
Les Medici sont naiz afin de porter sceptres :
Ou bien ceste grand clef, le vray sceptre ancien
Des Roys qui sont donné au bort Ausonien :
Et non seulement la, mais plus tost fault il dire,
Au monde qui, deuot, flethit soubz leur Empire :
Et qui les recongnoist, commé ceulx la qui ont
Le plus de saincteté emprainte sur le front.

S'elle vante son filz comme vn exemple rare
Des Roys qui ont vescu sus le peuple barbare,

16.

Voicy CHARLES venir pour luy faire quitex.
C'est honneur, qu'il ne peult dessus luy meritze.

Je le voy brave, & fier, suivy de cinq victoires.
Qui racontent ses fruitz, qui recitent ses gloires.
Et qui veult maintenir qu'en tout il a esté.
Pere de la Justice, & de la Pitié.

Sans parler de FRANCOYS, qui tendre, & jeune d'aage,
Receut nostre royaume, ainsi qu'un heritage.
Et qui Juste donna, & le joug, & les Loix.
Au courage hautain du blond peuple Escossois.

Or ce qui vous presente un grand poinct dessus elle,
C'est que pour tous le fruict de sa Jeunesse belle,
Elle n'a eu qu'un filz, & vous en avez eu
Quatre dont l'un vivant pour un grand Roy fut veu :
L'autre que l'on voit estre, avecques sa puissance
Filz, & frere de Roy, & mesme Roy de France.
Et le tiers un grand Duc, qui par trois fois vainqueur
Par trois fois a monstré, la bonté de son cœur.

Quand au quart on voit bien a sa Jeunesse tendre,
D'une si belle fleur, quel fruict on doit attendre :
Veu que la dessoubz luy le voir Il fault trembler.
Pour monstrer qu'à son Père, il tasche ressembler.

Diray-Je aussi comment de voz filles, la grande
A l'Espagne, a la Flandre, a Sardine, commande ?
Commande helas ! que dy-je, ains elle a commandé,
Lors que la mort n'avoit son tribu demandé.

Diray Je comme l'autre, en prudente, & accorte,
Gouverne le Lorraine, & la maintient de sorte
Avec son cher Espoux, que leur gouvernement
Aux voisins, & à nous, sert d'esbaissement.

Diray-Je la beauté, la grace, le merite,
L'honneur, & le bon heur, de nostre est Marguerite ?
Par elle on vous combien vré fecundité,
A de bien, & d'honneur, sus la sterilité.
De cet antique Royne, à qui le Ciel peu large,
Refusa de donner une pareille charge.

Voulant a si beaux fruitz vos beaux ans reserver,
Et par la sur ses heurs les vostres aprouver.

S'Elle dit qu'en honneur elle a mis la peinture,
Qu'elle a cheri les Arts, & que l'Architecture,
A pris soubz sa faveur un tel accroissement
Qu'encor nous en restons en esbaissement.

Venez Demetres françoys, & vous trouppe sçavante
Par qui mon cher pais sus le Romain se vante,
Venez pour tesmoigner a la posterité,
Quelle est en vostre endroict, la liberalité
D'une Royne qui est des Roynes la premiere,
Royne qui sert aux Roys, de Torche, & de lumiere,
Pour maintenir les Artz, & leur monstrer comment
Ce n'est rien sans les Artz, que leur gouvernement.

Et vous riche maison qui rien qu'incommencée
Amoindririez pourtant l'œuvre plus advancée,
Du Louvre tant superbe, & qui vous promettez
De passer en beauté toutes antiquitez.
Soyez aussi tesmoing comme vostre maistresse
Ayme les bons ouvriers, les prise & les caresse,
Et comme l'Architecte à elle, de son temps,
Autant favorise qu'il fut onc de nos ans
Et dites a tous ceulx, qui verront nostre ouvrage,
Qu'une Royne se fect qui passa de courage,
De Prudence, de Foy, de Race, & de sçavoir,
Ce qu'aux Roynes jamais les siecles ont peu voir.

Or vesla donc Madame, enquoy c'est qu'en vous prise,
Et qu'on vous doibt priser, beaucoup plus qu'Arthemise
Sans autre chose encor, ou vous avez veincu.
Celles qui devant elle, & depuis ont vescu.

Et pource que HOVEL, telle vous a descrite
Madame ayez esgard à cela qu'il merite.
Vostre cœur est assez de soy mesme adverty,
Que sa Vertu de soy, merite un bon party.

FIN.

L. D.

III. FRONTISPICE.

Le dessin est à la Bibliothèque royale de Madrid.

Le Frontispice nous montre, dans la niche centrale, Arthémise et Catherine encadrant Lygdamis ou Charles IX, âgé de douze ans lors de la remise du manuscrit.

Sur les côtés, le parallèle des victoires d'Arthémise et de celles de Catherine; la construction du tombeau du roi Mausole et de la chapelle des Valois, à Saint-Denis, destinée à abriter les restes de Henri II.

Dans l'épître préliminaire à la Reine, Nicolas Houel insiste longuement sur les leçons de l'histoire. Il représente la Reine mère comme « *exemplaire pour gouverner les autres républiques… Dieu l'ayant choisie pour celle qui doit apaiser les troubles* ».

Il fait allusion à la grande science de la Reine qui s'occupe de la jeunesse du Roi, loue les études du feu roi Henri II qui avait pour amis « *l'espée et la plume* », et était « *amateur des Beaux-Arts et de l'Histoire* ». Il vante également les perfections d'Arthémise et de Mausole, vaillant et sage roi.

ARGVMENT DV PREMIER
LIVRE DE L'HISTOIRE DE LA
ROYNE ARTHEMISE

Ce liure le premier en discourant nous traite
De quel sang ARTHEMISE en naissant fut extraicte
Ses meurs, ses ieunes ans, Et comme le grand Roy
MAVSOLE luy donna son amour & sa foy.
Comme il l'espousa, & comme par enuie
La mort l'ayant priué de cete douceur
ARTHEMISE emploia tout cela qu'elle peut
Pour luy faire l'honneur qu'a sa mort il receut
On y voit le conuoy et les saincts Sacrifices
Les prieres, ses veutz, et les iustes offices
Qui se font a vn mort & la triste douleur
Qui saulte D'ARTHEMISE et l'esprit et le cueur
On y voit pour auancer sa gloire de MAVSOLE
Chacun des Orateurs delaisser son escolle
Pour venir en Carie, ou defus tous on veu
THEOPOMPE montrer le scanow qu'il auoit
Et pour lequel aussy, comme au vainqueur on donne
Auec mille presens, la faconde couronne
Qui doibt aprendre aux Roys que de tout leur pouuoir
Ilz doibuent honorer les hommes de scauoir
On voyt aussy comment sa gaillarde iunesse
Pour les funebres ieux se compose et se dresse
Conçoit mille combatz, et brusq[ue]z vieux farmer
Pour remplir de ses faultz & la terre, & la Mer

SONNET

Mausole semployoit a bastir seulement,
Et a mettre en honneur la belle Architecture,
Quand la mort le preuint, dont la triste poincture
Mort le feit renuerser dedans le monument.

Mais auant que mourir pour monstrer dextrement
Comme vn Royaume en Paix saccroit florit, et dure,
Et pour monstrer a tous qu'il auoit soing et cure,
Du peuple qu'il aymoit sus tout vniquement,

A sa femme & son filz. deux Images bailla,
Qu'en or, vn mesme ouurier, de mesme main tailla,
Et d'art, & de grandeur, & de grosseur semblable,

L'vne estant de Concorde, & l'autre de la Paix;
Car pour rendre vn Royaume & puissant & durable,
Il fault que la Concorde y florisse a Jamais.

IV. LA MORT DE MAUSOLE.

Ce sujet, expliqué par le sonnet ci-dessus, n'est connu que par l'Inventaire général du Mobilier de la Couronne qui le décrit ainsi (tapisseries dessorties sans or [1]) :

46. *Mausolle mourant* qui tient son fils par la main, en présence d'Ariémise; la bordure fond gris, à cartouches de différentes formes fond jaune, ayant par les milieux d'en haut et d'en bas la devise et chiffre de Henri IV, et à chaque coin un muffle de lion; contenant 6 a. 1/2 de cours sur 4 a. 1/8 de haut, doublée de toile.

Le dessin ne se trouve dans aucune collection.
Chap. v du manuscrit :

. . . . . *Avant de mourir il demanda qu'on lui baillast de ses coffres deux images, l'une de paix, l'autre de concorde; il donna l'une à Arthémise et l'autre à son fils. Il leur recommanda la paix et la concorde devant que de mourir, voulant signifier qu'il vouloit que son fils obéist à sa mère.*

Cette pièce n'est décrite dans aucune autre tenture de l'*Histoire d'Arthémise.* Il est probable qu'elle n'a pas été exécutée souvent, en raison même de son sujet.

[1] Suite de l'Inventaire du Mobilier de la Couronne, 1715-1775.

V. L'EXPOSITION DU ROI MAUSOLE.

Le dessin est au Cabinet des Estampes.

Une tapisserie de ce modèle existait dans l'ancien Mobilier de la Couronne (tapisseries dessorties sans or) :

47. Une représentant *Mausole dans son lit mortuaire;* la bordure ayant dans les milieux d'en haut et d'en bas la devise et les chiffres de Henri IV, sur fond bleu, et à chaque coin une tête de Méduse; contenant 5 a. 1/6 de cours sur 4 aunes de haut, doublée de toile.

Cette pièce et la précédente étaient au Garde-Meuble en 1792; elles durent être vendues postérieurement.

Cette pièce n'a pas été répétée, non plus que la précédente, pour les mêmes raisons.

Chap. vi du manuscrit :

Le corps du roy Mausole fut embaumé, la contenance de la Royne étoit la chose la plus triste aux funérailles.

L'effigie du Roy défunct fut mise sur un lict, effigie entière habillée royalement. Autour du lict, des têtes de cerfs industrieusement taillées, avec des cercles d'or autour du col.

VI. PROCESSION DE PRÊTRES ET D'ENFANTS.

Le dessin est au Cabinet des Estampes.

A été exécuté en tapisserie.

Ce dessin commence la suite des Funérailles du roi Mausole; il n'en existe pas de description dans le manuscrit. Le sonnet qui y est joint en donne l'explication : le peuple se presse pour assister aux funérailles du roi; chacun considère le convoi :

> *Et des Prebstres premier il vit les grandes trouppes;*
> *Puis des petits enfans portant diverses couppes.*

Inventaire de F. de La Planche, 1627. Tapisseries sur métiers : *La 1re représentant la Procession des enffans qui vont au Mozollé.*

N° 6 de l'Inventaire du Mobilier de la Couronne sous Louis XIV (tapisseries de laine et soie) : *Quatre jeunes enfants, dont deux portent des cierges et les deux autres des urnes, suivis de deux hommes qui portent des palmes.*

Dans une tenture de l'ancien Mobilier de la Couronne, à or, qui fut brûlée en 1797, sur les ordres du ministre Benezech, pour extraire l'or et l'argent y contenus, se trouvait une pièce ainsi décrite en 1792 : *Quatre enfants dont deux portant chacun deux cierges, les deux autres chacun une urne, et derrière eux deux figures qui portent chacune une palme* (pièce 9 du n° 15).

Une autre, à or, la 8e du n° 12 : *Quatre petits enfants dont deux portent chacun deux cierges et les deux autres chacun une urne, suivis de deux autres personnes qui portent chacune une palme*, subit le même sort.

VII. LES TROMPETTES À PIED.

Le dessin n'existe pas dans les collections.

A été exécuté en tapisserie. Inventaire du Mobilier national : 11-2 : *Quatre hommes couronnés de lauriers sonnant dans des trompettes droites ou recourbées.*

Chap. vi du manuscrit :

Puis marchoient les hommes d'armes avec plusieurs trompettes et cornets qui estoient répartis par bandes faisant sortir des sons merveilleusement beaux et graves.

Sonnet :

Apres tous ces Enfants suivis des Prehstres sainctz
Qui cheminoyent couverts de leurs surplis antiques,
Les trompettes marchoient, dont les clameurs belliques
Aux combats plus cruelz animent les humains.

. . . .

VIII. UN CAPITAINE À CHEVAL.

Le dessin n'existe pas dans les collections.

A été exécuté en tapisserie. Inventaire du Mobilier national : 1399-4.

Inventaire de F. de La Planche, 1627 : *Le cappitaine à cheval.*

Inventaire de 1792, tenture n° 7, sans or : *Un cavalier et des soldats à pied qui portent des signes militaires à la suite du triomphe.*

Même inventaire, tenture n° 6, sans or : *Un homme à cheval tenant une demi-pique, suivi et précédé de soldats portant des signes militaires.*

Chap. VI du manuscrit :

Venoient des troupes de soldats, ayant en leurs mains des picques, des cappitaines au milieu des troupes.

Le même cavalier, exécuté comme entre-fenêtres, se trouve dans la tenture de *Coriolan* conservée au Garde-Meuble.

IX. LES SOLDATS PORTANT DES TROPHÉES.

Le dessin est au Cabinet des Estampes.

A été exécuté en tapisserie. Inventaire du Mobilier national : 12-7, 1399-7.

Ce dessin au crayon est de la même main que les dessins 11, 12, 18 et 19. Il n'est fait mention d'aucun de ces dessins dans les notices consacrées à l'*Histoire d'Arthémise*. Ils ont dû être exécutés dans les ateliers, et leur style pompeux les classe à une date sensiblement postérieure à celle des autres compositions. Il est à présumer que des commandes d'entre-fenêtres destinées à accompagner les pièces de grande dimension de cette suite ont obligé les entrepreneurs à imaginer de petits groupements et des fragments d'attelages pris dans le vaste et inépuisable sujet de l'imposant cortège.

Inventaire F. de La Planche, 1627 : *La 7ᵉ, plusieurs soldats qui portent des trophées d'armes et des signes militaires.*

X. AUTRES SOLDATS PORTANT DES TROPHÉES.

Le dessin n'existe pas dans les collections.

A été exécuté en tapisserie.

Inventaire F. de La Planche, 1627 : *La 1re pièce représentant Comme l'on porte les trophées.*

Il est intéressant de comparer ces groupements de soldats porteurs de trophées, de vases et d'étendards aux personnages du cortège du *Triomphe de César*, de Mantegna, exécuté près d'un siècle avant celui d'Arthémise [1]. L'imitation n'est pas douteuse; mais la composition du maître de Padoue a plus de réalisme, et si elle n'a pas l'élégance un peu facile et le mouvement de nos dessins, elle retient davantage par son originalité et sa profondeur. La gravité des Romains de Mantegna conviendrait davantage aux Cariens qui précèdent et suivent le char funèbre de Mausole avec la fougue et la grâce de l'École de Fontainebleau.

[1] A Vienne, Galerie Impériale.

XI. SOLDATS PORTANT UN VASE SUR UN BRANCARD.

Le dessin est au Cabinet des Estampes.

A été exécuté en tapisserie. Il existait une tapisserie reproduisant cette composition dans l'ancienne collection Ffoulke, de Washington.

Inventaire F. de La Planche, 1627 : *La 3ᵉ, des présens que l'on porte sur une quaisse.*

Inventaire de 1792 : *La 7ᵉ, deux soldats portant sur un brancard un grand vase couvert et deux petites tasses pleines de pièces d'or, suivis de quatre autres portans des vases.*

Le manuscrit ne précise pas le sujet de ce dessin, qui représente un détail du cortège des porteurs d'objets précieux, probablement les soldats portant un vase d'or et agathe dont il est parlé ci-après (chap. vi).

Ce dessin paraît être de la même main que ceux des nᵒˢ 9, 12, 18 et 19, postérieurs, comme on l'a dit, aux autres compositions du manuscrit.

XII. SOLDATS PORTANT DES VASES.

Le dessin est au Cabinet des Estampes.

A été exécuté en tapisserie. Inventaire du Mobilier national : 11-7.

Signalée dans l'Inventaire de F. de La Planche, 1627.

Inventaire de 1792, tenture n° 7 : sans or. *Comme on porte des vases, 3 a. 1/4.*

Ce dessin paraît être de la même main que ceux des n°⁵ 9, 11, 18 et 19, postérieurs, comme on l'a dit, aux autres compositions du manuscrit.

XIII. SOLDATS PORTANT DE GRANDS VASES.

Le dessin est au Cabinet des Estampes.

La qualité de ce dessin, l'habileté de la composition, l'atmosphère qui enveloppe les personnages du premier plan et aussi les paysages du fond, le placent parmi les meilleurs de la série.

A été exécuté en tapisserie.

La tenture n° 7, sans or, de l'ancien Mobilier de la Couronne comprenait une pièce ainsi décrite en 1792 :

La 5ᵉ, quatre soldats habillés à l'antique portant un grand vaisseau orné de pampres, de festons de vigne et de raisins, avec plusieurs autres figures portant des vases qui marquent une suite de triomphe.

Chap. vi du manuscrit :

Venoient des soldats qui portoient sur les épaules de grands vases, puis des soldats portant des vases en or et en agathe.

XIV. SOLDATS PORTANT DES TOURS ET TOURELLES EN FORME DE TROPHÉES.

Le dessin est au Cabinet des Estampes.

A été exécuté en tapisserie, ainsi qu'il résulte de la description faite en 1792 d'une pièce de la tenture n° 7, sans or, de l'ancien Mobilier de la Couronne :

La 4ᵉ, six soldats qui portent sur un traîneau une tour, suivis et précédés de plusieurs autres soldats qui portent des tours et tourelles en forme de trophées au bout de leurs lances.

Sonnet :

Un chacun d'eux portoit quelque ville asservie,
Ou quelques chasteaux pris, rasez ou affamez
Par ce Roy bataillant...

L'analogie est encore frappante avec le carton VI du *Triomphe de César* de Mantegna, où l'on voit des soldats portant de petits modèles en relief montés sur des hampes de bois.

XV. LES PORTEURS DE COURONNES.

Le dessin est au Cabinet des Estampes.

A été exécuté en tapisserie.

L'Inventaire de François de La Planche ne signale pas cette tapisserie; mais la tenture n° 7, sans or, de l'ancien Mobilier de la Couronne comprenait cette pièce décrite en 1792 :

La 7ᵉ, un Palais dans le fond, avec deux pyramides, et sur le devant quatre officiers couronnés de laurier, qui portent chacun sur un oreiller de riches étoffes et une couronne d'or.

Chap. vi du manuscrit :

Après les compagnies passées, vinrent plusieurs capitaines qui portoient des couronnes d'or sur des oreillers.

Sonnet :

Puis après voyoit on...
Suyvre quelques Seigneurs, qui dans leurs bras portoient
Et sus des oreillers, couronnes...
Après à graves pas...
Marchoient des nations tous les ambassadeurs,
Qui monstroyent que ta court estoit tant fréquentée,
Qu'on s'y trouvoit de l'Inde, et du rivage Anglois...

XVI. LES VICTIMAIRES CONDUISANT TROIS TAUREAUX BLANCS.

Le dessin est au Cabinet des Estampes. On lit dans un angle : « *Ce doibt estre le douzième* ». A été exécuté en tapisserie.

Cette tapisserie est signalée dans la tenture n° 6, sans or, de l'ancien Mobilier de la Couronne (1792) :

La 9e, trois taureaux blancs précédés et suivis de quantité d'hommes, de femmes et enfants couronnés de fleurs et qui sortent d'une porte de la ville.

Chap. vi du manuscrit :

Puis venoient les victimaires vestus de socques blancs, conduisant une multitude de taureaux blancs couronnés de fleurs, couverts de bandes qui pendoient jusqu'à terre.

Sonnet :

> *Aussi marchoient apres, ceulx qu'on dict victimaires,...*
> *Et suivoit apres eux un nombre de taureaux,....*
> *Les filles les suivoyent dont le rang le premier*
> *Portoit diverses fleurs chacune en un panier,*
> *L'autre avoit des parfums dedans des corbeillettes ;*
> *Et le tiers qui chantoit avecque les enfantz...*

18.

Sonnet

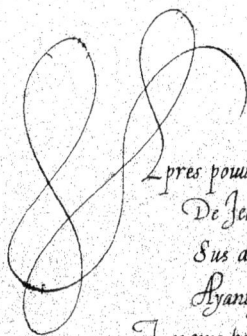

Apres pouuoit on voir comme vne bande fiere
De Jeunes gens fuuuoit pompeufement montez,
Sus diuers animaulx quilz auoyent furmontez
Ayant faict aux humains leur fierté familiere.
Les vns portoyent des fleurs de diuerfe maniere,
Les autres des parfums de plus loing aportez,
Autres des Chandeliers rendant mille clartez,
Des Sacrificateurs la fuitte couftumiere.
Dans des conques d'argent ceulx cy le feu portoyent
Ceulx la d'encens fumeux les rues remplifsoyent
D'une Odeur qui feruoit aux hommes de merueille.
Car ce ROY qui eftoit, & fi grand, & fi beau,
Deuoit eftre honoré, mefme eftant au tombeau,
De chofe qui n'auoit au monde fa pareille

XVII. DIVERS ANIMAUX PORTANT DES CIERGES.

Le dessin n'existe pas dans les collections, mais il est expliqué par le sonnet calligraphié au dos du précédent et reproduit ci-dessus.

A été exécuté en tapisserie, et l'Inventaire de 1792 le décrit ainsi, dans la tenture n° 7 :

La 6ᵉ, deux taureaux, deux licornes et deux chameaux ornés de festons de laurier et portant chacun sur le dos un chandelier d'or avec plusieurs autres figures, qui marquent une suite de triomphe.

Chap. vi du manuscrit :

Après venoient des compagnies de jeunes hommes montés sur des licornes, des éléphants, des chevaux, des chameaux, portant des conques, des candélabres pour les sacrifices.

Ici encore, il y a analogie avec le carton VII du *Triomphe de César* de Mantegna, où, sur des éléphants, des éphèbes entretiennent le feu de grands chandeliers.

XVIII. ENFANTS A CHEVAL.

Le dessin est au Cabinet des Estampes. Il paraît être d'une autre main, comme les nᵒˢ 9, 11, 12, 19.

Le manuscrit ne mentionne pas le sujet de ce dessin, qui paraît être de la même main que ceux des nᵒˢ 9, 11, 12 et 19 postérieurs aux autres compositions de l'ouvrage.

A été exécuté en tapisserie. Inventaire du Mobilier national 1399-5.

L'Inventaire F. de La Planche 1627 mentionne la tapisserie ainsi : *La 2ᵉ, des enfans à cheval.*

L'Inventaire de 1792 la décrit ainsi :

La 6ᵉ, deux jeunes enfants couronnés de fleurs, montés chascun sur un cheval blanc, l'un portant un sceptre et une couronne, et l'autre un sceptre et une palme, suivis de soldats à pied.

XIX. CHEVAUX CAPARAÇONNÉS.

Le dessin est au Cabinet des Estampes.

Il doit être de la même main que le précédent, dont il a le style majestueux et empanaché. On dirait même qu'il est d'un artiste habitué à dessiner des costumes d'opéra. Ces plumes prodigieuses, ces glands pesants, ces brocarts épais, et jusqu'aux têtes des chevaux dont les crinières sont peignées et frisées, annoncent l'approche d'un nouveau style plus emphatique qu'héroïque.

Le manuscrit est également muet sur le sujet de ce dessin, véritable hors-d'œuvre théâtral, d'ailleurs fort décoratif, et postérieur, comme les dessins des nos 9, 11, 12 et 18, aux autres compositions de l'ouvrage.

A été exécuté en tapisserie, et est classé dans les fragments du *Triomphe*. Inventaire du Mobilier national : 11-5.

XX. LE CHAR DES LIONS.

Le dessin n'existe pas dans les collections.

A été exécuté en tapisserie.

Inventaire du Mobilier national, 11-3 (n° 8, sans or, des anciens inventaires).

La suite des chars n'a pas été exécutée au début de la fabrication de la tenture d'*Arthémise*, en tout cas dans les ateliers de F. de La Planche. Il ne se trouve aucun char parmi les vingt-quatre modèles relevés en 1627 dans le magasin de l'Hôtel des Canaye et sur les métiers des boutiques y attenantes.

D'après l'ouvrage de Nicolas Houel, le char traîné par des lions serait le premier.

Chap. vi du manuscrit :

Le premier, traîné par des lions et rempli de toutes sortes de bastions de guerre; au milieu estoit une figure dont le visage ressembloit au Roy Mausole tenant de la main gauche une massue.

XXI. LE CHAR DES ÉLÉPHANTS.

Le dessin est au Cabinet des Estampes.

A été exécuté en tapisserie.

Ancienne tenture n° 7 du Mobilier de la Couronne, 4ᵉ pièce.

Les éléphants du *Triomphe de César* de Mantegna, dont ceux-ci s'inspirent, sont plus riche-ment caparaçonnés et d'un dessin plus vraisemblable. Sur le char, orné de trophées d'armes, que traînent les éléphants, se dresse la Victoire, portant la palme et la couronne. Tout autour, les prisonniers enchaînés et les soldats vainqueurs. Dans le fond, paysage peuplé de palais, de rotondes, de colonnades et d'obélisques.

Chap. vi du manuscrit :

Au milieu du char est une Victoire et plusieurs trophées d'armes ; il est traîné par des éléphants.

XXII. LE CHAR DES RHINOCÉROS.

Le dessin est au Cabinet des Estampes.

A été exécuté en tapisserie.

Inventaire du Mobilier national, 11-8 (n° 8 sans or des anciens inventaires).

Chap. vi du manuscrit :

Puis suivoit un autre char traîné par des rhinocéros, conduit par plusieurs soldats, dans lequel on voyoit plusieurs tableaux peints, souvenirs des grands faicts d'armes du Roy Mausole, aussi un grand nombre de statues, colosses et choses antiques.

Sonnet :

Ce premier char passé un autre le suivoit,
Traîné...
Par des Rhinocerotz de grandeur excessive,
Chacun s'esbaïssant des beautez qu'il avoit,
Car en luy de tableaux un nombre s'eslevoit...

SONNET.

Vn aultre char encor legerement mené,
    Suiuoit ce premier char q'honoroit la peinture :
Dedans lequel estoit pourtraicte la figure
Du Temps vieil, qui portoit tout le poil grisonné.
Son costé dextre estoit des artz enuironné
    De liures, de Compas, amis de la nature
    Et l'aultre de bastons de qui Mars a la cure,
    Quand son cœur de fureur estoit enuenimé.
Cela monstroit assez que Glaufole auoit eu
    Soing de Mars, & des Artz, pendant qu'il auoit peu
    Iouir de la clarté aux viuantz coustumiere :
Et que pour son loyer, iustement merité,
    On luy auoit donne sus son heure derniere
    L'Inestimable don de l'Immortalité.

XXIII. LE CHAR DU TEMPS.

Le dessin n'existe pas dans les collections.

La tapisserie représentant ce sujet n'est pas mentionnée dans l'Inventaire de F. de La Planche 1627, et aucun inventaire ne la cite.

Le dessin manquant est expliqué par le sonnet calligraphié au dos du précédent et reproduit ci-dessus.

Chap. vi du manuscrit :

Un char traîné par les quatre Saisons. Chacune saison ornée de sa propre couleur, vert pour le printemps vermeil, rose pour l'été, fauve ou jaune pour l'automne, pour signifier que toute chose pâlisse, et du noir enfumé pour signifier l'hyver. Dans ce char estoient les sept planètes qui tenoient un cercle d'or, auquel estoient décrits les douze mois et les 365 jours de l'an.

XXIV. LE CHAR DES LICORNES.

Le dessin est au Cabinet des Estampes.

A été exécuté en tapisserie.

Inventaire du Mobilier national : 11-6 (n° 8 sans or des anciens inventaires).

Deux licornes attelées de harnais enrichis de perles et conduites par trois jeunes filles portant des vases de fleurs, traînent le char enrichi de sculptures où Apollon, entouré des Muses, joue sur sa lyre un chant funèbre. Autour du char, des musiciens couronnés l'accompagnent en soufflant dans des serpents.

Chap. vi du manuscrit :

Ce char estoit traîné par des licornes qui ont au col des colliers faits de grosses perles orientales; conduites par trois jeunes filles et plusieurs petits enfants qui suivoient; au milieu estoit un jeune homme couronné de cyprès qui tenoit une lyre de laquelle se fredonnoit un chant pitoyable.

19.

XXV. LES PHILOSOPHES.

Le dessin n'existe pas dans les collections.

A été exécuté en tapisserie; il est mentionné dans l'Inventaire de F. de La Planche, 1627.

La seule pièce connue de ce sujet est à Fontainebleau, en partie repliée. Elle représente trois personnages devant le portail d'un jardin au fond duquel s'élèvent les constructions d'un palais, qui rappelle un peu celui de Fontainebleau; l'un d'eux tient un livre, un autre porte sous son bras un cadre avec un portrait. Inventaire du Mobilier national : 1399-6.

Une autre pièce représentant l'un des deux personnages, celui qui porte le cadre, se trouve à l'Hôtel de Ville de Paris.

Chap. vi du manuscrit :

..... *puis marchoient les gens de la noblesse tous vestus de longues robes, ayant des chapeaux de cyprès dont chascun devoit tenir en sa main les figures des prédécesseurs du Roy.*

Sonnet :

Puis marchoient les plus vieux de toute la noblesse,
Qui des ayeux du Roy les Images portoient . . .

XXVI. LE CHAR DE LA CHAISE D'OR.

Le dessin est au Cabinet des Estampes. Sa bordure, beaucoup plus riche, est différente de celle des autres dessins.

A été exécuté en tapisserie.

Inventaire du Mobilier national : 11-4 (n° 8 sans or des anciens inventaires).

Chap. vi du manuscrit :

Aux coins, quatre femmes ornées d'une admirable beauté, et dessus la chaise d'or estoit la figure de l'Immortalité qui avoit la tête regardant le ciel, sur le visage de laquelle tomboient les rayons d'un beau soleil et tenant dans sa main droite un globe céleste, de l'autre une palme au bout de laquelle estoit une couronne de l'Amour. Le char estoit traîné par quatre chevaux aux Coliers d'Or; sur les chevaux, quatre hommes, l'un portoit le heaume royal, garni de son panache, autour duquel estoit une couronne d'Or, le troisiesme des gantelets, le quatriesme la cotte d'armes.

SONNET.

Apres cela marchoit d'une aleure plus lente
Les nobles signalez soit d'armes, ou de soy,
Qui de dueil habillez honoroyent ce conuoy,
Portant chacun en main la hache reluisante.
Vn page bien monté en sa main peu puissante,
Portoit de dueil vestu l'espeé d'armes du ROY,
Dont l'esclat flamboyant sembloit donner effroy
A sa veue, & au cœur de la trouppe assistente.
Vn aultre le suiuoit qui portoit son harnois,
Dont vaillant il s'estoit esprouué maintesfois ;
Et dont il auoit faict tant d'armes en sa vie
Que le Ciel quelquesfois s'en est tout estonné ;
Permetant pour cela qu'à sa mort asseruie
Fut la bonté du cœur qu'il luy auoit donné.

XXVII. NOBLES ET PAGES PORTANT L'ÉPÉE ET LE HARNOIS.

Le dessin n'existe pas dans les collections.

Les descriptions des inventaires ne signalent pas de tapisserie inspirée de ce sujet.

Le dessin manquant est expliqué par le sonnet calligraphié au dos du précédent, reproduit ci-dessus.

Chap. vi du manuscrit :

Puis suiuoient les gentilshommes de la maison du Roy tous vestus de longues robes au milieu desquels estoit un page monté sur un beau cheval, et c'estoit un autre page d'honneur monté sur un beau cheval griffon qui portoit les harnois du Roy tout d'or.

XXVIII. LA MISE AU TOMBEAU PROVISOIRE.

Le dessin est à la Bibliothèque royale de Madrid.

Les descriptions des inventaires ne signalent pas de tapisserie exécutée d'après ce modèle.

Le cercueil, où repose le roi, enrichi de ciselures, est placé par les soldats sous un monument en forme de grotte que surmonte une pyramide. Dans le fond, le cortège funèbre, cavaliers, piétons, musiciens, porteurs de trophées, chars, se déroule dans la campagne.

Chap. vi du manuscrit :

..... *En telle pompe et magnificence fut conduict le corps du Roy jusques au lieu où il devoit estre enterré, estoit quantité de plusieurs beaux arbres odorants et de diverses espèces. Et au milieu estoit une pyramide fort antique sous laquelle fut posé le corps dedans une caisse.*

XXIX. LES SACRIFICES FUNÈBRES.

Le dessin est au Cabinet des Estampes.

A été exécuté en tapisserie. Il existait une tapisserie reproduisant cette composition dans l'ancienne collection Ffoulke, de Washington.

Chap. vi du manuscrit :

Furent faicts les sacrifices funèbres et en toute pompe et grande magnificence selon la coutume du temps et du pays auxquels assistèrent le Roy et la Royne sa Mère, et un grand nombre de noblesse. Ces choses faictes, le grand sacrificateur fit lecture des faicts d'armes du Roy Mausole. . . . .

Sonnet :

Depuis on fit aux Dieux funebres sacrifices,
Où la Royne et le Roy, pour monstrer le devoir
Au peuple d'obeir, premiers se firent voir . . .
La le grand Prebstre leut tous les justes offices
Que le Roy decedé avoit a son pouvoir
Exercé pour son peuple . . .

SONNET

Le grand prebſtre ayant leu a toute l'aſsiſtence

  Du grand ROY treſpaſſé les faictz plus glorieux,

  A demonſtré comment il paſſoit ſes ayeux

Tant de biens, que d'honneurs, & de magnificence.

La ROYNE, & les Seigneurs de ſon obeiſſance,

  Conduiſirent le Roy au Palais merueilleux,

  Ou eſtoit apreſté le banquet ſumptueux

Des obſeques du ROY en tresgrande abondance.

La ROYNE auant diſner a vn nombre fort grand

  De pauures ſouffreteux, ordonnez rang a rang,

  Fit deliurer argent, auec force viandes,

Pour l'expiation de l'ame de celuy,

  Dont elle auoyt receu des amitiés ſi grandes,

  Quell' eut voulu mourant, mourir auecques luy.

XXX. LE BANQUET DES OBSÈQUES.

Le dessin n'existe pas dans les collections.

Les descriptions des inventaires ne signalent pas de tapisserie inspirée de ce sujet.

Le dessin manquant est expliqué par le sonnet calligraphié au verso du précédent, et reproduit ci-dessus.

Chap. vi du manuscrit :

Le Roy et la Royne se retirèrent au Palais Royal, et fut faict un banquet des obsèques, et avant que de se mettre à table fut distribué une quantité de vivres avec une grande quantité de deniers, en un grand nombre de paniers.

XXXI. LE LION D'OR.

Le dessin est au Cabinet des Estampes.

Les descriptions des inventaires ne signalent pas de tapisserie exécutée d'après ce modèle.

Sur la place principale de la ville, des femmes, des enfants apportent des bijoux, des vases précieux, des objets d'or. A droite, un temple orné de colonnes torses; dans le fond, la statue de Jupiter militaire; à l'entrée, la reine Arthémise place sur un socle richement décoré un lion d'or. A gauche, un cortège précédé de musiciens s'avance.

Chap. vi du manuscrit :

Cy après la Royne fit publier que les Cariens eussent tous à sacrifier selon leurs jacultés : à quoi ils obéirent et fut fondu un nombre infini d'or.
. . . . . Elle faict davantage : un lion tout de fin or lequel pesoit dix talents et demi et le posa au temple de Jupiter Militaire. . . . .

XXXII. LES PRÊTRES AUTOUR DU TEMPLE.

Le dessin est au Cabinet des Estampes; c'est un camaïeu bleu. Il n'est pas de la main des bons dessins de cette suite.

Les descriptions des inventaires ne signalent pas de tapisserie exécutée d'après ce modèle.

Chap. vi du manuscrit :

Les prêtres et grands seigneurs qui avoient assisté aux pompes funèbres mirent des chapeaux de cyprès sur leurs têtes, tenant en leurs mains un rameau de cyprès . . . . . Les sacrificateurs allèrent trois fois à l'entour du temple pour apaiser les trois déesses fatales.

Sonnet en regard :

> *Adonq les grands seigneurs qui avoient assisté*
> *A ce brave convoy, leurs testes couronnèrent . . .*
> *Et pour fléchir des sœurs la triple Deité . . .*
> *Les prebstres par trois fois le temple environnèrent . . .*

20.

SONNET

Les Sacrificateurs entreZ dedans le temple,
  Furent soudain suiuis des fiers enfans de Mars,
  Des Nobles qui portant en main des estandars,
    Les vouerent aux Dieux, pour marque, & pour exemple.
Autant en fit aussi vne troupe fort ample,
  De vieux soldatZ amis, des coups & des hazardZ;
  Qui au temple arriueZ, y pendirent leurs dars,
    Et tous les ferrementZ qu'en la guerre on contemple.
En vn aultre coste, & quasi tout aupres,
  Se virent atacheZ les funebres CipreZ,
    Qui seruoient pour leur Roy de Marque & de memoire,
Pour monstrer qu'estant mort, encor ne voyoit on,
  Que son los s'abismast au gouffre de Pluton,
    Ains quil restoit de luy encore quelque gloire.

XXXIII. OFFRANDES FAITES AU TEMPLE.

Le dessin n'existe pas dans les collections.

Les descriptions des inventaires ne signalent pas de tapisserie inspirée de ce sujet.

Le dessin manquant est expliqué par le sonnet calligraphié au verso du précédent, et reproduit ci-dessus.

Chap. vi du manuscrit :

Elle fict plusieurs autres présents, entre lesquels six barils d'argent, deux coupes d'or fort grandes, une bannière avec bandes d'argent, un vase d'agathe, un cimeterre d'or, un dard d'or de la façon d'une pertuisane, un bouclier d'or.

XXXIV. JEUX FUNÈBRES AUTOUR DE LA PYRAMIDE.

Le dessin est à la Bibliothèque royale de Madrid.

Les descriptions des inventaires ne signalent pas de tapisserie exécutée d'après ce modèle.

Au premier plan, la pyramide ornée du buste du roi Mausole, dans un médaillon; tout autour, des petits enfants, des hommes et des femmes chantent des airs funèbres en s'accompagnant sur des instruments de musique de toute sorte. Derrière, debout sur les marches d'un vaste perron, des jeunes gens sonnent de la trompette.

Chap. viii du manuscrit [1] :

. . . . . *En ces jeux estoit la noblesse environnée du peuple. Ils s'accomplissoient au milieu d'une grande place en laquelle estoit monument de pierre faict par degrés montant en forme de pyramide au milieu de laquelle estoit la figure du Roy Mausole demi-corps dans un médaillon de bronze et les degrés estoient remplis de jeunes gentilshommes et jeunes dames des meilleures maisons du pays qui chantoien des vers lugubres avec des instruments de musique en la louange du Roy Mausole.*

[1] L'illustration passe du chapitre vi au chapitre viii, en sautant le chapitre vii qui est un «Discours sur l'origine des statues pourtraictes des anciens».

XXXV. L'ORAISON FUNÈBRE.

Le dessin est au Musée du Louvre.

Les descriptions des inventaires ne signalent pas de tapisserie exécutée d'après ce modèle.

Chap. ɪx du manuscrit :

Comme la Royne Arthémise ordonna un prix d'or et d'argent et autres choses rares et précieuses au mieux disant l'oraison de son mari. Et comme Théopompius gagna le prix.

XXXVI. LE PRÉSENT À L'ORATEUR.

Le dessin reproduit ci-contre est au Musée du Louvre, d'un format plus grand que la suite des autres dessins et sans bordure.

A été exécuté en tapisserie.

Inventaire de 1792 : La 8ᵉ, Arthémise qui présente une urne à un homme qui lui en présente une autre, accompagnée de plusieurs autres figures. Brûlée en 1797.

Chap. ix du manuscrit :

. . . . . *Après les jeux funèbres achevez, Arthémise fit diligence d'assembler les plus vaillants orateurs et poètes . . . .*

. . . . . . *Théopompius fut jugé pour avoir le prix et lui fut baillé la palme avec la couronne de laurier, une lyre d'or, un vase d'or.*

Voici le sonnet qui explique le dessin :

SONNET.

Adonq ayant mis fin a sa docte eloquence,
Et laissant vn chacun de son dire estonné,
Voici comme vn Laurier au chef luy est donné,
Pour seruir & d'hommeur, & d'heur a sa science.

Voici comme on luy donne vne grande affluence
D'or qu'on auoyt dedans vn bassin ordonné,
Et comme vn vase d'or d'ouurage enuironné
Pour vn Juste loyer, est mis en sa puissance.

Vne Palme on luy baille, auec vn liure d'or,
Et si du Roy MAVSOLE on luy presente encor
L'image, d'un fin or gentiment labourée,

Qu'il prend pour le guerdon qu'il auoit merité
Et pour auoir au long amplement recité
La vertu que ce ROY auoit tant honorée.

XXXVII. TITRE DU DEUXIÈME LIVRE.

Le dessin fait partie de la collection Maurice Fenaille.

La composition représente une muraille richement décorée. Au centre, un porche, sous lequel se dresse sur un haut piédestal la statue d'Arthémise. De part et d'autre, dans des niches, les statues de la Sagesse et de la Justice, et plus haut, sur des consoles, quatre statuettes de reines de la légende et de l'histoire : à gauche, Andromaque et Alceste; à droite, Zénobie et Argie. Zénobie doit être non pas celle qui fit assassiner son mari et que les Romains enchaînèrent au triomphe d'Aurélien, mais bien l'épouse de Rhadamiste, poignardée par celui-ci en l'an 53 après J.-C. Sur le socle du piédestal, la devise de la Reine : des flammes que la pluie ne peut éteindre, avec la devise : « *Ardorem extincta testantur vivere flamma* », qui se retrouve dans la bordure de tous les dessins. Au-dessus et au-dessous, des statues de la Sagesse et de la Justice, à gauche les armes et le monogramme de Henri II, à droite les armes et le monogramme de Catherine de Médicis.

Les figures des reines rappellent celles de la bordure du dessin XXVI.

ARGVMENT
DV SECOND LIVRE DE L'HISTOIRE
DE LA ROYNE ARTHEMISE

✿

Par ce liure on peult voir comme ARTHEMISE assemble
Des pays C'orient tous les estatz ensemble.
Les Loix que son y faict, et comme seullement
A elle fut laissee tout le gouuernement
Tant de son icune fille, comme de la Carie.
On voit comme elle faict en ceste compagnie'
Des estatz assemblez LES CVDAMYS couronnen,
Comme elle prie aux DIEVX les moiens luy donner
Le pouuoir & l'esprit de si bien se conduire,
Qu'il se puisse monstrer digne de son Empire
Et digne de luy mesme, a l'heure que le temps
Poussera sa sagesse auec les autres ans.
On voit comme des DIEVX la crainte elle luy donne
Comme pour bien l'heur sa ROYALLE couronne,
Et pour le faire grand dôrmes, & de sçauoir,
Les gens les plus scauanz qu'au Monde on puisse voir
Et les plus grands guerriers on sçauroit elle amaine,
Et de mille presences récompense' leur peine,
Et puis comme elle voyt le monument parfaict
Que pour son feu Mary ceste ROYNE auoyt faict.
Ce braue monimont ce diuin MAVSOLLE
Dont sa gloire est par toute la terre volée
Et qui à tesmoigne qu'encor euste mre seur
L'amitie coniugale y faisoit son seiour.
On voyt comme le corps elle faict mettre en cendre
Et comme auec son vin braue elle ause entreprendre
De boire et daualler sa cendre à son mary
Luy demant pour tombeau ce qu'il auoyt chery
On voit aussy comment pour prendre la vengence
Des traistres RHODIENS, sur mer elle s'auance,
Prent leur ville, et leur fortz Abraue son reuient
Auecque le laurier qu'en sa main elle tient
Triumphe dans sa ville, a ses subiectz se monstre
Qui gaillardz & ioyeux s'en viennent a l'encontre
Et qui priente les DIEVX de toussiours leur donner
Des ROYNES qui sibien les sachent gouuerner.

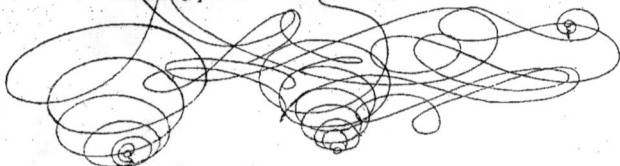

XXXVIII. LES HÉRAUTS À CHEVAL.

Le dessin n'existe pas dans les collections.

A été exécuté en tapisserie. Inventaire du Mobilier national, 13-3 et 1399-2; ancienne collection Ffoulke.

Le personnage en robe et bonnet polonais, au premier plan à droite, est très caractéristique de l'époque. Henri III avait été fait roi de Pologne en 1573, et ce fut Antoine Caron qu'on chargea de l'organisation artistique des fêtes données à Paris en l'honneur de l'entrée du roi.

La série des dessins commencée après 1562 sous la direction de Houel n'était donc pas encore terminée en 1573.

Chap. 1er du 2e livre du manuscrit :

Comme la Royne Arthémise fait rassembler les États du Royaume de Carie.

Le sonnet en regard du dessin explique que la reine fait publier un édit invitant le peuple à exposer ses requêtes et ses plaintes :

Pour enseigner aux roys que pour bien commander
Il ne fault pas tousiours et prendre et demander
Mais qu'il fault soulager le simple populaire.

21.

XXXIX. LES REQUÊTES DU PEUPLE.

Le dessin est au Cabinet des Estampes.

Il a été exécuté en tapisserie.

Inventaire du Mobilier national : 13-2.

Assis sous un riche portique orné de colonnes et de rinceaux, le juge, entouré de conseillers et de soldats, reçoit les doléances du peuple et rend la justice. Au pied du tribunal, la foule des sujets; dans le fond, un temple circulaire à colonnade surmonté d'une lanterne.

Chap. 1ᵉʳ du 2ᵉ livre du manuscrit :

. . . . . ayant fait publier la convocation et l'assemblée des Estatz par tout son royaume, cette prudente princesse donna charge aux juges des provinces de recevoir en toute patience les doléances de son peuple, jusques aux plus petits des sujets.

XL. LES PLACETS OU LA FONTAINE D'ANET.

Le dessin est au Cabinet des Estampes.

Les seules tapisseries connues de ce sujet ne représentent que le côté gauche de la composition (Inventaire du Mobilier national, 13-6, et collection Ffoulke). Il est regrettable que l'on n'ait pas rencontré la tapisserie de la partie de droite, où l'on retrouve, portée par les trois Grâces, la *Diane* du château d'Anet.

Quelques écrivains d'art s'étonnent du rapprochement, mais ne voit-on pas, dans la bordure du frontispice de l'ouvrage de Houel, le croissant de Diane de Poitiers surmontant la pyramide funéraire de Henri II? Ce croissant accompagne toujours le chiffre du roi, on peut le voir sur une ancienne porte de Toulouse, aujourd'hui dans une collection privée et datant de 1552. L'ambassadeur vénitien Contarini écrivait à son doge : «La Reine fréquente continuellement la Duchesse qui, de son côté, lui rend les meilleurs offices dans l'esprit du Roi.»

Inventaire de F. de La Planche, 1627 : *La 14e, partie de la pièce de la fontaine;* et plus loin : *La 3e, la Fontaine.*

Chap. 1er du 2e livre du manuscrit :

. . . . . *elle manda ceulx qui étaient députés pour parler pour elle aux Estatz, pour la venir trouver en une sienne belle maison qui n'estoit guère loin de la ville d'Halicarnasse, lieu fort plaisant et de grande recommandation.*

Sonnet :

> *Manda les deputez . . .*
> *De la venir trouver en un lieu de plaisance,*
> *Où lors elle prenoit son aise et ses esbat : . . .*

XLI. L'ASSEMBLÉE DES ÉTATS.

Le dessin est au Cabinet des Estampes.
Les descriptions des inventaires ne signalent pas de tapisserie exécutée d'après ce modèle.

Chap. 1ᵉʳ du 2ᵉ livre du manuscrit :

..... *Après fut procédé aux Estatz. Et pour satisfaire aux requestes furent faites plusieurs sainctes ordonnances tant sur le faict des prestres et sacrificateurs que de la noblesse et du tiers-estat.*

Sonnet :

La Royne qui vouloit ceste charge fuir
Gouvernante on esleut du Roy et de Carie...
On fit en ces estatz pour abolir le vice...
Plusieurs graves Edictz, qui du consentement
De tous furent gardez comme une chose saincte...

SONNET.

Or ces estatz finis, & demeurant rompue
La trouppe de ces gens qui estoient la venus,
Et tous les CARIENS aux Dieux estant tenus,
Que leur complainte estoit de la Royne entendue.
Afin que de leurs biens grace leur fut rendue,
Et pour prier encor, qu'en repos paruenus
Ilz y fussent par eux, gardez, & maintenus,
D'Immoler aux grands Dieux la Royne s'euertue.
Car elle qui sçauoit, combien la Deité,
Haït l'ingratitude, en nostre humanité
Sacrifia soubdain, & par humble priere,
Requit aux Immortelz de luy, donner cest heur;
Q'uen son gouuernement elle acquit ast honneur,
Que son peuple vescut en amour singuliere.

XLII. LES SACRIFICES AUX DIEUX.

Le dessin n'existe pas dans les collections.
Les descriptions des inventaires ne signalent pas de tapisserie inspirée de ce sujet.
Le dessin manquant est expliqué par le sonnet calligraphié au dos du précédent, et reproduit ci-dessus.

Chap. 1ᵉʳ du 2ᵉ livre du manuscrit :

La Royne remercie les Estatz et les invite d'assister au couronnement de son fils. Elle fait offrir un sacrifice aux dieux, les priant de l'assister dans son gouvernement.

XLIII. LE COURONNEMENT DU JEUNE ROI.

Le dessin n'existe pas dans les collections.
A été exécuté en tapisserie (Pl.).

Inventaire du Mobilier national : 13-1.

Chap. ii du 2ᵉ livre du manuscrit :

La Royne Arthémise ayant mis fin aux Estatz délibéra de procéder au couronnement de son fils . . . . . Un échafaud alloit depuis le temple de Jupiter jusques au logis du grand sacrificateur. Or le Roy étant arrivé à la porte du temple, le grand sacrificateur revestu de ses précieux habits lui vint offrir la couronne . . . . . Réjouissances du peuple au son de la musique, distribution de pièces d'or . . . . .

XLIV. LE FESTIN.

Le dessin fait partie de la collection Maurice Fenaille.

A été exécuté en tapisserie et est décrit ainsi dans l'Inventaire de 1792 : *I. Arthémise à table, au milieu de son jardin, avec son fils qui écoute un architecte.* Brûlée en 1797.

Une tapisserie, passée à la vente Müller en 1910, représente le seul groupe de la table : la reine, le jeune roi, le philosophe, l'architecte, le lieutenant du roi et une partie du fond. Les nymphes et naïades rappellent les jeunes filles de la cour ainsi déguisées pour servir les princes aux fêtes de Bayonne organisées par Catherine de Médicis.

Chap. II du 2e livre du manuscrit :

. . . . . en un beau jardin rempli des plus beaux arbres où fut faict le festin. Au milieu du jardin estoit un beau pavillon rempli de colonnes et grandes quantités de figures et autres ornements. En ce pavillon il y avoit trois portiques, celui du milieu estoit soutenu de quatre colonnes de fin marbre blanc. Dans la niche, une vierge d'élégante beauté, à mode de nymphe, du costé dextre. Au senestre costé une nymphe tenant une ruche d'abeilles. . . . . Il y avoit plusieurs grandes allées . . . . . Dans celle du milieu fut dressé le festin. Or comme le Roy Ligdamis estoit à la plus grande pompe et gloire, se présenta un architecte lui montrant de trois ou quatre sortes de pierres pour sa sépulture, et un philosophe lui recommanda de n'être pas indigne d'une telle dignité.

XLV. LA REMISE DU LIVRE ET DE L'ÉPÉE.

Le dessin est à la Bibliothèque royale de Madrid.

A été exécuté en tapisserie. Inventaire du Mobilier national : 13-4.

Inventaire F. de La Planche, 1627 : *La 7ᵉ, comme l'on présente l'épée au roy Arthémise.*

Cette pièce est décrite ainsi dans l'Inventaire de 1792 : *La 4ᵉ, Arthémise et son fils ayant à sa droite la déesse Pallas et quantité de savants, et à gauche Mars et quantité de guerriers qui instruisent ce jeune prince des sciences de la guerre. Brûlée en 1797.*

Chap. III du 2ᵉ livre du manuscrit :

Cette place estoit fort belle et se voyoient en elle deux belles et grandes figures antiques, faictes de bronze, plantées sur deux piédestaux dont l'un estoit Palleas et l'autre Mars. Le banquet fini et les gens de guerre s'estant retirés du costé de Mars et les savants du costé de Pallas, la Royne, accompagnée de sa noblesse, monte sur un escalier de pierre et présenta son fils tant aux gens de lettres qu'aux gens de guerre. Un philosophe s'avance lui présentant un livre contenant la manière de bien gouverner un royaume, et un capitaine lui présenta un morion garni de son panache avec une épée.

Sonnet :

Alors pour façonner tant aux lettres qu'aux armes
Le roy des Cariens, la Royne fit querir
Les plus grands qu'on pouvoit aux lettres requerir,
Et les plus estimés d'entre tous ses gens d'armes...

XLVI. L'INSTRUCTION DU JEUNE ROI.

Le dessin n'existe pas dans les collections.

A été exécuté en tapisserie. Inventaire du Mobilier national : 13-5.

L'Inventaire de 1792 la décrit ainsi : *La 11ᵉ, un jeune prince assis auprès d'une cheminée, qui étudie avec ses précepteurs.*

Le jeune prince, assis à une table auprès d'une cheminée, travaille sous la direction de plusieurs professeurs. L'un d'eux, au milieu de la pièce, porte un costume polonais, souvenir des fêtes données à Paris en l'honneur de l'élection de Henri III au trône de Pologne (cf. dessin XXXVIII). La pièce où travaille le jeune roi est un portique donnant sur la campagne. La cheminée est du plus pur style de l'époque. Au-dessus, dans un médaillon accosté de petits génies, une *Diane* rappelant celle du château d'Anet.

Chap. III du 2ᵉ livre du manuscrit :

..... *a doneques prirent peine l'enseigner en philosophie, dialectique* ....

Sonnet :

> *Pour son instruction premier on luy donna*
> *L'art de fort bien parler la langue Carienne,*
> *Et suivant de nos Roys la coustume ancienne,*
> *Au langage estranger mesme on le façonna* ...

22.

XLVII. LE JEUNE ROI APPREND LES MATHÉMATIQUES.

Le dessin est au Cabinet des Estampes; il est très chargé de sépia et ne paraît pas être du même auteur que les autres.

La devise de la Reine n'est pas dans la bordure.

A été exécuté en tapisserie.

Inventaire F. de La Planche, 1627 : *Le Roi apprend les matématicques;* et plus loin : *Le Roy qui aprent l'aritmétique.*

A gauche, le jeune roi, reconnaissable à sa couronne, se livre à l'étude de l'astronomie et du globe terrestre; à droite, il apprend l'usage des diverses mesures de longueur et de capacité; dans le fond, au milieu d'une cour entourée de portiques, il étudie la géométrie.

Chap. III du 2ᵉ livre du manuscrit :

..... *l'astrologie, mathématicque, physicque, jurisprudence..... De sorte qu'en peu de temps il se monstra fort avancé et fort bien instruit.*

XLVIII. LE JEUNE ROI APPREND LES BEAUX-ARTS.

Le dessin fait partie de la collection Maurice Fenaille.

A été exécuté en tapisserie.

L'Inventaire de 1792 la décrit ainsi : *La 3ᵉ, le fils d'Arthémise dans un jardin, qui apprend la musique.* Brûlée en 1797.

En regardant ce dessin, on ne peut s'empêcher d'évoquer ces quelques lignes que Paul de Saint-Victor a écrites sur le château d'Anet : «On l'eût dit bâti sur le plan d'un magicien de l'Arioste. Villa exquise, peuplée de statuettes, décorée d'élégants portiques, réjouie par l'abondance et par le chant des eaux vives..... c'était le cercle de l'enchanteresse. Le roy y coulait des jours féériques.»

Sonnet en regard :

On l'instruisit aussi en suivant sa nature
Qui aymoit dessus tout les riches bastimentz ;
A congnoistre et sçavoir les divers Instrumentz,
Les præceptes escriptz, et l'art d'Architecture.
Aussi luy aprit on tous les traicts de peincture...
Cela luy enseignoit ses ouvrages plus beaux
Dont il devoit peupler ses maisons et chasteaux...

XLIX. L'ÉQUITATION.

Le dessin est au Cabinet des Estampes.

A été exécuté en tapisserie. Inventaire du Mobilier national : 12-2; ancienne collection Ffoulke.

Inventaire de F. de La Planche, 1627 : *Le Roi apprenant à monter à cheval.*

L'Inventaire de 1792 la décrit ainsi : *La 4ᵉ, la Reine qui considère le jeune prince à cheval, accompagné de son gouverneur, aussi à cheval, qui lui apprend des exercices.* Brûlée en 1797.

Chap. III du 2ᵉ livre du manuscrit :

. . . . . *gens de guerre l'instruisirent à picquer les chevaulx et à les bien choisir.*

Sonnet en regard :

> *Premier, on luy monstra en toutes occurences*
> *Comme on peult adextrir, et conduire, et manier*
> *Les plus facheux chevaux . . .*
> *On luy monstra comment a courbette, et a bond,*
> *En carriere, en galop, en petit pas, en rond,*
> *On les doibt gouverner . . .*

L. L'ESCRIME.

Le dessin est au Cabinet des Estampes.

A été exécuté en tapisserie. Inventaire du Mobilier national : 12-6.

L'Inventaire de F. de La Planche, 1627, la décrit ainsi : *La 6ᵉ, comme le Roy aprant à tirer des armes.*

Dans la cour intérieure du palais, ornée de statues et de colonnades, le jeune roi armé de pied en cap, le bouclier au bras gauche, l'épée à la main droite, combat, sous la direction de son maître, un soldat armé de même. La reine, debout à gauche sur les marches du palais, assiste à la leçon de son fils.

Chap. iii du 2ᵉ livre du manuscrit :

. . . . . *gens de guerre l'instruisirent à connoistre bonnes armes.*

Sonnet :

Apres on l'enseigna, a la cappe, et l'espée,
Comment il convenoit brusquement escrimer. . .

LI. LA PRISE D'UN FORT.

Le dessin est au Cabinet des Estampes.

A été exécuté en tapisserie. Inventaire du Mobilier national : 12-5.

L'Inventaire de 1792 la décrit ainsi : *La 3ᵉ, un combat entre des gens qui en attaquent d'autres qui se défendent dans une masure environnée d'eau et d'une galerie de bois. Brûlée en 1797.*

Dans les *Fêtes de Henri III* (tapisseries du Musée des offices), d'après Quesnel, on retrouve ce même fort entouré d'eau.

Chap. III du 2ᵉ livre du manuscrit :

. . . . . *ils l'instruisirent à dextrement assaillir un bataillon, escalader murailles* . . . . .

Sonnet :

On luy monstra comment par mine, et par escalle . . .
On pouvoit . . . forcer un bastion . . .
Aussi luy monstroit on comment il fault garder
Les lieux esquelz on veult son honneur hazarder . . .

LII. LES MANŒUVRES D'ARMÉE.

Le dessin est au Cabinet des Estampes.
A été exécuté en tapisserie. Inventaire du Mobilier national : 12-3.
L'Inventaire de 1792 la décrit ainsi : *La 4ᵉ représente une armée rangée en bataille.*

Le jeune prince, à cheval à gauche, assiste aux mouvements de ses troupes d'infanterie et de cavalerie qui évoluent dans la plaine. Dans le fond, la ville entourée par le fleuve et défendue par une enceinte de courtines, de tours et de têtes de pont fortifiées.

Chap. ɪɪɪ du 2ᵉ livre du manuscrit.

. . . . . à ranger un escadron.

Sonnet :

> *Apres on luy aprit a desser (sic) dextrement*
> *Quand il verroit s'offrir une belle journée,*
> *Une bataille . . .*

LIII. LES MANŒUVRES NAVALES.

Le dessin est à la Bibliothèque royale de Madrid.
Les descriptions des inventaires ne signalent pas de tapisserie exécutée d'après ce modèle.

À l'embouchure d'un fleuve que bordent des palais, et au fond duquel se dresse un phare, évoluent navires et trirèmes. Au premier plan, deux vaisseaux s'abordent et les soldats se précipitent à l'assaut.

Chap. iii du 2ᵉ livre du manuscrit.

. . . . . *à dresser une guerre navale.*

Sonnet :

Et pour faire tousjours que sa prudence esgalle
Se monstrast sus la mer, comme en terre elle estoit,
On luy aprit comment un bon chef se portoit
Lorsqu'il entreprenoit une guerre navalle...
Et si le but estoit, et la fortune aussi
Contraires a celuy qui entreprend cecy,
Comme sans perte il faut que ses naux il retire.

LIV. LA NATATION.

Le dessin est à la Bibliothèque royale de Madrid.

Les descriptions des inventaires ne signalent pas de tapisserie exécutée d'après ce modèle.

L'exécution de cette composition révèle un artiste dessinant d'une façon plus vigoureuse que les autres illustrateurs de l'ouvrage, quoique moins agréable. La musculature, l'anatomie des personnages permettent de l'attribuer sans conteste à un maître italien, à un dessinateur de la lignée de Michel-Ange ou de Jules Romain.

Dans une suite de dessins des maîtres graveurs et dessinateurs de Fontainebleau, au Cabinet des Estampes, il existe un dessin anonyme présentant quelque analogie avec le motif central des nageurs de celui-ci.

Chap. iii du 2ᵉ livre du manuscrit :

. . . . . *on luy apprit à bien nager.*

Sonnet :

> *D'aultres luy font sçavoir, si d'aventure il erre*
> *Sus la terre, ou sus mer, quelque aparent danger,*
> *Pour mieux s'en exempter, comment il fault nager . . .*

LV. LA BARRE, LA LUTTE ET LE SAUT.

Le dessin est au Cabinet des Estampes.
Les descriptions des inventaires ne signalent pas de tapisserie exécutée d'après ce modèle.
Ce dessin est un des moins bons.

Chap. iii du 2ᵉ livre du manuscrit :

..... on luy apprit à combattre à picque, à combattre à plain char, comme estoit coustume du temps, à courir la lance, à lutter à force de corps, à dextrement sauter, à jeter la barre et aultres exercices.

Sonnet :

Et pour tousjours son corps en guerre exerciter,
... l'art on luy fait aprendre
De bien lancer la pierre, et la barre jetter.
On lui aprent aussi a brusquement lutter...
Aussi luy aprent on comment estant pressé,
Il fault franchir dispos, et saulter un fossé...

LVI. LA CHASSE AU CERF.

Le dessin est au Cabinet des Estampes.

Les descriptions des inventaires ne signalent pas de tapisserie exécutée d'après ce modèle.

Chap. iii du 2ᵉ livre du manuscrit :

D'autres fois les exercices se faisoient dans les bois verdoyants, au bord de l'eau, et souvent le faisoit-on conduire à la chasse.

       Sonnet :

             Voicy comme le cerf on luy monstre à courir
             Qui portant sur le front un superbe branchage,
             Franchit buissons, et prez, et taillis, et bocage,
             Et cherche quelque estang pour son mal secourir. . .
             Icy sont d'une part les grandz toilles tendues. . .

LVII. LA CHASSE AU SANGLIER.

Le dessin est au Cabinet des Estampes.

Les descriptions des inventaires ne signalent pas de tapisserie exécutée d'après ce modèle.

Ce dessin, plus charmant que puissant, montre quelque poésie dans son paysage. Par la grâce légère et vaporeuse de ses arbres, il se rattache certainement, comme le précédent, à cette série de dessins que nous avons signalés plus haut (p. 112) comme étant l'œuvre du principal artiste de ce recueil.

Pas de description particulière de la scène dans l'ouvrage de Nicolas Houel.

Sonnet :

Voicy comment encor le sanglier il pourchasse,...
Toutesfois on le suit, et poursuit on tousjours,
Jusqu'a ce qu'élancé sus la fin de ses tours,
On le faict se ietter dans les toilles cachées
Ou de grand coup d'espieu traversé par le corps...

LA CONSTRUCTION DU TOMBEAU.

LVIII. LA REINE AVEC LES SCULPTEURS ET LES ARCHITECTES.

Le dessin est au Cabinet des Estampes.
Les descriptions des inventaires ne signalent pas de tapisserie exécutée d'après ce modèle.

Chap. ıv du 2ᵉ livre du manuscrit :

. . . . . *Elle fit venir de la Grèce Scopas, Briaxis, Timothée et Lotharis, tenus pour les plus fameux ouvriers qui fussent au monde. Semblablement elle envoyoit chercher les plus célèbres mathématiciens, arithméticiens de toute l'Asie. . . . . Ils se trouvèrent en une belle et spacieuse maison qui pouvoit convenir aux philosophes pour conférer sur les Arts et les Sciences.*
Estant en ce lieu tous assemblés et après avoir longuement débattu et consulté, arrivèrent à conclusion de toute entreprise, calculant toute dépense jusqu'à une obole, et après avoir observé les augures et le point du ciel propre à tel édifice, lui dressèrent un dessin qui lui fut présenté par les dits architectes.

Sonnet :

Le Roy estant instruict, lors la Royne pensa
De bien tost eslever et de mettre en nature
Ceste riche, superbe et brave sepulture,
Que de sa main depuis première elle advança . . .

LIX. LE MODÈLE DU SARCOPHAGE.

Le dessin est au Cabinet des Estampes.
Les descriptions des inventaires ne signalent pas de tapisserie exécutée d'après ce modèle.

Chap. ɪv du 2ᵉ livre du manuscrit :

La Royne, ayant longuement considéré, leur donna toute charge de mettre l'ouvrage en besogne, de faire apporter marbres de toutes sortes, avec matières nécessaires à si haulte et brave sépulture.

Sonnet :

Ces insignes sculpteurs, l'image presenterent,
A la Royne, du Roy peu devant trespassé,
Ou son traict se voyoit si naïf compassé,
Qu'on l'eust jugé vivant selon qu'ilz le taillerent...

LX. LES TERRASSEMENTS.

Le dessin est au Cabinet des Estampes.
Les descriptions des inventaires ne signalent pas de tapisserie exécutée d'après ce modèle.

Chap. IV du 2e livre du manuscrit :

. . . . . si bien qu'en peu de jours, il y eut un grand nombre d'ouvriers et une grande quantité de matières.

Sonnet :

On veit bien mille ouvriers, dont l'un faisoit devoir
De becher, de creuser, si l'un la terre cure ;
L'autre retranche l'eau, qui se fait ouverture . . .
On voit de toutes pars les marbres arriver . . .

LXI. LA REINE POSE LA PREMIÈRE PIERRE.

Le dessin est au Cabinet des Estampes.
Les descriptions des inventaires ne signalent pas de tapisserie exécutée d'après ce modèle.

Chap. IV du 2ᵉ livre du manuscrit :

Les sacrifices parfaicts, la Royne posa la première pierre au fondement de la miraculeuse maschine de la dicte sépulture, faisant jeter par la noblesse quantité de médailles.

Sonnet :

> *Donc l'œuvre commencé...*
> *. . .la Royne la première*
> *Mit la première pierre...*
> *La noblesse qui voit tous ces advancements,*
> *Jetta avec la chaux, le sable, et la matière*
> *Des médailles du Roy une largesse entière...*
> *Et lors elle fit faire un divin sacrifice...*

LXII. ÉLÉVATION DU MONUMENT.

Le dessin est au Cabinet des Estampes.
Les descriptions des inventaires ne signalent pas de tapisserie exécutée d'après ce modèle.

Chap. ıv du 2ᵉ livre du manuscrit :

La première pierre posée, les quatre architectes firent le corps de la sépulture en forme carrée dont les deux faces, à savoir celle qui regarde le midi et celle qui se tournoit vers le septentrion, eurent soixante-trois pieds de largeur. Celles d'orient et d'occident, plus étroites ; mais le tout élevé de fond en comble eut, pour la hauteur, cent quarante-trois pieds. A fin qu'elle fust éclairée, on luy fit une ceinture de trente-six colonnes de marbre.

Sonnet :

Les premiers fondementz estans ainsi jettez,
Les maistres desirans d'avancer leur ouvrage,
Le firent commencer avec si grand courage,
Que l'on on veit soubdain les haultes sommitez . . .

ah.

LXIII. LE MONUMENT.

Le dessin est au Cabinet des Estampes.

Les descriptions des inventaires ne signalent pas de tapisserie exécutée d'après ce modèle.

Il est curieux de comparer ce dessin à la savante reconstitution du British Museum faite par Charles Newton, qui transporta à Londres, en 1855, les débris du célèbre monument. Le *Mausolée* était rectangulaire et, à mi-hauteur, il devenait une pyramide tronquée sur le faîte de laquelle était posé un char portant les royaux époux. La statue de Mausole et l'un des chevaux sont encore en assez bon état. Le groupe du char était le travail de Pythias.

On remarquera combien cette construction, comme toutes celles qui sont figurées dans ces dessins, rappellent les œuvres du xvie siècle. Cette chapelle, en particulier, présente un certain nombre de points communs avec celle que construisit Philibert de l'Orme à Anet.

Chap. iv du 2e livre du manuscrit :

Pendant la besogne y arriva un cinquiesme maître qui monta la hauteur de la plus grande pyramide jusqu'à vingt-quatre degrés de plus qu'elle estoit. Et un sixiesme, nommé Pithis, bon tailleur, qui fit un char de marbre de quatre roues et le posa sur le faîte de tout le bâtiment.

Sonnet :

> *Ces ouvriers en quarré ce sepulcre ordonnerent,*
> *Scopas... Lotharis... Thimothée...*
> *Briazes... Un cinquième... Et Pithis...*

LXIV. L'INCINÉRATION.

Le dessin est au Gabinet des Estampes.
Les descriptions des inventaires ne signalent pas de tapisserie exécutée d'après ce modèle.

Chap. ix du 2ᵉ livre du manuscrit :

. . . . . estoit un autel antique garni de festons, soustenu de deux lyons de bronze sur lequel estoit le corps du Roy vestu de lin vif. . . . . La Foy tenoit un flambeau dont elle mettoit le feu au bois de l'autel.

Les chapitres v, vi, vii et viii, qui ne sont pas illustrés, parlent des sépultures, des pyramides, des obélisques, des hiéroglyphes et des épitaphes antiques, ce qui explique les hiéroglyphes gravés sur la base de l'autel.

Sonnet :

Cet ouvrage advancé, la Royne commanda
Qu'on tirast le feu Roy hors du grand obélisque . . .
On luy fit un autel . . .
Ou le Roy fut posé au spectacle publique . . .
Les vertus y estoient . . .

LXV. LES CENDRES DU ROI.

Le dessin fait partie de la collection Maurice Fenaille.
Les descriptions des inventaires ne signalent pas de tapisserie exécutée d'après ce modèle.

Chap. ix du 2ᵉ livre du manuscrit :

Quand donc le corps fut consumé, la Royne, accompagnée des sacrificateurs, fit toute diligence de recueillir les cendres qui estoient demeurées dans le linceul de lin vif, et elle les serra dans un vase d'or afin de les boire et les consumer peu à peu, ce qu'elle fit de jour à autre, les mettant dans son vin avec force pleurs et, oultre cela, force liqueurs odorantes. Et quand elle en buvoit, elle parloit de la bonté de son mari . . . . . Elle en but devant le peuple en faisant un discours . . . . .

       Sonnet :

           Donc le corps consumé et tout reduit en cendre,
           La Royne, et le grand prebstre estant ensemblement, . . .
           La cendre du feu Roy dans leurs mains vinrent prendre . . .
           Car depuis dans son vin ceste pouldre meslant,
           La cendre de ce Roy, elle alloit avallant . . .

LE SIÈGE DE RHODES.

LXVI. LE CONSEIL DE GUERRE.

Le dessin est au Cabinet des Estampes.

Les descriptions des inventaires ne signalent pas de tapisserie exécutée d'après ce modèle.

Ce dessin est le plus mauvais de tout l'ouvrage; on ne peut lui trouver nulle part un reflet de la grâce italienne et de l'élégance que les élèves du Primatice ont prodiguées sans compter dans la majeure partie de ces dessins.

Chap. x du 2ᵉ livre du manuscrit :

Les Rhodiens, indignés de la voir commander, dressent secrètement une grande armée de mer pour descendre dans la ville d'Halicarnasse. Leur entreprise fut découverte par des espions et la nouvelle étant parvenue qu'ils estoient déjà en mer, le Conseil fut tenu, où il fut résolu d'aller au devant d'eux. La Royne donna grand courage à ses soldats pour bien combattre, en un grand discours, puis ordonna qu'on retirast au port secret les voiles cariennes et que l'armée de mer se tinst prête à partir au premier moment.

Sonnet :

> *Elle eust de ses subjectz une cure infinie;*
> *Comme elle monstra lors que la troupe ennemye*
> *Des Rhodiens voisins, si bien elle deceut...*

LXVII. LE COMBAT DEVANT RHODES.

Le dessin est au Cabinet des Estampes.
Les descriptions des inventaires ne signalent pas de tapisserie exécutée d'après ce modèle.

Chap. x du 2ᵉ livre du manuscrit :

Elle donna dessus avec si grande furie que la pluspart restèrent tués sur place. Les uns se mirent en fuite par les champs, les autres se cachèrent dans les maisons et il en fut fait grande boucherie.

Sonnet :

> Puis avec la grand troupe elle fit departie,
> Pour trouver l'ennemy qu'elle fit fuir au loing.
> Ceste charge donnée, accorte, prompte, habille,
> Tout soudain s'en revint pour trouver en sa ville,
> Les autres Rhodiens...
>   ...ou d'un si grand courage
> Elle chargea leur dos, qu'elle leur fit sçavoir,
> Que c'estoit d'assaillir une Royne si sage.

LXVIII. LE COLOSSE DE RHODES.

Le dessin est au Cabinet des Estampes.

Il a été exécuté en tapisserie. Inventaire du Mobilier national : 12-4 et 1399-3; ancienne collection Ffoulke.

Inventaire F. de La Planche, 1627 : *La 6ᵉ, où est le collosse de Rhoddes.*

L'Inventaire de 1792 le décrit ainsi : *La 3ᵉ, Arthémise et son fils dans une galère, qui passent sous le colosse de Rhodes.*

Chap. x du 2ᵉ livre du manuscrit :

En partant pour Rhoddes, elle fit attacher aux masts des navires force de branches de laurier. Et comme elle approchoit du port, les Rhoddiens, voyant des navires garnys de lauriers, pensèrent que c'estoit leurs gens de guerre et introduisirent la Royne dans leur ville, recevant ainsi leurs ennemis au lieu de leurs amis . . . . .

Sonnet :

> *Car lors, les Rhoddiens qui pensoient bien revoir*
> *Leurs citoyens vainqueurs du Carique pouvoir,*
> *Leur ouvrirent le port . . .*

LXIX. LA REINE DISTRIBUE LE BUTIN.

Le dessin est au Cabinet des Estampes.

A été exécuté en tapisserie. Inventaire du Mobilier national : 12-1; ancienne collection Ffoulke.

Inventaire F. de La Planche, 1627 : *La 12ᵉ partie de la pièce des joyaulx;* plus loin : *La 4ᵉ, les Joyaulx;* et plus loin : *La 9ᵉ, où la reine Arthémise distribue des présens et récompenses aux chefs de ses armées, avec soie, or et argent.*

Chap. x du 2ᵉ livre du manuscrit :

. . . . . *puis après, la Royne départit le butin aux cappitaines et soldats selon leur mérite.*

Sonnet :

> *Elle fit appeller tous les soldatz d'eslite, ...*
> *Et dans une grande place ou elle avoit faict mettre*
> *Tout le butin conquis, onq ne voulut permettre*
> *Que rien luy demeurast sans leur en fairè part. . .*

LXX. LES DEUX STATUES.

Le dessin est au Cabinet des Estampes.
A été exécuté en tapisserie.
Nᵒ 29 des anciens Inventaires. Inventaire du Mobilier national : 1399-1.

Chap. x du 2ᵉ livre du manuscrit :

..... *pour perpétuer davantage sa mémoire, la Royne fit faire, en la maistresse place de la ville, deux statues de bronze, dont l'une estoit la Royne Arthémise qui tenoit un fer chaud dont elle marquoit le front de l'aultre statue qui estoit la ville de Rhoddes.*

Sonnet :

> *Elle fit eslever au milieu du marché,*
> *Et d'elle et de la ville, une fort belle Image*
> *La estoit ceste Royne armée a l'advantage,*
> *Qui tenoit un fer chauld sus le front attaché,*
> *De Rhoddes qui en bas tenoit le front penché...*

25.

LXXI. LES ANTIQUITÉS DE RHODES.

Le dessin est au Cabinet des Estampes.
Les descriptions des inventaires ne signalent pas de tapisserie exécutée d'après ce modèle. Le dessin est un des meilleurs de la série.

La reine, accompagnée de son fils, visite les jardins merveilleux de la ville, ornés de statues antiques qu'abritent des berceaux et des treilles. Au milieu, un groupe de Neptune, monté sur des chevaux marins et armé de son trident.

Chap. x du 2e livre du manuscrit :

La Royne, se voyant victorieuse d'une si belle ville, conçoit en son cœur une aise fort grande, ne se pouvant lasser de la contempler, d'admirer ses belles antiquitez. . . . .

Sonnet :

Elle fut visiter les antiques figures,
Les coulomnes, les arcz, les poinctes, les sculptures,
Et tout ce qui restoit pour les antiquitez. . .

LXXII. LA MÉNAGERIE.

Le dessin est au Cabinet des Estampes.
Les descriptions des inventaires ne signalent pas de tapisserie exécutée d'après ce modèle.

Chap. x du 2ᵉ livre de manuscrit :

Ayant longuement considéré ces antiquitez, elle fut conduicte en un beau lieu rempli de belle verdure et d'une quantité de beaux arbres où estoient gardés toute espèce d'oyseaulx et d'animaux qui avoient été apportez des pays étrangers par une grande singularité.

Sonnet :

Apres avoir ainsi admiré longuement
Cete antiquité grande a moitié ruinée,
Dedans un plaisant lieu la Royne fut menée . . .
Là divers animaux se pouvoient contempler
Tant de ceulx qui legers, se coulent parmy l'air,
Que d'aultres plus grossiers qui habitent la terre
Que d'estranges païs amenez on avoit . . .

LXXIII. LA REINE FAIT VOILE POUR HALICARNASSE.

Le dessin est au Cabinet des Estampes.
Les descriptions des inventaires ne signalent pas de tapisserie exécutée d'après ce modèle.

Chap. x du 2ᵉ livre du manuscrit :

Après avoir donné ordre à toutes ses affaires, Arthémise fit voile et s'en retourna en la ville d'Halicarnasse, emportant avec elle des statues, des tableaux, des plantes, etc.

Le chapitre xi, qui n'est pas illustré, est consacré à la description de l'île de Rhodes, à sa position, à ses villes principales. Puis c'est un éloge des Rhodiens, de leur érudition, de leur goût pour les lettres et les arts. L'auteur parle ensuite des quatre colosses de l'Antiquité : Apollon, transporté d'Apollinie au Capitole; Jupiter, ou colosse de Pompée; le colosse de Tarente, et celui de Rhodes.

LXXIV. LE TRIOMPHE D'ARTHÉMISE.

Le dessin est au Musée du Louvre (Pl.).
A été exécuté en tapisserie (Pl.).
N° 8 (sans or) des anciens Inventaires. Inventaire du Mobilier national : 11-7.

Dans le xii⁰ chapitre du 2⁰ livre du manuscrit, il est fait un long récit de l'entrée triomphale et somptueuse d'Arthémise à Halicarnasse, après la défaite des Rhodiens.

Sonnet :

> *La Royne dans un char s'asseoit glorieuse,*
> *Avec son filz orné de grace et de beautez*
> *Et dessus ce beau char, ou ils estoient montez*
> *Palas de fortune estoit victorieuse.*
> *Dessus les Elephantz, estoient des Renommées . . .*
> *Les Captilz (sic) les suivoient liez de toutes partz . . .*

TAPISSERIES DE L'HISTOIRE D'ARTHÉMISE.

Cette *Histoire d'Arthémise* eut une vogue considérable.

L'Inventaire de François de La Planche nous montre 78 pièces en magasin ou sur métiers en 1627; sous Louis XIV, l'Inventaire général du Mobilier de la Couronne en inscrit 79, tant d'or que de laine et soie; en 1792, il y en a encore 57 à l'Inventaire. Actuellement, il en reste 28 au Mobilier national.

La fabrication de ces tentures comprend d'abord les séries exécutées au début du travail des Gobelins, aux armes et chiffres de Henri IV et Marie de Médicis, et plus tard d'Anne d'Autriche (A. M. = Ana Mauricia[1]) et de Louis XIII.

Il est à noter que toutes les séries à or sont dites du dessin de Lerambert, et les autres de celui de Caron.

L'Inventaire de François de La Planche, reproduit plus haut, donne les sujets des pièces qui n'étaient pas vendues en 1627.

Au magazin, estant aud. hostel des Canayes :

1° Une tenture de tapisserye contenant 21 pièces de l'*Histoire de la royne Arthémise*, ayant 4 aulnes de haulteur, rehaulsée d'or et d'argent.

NUMÉROS.	SUJETS.	COURS.
1	Comme l'on porte des trophées (n° 9).............................	2 a. 3/4
2	Enfans à cheval (n° 18)...	4 a. 1/3
3	Présens que l'on porte sur une quaisse (n° 11)...................	4 a. 1/3
4	Comme l'on porte des bassins (n° 13)............................	3 a. 3/4
5	Arthémise l'espée au costé (n° 70)..............................	3 a. 3/4
6	Les Offrandes (n° 33)...	6 a.
7	Comme l'on présente l'espée au roi Arthémise (n° 45)............	5 a.
8	Comme Arthémise est au conseil (n° 66).........................	2 a. 15/16
9	Estendards et trophées (n° 10).................................	3 a. 1/2 1/4
10	Deux figures de bronze (n° 45)................................	3 a. 15/16
11	Le Maistre d'hostel (?)..	3 a. 1/3
12	Partie de la pièce des joyaulx (n° 69).........................	2 a. 1/16
13	Aussy de la pièce des joyaulx (n° 69).........................	2 a. 1/16
14	Partie de la pièce de la fontaine (n° 40)......................	2 a. 1/16
15	Partie de la pièce du lieutenant (?)...........................	2 a.
16	Partie de ladite pièce du lieutenant (?).......................	1 a.
17	Trompettes à pied (n° 7).......................................	2 a. 1/16
18	Faisant partie de ladite pièce des lieutenants (?).............	1 a.
19	Partie de la pièce des picqueurs (n° 19).......................	1 a.
20	Partie de la pièce de la bataille (peut être n° 67 ?)..........	1 a.
21	Partie des trompettes à cheval (n° 38).........................	1 a.

Toutes lesdites pièces contenant ensemble 58 a. 1/2 de cours sur 4 aunes de haulteur, faisans 234 aunes carré, prisé l'aulne 165 lt, revenant ensemble à.................. 38,610 lt

[1] *La Monarquia española*, par J. F. F. Rivarola y Pineda : «Doña Ana Mauricia, reyna de Francia».

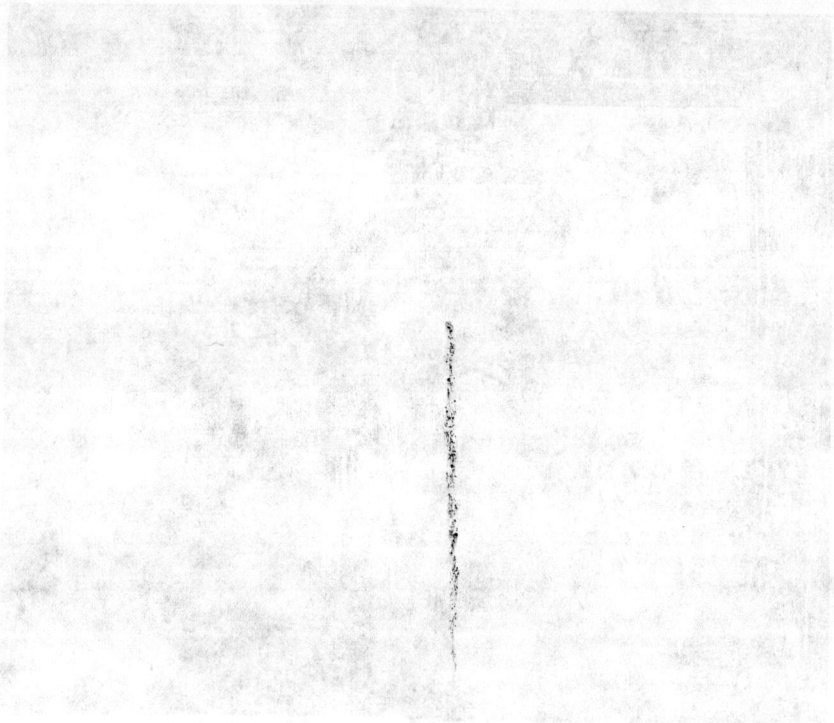

2° Une autre tenture de tapisserye de l'*Histoire d'Arthémise* contenant 8 pièces rellevées de soye ayant 3 a. 1/2 de hauteur :

NUMÉROS.	SUJETS.	COURS.
1	*Comme on porte des bazins* (n° 13)...........................	2 a. 1/2 1/4
2	*Le Maistre d'hostel* (?).................................	2 a. 3/4 1/2
3	*Comme on porte des présens* (n° 11 ?)........................	2 a. 3/4
4	*Le Roy apprenant à monter à cheval* (n° 49).................	5 a. 1/4 1/2
5	*Les Cappitaines* (?)................................	2 a. 3/4
6	*Trompettes à pied* (n° 7).............................	2 a. 3/4 1/2
7	*Le Collosse de Roddes* (n° 68).........................	5 a. 1/2
8	*Les Trompettes à cheval* (n° 38).......................	5 a. 1/2

Touttes lesd. pièces ayant leurs bordures composées de frizes, contenant ensemble 30 a. 1/4 de cours, faisans 105 a. 3/4 1/2 en carré, prisé 66ᵗ, revenant à........... 6,987ᵗ 7.15

3° Une autre histoire de tappisserye de lad. *Histoire d'Arthémise*, contenant 8 pièces rellevées de soye, 3 a. 1/2 de haulteur :

NUMÉROS.	SUJETS.	COURS.
1	*Comme l'on porte des présens* (n° 11 ?).....................	3 a. 3/4
2	*Comme la royne Arthémise distribue des joyaulx* (n° 69).....	5 a. 1/2
3	*Comme la royne Arthémise apprend à monter à cheval* (n° 49)	5 a. 1/4 1/2
4	*Les Trompettes à cheval* (n° 38).....................	5 a. 1/4
5	*Arthémise qui deffend un chasteau* (n° 51)................	5 a. 1/4 1/2
6	*L'Offrande faicte au temple* (n° 31)....................	4 a.
7	*Les Philosophes* (n° 25)...........................	2 a. 3/4
8	*Comme le Roy apprend les matematicques* (n° 47)...........	5 a. 1/4 1/2

Touttes lesd. pièces ayant leur bordure composée des armes du Roy de France et des bandes blanches autour d'icelles, contenant ensemble 37 a. 1/4 et 1/2 de cours, faisans 130 a. 3/4 en carré, prisé l'aulne 60ᵗ, revenant à................................. 7,845ᵗ

4° Une autre tenture de lad. *Histoire d'Arthémise*, contenant 8 pièces rellevées de soye, ayant 3 a. 1/2 de hauteur :

NUMÉROS.	SUJETS.	COURS.
1	*Les Philosophes* (n° 25)...........................	2 a. 3/4
2	*Les Cappitaines* (?)...............................	3 a.
3	*La Fontaine* (n° 40).............................	4 a. 3/4
4	*Les Joyaulx* (n° 69).............................	5 a. 1/4
5	*Comme on présente l'espée au roy Arthémise* (n° 45).........	4 a. 1/4
6	*Le Roy aprant à tirer des armes* (n° 50)..................	5 a. 1/4
7	*Comme on porte des vases* (n° 12).....................	3 a. 1/4
8	*Comme on porte des présens* (n° 11 ?)..................	3 a. 3/4

Touttes lesd. pièces, dont les bordures sont composées de boucquetz de fleurs et quatre testes de bélier aux quatre coings, contenant ensemble 32 a. 1/4 faisans 112 a. 3/4 1/2 en carré, prisé l'aulne 60ᵗ, revenant à.............................. 6,772ᵗ 10

5° Une tappiserye seulle faisans le commencement d'une tenture de lad. *Histoire d'Arthémise* rehaulsée de soye, représentant des *Cappitaines et soldatz*, de 3 a. 1/2 de hault et 2 a. 3/4 1/2 de cours, dont la bordure est composée de fleurs et de testes de bélier au coing, faisant 10 aulnes en carré, prisé l'aulne 66ᴴ, revenant à................................ 660ᴴ

6° Une autre tenture de tappiserye contenant 8 pièces représentant l'*Histoire d'Arthémise*, de 3 a. 1/2 de hault et 29 a. 3/4 de cours, faisant 104 a. 1/8 en carré, prisé l'aulne 60ᴴ. 6,246ᴴ 10

7° Une autre tenture de lad. *Histoire d'Arthémise*, contenant 7 pièces, rehaulsée de soye, de 3 a. 1/2 de haulteur et 29 a. 14/16 de cours, faisant ensemble 104 a. 9/16 en carré, prisé 60ᴴ l'aulne, revenant à................................ 6,273ᴴ 15

Sur les métiers :

En la bouticque d'or :

8° Onze pièces de l'*Histoire d'Arthémise*.

NUMÉROS.	SUJETS.	HAUTEUR.	LARGEUR.	PRIX DE L'AULNE.	TOTAL.
1	*Procession des enffans qui vont au mozollé* (n° 6)......	4 a.	7 a.	55ᴴ	1,636ᴴ 5
2	*Comme le roy Arthémise apprent à monter à cheval* (n° 49).	3 a.	7 a.	55ᴴ	1,155ᴴ
3	*Les Philosophes* (n° 25)........................	5 a. 1/2	7 a.	55ᴴ	2,118ᴴ
4	*Le Collosse de Rhoddes* (n° 68)...................	6 a. 1/4	7 a.	55ᴴ	2,406ᴴ
5	*Trompettes à pied* (n° 7)........................	2 a.	7 a.	55ᴴ	770ᴴ
6	*Cappitaine à cheval* (n° 8)......................	2 a. 1/2	7 a.	55	962ᴴ 10
7	*Le Roy qui aprent l'aritmétique* (n° 47)...........	3 a. 3/4	7 a.	55ᴴ	1,443ᴴ 15
8	*Le Lieutenant du roy Arthémise tenant conseil* (n° 39)...	6 a. 1/2	4 a.	55ᴴ	2,502ᴴ 10
9	*La Reyne Arthémise distribue des présens* (n° 69)......	4 a. 3/4	7 a.	55ᴴ	1,828ᴴ 15
10	*Trompettes à cheval* (n° 38)....................	1 a. 3/4	7 a.	55ᴴ	673ᴴ 15
11	*Pièce de fleurs de lys*.........................	2 a. 1/2	5 a. 1/2 1/4	7ᴴ	89ᴴ 13.9

Toutes lesd. sommes cy dessus montans et revenans ensemble à........ 15,585ᴴ 18.9

En la bouticque neufve :

9° Sept pièces de l'*Histoire d'Arthémise*.

NUMÉROS.	SUJETS.	HAUTEUR.	LARGEUR.	PRIX DE L'AULNE.	TOTAL.
1	*Le Lieutenant d'Arthémise tenant conseil* (n° 39)......	5 a. 5/8	6 a.	22ᴴ	742ᴴ 10
2	*Cappitaines à cheval* (?)........................	3 a. 1/4	6 a.	22ᴴ	429ᴴ
3	*Le Roy qui aprent l'aritmétique* (n° 47)...........	5 a. 1/2	6 a.	22ᴴ	726ᴴ
4	*Le Maistre d'hostel* (?).........................	3 a.	6 a.	22ᴴ	396ᴴ
5	*Statues de bronze* (?)..........................	5 a.	6 a.	22ᴴ	660ᴴ
6	*Le Collosse de Rhoddes* (n° 68)..................	3 a. 1/2	6 a.	22ᴴ	462ᴴ
7	*Figures portant des étendarz* (n° 10 ?).............	3 a.	6 a.	22ᴴ	396ᴴ

Toutes les pièces, aulnage de Flandres, rehaulsées de trois soyes, revenant ensemble à... 3,811ᴴ

Dans l'Inventaire de la manufacture de la rue de la Chaise dressé en 1661 à la mort de Catherine de Juyé, femme de Raphaël de La Planche, fils de François, on trouve « sept pièces de l'*Histoire d'Arthémise* contenans ensemble 27 aunes de cours sur 3 aunes un tiers de haut, faisant en quarre 81 aulnes, à raison de 40 liv. l'aune 3,600ᴴ ».

Ledit sieur de La Planche a déclaré que la moitié d'icelle appartient aux sieurs Comans et deux cinquièmes de l'autre moitié au sieur Louis de La Planche, sieur du Croissant, et demoiselle Marie de La Planche, ses frère et sœur, et qu'il y a un compte à faire avec iceux pour raison d'autre tapisserie et argent par eulx reçu.

Cette tenture, demeurée dans l'indivision, aurait donc été exécutée au faubourg Saint-Marcel.

INVENTAIRE GÉNÉRAL DU MOBILIER DE LA COURONNE (1663).
TAPISSERIES REHAUSSÉES D'OR.

Nᵒ 12. ARTHÉMISE. — Une tenture de tapisserie de laine et soye rehaussée d'or, fabrique de Paris, desseins de Lerambert, représentant l'*Histoire d'Arthémise*, dans une bordure fonds brun à cartouche, dont il y a huit fonds d'or avec grisailles, quatre aux quatre coins fonds vert, avec des mufles de lion, et quatre dans les milieux fonds bleu avec des M et un caducée à celles des costez; contenant 32 aunes de cours sur 4 a. 1/2 de hault, en huit pièces doublées à plein de toile bleue.

L'Inventaire de 1792 la décrit ainsi :

La 1ʳᵉ *représentant la Reine avec le jeune prince, à table, dans un jardin, et qui écoute un architecte.*

La 2ᵉ, *la Reine avec le jeune prince, ayant à sa droite des gens de lettres et à sa gauche des gens d'épée.*

La 3ᵉ, *un combat entre des gens qui en attaquent d'autres qui se défendent dans une masure environnée d'eau et d'une galerie de bois.*

La 4ᵉ, *la Reine qui considère le jeune prince à cheval, accompagné de son gouverneur, aussi à cheval.*

La 5ᵉ, *la Princesse, avec un casque à la tête et un coutelas au côté, qui suit son fils qui monte au palais.*

La 6ᵉ, *la Princesse, suivie de ses femmes, qui a une conférence avec les gens de son conseil.*

La 7ᵉ, *plusieurs soldats qui portent des trophées d'armes et des signes militaires.*

La 8ᵉ, *quatre petits enfants, dont deux portant chacun deux cierges et les deux autres chacun une urne, suivis de deux autres personnes qui portent chacune une palme.*

Cette tenture, qui était chez la Reine aux Tuileries en 1789, garnissait en partie les murs de la deuxième antichambre du Ministère de la Justice en 1792. Elle avait alors besoin de réparations urgentes (Arch. nat., O¹ 3499).

Les huit pièces furent brûlées en 1797 « pour en tirer la valeur métallique qu'elles contiennent... pour l'intérêt national », suivant le procès-verbal conservé aux Archives nationales (O² 385, nᵒ 1166) et reproduit plus loin (p. 236). Cette opération, qui anéantit les plus belles tentures du Mobilier de la Couronne, produisit une somme médiocre. Outre ces 8 pièces et les 15 suivantes, on brûla 26 pièces de l'*Histoire de Psyché* (n° 5 de l'Inventaire général du Mobilier de la Couronne), 5 pièces de l'*Histoire de Lucrèce*, 12 pièces des *Mois originaux* (n° 8), 7 pièces des *Bacchanales* (n° 9), 6 pièces de l'*Enlèvement des Sabines*.

N° 15. Arthémise. — Une tenture de tapisserie de haulte lisse de laine et soie, rehaussée d'or, fabrique de Paris, dessein de Lerambert, représentant l'*Histoire d'Arthémise*, dans une bordure fond brun avec crotesques et cartouches; au milieu de chaque pièce par le hault sont les armes de France et de Navarre soustenües par six Anges de grisaille; et contenant 63 aunes de cours sur 4 aunes de hault, en quinze pièces doublées à point de toille verte.

L'Inventaire de 1792 la décrit ainsi :

La 1re, *Arthémise à table, au milieu de son jardin, avec son fils qui écoute un architecte.*

La 2e, *Arthémise et son fils qui écoute un vieillard qui leur lit des lettres.*

La 3e, *le fils d'Arthémise dans un jardin, qui apprend la musique.*

La 4e, *Arthémise et son fils, ayant à sa droite la déesse Pallas et quantité de savants, et à gauche Mars et quantité de guerriers.*

La 5e, *Arthémise et son fils qui rendent la justice au peuple.*

La 6e, *un capitaine à cheval qui lit des ordonnances au peuple, suivi d'une quantité de trompettes, devant une figure de bronze de la déesse Thémis.*

La 7e, *un maître d'hôtel suivi de deux officiers qui portent chacun un vase.*

La 8e, *Arthémise qui présente une urne à un homme qui lui en présente une autre, accompagnée de plusieurs autres figures.*

La 9e, *quatre enfants, dont deux portant chacun deux cierges, les deux autres chacun une urne, et, derrière eux, deux figures qui portent chacune une palme.*

La 10e, *plusieurs soldats qui portent des trophées d'armes et des signes militaires.*

La 11e, *un jeune prince assis auprès d'une cheminée, qui étudie avec ses précepteurs.*

La 12e, *un jeune prince assis sur un trône fleurdelisé, couronné par des gens d'épée et de robe.*

La 13e, *le sacrifice d'un bœuf qui se fait en présence du prince et de la princesse.*

La 14e, *un homme vêtu en consul romain, assis dans un fauteuil et entouré d'une quantité de personnages dont quelques-uns lui présentent des lettres.*

La 15e, *cinq soldats portant des signes militaires.*

Cette tenture fut brûlée en 1797, comme la précédente, pour en tirer l'or qu'elle contenait.

N° 16. Arthémise. — Une tenture de tapisserie de haulte lisse, de laine et soye relevée d'or, fabrique de Paris, dessein de Lerambert, représentant l'*Histoire d'Arthémise*, dans une bordure fond rouge brun à festons de fleurs et de fruits et cartouches fond bleu dans lesquelles sont des M couronnées, aux quatre coins quatre figures de grisailles acroupies, et par le hault les armes de France et de Navarre soustenues par des anges; contenant 35 aunes de cours sur 4 a. 1/8 de hault, en sept pièces.

En 1789, une pièce à Paris, les six autres à Versailles.

Cette tenture est conservée au Mobilier national :

NUMÉROS.	SUJETS.	HAUTEUR.	LARGEUR.	MARQUES[1].	EMPLACEMENT.
12-7	Soldats portant les trophées (n° 9).....	4ᵐ 70	2ᵐ 04	M̥	Mobilier national.
12-2	L'Équitation (n° 49)...............	4 85	6 33	P ⚜ P ⅋	Idem.
12-6	L'Escrime (n° 50)................	4 75	6 37	Lisières changées.	Idem.
12-5	La Prise d'un fort (n° 51)..........	4 74	6 60	P ⚜ P ⅋	Idem.
12-3	Les Manœuvres d'armée (n° 52).......	4 80	6 48	P ⚜ P ⅋ N IIII	Idem.
12-4	Le Colosse de Rhodes (n° 68)........	4 76	6 46	P ⚜ P ⅋	Idem.
12-1	La Distribution du butin (n° 69)......	4 85	6 35	P ⚜ P ⅋ NVI	Idem.

[1] En 1662, un sieur Van der Kerchove, rentrayeur, né à Oudenarde, avait pour mission spéciale de marquer les ouvrages.

Les bordures étant reproduites, il est inutile de les décrire. Toutefois il est intéressant de signaler que le chiffre HAM, indiqué dans l'Inventaire du Mobilier national, est dû à la superposition de la lettre M sur la lettre H, la barre de l'initiale de Henri IV forme un A avec l'M de Marie de Médicis.

Dans les lisières de droite, — côté par lequel on termine les tapisseries, — les monogrammes de François de La Planche et de Filippe Maëcht. La marque royale de Paris se trouvait toujours dans la lisière du bas.

N° 29. ARTHÉMISE. — Une tenture de tapisserie de laine et soye relevée d'or, fabrique de Paris, manufacture des Gobelins, représentant l'*Histoire d'Arthémise*, dessein de Lerambert, dans une bordure fond brun, au hault de laquelle est une ovalle bleue dans un cartouche, à côté deux trophées de clair obscur, aux quatre coins quatre mufles de lion, aux costez deux M entrelassées d'un caducé, et par le bas les armes de Navarre; contenant 29 aunes de cours sur 3 a. 7/8 de hault, en sept pièces doublées.

Cette tenture était à Versailles en 1789 (salle des Ambassadeurs et chez le duc de Bourbon).

Elle est conservée au Mobilier national :

NUMÉROS.	SUJETS.	HAUTEUR.	LARGEUR.	MARQUES.	EMPLACEMENT.
1399-4	Capitaine à cheval (n° 8)...........	4ᵐ 60	2ᵐ 50	Cousue avec les Hérauts, ce qui empêche de voir les marques qui peuvent être tissées dans les lisières.	Palais de Fontainebleau.
1399-7	Soldats portant des trophées (n° 9).....	4 60	3 45	M̥ ⚜	Idem.
1399-5	Enfants à cheval (n° 18)............	4 60	4 90	Pas de marque visible.	Idem.
1399-6	Les Philosophes (n° 25).............	4 55	2 72		Idem.
1399-2	Les Hérauts à cheval (n° 38)........	4 60	6 75	M̥	Idem.
1399-3	Le Colosse de Rhodes (n° 68)........	4 60	6 60	P M̥ ⚜	Idem.
1399-1	Les Deux statues (n° 70)............	4 60	4 35	Un œillet surmonté de la lettre M.	Idem.

Monogramme de Filippe Maëcht.
La pièce du *Capitaine à cheval* se trouve également dans la suite de *Coriolan*, décrite ci-après.

Les *Enfants à cheval*, les *Philosophes* et le *Capitaine à cheval* sont des pièces en partie repliées. Il est incompréhensible qu'on ait pu, sous le deuxième Empire, tailler et rogner des pièces de cette valeur. Dans les *Enfants à cheval*, il manque 1 m. 10 de tenture à gauche. Le dessin, qui donne le sujet entier, permet de compléter le sujet. Le côté gauche de la pièce des *Philosophes* a été coupé, et le côté droit du *Capitaine à cheval* est replié.

INVENTAIRE GÉNÉRAL DU MOBILIER DE LA COURONNE (1663).
TAPISSERIES LAINE ET SOIE.

N° 6. Arthémise. —— Une tenture de tapisserie de laine et soie, de haulte lisse, fabrique de Paris, dessein de Caron, où est représentée l'*Histoire d'Arthémise*, dans des bordures de cartouches et rinseaux sur différens fonds; à la bordure d'en hault sont les armes de France portées par six anges de grisaille, et aux quatre coins, de quatre figures d'hommes, aussy de grisaille, contenant 42 aunes de cours sur 4 aunes de hault, en unze pièces doubles.

L'Inventaire de 1792 décrit ainsi la tenture :

La 1ʳᵉ représentant un homme à cheval, tenant une demi-pique, suivi et précédé de soldats portant des signes militaires.

La 2ᵉ, sept soldats portant des enseignes, trophées d'armes et signes militaires.

La 3ᵉ, huit soldats portant des signes militaires.

La 4ᵉ, cinq soldats portant des signes militaires.

La 5ᵉ, quatre soldats portant sur un brancard un grand trophée d'armes, avec des figures de captifs aux coins; ayant des soldats devant et derrière qui portent des trophées d'armes et des signes militaires.

La 6ᵉ, deux jeunes enfants couronnés de fleurs, montés chacun sur un cheval blanc, l'un portant un sceptre et une couronne, et l'autre un sceptre et une palme, suivis de soldats à pied.

La 7ᵉ, deux soldats portant sur un brancard un grand vase couvert et deux petites tasses pleines de pièces d'or, suivis de quatre autres portant aussi des vases.

La 8ᵉ, un taureau blanc, couronné de fleurs, conduit par un linge par deux hommes aussi couronnés de fleurs.

La 9ᵉ, trois taureaux blancs, précédés et suivis de quantité d'hommes, de femmes et enfants couronnés de fleurs et qui sortent d'une porte de la ville.

La 10ᵉ, quatre jeunes enfants, dont deux portent des cierges et les deux autres des urnes, suivis de deux hommes qui portent des palmes.

La 11ᵉ, une marche d'armée dans laquelle il y a des éléphants portant des tours pleines d'hommes armés.

Cette dernière pièce devait appartenir à la tenture de *Scipion*.

Il n'existe nulle part de trace de cette suite, qui a dû être vendue.

N° 7. Une tenture de tapisserie de laine et soye, de haulte lisse, fabrique de Paris, manufacture des Gobelins, dessein de Caron, où est représentée l'*Histoire d'Arthémise* dans une bordure à festons de fleurs et de fruits; à celle d'en hault il y a les armes de France portées par six anges de grisaille, et aux quatre coins des anges accroupis et une marque au-dessus, aussy de grisaille; contenant 44 aunes de cours, sur 4 aunes de hault, en dix pièces doublées de toille verte.

En 1789 : Sept à Paris, quatre à Versailles :

Passée et enfumée; modèles d'enfants dans les bordures.

Les pièces de Paris furent ensuite envoyées à Fontainebleau.

Il n'existe nulle part de trace de cette suite.

N° 8. Arthémise. — Une tenture de tapisserie laine et soye, fabrique de Paris, manufacture des Gobelins, dessein de Caron, représentant l'*Histoire d'Arthémise*, dans une bordure fond brun avec des rinceaux terminez en femmes qui soutiennent un ovalle bleu où il y a un... (*sic*) couronné; au milieu du hault les armes de France et de Navarre soustenues par quatre anges de grisaille, et aux quatre coins quatre figures de captifs de grisaille; contenant 35 aunes de cours, sur 4 a. 1/8, en huit pièces doublées à plein de toille verte.

En 1789, à Versailles :

Tenture assez belle et fraîche.

L'Inventaire de 1792 la décrit ainsi :

La 1re représente quatre hommes à pied, couronnés de lauriers, qui sonnent de la buccine.

La 2e représente quatre chevaux bardés à l'antique, conduits par deux hommes.

La 3e représente dix soldats habillés à la Romaine, dont deux portent chacun un vase d'or.

La 4e représente un chariot de triomphe tiré par deux licornes, sur lequel il y a un Appollon avec sa lyre, accompagné des Muses.

La 5e représente un chariot de triomphe tiré par quatre chevaux pies, montés par quatre adolescents qui portent chacun un trophée de guerre, sur lequel chariot est une Victoire portant un monde d'une main et une palme de l'autre, entre quatre Renommées couronnées de fleurs.

La 6e représente un chariot de triomphe tiré par des rhinocéros, chargé de tableaux, bustes et figures antiques en pyramides, environné de plusieurs soldats.

La 7e représente un chariot de triomphe traîné par deux lions, sur lequel est un capitaine couronné de lauriers entre les déesses Pallas et Cérès, avec deux faisceaux romains à ses pieds, accompagné de plusieurs soldats couronnés de lauriers et portant les signes militaires.

La 8e représente un chariot de triomphe tiré par deux éléphants, sur lequel il y a une Reine et un jeune prince couronnés par la Victoire, précédé des déesses Pallas et Cérès, et accompagné de plusieurs autres figures.

Cette suite est conservée au Mobilier national.

NUMÉROS.	SUJETS.	HAUTEUR.	LARGEUR.	MARQUES.	EMPLACEMENT.
11–2	Trompettes à pied (n° 7)	4m 81	3m 35		Mobilier national.
11–7	Soldats portant des vases (n° 12)	4 84	2 95		Idem.
11–5	Chevaux caparaçonnés (n° 19)	4 75	4 66		Idem.
11–3	Char des lions (n° 20)	4 91	5 10		Idem.
11–8	Char des rhinocéros (n° 22)	4 83	6 18		Idem.
11–6	Char des licornes (n° 24)	4 82	6 28		Idem.
11–4	Char de la chaise d'or (n° 26)	4 83	6 14		Idem.
11–1	Le Triomphe d'Arthémise (n° 74)	4 91	5 95		Idem.

Bordure à fond brun (jaunâtre à gauche, grenat à droite, bleu en haut et en bas) chargée de rinceaux interrompus dans les milieux par des cartouches portant, en haut et en bas, les chiffres AM enlacés; dans les côtés, des guerriers en camaïeu. Aux angles, figures de guerriers en grisaille; ceux du haut sont assis, ceux du bas, accroupis.

Les pièces 11-3, 11-4 et 11-1 ont la même bordure, la pièce 11-4 a dans le médaillon central du bas une femme couchée vue de dos, au lieu d'un homme également couché. Les bordures de 11-4, 11-6, 11-8, 11-5 (femme couchée, fond bleu) sont identiques; celles de 11-2 et 11-7 semblables à la description, avec fond grenat à gauche et brun jaune à droite pour la pièce 11-2, et fond jaune à gauche, grenat à droite pour la pièce 11-7.

N° 14. Arthémise. — Une tenture de tapisserie composée de trois différentes pièces de tapisserie de haulte lisse, fabrique de Paris, dessein de Caron, représentant quelques tableaux de l'*Histoire d'Arthémise*, dans de différentes bordures; contenant les trois pièces 17 aunes, sur 4 a. 1/6.

Déchargé et porté à n°ˢ 46, 47 et 48 du nouveau chapitre de dessorties en soie, attendu que ces trois pièces sont à bordures différentes et ne peuvent former une tenture.

N° 46. Une représentant *Mausolle mourant* qui tient son fils par la main, en présence d'Arthémise; la bordure fond gris, à cartouches de différentes formes, fond jaune, ayant par les milieux d'en haut et d'en bas la devise et chiffre de Henri IV, et à chaque coin un mufle de lion; contenant 6 a. 1/2 de cours sur 4 a. 1/8 de haut, doublée de toile.

N° 47. Une représentant *Mausolle dans son lit mortuaire;* la bordure ayant dans les milieux d'en haut et d'en bas la devise et les chiffres de Henri IV, sur fond bleu, et à chaque coin une tête de Méduse; contenant 5 a. 1/6 de cours sur 4 aunes de haut, doublée de toile.

N° 48. Et une représentant partie de la *Marche de la pompe funèbre de Mausolle;* dans une bordure à rainceaux et grotesques fond pourpre, trophées d'armes et camaïeux fond vert, aïant par le milieu d'en haut les armes de France et de Navarre, soutenues et accompagnées de quatre anges de grisaille, et au milieu d'en bas les chiffres de la reine Anne d'Autriche; contenant 5 a. 1/2 de cours sur 4 aunes de haut, doublée de toile.

Les 46 et 47 ont été certainement les premières exécutées; elles ouvrent la série de l'*Histoire d'Arthémise*, et la présence du chiffre de Henri IV dans la bordure leur assigne une date antérieure à 1610.

N° 31. Une tenture de tapisserie de laine et soye, fabrique des Gobelins, représentant l'*Histoire d'Arthémise*, en sept pièces sans doublure, dans une bordure de rinceaux, au hault de laquelle sont les armes du Roy supportées par deux anges, aux costez deux L sur un fond bleu dans des cartouches, et au bas une massue croisée de deux sceptres avec ces mots: *Erit hæc quoque cognita monstris;* haulte de 3 a. 1/3, sur 27 a. 5/6 de cours.

Arthémise en soie, 3 a. 1/3 sur 27 a. 5/6 (Archives nationales, O¹. 3499):

1. *Arthémise à cheval* (le *Combat devant Rhodes*, n° 67).

2. *Il y a trois petites figures indécentes qui forment des jets d'eau.*

[Il s'agit des marmousets qui sont au-dessus de la fontaine d'Anet dans la pièce des *Placets*, n° 40.]

3. *Des guerriers.*

4. *Des présens.*

5. *Traité de paix*(?).

6. *Hommage rendu à Arthémise* (la Reine distribue le butin, n° 69).

7. *Procession de Victoire* [*Triomphe d'Arthémise*, n° 74].

Bordures dessinées en arabesques sur fond noir de 20 p. avec Écusson de France et de Navarre avec M et légende au bas.

En 1789, à Paris.

Dans un inventaire sans date (Archives nationales, O¹. 3499), cette tenture était dite « *Arthémise* de Vincennes ».

En août 1792, au Ministère de la Justice, dans la deuxième antichambre. Deux pièces retirées et remplacées par deux *Belles chasses* ont disparu depuis.

N° 47. Arthémise. — Une tenture de tapisserie de laine et soye, fabrique de Paris, dessein de Caron, représentant l'*Histoire d'Arthémise,* dans une bordure fonds brun et rouge, remplie de pots à bouquets de fleurs et trophées d'armes, quatre testes de bellier dans les coins, et quatre muffles de lion dans les milieux; contenant 31 a. 1/2 de cours, sur 3 a. 1/3, en huit pièces doublées de toille par bandes.

Cette tenture provient de la confiscation des biens du surintendant Fouquet. Inventaire de Fouquet, 13 septembre 1661 :

N° 99. L'*Histoire d'Arthémise,* 8 p., 31 a. 1/2, 3 a. 1/3, mise à part pour le Roi, estimée 2,400 livres. (Archives de l'Oise. État des meubles de l'Inventaire de M. Fouquet qui ont été mis à part pour le Roy.)

Elle décorait une des salles du château de Chambord, et fut vendue en 1794.

Le Mobilier national possède une quatrième tenture, sans armes, dont l'origine n'a pas été retrouvée, mais qui doit être des plus anciennes, puisqu'elle porte la marque de François de La Planche.

NUMÉROS.	SUJETS.	HAUTEUR.	LARGEUR.	MARQUES.	EMPLACEMENT.
13–3	*Les Hérauts à cheval* (n° 38)	4ᵐ 00	3ᵐ 48		Mobilier national.
13–2	*Les Requêtes* (n° 39)	3 82	3 67		*Idem.*
18–6	*Les Placets* (n° 40)	4 03	3 61	P	Au Louvre.
13–1	*Le Couronnement* (n° 43)	3 95	4 30		Mobilier national.
18–4	*La Remise du livre et de l'épée* (n° 45)..	3 95	5 20	P	*Idem.*
18–5	*Instruction du jeune roi* (n° 46).......	3 96	5 65	*Idem.*	*Idem.*

TENTURE DU CARDINAL BARBERINI.

Une série de l'*Histoire d'Arthémise* fut donnée par Louis XIII au cardinal-légat François Barberini en 1625. Envoyé à la Cour de France en 1625 par son oncle Urbain VIII comme légat *a latere,* François Barberini revint à Rome à la fin de cette même année. En 1626, il tenta d'établir la concorde entre les rois de France et d'Espagne au sujet de la Valteline, passage important entre la Lombardie et l'Allemagne du Sud. Le don du roi de France au cardinal s'explique donc facilement.

Le cardinal Barberini s'intéressait tout particulièrement à l'art de la tapisserie, et en 1630 il fit faire en France et en Flandre une vaste enquête sur les conditions de tissage et de teinture des tapisseries, pour établir une fabrique à Rome. Il achetait des tentures célèbres pour servir de modèles. C'est ainsi qu'Eugène Müntz a retrouvé, dans les archives du palais Barberini, une liste de tapisseries de Paris proposées au cardinal[1]; on y lit entre autres la mention de deux tentures d'*Arthémise* :

« Un parato de l'*historia* d'*Artemisia* de quindeci pezzi, de quatro alle d'altezza, et incirca de sessanta alle de giro. Sono dell' istessa bonta di materia e di lavoro come quelle di *Constantino* e del medesimo prezzo.

« Un altro parato della medesima *historia* d'*Artemisia,* finissimo, rilevato di seta, contiene d'altezza tre alle e mezza e trenta alle de giro e di lunghezza, l'alla vale scudi 25. »

La collection Barberini fut acquise à Rome par M. Ffoulke, de Washington. La tenture d'*Arthémise* est devenue en 1896 la propriété de Mrs. Phœbe A. Hearst. Actuellement elle est en possession de Sir John R. McLean. Elle comprend dix pièces.

Cette suite est en deux séries.

NUMÉROS.	SUJETS.	HAUTEUR. (Mesures anglaises.)	LARGEUR. (Mesures anglaises.)	MARQUES.
	1ʳᵉ SÉRIE.			
1	*Soldats portant un vase sur un brancard* (n° 11)...	13ᶠ 4ᵖ	13ᶠ 10ᵖ	P ❀ M̄ W
2	*Les Sacrifices funèbres* (n° 29)...............	13 4	15 9	*Idem.*
3	*Les Hérauts à cheval* (n° 38)...............	13 4	19 10	*Idem.*
4	*Les Placets* (n° 40).....................	13 5	10 3	*Idem.*
5	*L'Instruction du jeune roi* (n° 46)...........	13 6	21 7	*Idem.*
6	*L'Équitation* (n° 49)....................	13 4	19 8	M̄
7	*La Prise d'un fort* (n° 51)................	13 5	20 2	M̄ P ❀
8	*Le Colosse de Rhodes* (n° 68)............	15 6	22 2	
	2ᵉ SÉRIE.			
9	*Le Présent à l'orateur* (n° 36).............	15ᶠ 4ᵖ	12ᶠ 7ᵖ	P ❀ M̄
10	*La Reine distribue le butin* (n° 69)...........	13 4	19 10	❀ b M̄ L

Bordures des 9 et 10 : au milieu du haut, cartouche bleu sans armes; à droite et à gauche, deux camaïeux, deux personnages et attributs. Aux quatre angles, mufles de lions dans cartouches à fleurs. Au-dessous, cartouches ovales et figures de femmes. Au milieu, cartouche, attributs et caducée, chiffre de Marie de Médicis. Au-dessous, cartouche ovale, figure de femme. En bas, mêmes cartouches camaïeu, deux prisonniers. Au milieu du bas, cartouche, deux têtes avec attributs de deux sceptres liés par un ruban.

Les bordures des autres sont : en haut, aux armes de France et Navarre; en bas, au chiffre de Louis XIII, un L enrubanné entre deux sceptres en X. Dans les montants : cartouches, fleurs, rubans, fruits, oiseaux. — Le monogramme W doit être celui d'Adrien de Welde.

Une pièce qui semble avoir appartenu à cette tenture se trouvait en 1900, à Paris, chez M. Spiridon, marchand. Elle représentait le *Capitaine à cheval* (n° 8), mesurait 4 mètres sur 4 mètres et portait la signature M̄ et la marque de Paris P ❀.

[1] *Revue des Sociétés savantes*, 5ᵉ série. t. VIII, 1874, p. 504-520.

1671. Inventaire des biens d'Henriette d'Angleterre. (Archives de la Maison d'Orléans.)

Palais-Royal. Une tenture de tapisserye de l'*Histoire d'Arthémise*, en 7 pièces de 32 a. 1/2 sur 4 aulnes de hauteur. (*Nouvelles Archives de l'Art français*, 1879, t. I, p. 102.)

Dans son *Inventaire descriptif des tapisseries de haute lisse conservées à Rome*, publié dans les *Mémoires de l'Académie d'Arras* (2ᵉ série, t. X, 1879), Barbier de Montault signale deux pièces de Paris, signées l'une P ✿ ⵍ et l'autre ⵍ, où sont représentés des « traits d'histoire », ainsi qu'une autre pièce au trumeau d'une cheminée du Quirinal représentant « deux guerriers, tapisserie du xviiᵉ siècle », qui sont peut-être des fragments d'une tenture d'*Arthémise*.

Vente Amsterdam (1910, Müller). Cinq tapisseries de l'*Histoire d'Arthémise :*

NUMÉROS.	SUJETS.	HAUTEUR.	LARGEUR.	MARQUES.
1	*Procession de prêtres et d'enfants* (n° 6)............	4ᵐ 10	3ᵐ 70	ⵍ
2	*Les Soldats portant des trophées* (n° 10)............	4 10	1 52	
3	*Le Présent à l'orateur* (n° 36)...................	4 10	2 77	
4	*Le Festin* (n° 44)...........................	4 10	3 40	
5	*La Remise du livre et de l'épée* (n° 45),............	4 10	5 72	

Bordures composées de vases de fleurs et de festons coupés de trophées d'armes et boucliers ornés de mufles de lions; aux coins, têtes de boucs.
Quelques pièces portent la marque P ✿.

Vente Paris, 19 juin 1909 (M. E...). Une tapisserie représentant une scène de l'*Histoire d'Arthémise :* la Reine entourée de guerriers portant des dépouilles et des étendards. Hauteur, 4 m.05; largeur, 3 m. 55. Marque P ✿ dans la lisière à gauche.
C'est la partie droite des *Deux Statues*.
Dans le cartouche du milieu de la bordure du haut, une Diane couchée; dans celui du bas, Neptune; pas d'armes, ni de fleurs, mais des mascarons.

Au château de Noizay (Indre-et-Loire), deux pièces à or de l'*Histoire d'Arthémise :* la *Remise du livre et de l'épée*, le *Colosse de Rhodes*. Hauteur, 3 m. 60; largeur, 6 mètres.
Sans bordure en bas. Dans les autres bordures, fleurs, cartouches, trophées à têtes de lions.

Appartenant à la Ville de Paris : un *Soldat portant un trophée* et un *Philosophe* (ces deux pièces sont des fragments).

Le garde-meuble de la Résidence de Munich possède quatre pièces de la série d'*Arthémise*, entre autres les *Hérauts à cheval* (H⟩ 4 mètres, L⟩ 4 m. 60 ; n° 107 du Garde-Meuble), signée dans la lisière à gauche P ✤ P, et à droite 🅕. Bordure de fleurs et de fruits, avec, aux angles, des médaillons en camaïeu figurant des cavaliers ; au milieu en haut, tête de lion ; à droite et à gauche, tête de lion dans un médaillon entouré de tambours, fifres et drapeaux ; au milieu en bas, casque sur épées et drapeaux.

CORIOLAN MIS À MORT PAR LES VOLSQUES.
DESSIN D'ANTOINE CARON POUR L'«HISTOIRE DE CORIOLAN».
(Cabinet des Estampes.)

HISTOIRE DE CORIOLAN.

Henry Lerambert, « peintre pour les tapissiers du Roi », fit en 1600 les cartons de l'*Histoire de Coriolan* d'après la composition de Guyot, ou, pour certains dessins, d'Antoine Caron.

Il existe deux dessins au Cabinet des Estampes de la Bibliothèque nationale : celui de *Coriolan accusé* et celui de *Coriolan mis à mort par les Volsques,* ce dernier signé « Antoine Caron », en bas à gauche (fig.).

DESCRIPTION.

1. *Coriolan à cheval* [1].

Monté sur un cheval frémissant, la lance dans la main droite posée sur le pied, le manteau flottant au vent, Coriolan dirige sa bête vers la droite. Soldats devant et derrière. (Entre-fenêtres sans bordures latérales.)

[1] Cette pièce fait partie de la tenture d'*Arthémise;* il s'agit du *Capitaine à cheval* conservé au Palais de Fontainebleau.

2. *Coriolan recevant la couronne civique.*

Revêtu d'une riche armure, un guerrier descend les marches d'un portique à colonnes cannelées et pose une couronne de feuilles de chêne sur la tête de Coriolan qui s'avance, venant de gauche. Des soldats portant piques et étendards sont derrière lui. Au fond, à gauche, siège d'une ville défendue par des tours.

3. *Coriolan accusé.*

En armure et casqué, entouré d'une assistance nombreuse, Coriolan écoute celui des trois juges qui, debout, l'accuse. Au milieu, au premier plan, un scribe écrit, assis devant une petite table recouverte d'un tapis. Au fond du prétoire, deux ouvertures en arcade sur la ville. Un groupe d'hommes à droite; dans ce groupe, contre une colonne, un homme compte sur ses doigts.

4. *Coriolan banni de Rome.*

Debout au milieu d'une place de belle architecture, Coriolan est nu, les reins cachés par une courte draperie. Un manteau à collet bordé d'un liséré d'or est jeté sur ses épaules. Les Romains l'entourent, les Romaines le montrent du doigt.

5. *Coriolan jure une haine éternelle à Rome.*

Sur une place entourée de monuments, un palais s'ouvre à droite. Sur le parvis de ce palais, des hommes retiennent difficilement Coriolan qui maudit un de ses juges. Celui-ci, un vieillard, tient un papier roulé et tend le doigt. Dans le fond, hautes collines.

6. *Coriolan implore le roi des Volsques.*

La pièce représente deux tableaux coupés par une colonne. Au milieu, à droite, Coriolan, l'attitude suppliante, plie le genou devant le roi des Volsques assis à gauche dans l'angle d'une vaste cheminée allumée.

Dans la partie de gauche, groupe de guerriers. Deux spectateurs coupés par la bordure.

7. *Coriolan jure fidélité au roi des Volsques.*

Couronné de lauriers et debout sur un piédestal décoré de bas-reliefs, le roi des Volsques s'adresse à Coriolan qui étend la main vers lui. Le cheval de Coriolan est tenu derrière son maître. Au fond, l'armée rangée en bataille, lances dressées. Montagnes au loin.

8. *Préparatifs pour le combat.*

A gauche, un guerrier à cheval. A droite, des cavaliers contre un arbre semblent écouter le chef qui leur parle.

HISTOIRE DE CORIOLAN.

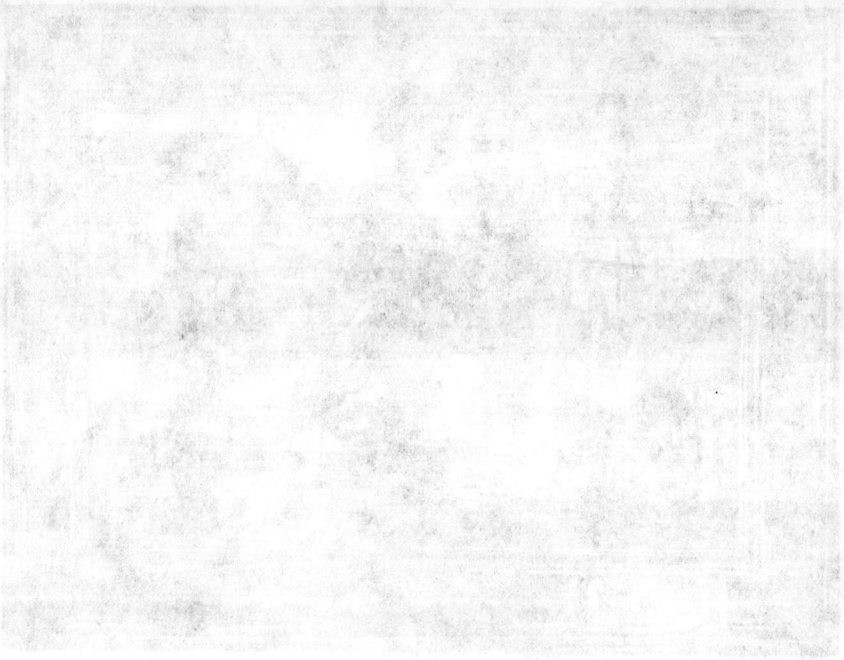

9. *Coriolan attaque Rome.*

Des fuyards sont poursuivis par des cavaliers. Ils se hâtent vers la porte de la ville, à droite, dont la herse est levée. Tours et murs crénelés garnis de nombreux combattants qui lancent des flèches sur les assaillants.

10. *Coriolan vainqueur est complimenté par le roi.*

Coriolan, qui vient de droite, s'incline à demi et serre la main d'un guerrier barbu qui tient une lance de la main droite. Derrière eux, à droite et à gauche, des cavaliers; au fond, soldats rangés. (Entre-fenêtres sans bordures latérales.)

11. *Coriolan reçoit une députation de Rome.*

Romains en toge au milieu et à droite; ils tiennent un rouleau dans la main droite. Coriolan, à gauche, la main droite appuyée sur une canne, l'avant-bras gauche relevé. Portique à colonnes cannelées à gauche.

12. *Cornélie est envoyée à Coriolan.*

Une vieille femme s'adresse à trois juges assis à droite, en un lieu surélevé; au bas, un scribe accroupi. Deux guerriers, à gauche, se disputent. Prétoire à colonnes entre lesquelles on aperçoit la ville. Des spectateurs mi-coupés par la bordure.

13. *Le Défi.* (Fragment de la pièce précédente. Entre-fenêtres.)

14. *Coriolan sollicité par sa mère Véturie.*

Toujours coiffé de son casque à dragon ailé, Coriolan, venant de gauche, va à la rencontre de sa mère qui, couverte d'un voile et suivie de ses femmes, s'avance vers lui. (Entre-fenêtre sans bordures latérales.)

15. *Coriolan recevant sa famille.*

Coriolan sort vivement de sa tente pour se précipiter au-devant de sa mère, de sa femme et de ses deux petits enfants. Derrière les femmes, des soldats portent des enseignes (pl.).

16. *Coriolan vaincu par Cornélie.*

Précédée de ses deux enfants, suivie de Véturie, la belle Cornélie parle à Coriolan. Des gens assistent à la scène, appuyés sur la balustrade du fond. Statues dans les niches de l'architecture du fond.

17. *Coriolan mis à mort par les Volsques.*

Coriolan est attaqué par des hommes armés. Celui de gauche le poignarde au ventre, les autres le menacent de la lance et de l'épée. Fond d'architecture. Grande foule massée devant le palais de gauche.

INVENTAIRE GÉNÉRAL DU MOBILIER DE LA COURONNE (1663).
TAPISSERIES REHAUSSÉES D'OR.

Nº 14. Coriolanus. — Une tenture de tapisserie de laine et soye, relevée d'or, fabrique de Paris, dessein de Lerambert, représentant l'*Histoire de Coriolanus*, dans une bordure fond brun à cartouches, dont il y a huit fonds d'or avec grisailles, quatre aux quatre coins, fond rouge, avec des muffles de lion, et quatre dans les milieux, fond bleu avec des H, deux sceptres et une espée entrelassez; contenant soixante-six aunes de cours sur trois aunes 7/8 de hault, en dix-sept pièces doublées de toille en plein.

En 1685. Coriolan, 17 pièces réparées par Villiers, tapissier, 550ᴴ, n° 14. (Arch. nat., O¹. 2822.)

1685. *Raccomodage de tapisseries.* — A Villiers, tapissier, 550 livres pour avoir raccomodé et reprisé les relais de la tenture de tapisserie de Coriolanus, en 17 pièces, et l'avoir garnie de surfaix suivant quittance du 17 août. *(Menus plaisirs du Roy, O¹ 2822.)*

En 1789. Citée, sans la mesure des pièces, sur l'« État général des tentures de tapisseries, thermes et portières de diverses manufactures ».

27 septembre 1790. Paris, 17 pièces à or, n° 14. *Histoire de Coriolan.* Estima-tion pour la réparation, savoir :

Rentrayeur 833ᴴ
Ouvrières 286ᴴ
TOTAL 1119ᴴ

Cette suite est conservée au Mobilier national :

NUMÉROS.	SUJETS.	HAUTEUR.	LARGEUR.	ATELIER.	MARQUES.	EMPLACEMENT.
1	Coriolan à cheval . . . . Fragment. Entre-fenêtres. Sans bordure latérales.	4ᵐ 53	2ᵐ 10	Fᵉ Saint-Marcel.	ꟿ	Garde-Meuble.
2	Coriolan recevant la couronne civi- que	4 80	4 86	Idem.		Idem.
3	Coriolan accusé	4 72	6 31	Idem.	Idem.	
4	Coriolan banni de Rome	4 70	5 10	Idem.	Idem.	
5	Coriolan jure une haine éternelle à Rome	4 63	5 34	Idem.	P + P	Ambassade de France à Rome.
6	Coriolan implore le roi des Volsques.	4 68	6 30	Idem.	Marques arrachées.	Garde-Meuble.
7	Coriolan jure fidélité au roi des Volsques	4 64	3 50	Idem.	Idem.	Idem.
8	Préparatifs pour le combat	4 59	3 79	Idem.	ꟿ	Idem.
9	Coriolan attaque Rome	4 70	5 40	Idem.	Pas de marque, lisière enlevée.	Idem.
10	Coriolan vainqueur est complimenté par le roi . . . . Fragment. Entre-fenêtres. Sans bordures latérales.	4 55	3 04	Idem.	Marques enlevées avec la lisière.	Idem.
11	Coriolan reçoit une députation de Rome	4 65	3 49	Idem.	Pas de marque.	Idem.
12	Cornélie est envoyée à Coriolan	4 75	6 30	Idem.		Idem.
13	Le Défi . . . . Fragment de la pièce ci-dessus. Entre-fenêtres. Sans bordures latérales.	4 46	2 30	Idem.	ꟿ	Idem.
14	Coriolan sollicité par sa mère Véturie. Entre-fenêtres. Sans bordures latérales.	4 60	2 60	Idem.	Pas de marque.	Idem.
15	Coriolan recevant sa famille	4 50	6 42	Idem.		Idem.
16	Coriolan vaincu par Cornélie	4 70	5 15	Idem.	Pas de marque.	Idem.
17	Coriolan mis à mort par les Volsques.	4 71	5 25	Idem.		Idem.

Bordures. — Fond brun à cartouches. Sur huit pièces, les cartouches ont un fond d'or avec grisailles; sur quatre, aux quatre coins, un fond rouge avec des mufles de lion, et quatre dans les milieux, un fond bleu avec des H, deux sceptres et une épée croisés. La banderole qui attache les sceptres en sautoir porte la devise : « *Duo protegit unus* ».

INVENTAIRE GÉNÉRAL DU MOBILIER DE LA COURONNE (1663).

TAPISSERIES LAINE ET SOIE.

N° 9. Coriolanus. — Une tenture de tapisserie de laine et soye, fabrique de Paris, manufacture des Gobelins, dessein de Lerambert, où est représentée l'*Histoire de Coriolanus*, dans une bordure fond vert avec rinceaux; les armes de France et de Navarre dans le hault, soustenues de deux anges, de quatre autres petits anges dans les quatre coins de chaque pièce, et dans le milieu du bas une cartouche dans laquelle est une petite figure couchée; contenant 29 aunes de cours, sur 3 aunes 1/4 de hault, en huit pièces, dont quatre sont doublées.

Cette tenture, qui ornait le château de Chambord, fut vendue le 9 vendémiaire 1794.

N° 119. — Une tenture de tapisserie de haute lisse, fabrique de Tours, représentant l'*Histoire de Coriolanus*, dans une bordure remplie de feuilles et de fruits, entre deux guillochis d'oves blancs et bleus, et au milieu de la dite bordure sont des figures couleur de bronze dans des cartouches, le tout sur un fond brun; contenant 24 aunes de cours, sur 3 aunes de hault, en huit pièces doublées à plein de toile verte.

L'atelier de Tours était une annexe de l'atelier parisien de F. de La Planche et Marc de Comans. La bordure à cartouches indique bien que cette suite était du temps.

Cette tenture, qui était à Saint-Cloud en 1786, fut retirée en 1788. (Archives, O¹ 3505.)

Nous avons eu sous les yeux une pièce de cette tenture (fragment de gauche de *Coriolan implore le roi des Volsques*). Le dessin est un peu rude, il doit avoir été exécuté à Tours ou à Amiens.

La bordure est la même que celle qui est décrite dans la suite de Chambord, avec cette différence que les armes de France et de Navarre sont entourées de quatre Amours ailés et non de deux.

Pas de cartouche dans la bordure du bas, mais un mascaron.

TENTURE DU CARDINAL BARBERINI.

Collection Barberini, acquise par M. Ffoulke, de Washington. Cinq pièces offertes par Louis XIII au cardinal François Barberini, légat du Pape en 1625 :

1. Cominius crowning Caïus Marcins and naming him Coriolanus.

H. 12 ft. 2 in., W. 12 ft. 10 in.

Mark P ✿. Sign.

II.   Coriolanus summoned before the tribunes.

  H. 12 ft. 3 in., W. 18 ft. 7 in.

  Mark P ✿ P.

III.   Coriolanus condemned to perpetual banishment.

  H. 12 ft. 0 in., W. 7 ft. 5 in.

IV.   Coriolanus bidding farewell to his mother, wife and children.

  H. 12 ft. 1 in., W. 14 ft. 0 in.

  Mark P ✿. Signé ⫯

V.   Assassination of Coriolanus.

  H. 12 ft. 3 in., W. 10 ft. 10 in.

Appartient aujourd'hui à Mrs. Phœbe A. Hearst (États-Unis).

FRAGMENT DU «REPAS».
GRAVURE DE JEAN LE CLERC POUR LES «AMOURS DE GOMBAUT ET MACÉE».

LES
AMOURS DE GOMBAUT ET DE MACÉE.

L'INVENTION de ce roman destiné à célébrer les joies de la campagne et les plaisirs des paysans remonte aux dernières années du xve siècle, alors que, par suite de l'éloignement des gens de guerre qui combattent maintenant en Italie, la vie des champs retrouve une sécurité qu'elle avait depuis longtemps perdue.

Dès le début du xvie siècle, nous trouvons la mention de tapisseries représentant les principales scènes de ce roman, exécutées d'après des cartons inspirés de gravures sur bois dont deux suites nous ont été conservées, l'une dans la collection Fenaille, et l'autre au Cabinet des Estampes de la Bibliothèque nationale[1]. Ces deux suites, de huit gravures chacune, sont semblables, sauf de très légères variantes dans le texte des nombreuses légendes placées près de chaque personnage. Le numérotage de ces légendes n'existe pas dans la suite du Cabinet des Estampes. L'adresse de l'artiste, qui se trouve au bas de la dernière planche, est plus complète

[1] Le Cabinet des Estampes conserve en outre, dans le tome 18 de la collection Hennin, cinq autres gravures de cette série, mais d'un moins bon tirage, et une gravure sur cuivre représentant la *Noce de Gombaut et de Macé* publiée par «H. Bonnart, au Coq». M. Masson possède une suite de ces huit gravures éditées à Lyon, chez Claude Savary.

48.

dans la suite de la collection Fenaille ; la voici : « A Paris par Jehan le Clerc, rue Frementel, à l'Estoille d'Or, pres le Cloz Bruneau — Avec privilege du Roy ». Sur la gravure du Cabinet des Estampes, le privilège est limité à dix ans.

Dans son *Essai sur l'histoire de la gravure sur bois*, Ambroise Firmin-Didot place Jean Leclerc à la fin du XVIe siècle. Cet artiste travaillait sous les règnes de Henri III et de Henri IV. Il peut très bien être l'auteur de ces planches, où il reproduisit peut-être des dessins plus anciens.

Ces gravures représentent en des scènes parfois risquées, et dont les strophes expliquent, en l'aggravant, le sens, les joies de la vie des champs, les plaisirs de la jeunesse, puis le mariage, et bientôt les soucis, la vieillesse et la mort. Jules Guiffrey en a donné l'analyse et a publié le texte des légendes dans son étude sur la tenture de *Gombaut et Macée* conservée au musée de Saint-Lô [1].

1. La Chasse aux papillons.

Bergers et bergères courent dans la campagne après les papillons, dénichent les oiseaux, trempent la soupe, jouent de la cornemuse, se rafraîchissent au bord d'une mare. Des tercets et une piécette de cinq vers expliquent, comme dans les gravures suivantes, la scène.

2. Le Jeu de boules ou de tiquet.

Sur un petit cours entouré d'un bas treillage, deux femmes et un homme jouent au tiquet. D'autres couples, des bergers et leurs troupeaux agrémentent le paysage.

3. La Danse.

Bergers et bergères ont déposé panniers et houlettes, et dansent un branle ; au milieu, au pied d'un arbre, le joueur de musette.

4. Le Repas.

Les couples festoient, assis à terre, et interpellent des cavaliers qui passent à gauche, sous les arbres, le faucon au poing. Dans le fond, le château, et à côté une maison de paysan.

5. Les Fiançailles.

Un vieillard unit les mains de Gombaut et de Macée. Bergers et paysans les entourent. A droite, un astrologue.

6. La Noce.

Macée, couronnée de fleurs d'oranger, s'avance entourée de parents et d'amis et précédée du joueur de musette ; en face d'elle, Gombaut. A gauche, les apprêts du festin, troublés par la voracité d'un chien qui se sauve avec un bon morceau.

---

[1] Jules GUIFFREY. *Les amours de Gombault et de Macée, étude sur une tapisserie du Musée de Saint-Lô*. Paris, Charavay, 1882, gr. in-4°.

7. *Le Loup.*

Au fond à gauche, sur le versant d'une colline boisée, les bergers courent après un loup qui a ravi une brebis. Au premier plan, Gombaut, âgé, la jambe prise dans un piège; Macée, un vieillard, d'autres encore viennent à son secours et épiloguent sur le malheureux sort de l'homme pris dans les filets du mariage.

8. *La Mort.*

La Mort, un squelette armé d'une faux, poursuit troupeaux, bergers et bergères qui s'enfuient épouvantés. (Fig. ci-dessous.)

LA MORT.
GRAVURE DE JEAN LE CLERC POUR LES «AMOURS DE GOMBAUT ET MACÉE».
(Collection M. Fenaille.)

La bordure de ces gravures où les chiens, les moutons et les bergers se mêlent aux houlettes et aux bâtons, aux musettes et aux filets enrubannés, ne semble pas avoir été reproduite en tapisserie.

Le peintre Laurent Guyot, qui, au début du XVIIe siècle, travaillait pour les tapissiers des Gobelins, s'occupa tout particulièrement, assure Félibien, des cartons de

Gombaut et Macée[1]. Sans doute ne fit-il que rajeunir les anciens modèles dont les estampes de Le Clerc nous ont conservé le type.

Le sujet fut fréquemment traité par les tapissiers de Paris et de la province, ceux d'Aubusson entre autres, surtout au temps de Henri IV et de Louis XIII. Les sujets sont interprétés plus ou moins librement, les bordures modifiées ne conservant de celles des gravures que le souvenir des chiens et des objets champêtres; les tercets sont différents dans chaque atelier; dans certaines tentures même, ils sont supprimés. Ces tapisseries se trouvaient fréquemment dans les intérieurs d'alors, et il y est fait maintes fois allusion dans les pièces du temps, comme dans le ballet de *Cassandre*, de Benserade, représenté en 1651, et aussi dans l'*Avare* de Molière, où la tenture de *Gombaut et Macée* est comptée avec de vieilles hardes comme complément du prêt proposé à Cléante, ce qui semble indiquer que le sujet commençait à ne plus être fort à la mode (1667). A la fin du XVIIᵉ siècle, ces scènes parurent trop grossières à une société élégante et raffinée, et le sujet fut abandonné.

Les inventaires du XVIᵉ et du XVIIᵉ siècle signalent souvent des tentures de *Gombaut et Macée*. La plus ancienne mention connue est celle de l'inventaire de la succession de Florimond Robertet, dressé le 4 août 1532. Parmi d'autres tentures, la plupart à sujets historiques, se trouve celle de *Combault et Massée*.

L'inventaire dressé après le décès de Charles de La Porte, duc de La Meilleraye, grand maître de l'artillerie de France, mort le 8 février 1664, porte entre autres :

Item, une tenture de tapisserie de Gombault et de Massée, contenant huit pièces, faisant vingt-cinq aulnes ou environ de cours, sur trois aulnes de hauteur, fabrique de Tours, où il y a plusieurs écriteaulx, prisé mille livres.

L'inventaire des tapisseries, tableaux, bustes et armes de Louvois, dressé en 1688, contient une mention semblable :

Nᵒ 68. Huit pièces de tapisserie de l'*Histoire de Gombault et Massé* ...... 24 aunes sur 3.

De ces tapisseries exécutées en Flandre et dans les ateliers français de province, à Aubusson, à Tours notamment, il subsiste encore une tenture complète provenant du château de Laune, et conservée depuis 1840 au musée de Saint-Lô, et quelques pièces éparses, comme celle du *Repas*, au musée de Saint-Omer. Le château de Montal en renferme trois, encore tout imprégnées du style de la Renaissance, deux à fond bleu (nᵒˢ 1 et 2), exécutées sans doute à Tours, et une à fond rouge (nᵒ 3), provenant des Flandres. La Ville de Paris possède deux pièces des Flandres figurant : l'une, la moitié de gauche de la *Chasse aux papillons* (1); l'autre,

---

[1] *Entretiens sur les vies et les ouvrages des plus excellents peintres*, éd. 1725, t. III, p. 327.

HISTOIRE DE GOMBAUT ET MACÉE

LE JEU DE TIQUET.

ATELIER DU FAUBOURG SAINT-MARCEL.

le Loup (7). Un exemplaire presque semblable de la *Chasse aux papillons* était dans la collection Monna Delza (vente 25 juin 1921).

La manufacture des Gobelins de Henri IV tissa également des tentures de cette série d'après les cartons où Laurent Guyot renouvela et rajeunit le sujet, et nous en trouvons mention dans l'Inventaire de l'Hôtel de Canaye dressé en 1627, à la mort de François de La Planche :

Item, une tenture de tapisserye de l'*Histoire de Combault et Macée*, contenant sept pieces relle-vées de soye, ayant 3 aulnes de haulteur et de cours ensemble 22 a. 3/4, faisant 68 a. 1/4 en carré, prisé l'aulne 36ʰ... 2,459ʰ

Et parmi les modèles, « desseins peintz à destrampe sur pappier », conservés au même Hôtel des Canaye :

Item, huit autres pieces représentant l'*Histoire de Combault et Massée*, garnyes de leurs bordures, prisez... 75ʰ

C'est sans doute cette même tenture que nous trouvons décrite dans l'Inventaire général du mobilier de la Couronne, sous le n° 11 des « tapisseries de haulte et basse lisse de laine et soye » :

11. GOMBAULT ET MACÉE. — Une tenture de tapisserie, fabrique de Paris, manufacture des Gobelins, représentant les *Nopces de Gombault et Macée*, dans une bordure fond rouge-brun avec rinceaux et crotesques, quatre camayeux dans les milieux, et quatre chiens aux quatre coins ; contenant 23 aunes de cours sur 3 aunes de hault, en sept pièces doublées par bandes.

Elle était encore dans les magasins en 1789, prisée 200 livres ; les réparations à y faire étaient estimées 120 livres.

Parmi les pièces de Paris proposées au cardinal Barberini pour ses collections de Rome, on relève la mention d'une tenture qui est peut-être celle de *Gombaut et Macée* : « Un parato de *Paesi*, contiene tre alle d'altezza e vinticinque di giro, vale scudi 900 ».

Le Musée des Gobelins possède une pièce d'une tenture de *Gombaut et Macée* sortie des ateliers des Gobelins (pl.)[1]. C'est le *Jeu de boules ou de tiquet*, exécuté à Paris par François de La Planche, dont le monogramme est tissé près de la bor-dure, dans la lisière, en bas à droite .

La scène est en contre-partie des gravures, et mise à la mode nouvelle, sans doute d'après les cartons de Laurent Guyot. La bordure est à peu près celle de la tenture que décrit l'Inventaire des meubles de la Couronne, avec les fleurs, les quatre

[1] Cette pièce fut achetée 2,000 francs, par autorisation du Ministre des Beaux-Arts, le 7 décembre 1881.

chiens dans les coins et les médaillons dans le milieu. Les paysages en camaïeu sont remplacés, dans les bordures latérales, par des têtes de bouc; en haut, par une femme qui lave; en bas, par deux femmes qui filent.

Une tenture presque complète, exécutée également aux Gobelins, est aujourd'hui conservée chez le comte de Buccleuch, à Boughton House Kettering. Elle fut sans doute achetée en France par le duc de Montagu, ambassadeur auprès de Louis XIV en 1669. Cette tenture comprend sept pièces, y compris la *Mort*. C'est le n° 4, *le Repas*, qui manque. Les sujets, très finement traités, sont en sens inverse de ceux des gravures, comme dans la pièce du *Jeu de boules* à la marque de Paris conservée au Musée des Gobelins. Cette dernière pièce est exactement semblable au *Jeu de boules* de la tenture du comte de Buccleuch, sauf que dans celle-ci les légendes sont supprimées.

NUMÉROS.	SUJETS.	MARQUES.
1	*La Chasse aux papillons*	Pas de marque, bordure du bas coupée.
2	*Le Jeu de boules*	
3	*La Danse*	
5	*Les Fiançailles*	
6	*La Noce*	
7	*Le Loup*	
8	*La Mort*	

Ces marques et monogrammes prouvent que cette tenture fut exécutée à Paris, dans les ateliers de la manufacture du faubourg Saint-Marcel, sous la direction d'Hyppolite de Comans et de Filippe Maëcht.

Les bordures, les unes sur fond bleu très foncé, les autres sur fond rouge, sont très voisines, comme dessin, de celles de la pièce des Gobelins.

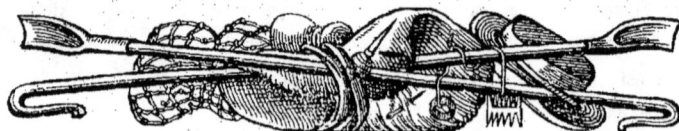

LE «PASTOR FIDO».

TAPISSERIE DE FLANDRE.

(Château d'Épinay.)

LE «PASTOR FIDO».

Depuis les dernières années du XVIe siècle, Henri Lerambert, peintre du roi, chargé de « travailler aux patrons de tapisseries que S. M. fait faire des œuvres de haute lisse et de marche », approvisionnait les ateliers de tapisserie parisiens, et en particulier la manufacture des Gobelins, de cartons et de modèles tirés des dessins et maquettes que lui fournissaient les artistes en renom. A sa mort, Henri IV établit un concours entre les quatre peintres qui sollicitaient sa succession : Guillaume Dumée, Laurent Guyot, Gabriel Honn et de Hery. Le concours eut lieu le 2 janvier 1610. Les œuvres de Guyot et Dumée furent jugées les meilleures, et les 600 livres de la charge de Lerambert, auxquelles on ajouta les 300 livres de gages dont jouissait Dumée pour les peintures du château de Saint-Germain-en-Laye, furent partagées entre les deux peintres agréés qui reçurent chacun 450 livres de gages par an.

Les artistes avaient dû choisir le sujet de leur tableau de concours dans *Il Pastor fido*, tragi-comédie pastorale alors très à la mode, en vers, par J.-B. Guarini

(1537-1612), dont la première édition parut en 1590 et qui, du vivant de l'auteur, n'eut pas moins de quarante éditions, en toutes langues.

A peine établis dans leur charge, Guyot et Dumée exécutèrent pour les Gobelins une série de cartons tirés de ce même *Pastor fido*, et la tenture fut aussitôt mise sur métiers. L'inventaire dressé à la mort de F. de La Planche, en 1627, en contient un grand nombre de mentions :

Au magazin estant aud. Hostel des Canayes :

Item, une autre tenture de tappisserye rehaulsée de soye, représentant l'*Histoire du Pastor fido*, contenant 8 pièces, ayant 3 a. 1/4 de haulteur et 25 aulnes de cours, revenant ensemble à . . . . 3,150^{tt}

Item, une autre tenture de tapisserye de lad. *Histoire du Pastor fido*, contenant 8 pièces, réhaulsées de soye avec un peu d'or, ayant 3 a. 1/3 de haulteur et 27 aulnes de cours, revenant à . . . . 5,940^{tt}

Item, 4 pièces de tapisserye de l'*Histoire du Pastor fido*, rehaulsée de soye, de 3 aulnes de haulteur, la 1re appelée ung trente; la 2e ung vingt cinq; la 3e et la 4e appelées ung vingt, ayant de cours 12 aulnes, revenant à . . . . 1,296^{tt}

Ensuict six tentures de tappisseryes qui sont es mains dudit sieur Raphaël de La Planche, filz dud. deffunct :

Item, une tenture de tapisserye contenant 8 pièces, représentant l'*Histoire du Pastor fido*, rehaulsée de soye, ayant 3 a. 1/2 de hault et 29 aulnes de cours..., revenant à... 6,105^{tt}

Item, une autre tenture représentant l'*Histoire du Pastor fidelle*, contenant 8 pièces rehaulsée de soye de 3 aulnes de haulteur et 25 aulnes de cours . . . . 4,500^{tt}

Ensuict les tappisseryes encommencées estant sur les mestiers trouvez ès boutiques estant aud. hostel des Canayes :

En la boutique neufve a esté trouvé ce qui s'ensuict :

Item, trois pièces faisant le commencement d'une tenture du *Pastor fido*, rehaulsée de soye, la 1re où est représenté comme *il baise le chien*..., la 2e où est *Amarille qui donne à Eleine Missette*..., la 3e où est le *père de Silvio et d'Amarille*. . . . . 383^{tt} 5.

Item, deux autres pièces de l'*Histoire du Pastor fido*, rehaulsée de soye, la 1re où est représenté le *sacrifice d'Aminthe*..., la 2e où est *Silvio qui baise son chien*. 90^{tt}

Ensuict ce qui s'est trouvé dans la boutique de Pierre Brimard :

Premièrement, une pièce de tapisserye de l'*Histoire du Pastor fido*, rehaulsée de soye.

Item, cinq autres pièces de ladite *Histoire du Pastor fido* [mesurant jusqu'à 5 a. 1/4 de haut]. Toutes les sommes revenant ensemble à . . . . 499^{tt} 10

Ensuict ce qui s'est trouvé dans la boutique de Jehan de la Croix, mestre tappissier, estant au bout de la rue Gobelin, proche ledit hostel des Canayes :

Item, 3 pièces de tappisserye faisant le commencement d'une tenture du *Pastor fido*, rehaulsée de soye, la 1re appelée quarante..., la 2e appelée vingt-cinq..., la 3e appelée trente. 330^{tt}

Item, 2 autres pièces faisant un autre commencement de l'*Histoire du Pastor fido*, rehaulsée de soye, la 1re appelée trente cinq..., la 2e appelée vingt cinq . . . . 535^{tt} 10

Item, une pièce de l'*Histoire du Pastor fido* . . . . 276^{tt}

Item, une autre pièce estant parfaict de l'*Histoire du Pastor fido*, de 5 aulnes demy cart de hault sur 6 aulnes de large, prisé . . . . 369^{tt}

Ensuict ce qui s'est trouvé dans la bouticque de Robert Alleaume, maistre tappissier, scize en lad. rue Gobelin, proche led. hostel des Canayes :

Premièrement, trois pièces faisant le commencement d'une tenture de tappisserye de l'*Histoire du Pastor fidelle*, rehaulsées de soye : la 1ʳᵉ appelée trente..., la 2ᵉ appelée vingt-cinq..., la 3ᵉ appelée aussy vingt-cinq 249ᴵᴵ

En la bouticque de Josse de la Haicque, maistre tappissier, scize en lad. rue des Gobelins, proche led. hostel ;

Item, une pièce faisant partie de l'*Histoire du Pastor fido*, rehaulsée de soye 322ᴵᴵ 10

En la bouticque de Claude de la Pierre, maistre tappissier, scize Grande rue Mouffetard, contre et attenant ledit hostel des Canayes :

Item, une autre pièce du *Pastor fido* 34ᴵᴵ 10

Ensuict les desseins pintz à destrampe sur pappier trouvez aud. hostel des Canayes :

Item, huict pièces représentant l'*Histoire du Pastor fido*, garnyes de leurs bordures, prisez 100ᴵᴵ

A la mort de Marc de Comans en 1644, des difficultés survinrent entre les héritiers Comans et les héritiers de La Planche, et, dans l'attribution des tentures, « il fut reconnu qu'il y avait entre les mains desdits de La Planche sept pièces de tapisseries du *Pastor fido,* qui avaient été baillées en gage à la dame de Neubourg pour 2,000 livres »[1].

A partir du milieu du xvıⁱᵉ siècle, la vogue de cette tenture diminue, et l'inventaire de la manufacture du faubourg Saint-Germain du 27 septembre 1661 n'en porte qu'une brève mention :

Et le 30ᵉ et dernier jour d'octobre 1661, led. de La Planche père a fait la déclaration suivante :

Scavoir : qu'il a en sa possession deux pièces de la tapisserie du *Pastor fido*... qui appartiennent au sieur du Croissant, son frère, et à ses deux sœurs, dont il est chargé en justice...

Nous n'avons pu retrouver d'exemplaires des nombreuses pièces tissées alors à Paris. Il en subsiste sans doute dans les collections particulières ; elles sont assez difficiles à identifier. Nous reproduisons en tête de ce chapitre la première pièce d'une tenture du *Pastor fido*, exécutée probablement en Flandre et provenant des collections du roi don François d'Assise, pièce qui se trouvait au château d'Épinay en 1900.

Une tenture du *Pastor fido* est mentionnée parmi les tapisseries proposées au cardinal Barberini pour ses collections ; elle mesure 3 a. 1/2 de haut et 25 de cours et est prisée 1,200 écus.

On en relève la mention dans les inventaires suivants.

---

[1] Factum pour Catherine Vandernesse, fille de dame Catherine de Comans, contre Nicolas Grassot et consorts, représentant les héritiers de La Planche (Bibl. Nat., Fm. 5084).

Dès 1643, à la vente des biens de Cinq-Mars :

Une autre tanture de tapisserie de haulte lisse des Gobelins, rehaussée de soye representant l'*Histoire du Pastor Fidel* en neuf pièces garnye de toille de trois aulnes de hault ou environ sur vingt cinq, a vingt six aulnes de cours, prisée et estimée 1,800 livres a M. l'abbé d'Effiat, pour la somme de 2,500 livres.

(Archives de Monaco, R° 3.)

L'inventaire de Mazarin, en 1661, signale au château de Vincennes, dans l'antichambre, près la cour, à main gauche :

Une tanture de tapisserie, fabrique de Paris, de laine et soie a diverses branches et fruictz liez ensemble fondz blanc ayant dans le millieu une medaille dans un grand cartouche, representant la fable du *Pastor fido*, avecq sa bordure de festons de fleurs et fruicts au millieu de laquelle sont les chiffres de la feue reyne mere et dans les quatre coins des fleurs de lis couronnees, ladicte tenture composée de 7 pieces garnie de toile par bandes ayant de haulteur trois aulnes cinq douzieme, de tour vingt quatre aulnes un tiers, prisé la somme de deux mil livres.

(Bibliothèque nationale, Dép. des mss, Mélanges Colbert, vol. 75, fol. 635 v° et 636 r°.)

L'inventaire de Mazarin donne le tour de chaque pièce :

La première, 5 1/2; la deuxième, 5 2/3; la troisième, 3; la quatrième, 2 1/3; la cinquième, 3 3/4; la sixième, 2; la septième, 2 1/2.

De l'inventaire de 1683, dressé après le décès de Colbert :

Tapisseries de haute lisse :

Item, fabrique ancienne du Louvre, représentant le *Pastor fido*... .... 1,000ᵗᵗ

L'Inventaire général du mobilier de la Couronne, du 20 octobre 1665, mentionne parmi les tapisseries de haute et basse lisse de laine et soie :

5. PASTOR FIDO. — Une tenture de tapisserie de haulte lisse, de laine et soye, fabrique de Paris, manufacture des Gobelins, dessein de Guyot et Dumay, représentant la tragicomédie de *Pastor fido*, dans une bordure fonds de grisailles, remplie de carquois, branchages et testes de chien et de cerf, les armes de France et de Navarre dans le milieu du hault, deux sceptres croisez sur une L dans le milieu du bas, et quatre figures de grisaille aux quatre coins; contenant 107 aunes de cours, sur 4 aunes de hault, en 26 pièces, dont une dessortie, doublée par bandes de toile blanche.

Cette tenture est décrite en détail dans un autre exemplaire du même inventaire dressé par Gédéon du Metz, et conservé aux archives de l'Oise (série E, fonds du Metz de Rosnay, n° 7), que nous a signalé M. Paul Alfassa. Malheureusement, la description des dix dernières pièces manque.

Une tenture de tapisserie de laine et soye, fabrique des Gobelins, dessein de Dumay et Guiot, représentant la tragicomédie du *Pastor fido* en 26 pièces, contenant 107 aunes de cours sur 4 aunes de hault.

La 1ʳᵉ représente Silvio s'en allant à la chasse du sanglier avec plusieurs bergers, rencontre Linco, vieux pasteur, domestique de son père Montan «par l'ordre duquel il le veut induire à l'amour d'Amarillis fille de Titire, à quoy il résiste n'ayant autre inclination que pour la chasse». Contenant 5 aunes.

La 2ᵉ pièce représente Ergaste et Mirtil qui s'entretiennent ensemble de l'origine des sacri-fices sanglans, contenant 5 a. 1/3 : «Ce qui est raconté par Ergaste, berger, a son amy Mirtil touchant l'origine des sacrifices sanglans que l'on faisoit tous les ans a Diane d'une bergère ou de celuy qui se vouloit offrir pour elle, l'histoire est telle : Aminte, jeune berger et prestre de Diane, estant devenu amoureux de la nimphe Lucrine, fut longtemps amuzé par elle et puis trahy, s'estant la nymphe donnée à un berger beaucoup inférieur a Aminte tant en naissance qu'en mérite, de sorte qu'indigné, il fit sa prière à la déesse de laquelle il estoit le prestre et la conjura de venger la trahison que la nymphe avoit fait à son fidèle amour. La déesse exauça sa requeste et envoya une maladie contagieuse qui dépeupla en peu de temps l'Arcadie d'un grand nombre d'habitans de tout sexe; on eust recours à l'oracle, les remèdes humains estans inutils, lequel répondit qu'il faloit immoler Lucrine, nymphe perfide à la déesse ou quel-qu'autre qui se donnast volontairement pour elle et par les mains d'Aminte, ce qui estant proche d'estre exécuté, la nymphe ayant vainement attendu que son amant favorisé s'offrist à la mort pour elle, regretant publiquement son mauvais choix, se disposoit à mourir, lorsqu'Aminte devint le sacrificateur et la victime, et d'un coup de poignard s'immola à la déesse irritée pour expier l'infidélité de Lucrine. Elle, prenant le poignard, s'immola ensuitte à la trop généreuse passion de son Aminte.» Contenant 5 a. 1/3.

La 3ᵉ pièce représente Montan sacrificateur, père de Silvio, qui rencontre Titire père d'Amarillis et luy déclare un songe qu'il avoit fait la nuit précédente «dans lequel il luy avoit esté clairement représenté comme un vieillard tout nud sortant de l'eau, luy rend son fils aisné que vingt ans auparavant luy avait esté ravy par une soudaine inondation arri-vée par le débordement du fleuve Lado, et ce mesme vieillard l'avertit en son songe de prendre garde de ne pas tuer luy mesme cet enfant qu'il luy rendoit». Contenant 5 a. 1/4.

La 4ᵉ représente Titire et Montan qui concluent leur entretien par un sacrifice qu'ils font Titire d'un bouc à Pan «dont il tiroit son origine» et Montan d'un taureau à Hercule «dont il estoit issu, et ce pour la félicité des noces futures». Contenant 2 aunes.

La 5ᵉ, Mirtil raconte à Ergaste ce qui est représenté dans cette pièce qu'estant en Elide, Amarillis y fut conduite par sa mère ou il en devint amoureux et ayant ouvert son cœur a une sœur qu'il avoit, elle l'habille en nymphe chasseresse afin qu'il peust estre admis aux divertissemens des autres nymphes aydé de sa beauté naturelle et de sa jeunesse; contenant ladite pièce 3 a. 2/3.

La 6ᵉ, Mirtil achève de conter à Ergaste le succès de son déguisement et comme ayant esté proposé par les nymphes qu'il falloit qu'Amarillis, comme la plus belle, fust baisée par toutes les autres et jugeast qui auroit donné le plus doux baiser; Mirtil, déguisé, la baise et la nymphe déclare son baiser le plus tendre et le plus passionné.

La 7ᵉ représente Dorinde qui entretient Silvio dont elle est amoureuse et qui luy promet de luy rendre Melampe son chien qu'elle avoit adroitement fait cacher pour rendre cette joye à son amant insensible.

La 8ᵉ, Amarillis et Corisque s'entretiennent et la peu fine Amarillis lui fait confidence de l'aversion qu'elle a pour le mariage de Silvio et de l'inclination qu'elle sent naistre pour Mirtil, et Corisque l'engage à un rendez-vous sous prétexte de jouer à l'amour bandé.

La 9ᵉ, un satyre amant mocqué et méprisé de Corisque la rencontre qui se sépare d'Ama-rillis et la saisit au bras, et après beaucoup de prières sans se laisser fleschir la prend par les cheveux pour l'emmener dans sa caverne, mais elle estoit coiffée avec une perruque la lais-sant aller, eschappe au satyre et luy fait faire une chute violente.

La 10ᵉ, une trouppe de bergers qui jouent à l'amour bandé; Amarillis bandée tâche d'en prendre quelqu'une; Corisque cachée dans un buisson fait signe à Mirtil qu'elle avoit averti de se servir de l'occasion.

La 11e, Amarillis séduite par Corisque se cache dans un antre pour surprendre Silvio afin de rompre son mariage, Corisque luy ayant fait croire qu'il était amoureux de Lisette sa servante et qu'ils se retiroient ensemble dans ce lieu pour faire l'amour, et d'autre costé ayant donné rendez-vous a son amant Coridon pour se trouver au mesme lieu, elle fait cacher Mirtil dont elle était passionnée luy ayant dit qu'il verroit comme Amarillis ne méritoit pas d'estre aymé de luy, de sorte que Mirtil désespéré tient son dard à la main pour percer le flanc du rival qu'il croit favorisé d'Amarillis.

La 12e, le satyre croyant que Corisque est enfermée avec Mirtil dans la caverne en bouche l'entrée avec une grosse roche pour la surprendre.

La 13e, le satyre vient trouver le prestre pour accuser Corisque qu'il croit avoir enfermée dans la caverne avec Mirtil.

La 14e, une trouppe de bergers avec Ergaste qui font des réjouissances pour le sanglier que Silvio avoit tué.

La 15e, Amarillis qui a esté trouvée dans la caverne et qui, estant menée au grand prestre, s'évanouit de douleur et est soutenue par Meandre et un autre ministre du temple.

La 16e représente Ergaste et Mirtil qui s'entretiennent...

Raccommodée et doublée en 1685 par la veuve Ferault, tapissier. (Arch. nat., O¹ 2822.)

Seize de ces pièces, peut-être celles qui sont décrites dans l'inventaire de Gédéon du Metz, furent prêtées en 1783 au marquis de Polignac pour son château de Chambord. Elles s'y trouvaient encore à la Révolution :

État des meubles et effets prêtés le 9 mars 1783 par le Garde-Meuble au cy-devant marquis de Polignac pour son château de Chambort, département de Loir-et-Cher :

8 pièces de tapisserie............................	Pastor fido.
3 pièces dittes...................................	Pastor fido.
5 pièces...	Pastor fido.

(Archives nationales, O². 377, p. 33-34.)

Ces 16 pièces furent vendues à la fin de 1792 ou au début de 1793, en suite d'une décision des administrateurs du département de Loir-et-Cher, du 27 octobre 1792, comme le prouve la correspondance échangée à ce sujet par le ministre de l'Intérieur, l'inspecteur du Garde-Meuble et la municipalité de Chambord.

(Archives nationales, O². 373, p. 48; O². 371, p. 82 et O². 370, p. 37.)

HISTOIRE DE DIANE

DE TOUSSAINT DU BREUIL.

OUSSAINT DU BREUIL est l'auteur des modèles.

Ce sont des dessins à la plume lavés de bistre et rehaussés de blanc sur papier bistre. Deux d'entre eux sont conservés au Musée du Louvre : *Diane implorant Jupiter,* n° 3688. H^r o m. 328, L^r o m. 526; et *Sujet antique,* n° 3683, H^r o m. 230, L^r o m. 341, qui rappelle assez la Diane et l'Apollon de la *Mort d'Orion.*

On trouve dans l'inventaire de F. de La Planche de 1627 *huit desseins pintz à destrempe sur papier... huict pièces représentant l'Histoire de Diane garnyes de leurs bordures.*

Sept tapisseries, d'après ces cartons, étaient sur métiers à cette époque.

Quoiqu'il n'y ait que huit dessins, nous connaissons dix pièces de Diane.

En se reportant à l'inventaire de 1627 qui donne l'énumération des ouvrages sur métiers, lors de la mort de F. de La Planche, nous constatons qu'il manque : la *Mort d'Orion,* la *Mort de Chioné, Diane et la nymphe Britomartis.*

Le grand succès qu'eut cette tenture nous permet de penser que, tout naturellement, l'on augmenta la suite de quelques pièces.

Une des tentures du mobilier de la Couronne sous Louis XIV est composée de onze pièces. On y a joint le *Sacrifice d'Iphigénie.*

DESCRIPTION.

1. *L'Accouchement de Latone.*

Entre un palmier et un olivier (la mythologie dit : à l'ombre d'un olivier), Latone accouche de Diane. Les bras de l'épouse de Jupiter étreignent les deux arbres. A droite, on la voit debout, tenant par la main ses enfants Apollon et Diane.

2. *Paysans changés en grenouilles.*

Jupiter métamorphose en grenouilles des paysans qui avaient refusé à Latone de l'eau pour se désaltérer. Apollon et Diane sont auprès de leur mère, au bord d'un marais, à gauche. Au premier plan, un paysan a déjà des nageoires au bas des jambes. Dans le haut, à gauche, un dragon volant emporte Junon. Derrière le paysan qui pose la main gauche sur l'épaule droite de Latone, une grenouille renversée redresse la tête.

Les trois personnages de droite, qui ont de véritables têtes de grenouilles, deviennent dans les pièces postérieures des êtres à visages humains. L'homme aux nageoires du premier plan, primitivement nu, a des vêtements dans les tentures postérieures (Pl.).

3. *Sacrifice à Latone.*

Au fond, Latone, assise sur un autel, tient dans les mains le soleil d'Apollon et le croissant lunaire de Diane. Un prêtre allume le feu d'un sacrifice. A droite, en bas, on amène un taureau. Au milieu, vue de dos, une jeune fille agenouillée. A gauche, Niobé insulte la déesse et s'oppose au culte religieux qu'elle prétend mériter seule (Pl.).

4. *L'Assemblée des Dieux,* ou plus exactement *Diane implore Jupiter.*

Diane, suivie de plusieurs de ses nymphes, s'agenouille devant Jupiter. Elle lui demande la grâce de garder une virginité éternelle, ainsi que Minerve sa sœur, — ou peut-être de venger sa mère Latone de l'injure de Niobé. A droite, Mars et Vénus.

5. *Diane tue les enfants de Niobé.*

Apollon et Diane, en haut, à gauche, vengent leur mère en perçant de flèches les enfants de Niobé : les sept garçons, Sipylus, Agénor, Phaedimus, etc., et les sept filles, Ethoséa, Cleodoxa, Pelopia, etc. Les fils et leurs chevaux sont massés à gauche. Les filles, mortes ou mourantes, entourent leur mère à droite.

6. *Diane tire une flèche sur Orion.*

En haut, à gauche, Apollon défie sa sœur Diane d'atteindre de sa flèche Orion qui chasse dans l'île de Délos. Diane qui est jalouse, parce que le fils de Neptune et d'Euryale s'est laissé enlever par l'Aurore, n'hésite pas à l'en punir; elle tend l'arc et l'atteint mortellement. Auprès de la victime, trois nymphes avec des lévriers. Au premier plan à gauche, la déesse est assise, entourée de ses nymphes et de ses chiens.

7. *Mort de Chioné.*

Chioné, qui préféra sa fécondité à la chasteté de Diane, fut punie par la déesse qui la perça d'une flèche. Elle expire entre ses fils Pilamon et Antolyque. Son père Dédalion s'apprête à se jeter dans la mer en tenant la flèche fatale. Dans le fond, on le voit se précipiter du haut d'un roc.

HISTOIRE DE DIANE.

PAYSANS CHANGÉS EN GRENOUILLES.

ATELIER DU FAUBOURG SAINT-MARCEL.

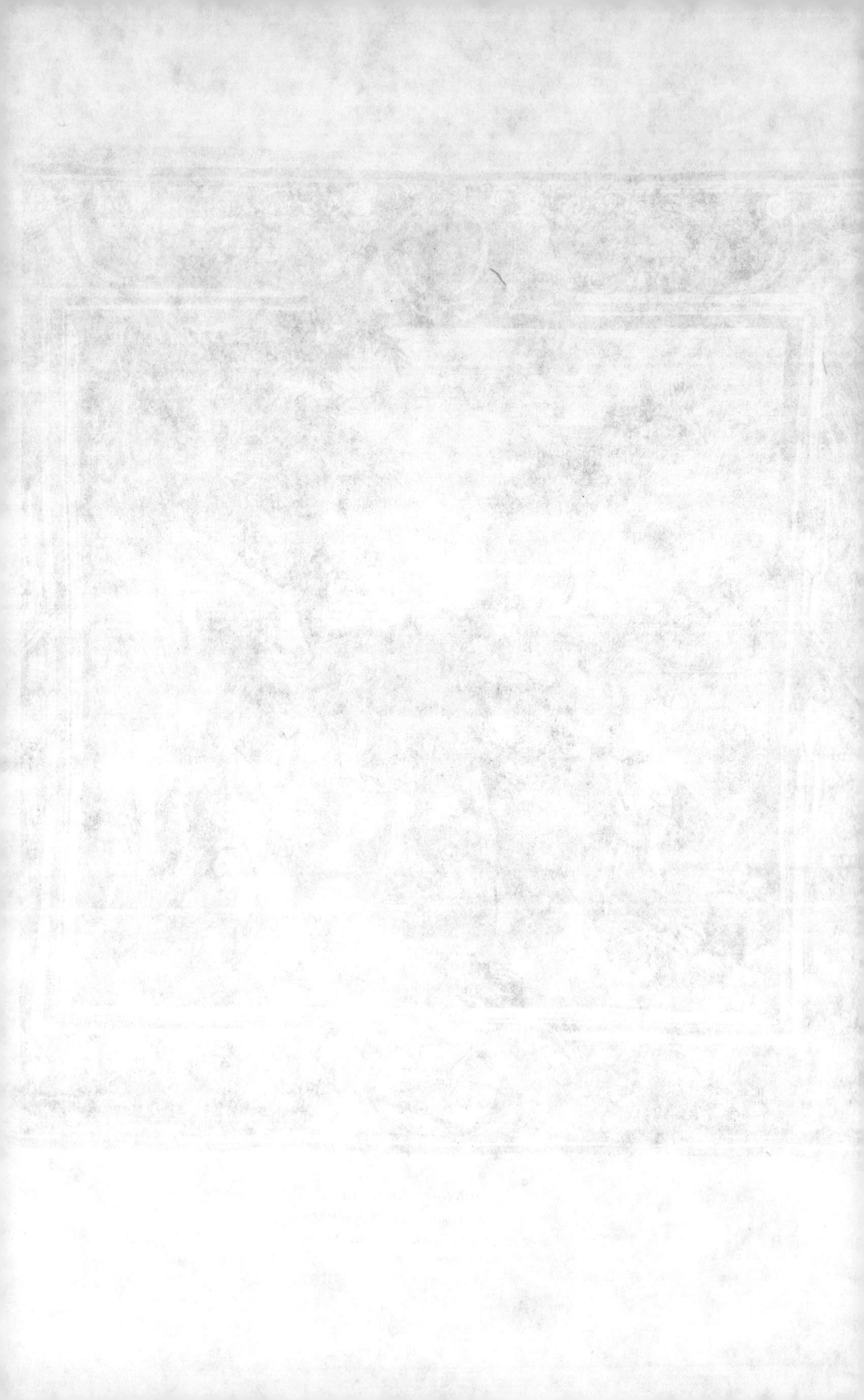

8. *Diane et la nymphe Britomartis.*

Britomartis (en crétois : vierge douce et humaine) se jette dans la mer pour échapper aux poursuites de Minos. Celui-ci, dans le fond, exprime son désespoir; est accompagné de l'Amour. Des pêcheurs jettent leurs filets pour sauver la nymphe (Pl.).

9. *Diane entre les géants.*

Les redoutables Aloïdes, que le poète Homère nomme le divin Otus et le célèbre phialte, avaient osé prétendre à la main de Junon et de Diane. Ils sont devant Diane qui semble s'élancer entre eux, sans doute pour se changer en biche afin de leur échapper et de les laisser s'entre-tuer. A droite, groupe de quatre femmes. Au fond, une chasse au cerf.

10. *Diane seule avec ses lévriers.*

Diane, robe courte, jambes nues, les pieds chaussés de brodequins lacés, tient dans la main gauche un arc, et dans la droite une flèche. Elle s'avance avec ses chiens. Deux arbres, à droite. Dans le fond, une meute poursuit un cerf.

Dans l'inventaire dressé à la mort de François de La Planche, en 1627, on trouve, dans l'hôtel des Canaye, plusieurs tentures de l'*Histoire de Diane.*

Item, une autre tenture de tappisserye rehaulsée de soye, représentant l'*Histoire de Diane,* contenant six pièces, ayant 3 a. 1/4 de haulteur et le cours qui ensuict : la 1re où est *Diane seulle avec ses lévriers,* 2 a. 1/2 demy cart; la 2e *Diane avec Apollo sur ung rocher,* 3 aulnes demy art; la 3e l'*Offrande de la Tonne,* 3 aulnes demy quart; la 4e la *Chasse de Diane,* 3 a. 3/4; la 5e l'*Accouchement de la Tonne,* 3 aulnes; et la 6e l'*Assemblée des Dieulx,* 5 a. 3/4 et demy, touttes les d. pièces contenant 21 a. 1/2 de cours, faisans ensemble 69 a. 3/4 et demy en carré.

Et au magasin des tapisseries :

Item, quatre pièces désorties de l'*Histoire de Diane,* rehaulsées de soye, 3 a. 1/2 de haulteur et de cours : la 1re représentant l'*Assemblée des Dieulx,* de 5 a. 3/4 et demy; la 2e *Diane et Appollon sur un rocher,* 6 aulnes; la 3e *Diane seulle avec ses lévriers,* 2 a. 1/2; la 4e *Comme les paysans furent changez en grenouilles,* 3 a. 3/4 et demy; les bordures composées de différantes façons contenant ensemble 18 a. 1/4 de cours, faisant 63 aulnes en carré.

A la fin de l'inventaire de la manufacture du Faubourg Saint-Germain se lit la note suivante :

Et le 20e et dernier jour d'octobre 1661, le d. de La Planche père a fait la déclaration suivante : Scavoir : qu'il a en sa possession...

Plus une autre pièce de l'*Histoire de Diane* contenant 30 aulnes, qui est aussy à eulx; mais qu'il y a des comptes à faire avec le d. s. du Croissant et damoiselle Marie de La Planche fille.

Dans l'inventaire de Richelieu, en 1643 :

8 pièces façon des Gobelins, *Histoire de Diane,* 30 aunes sur 1/2 de hauteur, 15,000#.

TENTURE DU PALAIS ROYAL DE MADRID.

Celle-ci fut une des premières exécutées. On habilla plus décemment, par la suite, la nudité des *Paysans changés en grenouilles*.

NUMÉROS.	SUJETS.	HAUTEUR.	LARGEUR.	ATELIER.	MARQUES.	EMPLACEMENT.
1	L'Accouchement de Latone........	"	"	Fᵉ Saint-Marcel.	"	Palais Royal de Madrid.
2	Paysans changés en grenouilles (1)..	4ᵐ 53	5ᵐ 15	Idem.		Idem.
3	Sacrifice à Latone...............	4 67	4 06	Idem.	M	Idem.
4	Diane implore Jupiter............	4 52	7 46	Idem.	M	Idem.
5	Diane tue les enfants de Niobé....	4 64	5 60	Idem.	M	Idem.
6	Mort d'Orion...................	4 62	5 22	Idem.	Sans marque.	Idem.
7	Diane protège les desseins de Méléagre (Diane entre les géants)..	4 62	5 15	Idem.	M	Idem.
8	Diane entourée de ses chiens......	5 13	2 57	Idem.	Sans marque.	Idem.

(1) Les paysans de droite ont des têtes de grenouilles.

Bordure. Les écussons latéraux sont ovales. La bordure est ornée de drapeaux. La pancarte centrale de l'angle supérieur desdites tapisseries porte trois écussons d'armes; au milieu, celui des Colonna surmonté d'une couronne ducale; à droite, un écusson en forme d'échiquier dans les carrés duquel alternent l'argent et la pourpre; à gauche, un autre écusson où sont représentés deux loups. L'ornement des bordures consiste en médaillons soutenus par des génies et des satyres placés parmi des palmes et des guirlandes de fleurs.

Monogramme de Filippe Maëcht.

INVENTAIRE GÉNÉRAL DU MOBILIER DE LA COURONNE (1663).
TAPISSERIES REHAUSSÉES D'OR.

17. DIANE. — Une tenture de tapisserie de laine et soye, relevée d'or, fabrique des Gobelins, dessein de Dubreüil, représentant la *Fable de Diane*, dans une bordure fonds d'or à festons de fleurs, de fruits, rinceaux et cartouches; dans le milieu du hault, les armes de France et de Navarre soustenües par six anges de grisaille; aux coins d'en bas, deux satires; dans le milieu des costez, un H d'or sur fonds bleu, et, par le bas, une ovalle fonds bleu avec la devise : *Duo protegit unus*, à trois pièces; et à deux autres, dans le milieu d'en bas, un camayeu couleur de bronze doré; contenant 19 a. 1/2 de cours sur 3 a. 3/4 de hault, en cinq pièces doublées de toille.

Nota. — Que la tapisserie cy-dessus de la *Fable de Diane* estoit autrefois composée de unze pièces; qu'en l'année 1661, au mois de janvier, lorsque la petite gallerie du Louvre, qu'on appelloit la Gallerie des Roys de France, fut bruslée, cette tapisserie y estoit tendüe sur un théâtre; qu'il y en eut une pièce entièrement consommée par le feu et cinq pièces fort endommagées, lesquelles ayant esté raccomodées et racourcies ont servy à composer la tapisserie qui ensuit :

Saint Du Breuil inv.

HISTOIRE DE DIANE.
SACRIFICE A LATONE.
ATELIER DU FAUBOURG SAINT-MARCEL.

(ollection de la Couronne d'Espagne)

Imp. A. Perent.

17 *bis.* Diane bruslée. — Une tenture de tapisserie de laine et soye, relevée d'or, fabrique de Paris, dessein de Du Breuil, représentant partie de la *Fable de Diane* avec sa bordure pareille à la précédente par le bas et par les costez, ayant esté couppé par le hault; contenant 14 aunes sur 2 a. 1/3 de hault, en cinq pièces doublées à plein de toille blanche.

En 1789, les cinq pièces du n° 17 étaient à Paris.

N° 17. 5 pièces à or.

1 pièce 3 a. 1/2, cours 3 a. 1/3, hauteur de la bordure 25 pouces

1 — 1 a. 5/8		
1 — 3 a. 3/4	En très mauvais état et passée,	
1 — 3 a. 1/2	à diminuer de hauteur pour s'en servir.	
1 — 2 a. 1/4		

D'après Boyer de Sainte-Suzanne, ces cinq pièces en basse lisse, portant la devise de Henri IV, représentaient :

1° *Accouchement de Latone et naissance d'Apollon et de Diane ;*
2° *Niobé empêche de sacrifier à Latone ;*
3° *Diane demande à Jupiter vengeance de ce mépris ;*
4° *Apollon et Diane tuent les enfants de Niobé ;*
5° *Diane tire une flèche à Chioné, qui l'avait méprisée.*

Il n'est plus fait mention de cette tenture dans les inventaires qui suivirent, ni dans les listes des pièces sorties.

18. Diane. — Une tenture de tapisserie de laine et soye, relevée d'or, fabrique des Gobelins, dessin Du Breuil, représentant la *Fable de Diane*, dans une bordure fonds d'or à festons de fleurs, de fruits, rinceaux et cartouches; et par le hault, les armes de France et de Navarre soustenües par six anges de grisaille; dans le milieu des costez, une H couronnée sur fonds bleu, deux satyres dans les coins du bas, et dans le milieu une ovalle fonds bleu avec la devise : *Duo protegit unus*; contenant 31 a. 1/2 de cours sur 4 aunes de hault, en sept pièces.

État de 1789, O^1 3505.

N° 18 à or :

Diane. 7 pièces à Paris (en très mauvais état et à excepter des Fêtes-Dieu).

Décrite par Boyer de Sainte-Suzanne (*Ibid.*, p. 195-196), basse lisse, devise de Henri IV, 31 aunes sur 4 de hauteur, savoir :

1° *Accouchement de Latone ;*
2° *Paysans changés en grenouilles pour avoir refusé de l'eau à Latone ;*
3° *Niobé empêche le sacrifice à Latone ;*
4° *Diane demande à Jupiter la vengeance de ce mépris ;*
5° *Apollon et Diane tuent à coups de flèches les enfants de Niobé ;*
6° *Diane sur un tertre, qui tire une flèche à Chioné qui l'avait méprisée ;*
7° *Diane à la chasse, avec deux chasseurs (ou chiens).*

Cette tenture fut brûlée à Paris en 1797 pour en retirer l'or qu'elle contenait, suivant le procès-verbal ci-joint conservé aux Archives nationales (O^2 385, n° 1166).

— Proposition de brûler d'autres tapisseries anciennes.

Le Directeur général du Garde-Meuble au Ministre de l'Intérieur :

22 prairial an v (10 juin 1797).

Je vous envoie ci-joint un état descriptif des différentes tentures de tapisseries qui peuvent être distraites des magasins pour être brûlées..... Salut et respect.

Signé : VILLETTE.

— Ordre du Ministère de l'Intérieur (même date). État descriptif des dix tentures et quatre portières de tapisseries en tissu de soie de couleurs rehaussé d'or, sous les numéros d'ordre 1, 2, 3, 4, 18, etc..... En conséquence le Ministre en a autorisé la destruction pour employer les deniers qui proviendront de la fonte du filet d'argent doré contenu dans lesdites tapisseries.....

— Autorisation de brûler les vieilles tapisseries.

Le Ministre au citoyen Villette (24 prairial an v).

..... Je vous autorise à faire procéder à cette opération et de la même manière que pour la précédente. Vous aurez soin de me rendre compte de son résultat.

Signé : BENEZECH.

— Produit de la brûlée des tapisseries.

Cette opération a produit une somme de 42,681 fr. 65, tous frais faits et sans comprendre ce qui reviendra du produit des cendres.....

INVENTAIRE GÉNÉRAL DU MOBILIER DE LA COURONNE (1663).

TAPISSERIES LAINE ET SOIE.

13. DIANE. — Une tenture de tapisserie de laine et soye, fabrique de Paris, dessein de Du Breuil, représentant Diane, à petits personnages dans une bordure fonds jaune pasle, remplye de fueüillages et crotesques, des figures aux quatre coins et un Cupidon dans un chariot attelé de quatre chevaux dans le milieu du hault et du bas; contenant 25 aunes de cours, sur 3 aunes 1/6 en huit pièces doublées par bandes.

En 1755 : 6 à Meudon, 2 à Paris.

En 1789 : 6 à Meudon, 2 à Paris, à petits personnages, très ancienne, ne valant pas la peine d'être réparée.

15. DIANE. — Une tenture de tapisserie de laine et soye, de haulte lisse, fabrique de Paris, dessein Du Breuil, représentant la *Fable de Diane*, dans une bordure fonds jaune, avec festons de fleurs et fruits, quatre figures de chasseurs dans les coins. Les armes de France et de Navarre dans le milieu du hault, et une L et deux sceptres croizez dans le milieu du bas, contenant 15 aunes de cours, sur 3 a. 1/3 de hault, en cinq pièces doublées par bandes de toille blanche.

En 1789, à Versailles :

N° 15. DIANE. — 5 pièces, Versailles.

1 pièce 3 a. 1/2, cours 3 a. 1/3 haut. Bordure 19 pouces large.
1 — 2 a. 3/4 ....
1 — 3 a. 2/3 .... ⎫
1 — 2 a. 5/6 .... ⎬ Les cinq pièces à redoubler à neuf.
1 — 2 a. 2/3 .... ⎭

HISTOIRE DE DIANE.
DIANE ET LA NYMPHE BRITOMARTIS.
ATELIER DU FAUBOURG SAINT-MARCEL.

22. DIANE. — Une tenture de tapisserie de laine et soye, rehaussée d'or, fabrique de Paris, dessein de Du Breuil, représentant la *Fable de Diane*, dans une bordure fonds brun avec festons de fleurs et de fruits, quatre figures de chasseurs de grisaille dans les coins, une ovalle bleue dans le milieu du hault, et un cartouche dans celuy du bas; contenant 30 aunes de cours sur 3 a. 1/2 de hault, en huit pièces doublées à plein de toille verte.

En 1789, cette tenture était au château de Fontainebleau dans les appartements du Duc et de la Duchesse d'Orléans.

N° 22. DIANE, 8 pièces. — Hauteur 3 a. 1/2. Bordure de 20 pouces de large sur tous sens, à figures et trophées de chasse, guirlandes de fleurs et fruits, et médaillons.

1 pièce 3 a. 1/3 cours, 3 a. 1/2 haut................. ⎫ Chez Monseigneur
1 — 4 a. 1/2............................... ⎬ le duc d'Orléans.
1 — 2 a. 1/2............................. ⎭

1 — 3 a. 1/2............................... ⎫
1 — 3 aunes............................ ⎪
1 — 5 a. 11/12......................... ⎬ Chez Madame
1 — 3 a. 1/2............................. ⎪ la Duchesse.
1 — 3 aunes........................... ⎭

(Arch. nat., O¹. 3502.)

Elle est bien passée (Arch. nat., O¹. 3505).

En l'an XIII et en 1808, cette tenture était en magasin aux Gobelins.
Hʳ 4 m. 14, cours 34 m. 16.
Cette tenture fait partie du Mobilier National sous le n° 15 :

NUMÉROS.	HAUTEUR.	LARGEUR.	ATELIER.	MARQUES.	EMPLACEMENT.
1	3ᵐ 96	4ᵐ 19	Fᵍ Saint-Marcel.		Mobilier national.
2	3 98	3 57	Idem.		Idem.
3	3 98	7 01	Idem.		Idem.
4	3 93	5 29	Idem.		Idem.
5	3 95	4 32	Idem.		Idem.
6	3 94	4 26	Idem.		Idem.
7	3 93	3 63	Idem.		Idem.
8	3 93	3 00	Idem.		Idem.

Bordure. La bordure est à fond noir et guirlande de fleurs. Aux angles, quatre chasseurs en camaïeu gris. Ceux du haut sont debout, et ceux du bas assis et tenant deux chiens. Au milieu, en haut, médaillon ovale à fond bleu; en bas, médaillon à fond d'or, dont le sujet change à chaque tapisserie. Sur les côtés, trophées de chasse avec têtes de sanglier ou de cerf (Pl.).
Monogrammes de Hans Taye et Filippe Maëcht.

Le cardinal Barberini dut posséder dans ses collections une ou plusieurs tentures de *Diane* des ateliers de Paris. Eugène Müntz en a retrouvé plusieurs mentions dans les archives du palais Barberini [1].

Un parato dell' historia de *Diana*, richissimo d'oro, argento e seta, et il fundo dei fregij tutto d'oro, contiene tre alle e mezza d'altezza, e trenta doe alle di giro. L'alla in quadro si stima scubi 90.

Un altro parato della detta historia di *Diana*, rilevato medesimamente d'oro e d'argento, della istessa altezza e dell' istesso giro; vale ciascheduna alla scudi 60.

Un altro parato della medesima historia de *Diana*, rilevato di seta e finissimo, del istessa altezza e del medesimo giro; vale l'alla in quadro s. 25.

Un altro parato de *Diana*, rilevato di seta, ch' a tre alle un quarto d'altezzo e vintisette alle de giro; vale l'alla scudi 22.

TENTURE DE LA COURONNE D'AUTRICHE

PROVENANT DE L'HÉRITAGE DE L'EMPEREUR FRANÇOIS V, MORT À INNSPRUCK (18 AOÛT 1765).

NUMÉROS.	HAUTEUR.	LARGEUR.	ATELIER.	MARQUES.	EMPLACEMENT.
1	4ᵐ 10	4ᵐ 40	Saint-Marcel.	P +	Vienne.
2	4 15	3 75	Idem.	P + 1 ⊞	Idem.
3	4 15	7 25	Idem.	8 ⊞	Idem.
4	4 15	5 40	Idem.	P + Ⅿ̃ ⊞	Idem.
5	4 35	4 65	Idem.	P + Ⅿ̃ ⊞	Idem.
6	4 20	4 60	Idem.	P + Ⅿ̃ ⊞	Idem.
7	4 15	3 65	Idem.	P + ⊞	Idem.
8	4 15	3 26	Idem.	P + Ⅿ̃ ⊞	Idem.

La bordure est identique à celle de la tenture du Garde-Meuble précédemment décrite.

Monogrammes de Hans Taye et Filippe Maëcht.

PIÈCES ISOLÉES.

A Berlin, au Palais Royal :

Diane implorant Jupiter.
Hʳ 4 m. 29, Lʳ 7 m. 16.
Marque P ✿.

Bordure à fond noir, têtes de taureaux et de faunes alternées dans des orne-ments. A chaque angle du haut, un chien couché; à chaque angle du bas, un chien assis. A droite et à gauche, dans la bordure, médaillon figurant un dieu, en gris sur fond rouge. Au milieu de la bordure du bas, femme nue en grisaille,

[1] *Revue des Sociétés savantes*, 5ᵉ série, t. VIII, 1874, p. 504-520.

couchée dans un encadrement surmonté d'une tête de faune. En haut, au milieu, tête de chien dans un encadrement de chaque côté duquel une fleur de lis horizontale.

Paysans changés en grenouilles.

      Hʳ 4 m. 14, Lʳ 4 m. 61.

      Marque P ✿ ₙᴹ.

A Milan, Musée d'Art industriel.

Diane implorant Jupiter.

La bordure semblable à la pièce correspondante du Garde-Meuble, même médaillon dans le bas : Diane perçant de ses flèches un dragon. Le médaillon du haut est différent · il représente les armes de France et Navarre surmontées de la couronne royale.

Vente Braquenié (18 mai 1897).

12. Chasse de Diane. — (Composition de 7 figures au premier plan. Au loin dans la campagne, deux hommes poursuivant un cerf.)

Bordure à cartouches et médaillons offrant, aux angles, les emblèmes des Éléments reliés par des ornements feuillagés à d'autres motifs en grisaille représentant sur les côtés Hercule et Minerve.

En haut et en bas, un fleuve et une source.

      Hʳ 3 m. 90, Lʳ 4 mètres.

Il s'agit de la tapisserie *Diane entre les géants.*

Vente de Mᵐᵉ la baronne de Gargan (6 mai 1904).

73. — La *Mort des enfants de Niobé.*

      Une *Chasse de Diane.*

      Diane implorant Jupiter.

      Hʳ 2 m. 40, Lʳ totale 9 m. 50.

74. — Trois bordures appartenant aux pièces ci-dessus à fleurs, fruits, attributs de chasse et personnages.

En réparation aux Gobelins (1913) :

Chasse de Diane, à or.

      Hʳ 4 mètres, Lʳ 4 m. 25.

      Marques ✿ ◁ 田.

Il s'agit de la *Mort d'Orion.*

Chez M. le Dr Voisin (en 1913) :

Paysans changés en grenouilles, 1er modèle.

Hr 3 m. 25, Lr 3 m. 65.

Marques P ⚜ P F.

Les personnages de droite, comme dans la pièce de Madrid, ont des têtes de grenouilles. Il n'y a pas de grosse branche à l'arbre de droite. La bordure ne comporte que des médaillons reliés par des fleurs. Dans le cartouche du bas, Neptune; dans celui du haut, un dragon volant, tous deux en grisaille. Dans chaque angle, un médaillon petit et rond, représentant les quatre Éléments. Un médaillon en hauteur dans le premier tiers de chaque bordure latérale. Dans celui de gauche, Hercule; dans celui de droite, Minerve. Le ciel est moins haut que dans la pièce correspondante de Madrid, il est coupé un peu au-dessus du toit de la maison.

Sans or. Monogramme de François de La Planche.

Appartenant à M. Perron (Exposition des Arts décoratifs. VIIe Exp.) :

Diane seule avec ses lévriers.

Dans la bordure, aux quatre angles, les quatre chiens de chasse de la bordure de *Gombaut et Macée,* décrite plus haut (p. 223-224).

LES CHASSES DU ROI FRANÇOIS.

Les inventaires du xviie siècle signalent à plusieurs reprises des tentures des *Chasses du roi François*, dont le dessin aurait été exécuté par le peintre Laurent Guyot, qui vivait au début du xviie siècle. Mais celui-ci ne fit sans doute que recopier les modèles anciens, ou peindre des cartons pour la tapisserie d'après des tableaux ou gravures du xvie siècle, les personnages portant des costumes du règne de François Ier.

Dans l'inventaire dressé à la mort de F. de La Planche, en 1627, sont mentionnées deux de ces tentures :

Item une autre tenture de tappisserye *du roi François,* contenant huict pièces rehaulsées de soye, ayant 3 a. 1/2 de haulteur et 27 aulnes de cours faisans 44 a. 1/2 en carré prisé l'aulne 36 livres, revenant ensemble à 4,402[h].

Item une autre pièce de tappisserye de la *Chasse du Roy François* ayant les armes des comtes de Verme, appelée vingt cinq, 3 aulnes de hault, 2 a. 3/4 de cours, soit 8 a. 1/4 en carré, à 36 livres l'aulne . . . . 297[h]

Une tenture était restée dans les Collections royales. L'Inventaire général du mobilier de la Couronne la décrit ainsi :

4. LE VOL DU HÉRON. — Une tenture de tapisserie de laine et de soye, fabrique de Paris, dessein de Guyot, représentant le *Vol du héron,* ou autrement les *Chasses de François premier,* dans une bordure fonds brun avec rinceaux, les armes de France et de Navarre soustenues par deux anges de grisaille, la devise : *Erit haec quoque cognita monstris* dans le bas, et deux L dans des ovalles fonds bleu au milieu des costez ; contenant 26 a. 1/2 de cours, sur 3 a. 1/4 de hault, en 8 pièces doublées à plein de toile blanche.

En 1789, la tenture, complète, se trouvait à Versailles. Elle mesurait 3 a. 1/4 de haut, et les huit pièces, respectivement 4 a. 1/2, 3 a. 1/2, 2 a. 1/4, 3 a. 1/4, 4 aunes, 3 aunes, 3 a. 3/8 et 2 a. 1/3 de cours. La bordure était de 21 pouces.

Elle est aujourd'hui perdue.

L'inventaire de Cinq-Mars contient une autre tenture complète de 8 pièces des *Chasses du roi François,* «rehaussées de soye garnie de thoille, de 3 aulnes de hault ou environ sur 25 de cours». Elle fut adjugée, sur prisée de 1,000 livres, à l'abbé d'Effiat, pour 1,250 livres tournois (1643).

La tenture la plus complète qui soit parvenue jusqu'à nous est celle que possède M. Gaston Menier. Elle comprend six pièces, tissées laine et soie, relatant les différents épisodes de la chasse à tir, au faucon, aux bourses et au filet. Les personnages portent des costumes du temps de François Ier; les détails de la chasse sont indiqués avec une précision digne d'illustrer les traités de vénerie et de fauconnerie. La bordure est décorée de fleurs et vases. Au milieu des côtés, deux Amours; en haut, un faucon saisissant en plein ciel une sorte de couronne d'osier; en bas, le faucon rapportant la couronne. Aux angles, une tête de bouc.

LA CHASSE AU HÉRON (1re vue).

1. *Le Départ pour la chasse* (H^r 3 m. 75 ; L^r 3 m. 40). — Un cavalier, le faucon au poing, et un valet de chien avec deux limiers, dans un paysage boisé. (Pl.)

2. *La Chasse au canard*, 1re vue (H^r 3 m. 70; L^r 3 m. 90). — Le chasseur à l'affût s'apprête à tirer les canards sur la rivière que traverse un pont; près de lui, un griffon; un valet, à droite, charge un second fusil; un autre, à gauche, tient le cheval. (Pl.)

3. *La Chasse au canard*, 2e vue (H^r 3 m. 90; L^r 4 m. 55). — Dans un paysage différent du premier, au bord d'un grand étang, à gauche, deux cavaliers, un homme

CHASSES DU ROI FRANÇOIS.

(Collection Gaston Menier)   ATELIER DU FAUBOURG SAINT-MARCEL.   Imp. A Porcabœuf & C⁹ Paris.

et une femme; un chien rapporte un canard; un fauconnier, à pied, tient sur le poing l'oiseau chaperonné; à droite, au premier plan, un chasseur caché derrière les joncs tire un canard qui s'envole. (Pl.)

4. *La Chasse au héron*, 1ʳᵉ vue (Hʳ 3 m. 80; Lʳ 5 m. 20). — Dans la campagne où serpente une rivière, deux cavaliers, un homme et une femme, à droite, regardent les faucons qui fondent sur des hérons. Au milieu, un chasseur agenouillé saisit une perdrix qu'un faucon porte à terre, tandis qu'un fauconnier, le faucon au poing, empêche un chien d'approcher. Dans le fond, un cavalier auprès de l'étang, et un fauconnier présentant le leurre pour rappeler son faucon (fig., p. 242).

LA CHASSE AU HÉRON (2ᵉ vue).
TAPISSERIE DES « CHASSES DU ROI FRANÇOIS ».
(Collection Gaston Menier.)

5. *La Chasse au héron*, 2ᵉ vue (Hʳ 3 m. 75; Lʳ 3 m. 43). — Un valet à pied, le chapeau à la main, présente à deux promeneurs, un homme et une femme qui sortent d'une allée plantée d'arbres à gauche, un héron qui vient d'être tué. Dans le fond, des chasseurs assistent au combat d'un héron et d'un faucon. (Fig. ci-dessus.)

6. *La Chasse à la perdrix* (Hʳ 3 m. 70; Lʳ 3 m. 90). — Au premier plan, à gauche, un cavalier accompagné d'un valet portant sur l'épaule un fusil et, dans la main, des perdrix; deux chiens accouplés les accompagnent. Dans le fond, un cavalier et un valet traînent le filet où vont se prendre les perdrix. (Fig., p. 244.)

Le Garde-Meuble de la Résidence de Bavière à Munich possède, sous le n° 92, la pièce de la *Chasse au héron*, 1ʳᵉ vue, exactement semblable à celle de la collection Gaston Menier décrite ci-dessus sous le n° 4 et avec la même bordure. Elle mesure 3 m. 96 de haut et 5 m. 39 de large, et est signée dans la lisière, en bas à gauche, P✿, et à droite 𝔼, le monogramme de François de La Planche : ce qui prouve bien que les pièces de la collection Gaston Menier sont sorties également des ateliers du faubourg Saint-Marcel.

Dans une vente faite à l'Hôtel Drouot le 12 mars 1910 est passée, sous le n° 127, une tapisserie de la même série représentant, dans la même bordure, une scène de la *Chasse au faucon* différente des précédentes, peut-être une des deux qui manquent à la collection Gaston Menier. Elle mesure 3 m. 40 de haut et 5 mètres de large. On y voit à droite un cavalier, au milieu un valet de trois chiens, et à gauche, au deuxième plan, deux fauconniers à cheval. Cette pièce est signée, en bas, P✿, et dans l'angle droit ⊞, monogramme d'Hippolyte de Comans.

Une pièce, passée en vente à la galerie Georges Petit le 27 février 1918, et représentant le *Bat-l'eau*, avec, au premier plan, des valets de chiens et derrière un groupe de cavaliers, semble bien, par le style de ses bordures à larges rinceaux et de ses personnages et par sa technique, appartenir à cette même tenture et avoir été exécutée par une manufacture parisienne (Hʳ 3 m. 60 ; Lʳ 5 m. 55). Elle porte dans le bas de la lisière de droite la marque 𝔼.

LA CHASSE À LA PERDRIX.
TAPISSERIE DES « CHASSES DU ROI FRANÇOIS ».
(Collection Gaston Menier.)

HISTOIRE DE CONSTANTIN

D'APRÈS RUBENS.

Rubens exécuta à plusieurs reprises des séries de petits tableaux destinés à servir de modèles à des cartons de tapisserie. Une des plus complètes est celle que possède le Musée du Prado[1]. Ce sont, dans un somptueux décor architectural, aux larges colonnes annelées ou torses qui rappellent certains tableaux de l'*Histoire de Constantin* et aussi de l'*Histoire de Marie de Médicis*, huit scènes du *Triomphe de l'Eucharistie :* les Docteurs de l'Église, avec saint Thomas, saint Norbert et sainte Claire; l'offre par Abraham à Melchisédech de la dîme du pain et du vin; les triomphes de l'Eucharistie sur l'Hérésie, l'Ignorance, l'Idolâtrie, la Philosophie et la Science; le triomphe de l'Amour divin dans le dogme de l'Eucharistie, et les quatre Évangélistes. Les pièces, exécutées à Bruxelles par Jean Raes d'après ces maquettes, ainsi que dix autres de la même tenture dont les modèles sont perdus, sont conservées au couvent des Descalzas Reales de Madrid. L'inventaire des meubles du cardinal Mazarin, dressé en 1653, signale une autre tenture exécutée sur les modèles de Rubens[2].

Rubens est également l'auteur des maquettes de l'*Histoire de Constantin,* qui lui furent commandées par le Roi[3].

Dans les derniers jours de novembre 1622, Rubens adressait les quatre premières esquisses à François de La Planche. Son ami Peiresc, qui assistait au premier examen des modèles, lui écrivait, le 1er décembre[4] :

Je suis allé voir les 4 cartons que vous avez préparés pour des tapisseries; j'étais accompagné de MM. de Loménie, de Fourcy, de Saint-Ambroise, de la Baroderie, Jacquin et Dunot, qui sont presque tous de ceux que le roi charge de l'inspection des travaux publics. On avait fixé un jour pour ouvrir les caisses, en présence de ces inspecteurs, avec ordre d'y rentrer immédiatement les cartons jusqu'à l'arrivée de Sa Majesté, qui doit les voir le premier. Je n'ai pas voulu manquer à l'invitation, et ma présence n'y a pas été inutile. Vous m'aviez écrit le détail des sujets, tandis que ces Messieurs connaissaient seulement d'une manière générale qu'il s'agissait d'une Vie de Constantin. Je pus donc leur expliquer chacune des compositions. On a fort admiré votre profonde connaissance des costumes antiques et l'exactitude avec laquelle vous avez rendu jusqu'aux clous des chaussures, ainsi que j'ai remarqué avec grand plaisir aux pieds d'un cavalier de la suite de Maxence.

[1] Catalogue par Madrazo, 1913, n°s 1695-1702.
[2] Publiée par le duc d'Aumale, Londres, 1861, p. 125.
[3] Sauf, d'après J. Guiffrey, le dernier sujet de certaines tentures représentant la *Mort de Constantin*, qui aurait été ajouté.
[4] Lettres de Peiresc à Rubens, extraites de la correspondance de Peiresc, conservée à Carpentras.

Vous avez de grandes obligations envers l'abbé [de Saint-Ambroise]; il nous a loué votre œuvre en termes empreints du plus grand enthousiasme; je vous conseille de lui envoyer, sur mon rapport, deux lignes de remercîment. M. de la Baroderie, qui est un excellent appréciateur des bonnes choses, vous a également rendu justice avec une forte conviction et de solides raisons. Il a vivement impressionné tous ces Messieurs, et ceux-ci ont été très satisfaits. Notre réunion n'a pu être tellement secrète qu'il ne se soit trouvé là plusieurs personnes arrivées par hasard, avec le nouvel archevêque de Paris, et d'autres venues pour acheter des tapisseries ou pour voir vos cartons. Parmi ces intrus, il n'a pas manqué de critiques téméraires et envieux qui se sont mis à mordre sur de petites choses. Tous cependant furent obligés d'avouer qu'on avait sous les yeux l'œuvre d'un grand homme et d'un génie élevé, et que, telle qu'elle était, même exécutée par la main de vos élèves, pas un peintre de France ne pouvait espérer d'arriver à créer une chose semblable.

Des quatre cartons, celui de la bataille a été mis au 1ᵉʳ rang; personne n'y a découvert le moindre détail à reprendre, et il a été admiré dans toutes ses parties. La remarque que j'avais faite sur l'exactitude des costumes militaires fut contredite par plusieurs personnes, mais seulement en ce qui concerne votre manière de dessiner les jambes que vous arquez au lieu de les faire droites, selon l'usage. Je me rappelle bien ce que vous m'avez dit un jour à propos de la belle courbure des jambes du *Moïse* de Florence et de *Saint Paul* que, dans la nature, cet effet est certainement réel, et les contradicteurs n'ont pu nier la vérité de cette observation. Mais ils répondent que c'est là l'effet de quelque défaut ou une particularité nationale, car il est des pays où tout le monde est bancroche, et qu'il ne faut pas le généraliser. Les statuaires de l'antiquité ont proscrit cette forme; Michel-Ange, Raphaël, le Corrège, Titien ont fait de même; il semble donc qu'il faut encore la proscrire aujourd'hui; les yeux habitués aux lignes observées par ces maîtres ne peuvent, sans s'étonner, voir une manière entièrement différente.

Vos cartons auraient émerveillé tout le monde, sans cette particularité qui ne peut être goûtée dans notre race, et, si vous voulez excuser le conseil de votre serviteur, vous vous accommoderez à l'avenir de cette maladie de nos yeux. Les peintres de l'Éthiopie représentent la Madone à la moresque, avec la figure noire; mais si Michel-Ange ou Raphaël venaient ici aujourd'hui nous peindre des figures ayant les jambes tournées en arc, ils entendraient les critiques cent fois leur en faire le reproche. Si vous ne vous décidez pas, dans les tableaux de la Galerie où vous aurez à représenter des jambes arquées, à chercher des poses naturelles, c'est une chose très certaine que vous en retirerez peu de satisfaction, ayant à compter ici avec des étourdis qui n'aiment pas ce qui contrarie leur sentiment. Les anciens Égyptiens, qui étaient à peu près tous obèses, donnaient ce défaut à leurs figures et auraient, je crois, trouvé difforme tout ce qui ne leur ressemblait pas. Nos petits-maîtres français font de même.

Sur le carton de la Bataille, on a été étonné de la figure de *Licenius* ou du personnage qui combat contre Constantin, et de la figure d'un mort gisant sous son cheval; la composition entière, du reste, a excité l'étonnement. Il a paru cependant que Constantin brandissant son javelot aurait pu mettre un peu plus de vivacité dans le mouvement; ensuite on ne croit pas que le peintre ait bien reproduit le dessin du bras qui lance le javelot [ce bras doit être le bras droit, quoique le carton de la tapisserie eût dû porter un bras gauche]; il a l'air d'être un peu disloqué et de n'avoir pas un mouvement naturel; c'est pour ce qu'on a trouvé à redire avec une autre jambe, encore un peu plus arquée, qu'il ne plaît à ces critiques.

Dans le grand carton du pont rompu, on a admiré une infinité de choses et surtout ces deux personnages suspendus par les mains; le blessé qui se tient par une seule main a paru tout à fait excellent et inimitable, quelques-uns toutefois y critiquaient les proportions de la cuisse pendante; l'autre qui s'accroche avec les deux mains a été trouvé superbe; mais, encore une fois, on y a découvert un défaut minuscule, une cuisse tombant plus bas que l'autre. On aurait voulu que vous eussiez donné de votre main une retouche à ces deux cuisses. Vous m'excuserez, j'en suis sûr, en faveur de mon affection et de l'opinion que je professe que les amis ne peuvent manquer à se rendre de pareils services les uns aux autres. Et sur ce, je vous baise les mains de tout cœur.

Le 26 février 1626, Rubens écrivait d'Anvers à Valavès :

J'apprends avec peine par les lettres de M. de La Planche qu'il ne paraît pas qu'on soit disposé à payer le reste de ce qui m'est dû au sujet des cartons de tapisserie que j'ai faits pour le service de Sa Majesté. M. de Fourcy et M. Katelin ne sont assurément pas hommes de parole. Je voudrais bien savoir si vous croyez que je puisse obtenir quelque chose par la voie de M. l'abbé [de Saint-Ambroise] [1] et moyennant la faveur de la Reine mère ou de Monseigneur le Cardinal. Je ne ferai aucune démarche avant d'avoir eu votre avis, s'il vous semble que cela soit praticable [2].

_____

(1) Il était l'intermédiaire entre Rubens et Marie de Médicis. — (2) Émile GACHET, *Lettres inédites de Rubens.*

CHASSE DU ROI FRANÇOIS
ATELIER DU FAUBOURG SAINT-MARCEL.

HISTOIRE DE CONSTANTIN.
CONSTANTIN VOIT LE SIGNE AU CIEL.
ATELIER DU FAUBOURG SAINT-MARCEL.

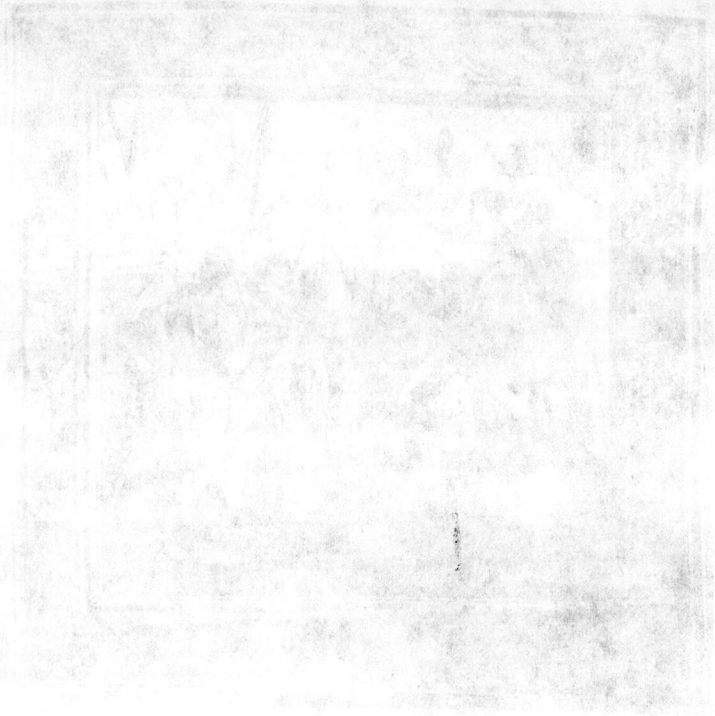

Dans l'inventaire de François de La Planche (août 1627) :

Les desseins peintz à destrampe sur pappier trouvez . . . . . *douze pièces de l'Histoire de Constantin,* garnyes de leur bordure en pappier, prisez 50ᵗᵗ
Douze petits desseings peintz en huille sur des planches de bois, de la main de Pierre-Paul Rubens, représentant l'*Histoire de Constantin,* prisé à raison de 100ᵗᵗ pièce 1200ᵗᵗ

Dans l'inventaire de Raphaël de La Planche (1661) :

Douze pièces peintes en destrempe sur papier, d'après Rubens, représentant l'*Histoire de Constantin.* 360ᵗᵗ

Les esquisses se retrouvent, au xviiiᵉ siècle, dans la galerie du duc d'Orléans; elles furent gravées par Nicolas Tardieu. L'inventaire du duc d'Orléans, de 1775, signale ces douze esquisses de Rubens prisées ensemble 7,200 livres.

Un panneau. Hʳ 45 cent. 1/2, Lʳ 57 cent. 1/2, *le Baptême de Constantin,* faisait partie de la collection Lyon, de Bruxelles, dispersée le 7 mai 1903 (Paris, galerie Georges Petit).

DESCRIPTION.

1. *La Fondation de Constantinople.*

Deux hommes placés en face de Constantin lui présentent un plan (celui de l'église Saint-Pierre de Rome) qu'il regarde, la main droite levée. L'un des deux hommes tient un compas. Derrière Constantin et contre lui, un vieillard à fortes moustaches. Un aigle vole, portant une couronne. A gauche, quatre ouvriers travaillent. Dans le fond, les murailles de la ville.

2. *Le Mariage de Constantin.*

Au milieu, près d'un petit autel triangulaire sur lequel le feu est allumé, deux enfants. L'un porte une torche, et l'autre souffle dans des pipeaux.

A droite, un homme passe une bague au doigt de la femme qui se tient debout à son côté, allusion au mariage de Licinius avec la sœur de Constantin. A gauche, un autre personnage, Maximien sans doute, pousse une jeune femme, sa fille Fausta, vers Constantin qui se tient debout au milieu, la tête laurée et la face rasée. Dans la niche du fond, un groupe sculptural symbolisant le mariage. A droite, au premier plan, deux sacrificateurs tiennent un bœuf enguirlandé. A gauche, nombreuse assistance.

3. *L'Apparition du chrisme (Constantin voit le signe au ciel).*

Sur un socle de marbre, à gauche, Constantin, cuirassé et lauré, étend les bras vers le ciel. Le chrisme lui apparaît : les deux lettres entre-croisées formant le monogramme du Christ. Des guerriers armés de lances, de trophées et d'étendards assistent au miracle. (Pl.)

4. *Le Baptême de Constantin.*

Constantin, le torse nu, est agenouillé devant le pape saint Sylvestre, qui répand l'eau sur sa tête. Les fonts baptismaux occupent le centre d'un palais à colonnes torses. A gauche au fond, des évêques. A droite, seigneurs et guerriers. (Pl.)

5. *Le Labarum (Où on montre une bannière à Constantin).*

Constantin explique à deux guerriers, qui lui présentent l'étendard portant le monogramme du Christ, que ce chiffre lui était apparu au ciel. L'un des deux guerriers est à genoux.

6. *Le Trophée de Constantin.*

Une Victoire ailée couronne Constantin devant un trophée d'armes. A terre, deux prisonniers enchaînés.

7. *Sainte Hélène et la vraie croix (Où est sainte Hélène).*

Hélène, mère de Constantin, montre à son fils agenouillé la vraie Croix que présente un clerc placé à côté d'un évêque chapé et mitré. Deux assistants, debout sur une terrasse au fond, regardent la scène. (Pl.)

8. *La Bataille de Ponte-Molle.*

Maxence et ses troupes, poursuivis par Constantin, se noient dans le Tibre. Un violent combat de cavalerie se livre sur le pont qui occupe la partie de droite. Deux hommes s'accrochent au parapet. A travers l'arche, on voit des cavaliers s'enfoncer dans le Tibre. A gauche, mêlée de cavaliers.

9. *L'Entrée dans Rome.*

Constantin à cheval, accompagné de cavaliers, vient par la droite. La Renommée le précède et la Victoire plane au-dessus de lui. Des vieillards, les sénateurs de Rome, prosternés, l'accueillent à la porte d'un temple, et un guerrier lui présente une statuette de la Victoire. D'autres vieillards tiennent des torches.

10. *Constantin en bataille, à cheval.*

Sur un cheval blanc, Constantin, le front lauré, se précipite, armé d'un javelot, sur un cavalier casqué qui s'apprête à le frapper de son épée. A gauche, un guerrier à pied, armé d'un glaive, arrête un cheval qu'il maintient par le mors. D'autres piétons s'attaquent au cavalier. Un guerrier, tête nue, cuirassé, gît à terre entre Constantin et son adversaire. Derrière, choc de troupes. (Pl.)

HISTOIRE DE CONSTANTIN.
LE BAPTÊME DE CONSTANTIN.
ATELIER DU FAUBOURG SAINT-MARCEL.

Imp. A. Poncelard & Cie Paris.

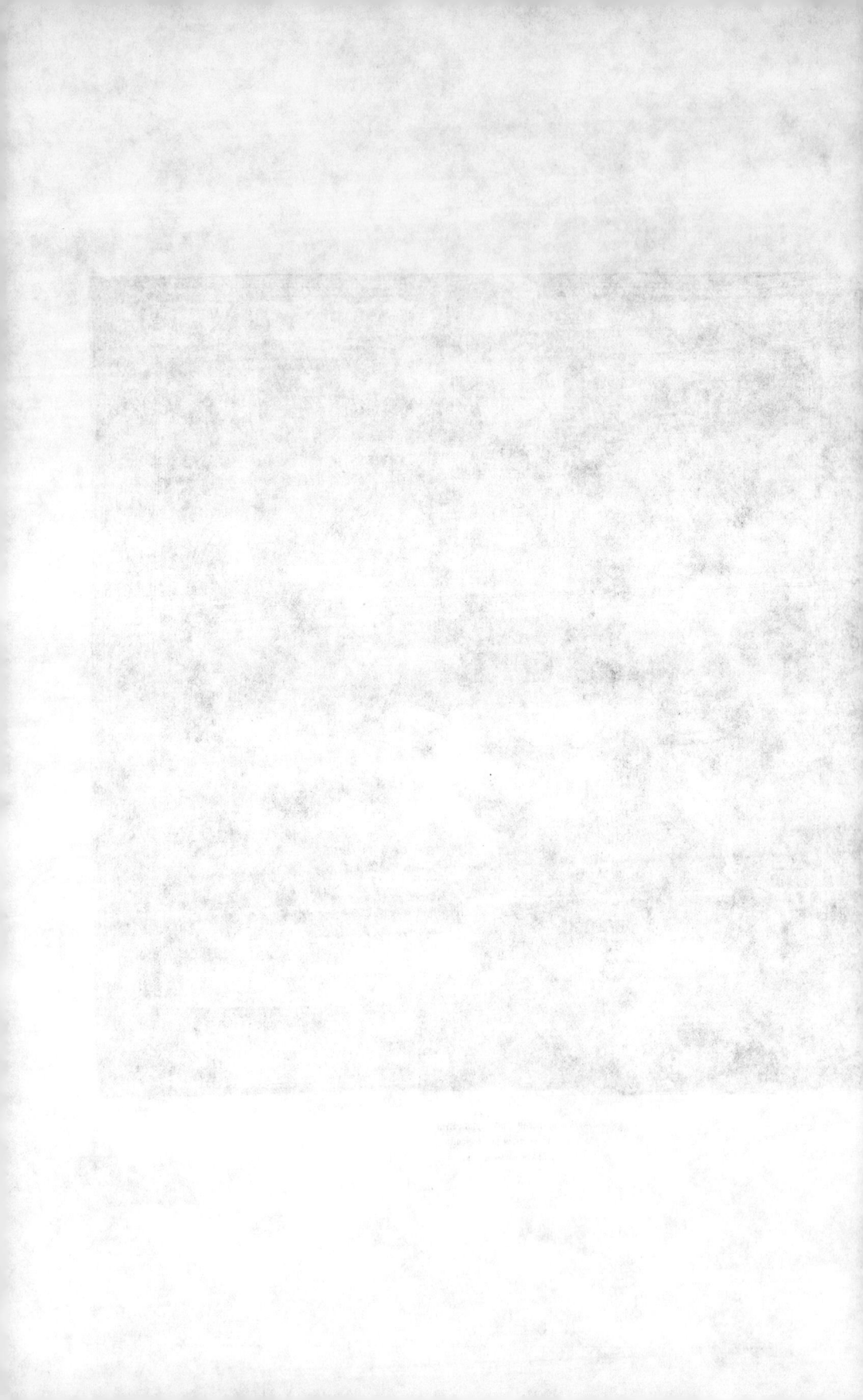

11. *Constantin et Crispus (La Providence divine).*

Constantin confie à son fils Crispus le commandement de la flotte impériale. Un Neptune nu et couché à terre les sépare. La Renommée est entre les deux personnages, les ailes éployées. Au fond, la mer.

12. *La Mort de Constantin.*

Constantin remet le globe impérial à trois jeunes princes, ses trois fils. Une femme pleure, assise derrière et contre le lit dans lequel se trouve l'empereur. Une autre femme, à gauche, pose un plateau sur une table; dans le fond de la pièce, des religieux et un cardinal qui porte la croix à double branche. (Pl.)

L'Inventaire dressé à la mort de F. de La Planche en 1627 signale plusieurs tentures de Constantin.

A. Neuf pièces de tapisseries rehaussées de soie, or et argent, dont les bordures sont à fond gaufré, contenant ensemble 42 a. 1/2 de cours, sur la hauteur de 4 a. 1/2, soit au total 180 a. 1/2 en carré, à 270 ᴴ l'aune . . . . 48,768 ᴴ 15 s.

B. Douze pièces dont les figures sont rehaussées d'or et d'argent et la bordure sur fond de laine cramoisie rouge brun, contenant ensemble 55 a. 1/3 de cours sur la hauteur de 4 aunes, soit 221 a. 1/3 en carré prisé 210 ᴴ l'aune, revenant ensemble à . . . . 46,480 ᴴ

C. Une pièce rehaussée d'or et d'argent, « restant d'une tenture que Sa Majesté a donnée à M. le Légat », lad. pièce de 4 a. 1/4 de hauteur sur 3 a. 3/4 de cours, soit 15 a. et 15/16 en carré au prix de 210 ᴴ, revenant à . . . . 3,346 ᴴ 50 s.

L'Inventaire de la Manufacture de Raphaël de La Planche, au faubourg Saint-Germain, de 1661, ne porte que les douze modèles peints en détrempe sur papier de l'*Histoire de Constantin*, prisés 360 ᴴ. Il n'y est pas mentionné de tapisseries de cette série.

INVENTAIRE GÉNÉRAL DU MOBILIER DE LA COURONNE.

L'Inventaire du Mobilier de la Couronne de 1663 signale cinq tentures.

N° 11. CONSTANTIN. — Une tenture de tapisserie de laine et soye, relevée d'or, fabrique de Paris, dessein de Rubens, représentant l'*Histoire de Constantin*, dans une bordure fond brun à festons de fleurs et de fruits, avec palmes et cartouches aux quatre coins, à l'un des costez les armes de France, et à l'autre les armes de Navarre; contenant 35 aunes de cours sur 4 aunes 1/8 de hault, en huit pièces doublées à plein de toille bleüe.

Le détail de cette tenture, avec la description des huit pièces, est donné dans l'Inventaire détaillé du Mobilier de la Couronne, retrouvé par M. Alfassa aux Archives de l'Oise (Série E, fonds du Metz de Rosnay, n° 7).

En 1789, cette tenture était à Paris. Elle fut vendue le 2 vendémiaire an vi, et n'a pu être retrouvée.

La deuxième tenture du Mobilier de la Couronne est décrite sous le n° 28.

N° 28. CONSTANTIN. — Une tenture de tapisserie de laine et soye relevée d'or, fabrique de Paris, manufacture des Gobelins, représentant l'*Histoire de Constantin*, dessein de Rubens, dans une bordure aux quatre coins de laquelle sont quatre masses dans des cartouches, au hault un chiffre d'un P croisé d'un X ; aux costez, deux cartouches, l'un fonds bleu, l'autre fonds rouge, et par le bas une aigle qui emporte une couleuvre ; ladite tapisserie contenant 17 a. 5/6 de cours sur 4 aunes de hault, en quatre pièces sans doublure.

(Archives nationales, O¹ 3502.)

En 1789, cette tenture était à Paris. «En 4 pièces; un peu sèche et passée, mais belle.»

En l'an XIII, cette tenture était en magasin, aux Gobelins. Elle est portée sur les inventaires pour une valeur de 1,390ᶠ.

Une tenture portant le n° 43 de l'Inventaire du Mobilier National, et dont la bordure correspond à la description du n° 28 ci-dessus, comprend quatre pièces.

NUMÉROS		TITRES.	HAUTEUR.	LARGEUR.	MARQUES.
D'ORDRE.	ANCIENS.				
43–1	1404–1	*Mariage* (2)	4ᵐ 55	5ᵐ 55	P ❖ 田 ℕ̃
43–2	1404–3	*Constantin en bataille* (10)	4 55	6 36	P ❖ 田 ℕ̃
43–3	1404–4	*Constantin et Crispus* (11)	4 58	3 97	P ❖ ℕ̃
43–4	1404–2	*Sainte Hélène* (7). [Pl.]	4 69	4 76	*La lisière a été enlevée.*

Monogrammes de Hans Taye et Filippe Maëcht.

Bordure à fond brun avec quatre masques dans les cartouches aux angles ; le chrisme ✳ en or, au milieu de la bordure supérieure ; sur chaque côté, un cartouche, l'un à fond bleu, l'autre à fond rouge ; dans le milieu de la bordure du bas, dans un écusson fond d'or, un aigle tenant dans son bec un serpent. Entre les cartouches, des cornes d'abondance avec fleurs et fruits.

Une tenture avec la même bordure que la précédente, mais à fond d'or brodé, portant dans les cartouches des côtés, fond rouge, le chiffre enlacé A C R 🗝, comprend huit pièces.

Cette tenture ne faisait pas partie de l'Inventaire du Mobilier de la Couronne et son entrée au Garde-Meuble n'a pu être déterminée.

Le chiffre A C R a été traduit par «Armand Cardinal Richelieu», mais sans aucune vraisemblance. Le style du chiffre prouve qu'il n'a été ajouté que plus tard.

HISTOIRE DE CONSTANTIN
OU REINE SAINTE HÉLÈNE
ATELIER DU FAUBOURG SAINT-MARCEL

(Mobilier National)

Imp. A. Forradaul & Cie, Paris.

Antoine inv.   J. Chauvet sc.

HISTOIRE DE CONSTANTIN.

CONSTANTIN EST EN BATAILLE A CHEVAL.

ATELIER DU FAUBOURG SAINT MARCEL.

Imp. A.Poncaboeuf &Cie Paris.

| NUMÉROS | | TITRES. | HAUTEUR. | LARGEUR. | MARQUES. |
D'ORDRE.	ANCIENS.				
42–1	1408–6	*Apparition de la Croix* (3). [Pl.]	4ᵐ 70	5ᵐ :5	
42–2	1408–4	*Baptême* (4)	4 75	5 ₂4	
42–3	1408–5	*Mariage* (2)	4 80	6 00	⊞ 𝕄
42–4	1408–2	*Bataille de Ponte Molle* (8)	4 75	7 30	*Idem.*
42–5	1408–1	*Labarum* (5)	4 75	3 97	P ⚜ ⊞ 𝕄
42–6	1408–3	*Sainte Hélène* (7)	4 70	5 :5	⊞ 𝕄
42–7	1408–7	*Fondation de Constantinople* (1)	4 62	4 57	*Idem.*
41–8	1408–8	*Trophée* (6)	4 80	4 09	*Idem.*

Monogrammes de Hans Taye et Filippe Maëcht.

Nᵒ 46. CONSTANTIN. — Une tenture de tapisserie de laine et soye, relevée d'or, fabrique de Paris, manufacture de La Planche, dessein de Rubens, représentant l'*Histoire de Constantin,* dans une bordure fonds bleu avec rinceaux couleur de bronze doré ; dans la bordure d'en hault sont les armes de France couronnées et soutenües de quatre palmes ; contenant 51 aunes de cours sur 4 aunes 1/8 de hault, en 12 pièces doublées à plein de toille blanche.

En 1789, cette tenture était à Paris, complète, avec la désignation « très belle, un peu sèche, mais bien dessinée ».

(Archives nationales, O¹. 3499.)

Cette tenture existe complète au Mobilier National sous le nᵒ 40 (ancien 1407). La bordure fond bleu à grands rinceaux, couleur de bronze, terminés en fleurs de lis aux angles, porte, au milieu du haut, l'écusson de France aux trois fleurs de lis, couronné et entouré de palmes.

| NUMÉROS | | SUJETS. | HAUTEUR. | LARGEUR. | MARQUES. |
D'ORDRE.	ANCIENS.				
40–1	1407–4	*Apparition de la Croix* (3)	4ᵐ 78	5ᵐ 85	Pas de marques.
40–2	1407–1	*Baptême* (4). [Pl.]	4 80	4 68	*Idem.*
40–3	1407–5	*Mariage* (2)	4 80	5 68	*Idem.*
40–4	1407–6	*Constantin en bataille* (10). [Pl.]	4 87	6 65	*Idem.*
40–5	1407–3	*Bataille de Ponte Molle* (8)	4 83	7 10	*Idem.*
40–6	1407–2	*Entrée à Rome* (9)	4 83	5 30	*Idem.*
40–7	5195–6	*Labarum* (5)	4 80	3 30	*Idem.*
40–8	5195–4	*Entrée à Rome* (9)	4 80	4 40	*Idem.*
40–9	5195–2	*Sainte Hélène* (7)	4 80	4 10	*Idem.*
40–10	5195–3	*Fondation de Constantinople* (1)	4 80	4 10	*Idem.*
40–11	5195–1	*Trophée* (6)	4 75	3 40	*Idem.*
40 12	5195–5	*Mort de Constantin* (12)	4 90	4 36	*Idem.*

Les tapisseries de cette tenture, quoique ne portant pas de marques, doivent provenir de l'atelier de Raphaël de La Planche, au faubourg Saint-Germain, au moment de sa liquidation.

Les trois tentures à or : 46. *Constantin*, 47. *Psiché*, et 48. *Psiché*, furent livrées au Mobilier National avec les tentures sans or : 67. *Jeux d'Enfants*, de La Planche, 68. *Les Rinceaux*, 69. *Ancien et Nouveu Testament*, 70. *Verdures et Oyseaux*, vers l'année 1665 ou 1666, après la fondation des Gobelins par Louis XIV.

N° 111. Constantin. — Une tenture de tapisserie de basse-lisse, de laine et soye, avec un peu d'or dans quelques draperies, fabrique de Paris, manufacture de La Planche, représentant l'*Histoire de Constantin*, dessein de Rubens, dans une bordure d'un entrelas couleur de bronze, remplie de fleurs de lis et roses sur fonds bleu, entourées de branches de laurier qui règnent autour; au milieu de la bordure d'en hault, un soleil; au milieu de celles d'en bas sont les armes de France sur un globe, entourées des ordres du Roy, avec palmes dans un cartouche; et aux quatre coins une fleur de lis qui soutiennent deux enfants aislez dont la moitié du corps d'en bas est en crotesque; contenant 58 a. 3/4 de cours, en douze pièces, sur 4 aunes de hault non doublées (fait et arresté à Paris le 15 avril 1701. — Du Metz).

Cette tenture à or est entrée sur les registres à la date du 15 avril 1701 et doit provenir de la liquidation de l'atelier de La Planche, au faubourg Saint-Germain.

En 1789, cette tenture était complète au château de Fontainebleau, avec l'annotation « passée ».

Cette série est aujourd'hui complète au Garde-Meuble sous le n° 41. La bordure à feuillages avec entrelacs de bronze doré, un soleil au milieu de la bordure du haut, les armes de France dans un cartouche au milieu de la bordure du bas, et aux angles une fleur de lis entre deux génies dont le corps se termine en grotesque, est la même bordure qui encadre la tenture des *Rinceaux*, du même atelier.

NUMÉROS		SUJETS.	HAUTEUR.	LARGEUR.	MARQUES.
D'ORDRE.	ANCIENS.				
41-1	1405-2	*Apparition de la Croix* (3)	4ᵐ 69	5ᵐ 85	Pas de marques.
41-2	1406-2	*Mariage* (2)	4 61	6 65	Idem.
41-3	1406-3	*Constantin en bataille* (10)	4 64	7 00	Idem.
41-4	1405-1	*Bataille de Ponte Molle* (8)	4 60	7 69	Idem.
41-5	1405-7	*Entrée dans Rome* (9)	4 61	6 80	Idem.
41-6	1405-3	*Labarum* (5)	4 66	4 39	Idem.
41-7	1406-1	*Mort de Constantin* (12)	4 65	3 92	Idem.
41-8	1405-8	*Sainte Hélène* (7)	4 67	4 85	Idem.
41-9	1405-5	*Fondation de Constantinople* (1)	4 70	5 37	Idem.
41-10	1405-6	*Trophée* (6)	4 62	4 02	Idem.
41-11	1405-4	*Mort de Constantin* (12). [Pl.]	4 72	5 04	Idem.
41-12	1405-9	*Baptême de Constantin* (4)	4 55	5 55	Idem.

Cette tenture comprend deux fois la *Mort de Constantin*.

La dernière pièce, *le Baptême*, est exposée au Musée des Gobelins.

N° 166. Constantin. —— Une tenture de tapisserie de laine et soye, fabrique de Paris, manufacture de La Planche, représentant l'*Histoire de Constantin*, dans une bordure d'un feston de feuilles de chesne couleur d'or qui règne autour; contenant 39 a. 1/2 de cours, sur 3 aunes de hault, en douze pièces.

La tenture 166 sans or du Mobilier de la Couronne, provenant de la manufacture de De La Planche, fut livrée en 1690 ou 1691 avec les tentures 162. *Clorinde et Tancrède*, 163. *Six Maisons royales*, 164. *Jeux d'Enfants*, 165. *Paysages*, 167. *Psyché*, et 168. *Faits d'Achilles*, qui provenaient toutes de la liquidation de l'atelier de De La Planche, au faubourg Saint-Germain.

En 1775 et en 1789, cette tenture était à Marly en 12 pièces.

Actuellement, cette tenture est réduite à cinq pièces sous le n° 45 de l'Inventaire du Garde-Meuble. Bordure étroite de feuilles de chêne entourées d'un ruban.

NUMÉROS		SUJETS.	HAUTEUR.	LARGEUR.	MARQUES.
D'ORDRE.	ANCIENS.				
45–1	1409–1	*Apparition de la Croix* (3)	3ᵐ 60	3ᵐ 85	Pas de marques.
45–2	1409–3	*Sainte Hélène* (7)	3 52	3 30	*Idem.*
45–3	5195–8	*Labarum* (5)	2 90	2 75	*Idem.*
45–4	5195–7	*Constantin et Crispus* (11)	3 50	2 60	*Idem.*
45–5	1409–2	*Mort de Constantin* (12)	3 58	3 40	*Idem.*

Aucune pièce ne porte de marque.

Les tapisseries de cette suite 45–1 et 45–5 se trouvaient en 1900 à l'Ambassade de France auprès du Saint-Siège, au palais Rospigliosi.

TENTURE BARBERINI.

En dehors des tentures du Mobilier de la Couronne de France, il existe un certain nombre de suites plus ou moins complètes à l'étranger ou dans des collections particulières.

L'inventaire de De La Planche en 1627 signale une tenture donnée par Louis XIII au légat. Le roi avait en effet fait don, en 1625, au cardinal-légat Barberini, grand amateur de tapisseries, d'une tenture à or en sept pièces de l'*Histoire de Constantin*. Le cardinal la fit compléter à douze par les ouvriers des ateliers qu'il avait établis à Rome[1]. Les nouvelles pièces furent exécutées sur les cartons de Romanelli, de

[1] Eugène Müntz a retrouvé, dans les archives du palais Barberini, la description de cette tenture (*Revue des Sociétés savantes*, 5ᵉ série, t. VIII, 1874, p. 504-530) :

«Fattura di sette pezzi di tapicieria, i quali contengono l'historia di Costantino Magno con oro, d'altezza alle 7 1/4.

«Dei quali S. Maⁱˢ ne fece un presente all'Eminᵐᵒ sigʳ card. Barberino legato in Francia.

«Un pezzo, che rappresenta la battaglia sopra il Ponte molle, di lunghezza alle 11 1/2.

«Un altro, dove si mostra il disegno di Constantinopoli, alle 7 1/4.

«Un altro, dove si fà sposalitio di Costantino, lungho alle 7 1/4.

«Un altro, dove Constantino entra in Roma, lungho alle 8 1/2.

«Un altro, il battesimo di Constantino, lungho alle 8 1/2.

«Un altro, la morte di Constantino, lungho 7 1/4.

«Un altro, dove Sᵗᵃ Helena presenta la Sᵗᵃ Croce al patriarcha, 7 1/2.

«Segue la fattura d'altri cinque pezzi della medesima historia chi degia sono in ordine, e fanno il compimento di detta historia con li sette pezzi soprascritti, in modo che

Pierre de Cortone et d'un élève de Romanelli, Charles le Napolitain, et sous la direction de Jacopo della Riviera.

Six tapisseries de cette tenture ont fait partie de la collection Ffoulke, et appartiennent aujourd'hui à Sir John R. Mac Lean. En voici la description : les cinq premières ont été exécutées à Rome; la dernière est la seule pièce qui subsiste de la tenture sortie des ateliers de Paris et donnée par Louis XIII au cardinal Barberini.

1. *Constantin tue un lion en combat singulier,* dans une arène. — H. 16 pieds; L. 9 pieds 6 inches. — Signé : Jac. D. L. Riv.

2. *Constantin contemple le Signe dans le ciel.* — H. 16 pieds; L. 11 pieds 3 inches. Cette composition, assez semblable à celle de Rubens (*Apparition du Chrisme* [3]), et où l'on voit l'empereur, couronné de laurier et monté sur une plate-forme, apercevant dans le ciel le Chrisme, est de Jean-François Romanelli. La tapisserie est signée : Jac. D. L. Riv.

3. *Constantin, accompagné de prêtres, détruit les idoles et les remplace par des statues de saints.* — H. 15 pieds 10 inches; L. 12 pieds 2 inches. — Carton par Cortone. — Signé : Jac. D. L. Riv.

4. *Bataille navale entre les flottes de Constantin et de Licinius.* — H. 16 pieds 4 inches; L. 23 pieds. — Carton par Charles Napolitain. — Signé : Jac. D. L. Riv.

5. *Constantin, assisté d'un prélat et entouré de moines, jette dans le feu le Credo des Aryens,* à Nicée. — H. 15 pieds 10 inches; L. 14 pieds 10 inches. — Carton par Jean-François Romanelli. — Signé : Jac. D. Riv.
Bordure de fleurs et de fruits en larges rinceaux avec masques aux angles et chrisme accosté de sphinx, au milieu de la bordure supérieure, comme dans la tenture de Paris. Sur les côtés, l'abeille d'or sur fond bleu des Barberini. En bas, médaillon d'or entre deux branches de laurier. La première pièce, dont le carton est attribué tantôt à Pierre de Cortone, tantôt à Romanelli, n'a pas de bordures latérales, étant destinée à couvrir une surface étroite.

tutta l'historia consiste in dodeci pezzi dei quali alcuni erano degia fatti in quel tempo, li altri cinque sono stati fabricati dapoi e sono come segue :

Un pezzo, la battaglia contra Massentio, alle. 10 1/4
Un altro, dove apparisce ☩ in aria, alle..... 8 1/2
Un altro, dove Const° cresso questo segno nelle bandiere, alle................. 6 1/2
Un altro, dove si portano certi trophei, alle. 6 1/2
Un altro, con un Nettuno per mostrare il dominio per mare, alle............... 6 1/2
                                                        38 1/4

Quelques années plus tard, l'homme d'affaires du cardinal lui signalait une autre tenture de douze pièces, de plus petites dimensions, mais très belle également, et sortant des ateliers de Paris :

«Un parato de dodeci pezzi, che contiene l'historia de *Constantino Magno*, de quattro alle d'altezza, e di giro tutti insieme d'alle cinquanta sei, misura di Parigi. Tutti rilevati di seta, d'oro et d'argento ricchissimamente e benissimo favorati. Vale l'alla in quadro scudi 70.

«Ch'è il medesimo prezzo de quelli che S. Maj^tà dono al Emin^mo sig^r card. legato.»

HISTOIRE DE CONSTANTIN

LE TREPAS DE CONSTANTIN.

ATELIER DU FAUBOURG SAINT-GERMAIN.

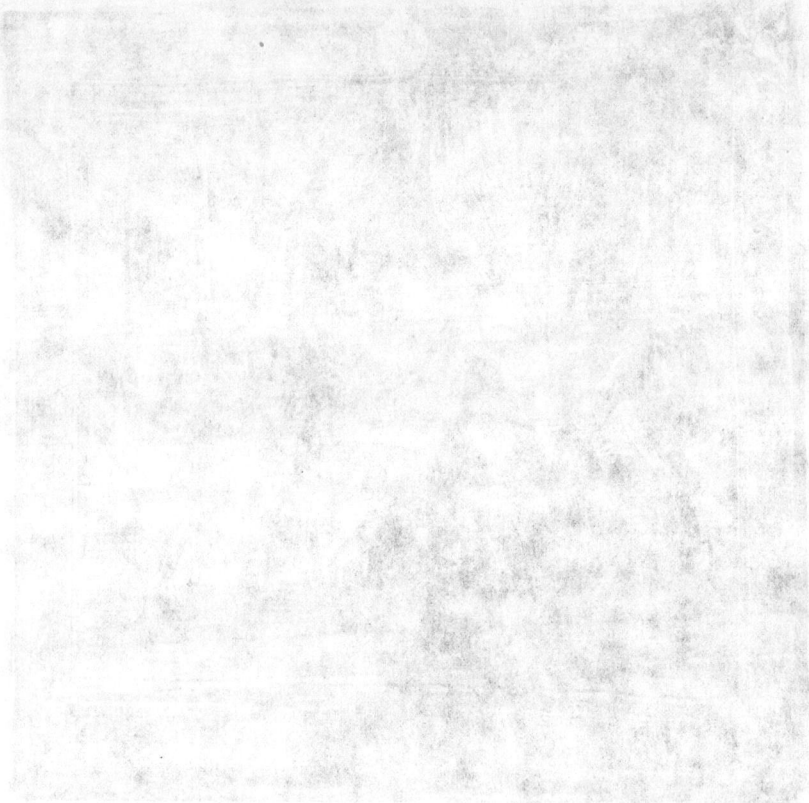

6. *Fondation de Constantinople* (1). — H. 4 m. 80; L. 4 m. 70. — Cartons de Rubens. — En bas à droite, la marque P ✿; dans la bordure latérale à droite, ᴹ̅I T, signatures de Filippe Maëcht et de Hans (ou Jans) Taye, qui signe en général 冊.

Cette dernière tapisserie, de fabrication parisienne, aux armes de France et de Navarre avec, dans les bordures inférieures, un aigle saisissant un serpent dans son bec et ses serres, est la seule pièce qui subsiste de la tenture envoyée par le roi au cardinal Barberini.

AUTRES TENTURES.

Les anciennes collections de la Couronne d'Autriche renferment une tenture de l'*Histoire de Constantin* en six pièces avec la bordure portant le chrisme ☧ en haut et, dans la bordure du bas, l'aigle tenant un serpent.

NUMÉROS D'ORDRE du GARDE-MEUBLE.	SUJETS.	HAUTEUR.	LARGEUR.	MARQUES.
1	*Mort de Constantin* (12).................	4ᵐ 64	4ᵐ 70	冊 ᴹ̅
2	*Labarum* (5)........................	4 70	5 20	P ✿ ᴹ̅ 冊
3	*Bataille de Ponte Molle* (8)............	4 70	7 10	P ✿ ᴹ̅ 冊
4	*Entrée à Rome* (9)....................	4 70	7 10	P ✿ ᴹ̅ 冊
5	*Trophée* (6).........................	4 69	3 88	ᴹ̅ 冊
6	*Fondation de Constantinople* (1)........	4 69	4 67	ᴹ̅ I T

Monogrammes de Filippe Maëcht et de Hans Taye.

L'Inventaire de La Meilleraie en 1693 comportait deux séries de Constantin.

Six pièces à or prisées.................................... 14,400ᵗᵗ
Neuf pièces à or.
(Archives Monaco. S° 2, Fol. 179.)

Cette dernière suite est probablement celle qui provenait de la vente de Cinq-Mars (1643). La Meilleraie était l'héritier de Mazarin, et la tenture avait été achetée à la vente de Cinq-Mars par M. de Pradines, tuteur du jeune de La Meilleraie.

LE SIÈGE DE LA ROCHELLE PAR LE DUC D'ANJOU EN 1572.
(Collection de Mme Houllier.)

HISTOIRE DE HENRY TROISIÈME

(1632-1637).

Cette tenture, exécutée au château de Cadillac pour le duc d'Épernon par le tapissier du faubourg Saint-Marcel Claude de La Pierre, est entrée au Mobilier de la Couronne en 1676, sans doute après la vente de l'Hôtel d'Épernon à Paris (septembre 1676), sous le n° 111 des tentures sans or.

111. L'HISTOIRE DE HENRY TROISIÈME. — Une tenture de tapisserie de laine et soye, fabrique France, manufacture de Cadillac, représentant l'*Histoire du Roy Henry troisiesme*, dans une bordure de trophée d'armes avec des escriteaux dans le milieu de la bordure d'en hault qui expliquent le sujet de ce qui est représenté dans la pièce; contenant 117 aunes de cours, sur 3 aunes 2/3 de hault, en vingt-sept pièces doublées par bandes de toille blanche.

En 1739, l'*Histoire de Henri III* se trouve au Louvre, comme il ressort d'un document signalé par M. Ch. Braquehaye, de Bordeaux, d'après lequel on se serait alors appuyé sur une des pièces de la tenture (le n° 25) pour prouver que la Maison d'Autriche avait une livrée blanche, noire et jaune : «Cela paraît par les tapisseries du Louvre, à Paris, qui représentent l'entrée de notre Roy Henri III revenant de Pologne dans la ville de Vienne en Autriche, où l'on y voit des pages et des hallebardiers de l'Empereur Maximilien vêtus d'habits blancs à taillades remplis alternativement de jaune et de noir».

TAPISSERIES DES GOBELINS. — I.

33

L'« État général des tentures de tapisseries thermes et portières des diverses Manufactures en 1789 » (Arch. nat., O¹. 3502) donne la description de chaque pièce de cette tenture.

Nº 111. Vie de Henri 3. — 27 pièces en soie, à Paris. — Fabrique de France à Cadillac.

PIÈCE. COURS.

1. 1 4 aunes. 3 a. 2/3 haut, bordure 20 pouces. *Le sacre de Henry 3 à Rheims.*

2. 1 5 a. 2/3. *L'Institution de l'ordre des Chevaliers du Saint-Esprit en 1578.*

3. 1 5 a. 1/4. *L'Entrée du Roy à Cracovie en 1574.*

4. 1 5 a. 3/8. *Érection de la charge de Colonel général de l'Infanterie en faveur de M. le duc d'Espernon en 1584.*

5. 1 6 a. 1/4. *Défaite de l'armée des Reitres à Marcigny-les-Nonains et la désunion des Suisses.*

6. 1 5 a. 5/6. *Les premiers États que tient le Roy à Blois, 1576-1577.*

7. 1 5 a. 1/12. *Siège de Paris par le Roy en 1589.*

8. 1 6 aunes. *Entrée du Roy à Venise à son retour de Pologne en 1574.*

9. 1 4 a. 2/3. *Le Siège de Jargeau en 1589.*

10. 1 3 a. 3/4. *Le Siège d'Étampes par le Roy en 1589.*

11. 1 4 a. 1/2. *Le Siège de Pontoise en 1589.*

12. 1 2 a. 1/3. *Entrée du Roy à Turin à son retour de Pologne en 1574.*

13. 1 4 a. 2/3. *Siège de la Rochelle par le duc d'Anjou en 1572.*

14. 1 3 a. 3/4. *Siège de Châtellerault par le duc d'Anjou en 1569.*

15. 1 4 a. 1/8. *Revüe de toutes les troupes par le duc d'Anjou en 1569.*

16. 1 3 a. 5/6. *Combat de Roche l'Abeille.*

17. 1 3 a. 3/4. *Le Roy donne la généralité de ses troupes à M. le duc d'Anjou en 1569.*

18. 1 4 a. 5/8. *Siège de Saint-Jean-d'Angély par M. le duc d'Anjou en 1572.*

19. 1 5 a. 5/12. *Bataille de Jarnac par le duc d'Anjou contre le prince de Condé, 1569.*

20. 1 5 a. 1/4. *Bataille de Moncontour par le duc d'Anjou contre l'Amiral, 1569.*

21. 1 4 a. 1/2. *Combat du duc de Mayenne contre le Roy à Tours en 1589.*

22. 1 2 a. 2/3. *Combat de Jasseneuil par le duc d'Anjou.*

23. 1 3 a. 1/6. *Entrevüe de Henri 3 avec le Roy de Navarre à Tours en 1589.*

24. 1 3 a. 5/6. *Réception des ambassadeurs de Pologne qui viennent offrir la couronne au duc d'Anjou en 1573.*

25. 1 3 a. 1/16. *Henry 3 à Vienne, à son retour de Pologne, en 1574.*

26. 1 3 a. 3/8. *Le Sacre de Henry 3 à Cracovie en 1574.*

27. 1 3 a. 1/2. *L'Assassinat de Henry 3.*

Notes. — La réparation de cette tenture a été estimée, savoir : Rentrayeur, 1642 livres. Ouvrières, 970 livres. Total, 2,612 livres. — Visé pour l'exécution : THIERRY.

Devis du 26 janvier 1790.

En 1790, cette tenture a été réparée par le rentrayeur et les ouvrières du Garde-Meuble à Paris (Arch. nat., O¹. 3502).

HISTOIRE DE HENRY TROISIÈME
BATAILLE DE JARNAC
ATELIER DE CLAUDE DE LA PIERRE AU CHÂTEAU DE CADILLAC.

Imp. A. Peresbout et Cⁱᵉ Paris

Un autre inventaire de 1789 (O^1. 3505) porte au n° 111 l'annotation suivante :

Vie de Henri III, complette. — Quoique d'un genre ancien, est très intéressante. Elle attire les curieux aux fêtes-Dieu. — 27 pièces, à Paris. Hauteur, 3 a. 2/3.

L'inventaire de 1792 (O^1. 3357) porte encore sous le n° 111 la mention :

Vie de Henri III en soie.

Cette tenture a dû être vendue pendant la Révolution.

M. Ch. Braquehaye a publié une notice sur Claude de La Pierre (1605-1660), maître tapissier du duc d'Épernon[1], et sur les artistes du duc d'Épernon au château de Cadillac[2]. Il a trouvé sur la tenture de l'*Histoire de Henri III* un grand nombre de documents qui en fixent les dates d'exécution, de 1632 à 1637, dans les ateliers organisés dans les sous-sols du château de Cadillac, pour Nogaret de La Valette, duc et pair d'Épernon, et de La Valette, favori de Henri III, par Étienne Bonnenfant, Marin Boyvin, Claude Bécheu et huit compagnons travaillant sous la direction de Claude de La Pierre.

L'auteur des cartons n'est pas connu. Peut-être est-ce Sébastien Bourdon qui, âgé à peine de seize ans, travaillait à Bordeaux et « peignit un plafond dans un château voisin » qui pourrait être Cadillac, à la décoration duquel on travaillait alors; peut-être plutôt quelqu'un des peintres attitrés du duc, ce Christophe Crafft, à qui le duc d'Épernon commandait dix-neuf tableaux; ou mieux encore Girard Pageot, qui vint s'installer avec sa famille au château dont il peignit les lambris, les garde-robes et les plafonds dans un style qui n'est pas sans rappeler celui des bordures de la tenture de Claude de La Pierre?

La seule pièce entière aujourd'hui connue de cette tenture est entrée récemment au Musée du Louvre (Pl.). Elle fut achetée à la vente Reiset et provenait de la collection du baron Pichon (n° 1288 du Catalogue, 29 mars-10 avril 1897). C'est une grande pièce mesurant 3 mètres de haut sur 6 m. 50 de large, de tons très simples, en camaïeu bleu et jaune, d'une belle composition, d'une excellente exécution, une des très rares pièces subsistant de cette époque.

Elle représente la *Bataille de Jarnac*, gagnée le 13 mars 1569 par les troupes catholiques commandées par le duc d'Anjou, Tavannes, Guise et Montpensier, sur les Protestants dirigés par Gaspard de Coligny et le prince de Condé, dont la mort fut le signal de la déroute. Au premier plan, un combat de cavalerie; « M. le prince de Condé », qui, malgré ses blessures récentes, avait voulu rester à la tête de ses troupes, est renversé sous son cheval, et Montesquiou, capitaine des gardes suisses du duc d'Anjou, va l'égorger, — la tradition veut qu'il l'ait tué d'un coup de pistolet. Derrière,

---

[1] *Réunion des Sociétés des Beaux-Arts des départements,* 1892, p. 462-483.

[2] *Les artistes du duc d'Épernon.* Bordeaux, Féret, 1897, in-8°, texte et pl.

la bataille se déroule autour de l'église de « Jarnac » en flammes. « M. de Lavalette » défie en combat singulier « M. le Prince de Condé ». À côté, « M. de Lavalette », à terre, est sauvé par son fils, le futur duc d'Épernon, qui réussit à le faire remonter à cheval, fait qui se produisit en réalité à la bataille de Mauvoisin en 1570, et non à Jarnac. Nous avons donc dans la même pièce, suivant les traditions gothiques, plusieurs moments d'une même action représentés concurremment. Dans le fond, les carrés d'infanterie avec, au centre, les piquiers et les oriflammes, et les charges de cavalerie, dont une est conduite par « M. de Chatilbon ».

La partie haute de la tapisserie — le ciel — et la bordure supérieure où était narrée la scène représentée manquent. La bordure existe sur les trois autres côtés, ornée de panoplies et de couronnes de laurier. Au milieu des bordures latérales, les armes du duc d'Épernon entourées des ordres du roi : « parti : *a.* d'argent à un noyer de sinople, terrassé de même ; *b.* de gueules à la croix cléchée, vidée et pommetée d'or ; et au chef de ce surtout de gueules, chargé d'une croix potencée d'argent ; sur le tout, d'azur à une cloche d'argent, bataillée de sable ». Dans la bordure inférieure, des écussons soutenus par des génies soufflant dans une trompette et brandissant des glaives, chargés, celui du milieu du monogramme du roi Henri III, les autres des monogrammes du duc de La Valette et de Marguerite de Foix-Candale qui étaient peints sur toutes les boiseries du château de Cadillac.

La lisière verticale de droite porte le chiffre de Claude de La Pierre, ℟, ce tapissier que mentionne l'inventaire de François de La Planche en 1627 : « En la boutique de Claude de La Pierre, maistre tapissier, seize grande rue Mouffetard contre et attenant le dit hostel des Canayes... », et il y est indiqué que cet atelier comprenait deux métiers.

Un fragment d'une autre pièce de cette tenture fait partie de la collection de Mme Houllier, à Paris. C'est une partie du *Siège de la Rochelle par le duc d'Anjou en 1572* (n° 13), pièce large de 4 aunes 2/3. Le fragment reproduit en tête de la présente notice mesure environ 2 mètres de haut sur 2 m. 60 de large. On y voit au premier plan des compagnies de cavaliers et d'arquebusiers, et dans le fond la ville de la Rochelle, assaillie par les troupes du duc d'Anjou qui tirent le canon, sapent les murailles, s'avancent sous d'énormes boucliers, montent aux échelles, tandis que les vaisseaux anglais mettent à la voile et s'apprêtent à gagner le large.

Le Musée de Cluny possède trois pièces d'une tenture historique de la même époque, représentant des scènes des guerres de religion d'après les gravures de Perissin et Tortorel[1], dont elles reproduisent exactement le dessin inversé et la lettre. Deux d'entre elles représentent deux moments de la bataille de Jarnac, la troisième

[1] Bibliothèque nationale, Cabinet des Estampes. Ed 9 et 9a.

la bataille de Saint-Denis. Elles sont très différentes comme iconographie, comme style et comme fabrication de la tapisserie de Cadillac, avec lesquelles elles n'ont guère de commun que ces coloris jaunes et bleus, à la mode à cette époque. Elles sont d'un point plus gros et ont dû être exécutées dans quelque atelier provincial, peut-être à Bordeaux ou à Toulouse, ou même à Aubusson. Elles portent les armoiries de Paule d'Astarac de Fontrailles, femme de Louis Félix, marquis de La Vallette, auquel d'Épernon avait légué le château de Caumont; elles restèrent ensuite dans les mains de diverses familles de Toulouse, d'où elles sont passées au Musée de Cluny. Malgré leur caractère archaïque, elles n'ont dû être exécutées que vers 1660.

Ces pièces nous prouvent l'existence en province de manufactures de tapisseries locales, souvent organisées par des artistes venus de Paris, mais où l'exécution, faute de main-d'œuvre bien exercée, était en général assez grossière.

Bien des particuliers ne se contentaient pas d'acheter des tapisseries des manufactures de Comans et de De La Planche, des Galeries du Louvre et de l'Hôpital de la Trinité, mais en faisaient, comme le duc d'Épernon, fabriquer chez eux. C'est ainsi que l'abbé Le Masle et Richelieu firent exécuter, dans le cloître de Notre-Dame de Paris, par le tapissier Pierre Dubourg, la belle série de la *Vie de la Vierge*, aujourd'hui conservée dans la cathédrale de Strasbourg. Fouquet avait installé auprès de son château de Vaux, dans le village de Maincy, des ateliers chargés d'exécuter les tapisseries destinées à la décoration du château. Il avait même obtenu du roi, alors à Saint-Jean-de-Luz, en mai 1660, une ordonnance transformant ces ateliers en manufacture, aux mêmes droits et prérogatives que l'ancienne Manufacture des Gobelins, et il s'en était fait donner la direction. Dans l'inventaire de Louvois (1688), on trouve, à côté des mentions «fabrique d'Angleterre, de Bruxelles ou des Gobelins», celle-ci : «faites au logis», par exemple sous le n° 10 de l'Inventaire publié par le vicomte de Grouchy : «Unze pièces de tapisseries de différentes sortes de chasses, ayant les armes de la maison au haut de la bordure de chaque pièce, dont 9 faites au logis..., les deux autres pièces faites en Flandres...», et sous le n° 15 : «Dix pièces de tapisseries des *Plaisirs de la campagne*, faites au logis, ayant les armes de la maison dans le haut...».

PHILIPPE DE CHAMPAIGNE. — LA NAISSANCE DE LA VIERGE

DESSIN POUR UNE TAPISSERIE DE LA «VIE DE LA VIERGE».

(Musée du Louvre.)

SERIES TELA
SERIA VIRGINIS

Philippe de Champagne inv.

J. Chaquet sc.

LA VIE DE LA VIERGE.
LA NAISSANCE DE LA VIERGE.
ATELIER DE PIERRE DAMOUR A PARIS.

Imp. A. Penaudeau & Cie Paris.

LA VIE DE LA VIERGE

D'APRÈS PHILIPPE DE CHAMPAIGNE.

ERMAIN BRICE, dans sa *Description de la Ville de Paris* (1713, t. III, p. 269), dit : « Cette tapisserie est de Champaigne, qui en fit les cartons en 1636 ».

D'après Guillet de Saint-Georges, auteur des *Mémoires inédits des Académiciens* (t. I, p. 211), Philippe de Champaigne n'aurait exécuté que deux tableaux : la *Nativité de la Vierge* et la *Présentation au Temple;* les douze autres seraient d'un peintre bruxellois.

Suivant Gueffier (*Description historique de l'église de Paris*, 1763, p. 431), la suite entière serait de Champaigne et les quatorze tableaux ornaient encore, au milieu du XVIIIe siècle, la salle du Chapitre de Notre-Dame.

Dargenville, dans son *Voyage pittoresque de Paris*, n'attribue que cinq compositions à Philippe de Champaigne, ce sont : la *Nativité*, la *Présentation*, le *Mariage*, l'*Annonciation* et le *Couronnement*.

En 1792, les quatorze tableaux furent envoyés au dépôt provisoire des Petits Augustins; de là ils furent transférés au dépôt de Nesle, d'où le peintre Naigeon, directeur, devait les transmettre au Muséum National, qui avait mission de les répartir ensuite en province. On n'a conservé aucune trace de leur passage au Muséum. Le Musée du Louvre possède deux magnifiques dessins au crayon noir, sans doute de la main même de Philippe de Champaigne, et qui représentent les deux premières scènes : la *Nativité de la Vierge* et la *Présentation au Temple*[1].

Ce fut l'abbé Le Masle, attaché à la personne du cardinal de Richelieu, qui commanda cette tenture pour Notre-Dame de Paris, dont il était chantre, à Pierre Damour, tapissier parisien, établi à Reims en 1638. Ce Pierre Damour était le fils de Pierre Damour et de Marie Mariette, demeurant à Paris, carrefour Saint-Hippolyte, au faubourg Saint-Marcel. L'église Saint-Hippolyte étant la paroisse des Gobelins, on peut aisément croire que le père de Pierre Damour était aussi tapissier. Les travaux qu'il exécuta à Reims, chez Pepersack, de 1639 à 1650, étaient presque tous faits pour le compte d'amateurs parisiens. Toutes les pièces de cette tenture furent exécutées à Paris, sans doute au cloître Notre-Dame, sauf peut-être

---

[1] Musée du Louvre, Cabinet des dessins : *Nativité*, n° 19872 ; H^r 0,47 ; L^r 0,68. — *Présentation*, n° 19873 ; H^r 0,46 ; L^r 0,60.

la troisième, qui porte dans la lisière inférieure la marque des ateliers de Bruxelles : l'écusson rouge orangé entre deux B.

Le 13 novembre 1640, le Chapitre de Notre-Dame, pressenti dès 1638, acceptait les deux premières pièces, dont l'une, la *Naissance de la Vierge*, donnée par l'abbé Le Masle, prieur des Roches, et l'autre, la *Présentation*, par Charpentier, secrétaire de Richelieu. La tenture était complètement terminée en 1657. Chaque pièce achevée avait été remise au Chapitre. Après l'achèvement de la quatorzième, Le Masle fit une donation complète de l'ensemble par acte passé devant les notaires Remond et François, le 2 septembre 1657, et le Chapitre, en remerciement, plaça Le Masle au nombre des bienfaiteurs insignes de l'église et inscrivit la donation au nécrologe du martyrologe du chœur.

(Archives nationales, LL. 189, fol. 109, et LL. 271, fol. 206 et 230; Bibliothèque nationale, 4° Lk⁷ 6951.)

DESCRIPTION.

1. *La Naissance de la Vierge.*

A droite, dans un lit à baldaquin, sainte Anne est entourée de femmes. Près de la cheminée, les servantes s'empressent autour de la jeune Marie. Vol de chérubins dans des nuages. Un vieillard, saint Joachim, entre à droite. (Pl., et fig., p. 262.)

2. *La Présentation au Temple.*

Sainte Anne et saint Joachim présentent Marie au grand prêtre placé à droite sur les marches du temple. Deux femmes et un homme l'accompagnent. Dans l'angle gauche, un Juif compte ses écus. (Fig., p. 265.)

3. *Le Mariage de la Vierge.*

Le grand prêtre unit Joseph et Marie dans un temple d'une belle architecture corinthienne. A gauche, un des prétendants évincés, appuyé contre une colonne, brise son bâton sur son genou.

4. *L'Annonciation.*

Un ange, portant un lis, salue la Vierge agenouillée; à côté d'elle, un vase de lis et de fleurs. Dans les nuages, le Père Éternel et la colombe du Saint-Esprit.

5. *La Visitation.*

La Vierge, suivie de saint Joseph, est accueillie par Elisabeth qui s'agenouille devant elle. Dans une fenêtre à droite, une femme qui se penche et regarde. Un âne à gauche.

6. *La Nativité.*

Un escalier conduit à un édifice de grandes proportions. Sur le devant, le divin Enfant est étendu dans la crèche. Adoration de la Vierge et des Anges; saint Joseph est placé derrière. A gauche, la vache et l'âne. Des bergers descendent en portant un agneau.

7. *L'Adoration des Rois.*

Les Rois se prosternent devant l'Enfant Jésus qui tend les bras. L'un d'eux présente un vase d'or, le roi nègre s'apprête à offrir une cassette qu'il prend des mains d'un petit esclave. A droite, un cavalier avec un grand étendard et des soldats. Saint Joseph se tient derrière la Vierge.

PHILIPPE DE CHAMPAIGNE. — LA PRÉSENTATION AU TEMPLE.
DESSIN POUR UNE TAPISSERIE DE LA «VIE DE LA VIERGE».
(Musée du Louvre.)

8. *La Purification.*

Au haut des marches du temple, la Vierge agenouillée et saint Joseph qui porte une cage où sont enfermées deux colombes; le grand prêtre tient dans ses bras l'Enfant Jésus.

9. *La Fuite en Égypte.*

La Vierge, assise au pied d'un arbre, tient l'Enfant sur ses genoux. Saint Joseph est debout derrière elle. A droite, un tombeau. Des anges présentent un panier de fruits; deux chérubins jouent avec l'âne, un autre s'envole. Riche paysage. (Pl.)

10. *Jésus au milieu des docteurs.*

Dans un temple d'une grande richesse, le Christ est assis devant un livre, et les docteurs sont groupés autour de lui.

11. *Les Noçes de Cana.*

Jésus est assis au bout de la table, à gauche; la Vierge est à côté de lui; saint Joseph, en face. Un homme apporte une amphore. D'autres vases, à terre, sont dressés contre la table.

12. *La Mort de la Vierge.*

La Vierge est étendue au milieu d'un large lit, entourée des douze Apôtres. Une femme est à son chevet.

13. *L'Assomption de la Vierge.*

La Vierge s'élève dans le ciel, soutenue par des anges. Les Apôtres sont groupés autour du tombeau vide où fleurissent des roses.

14. *Le Couronnement de la Vierge.*

La Sainte Trinité couronne la Vierge que portent des anges. D'autres anges à droite et à gauche tiennent des lis ou jouent de divers instruments. L'un d'eux présente à la Vierge un miroir qui réfléchit son visage. Au bas, un paysage où sont représentées les figures symboliques appliquées à la Vierge dans les Litanies.

Voici les dimensions et les marques de cette tenture :

NUMÉROS.	HAUTEUR.	LARGEUR.	ATELIER.	MARQUES.
1	4ᵐ 90	6ᵐ 23	Atelier de Pierre Damour.	La lisière inférieure est cachée.
2	4 92	5 37	—	Pas de signature dans la lisière inférieure.
3	4 85	5 60	—	Dans la lisière inférieure B ▭ B.
4	4 85	5 00	—	
5	4 85	5 78	—	Dans la lisière inférieure, vers la gauche : PAR·DAMOVR.
6	4 75	5 43	—	Dans la lisière inférieure : A·PARIS·PAR·DAMOVR.
7	4 90	5 70	—	Dans la lisière inférieure : A·PARIS·PAR·PIERRE·DAMOVR.
8	4 70	5 55	—	Dans la lisière inférieure : A·PARIS·PAR·PIERRE·DAMOVR.
9	4 85	5 47	—	Dans la lisière inférieure : PAR·DAMOVR.
10	4 92	5 52	—	Dans la lisière : PAR·DAMOVR.
11	4 92	5 45	—	Pas de signature.
12	4 90	5 60	—	Idem.
13	4 72	5 16	—	Idem.
14	4 85	5 80	—	Dans la lisière inférieure : F·PAR·DAMOVR.

MARIA FUGIT
IN AEGYPTUM

Philippe de Champagne inv.   J. Chauveau sc.

LA VIE DE LA VIERGE
LA FUITE EN ÉGYPTE
ATELIER DE PIERRE DAMOUR A PARIS

Manufacture de Bruxelles   Imp. A. Pontabry et Cie Paris

Bordures. — *1re pièce.* — Dans les cartouches latéraux, à droite, une femme tenant un phylactère ; à gauche, un prophète.

2e pièce. — La bordure de cette pièce offre de notables variantes avec les encadrements des autres tapisseries. Les guirlandes sont composées de légumes volumineux : melons, artichauts, navets, asperges. Les enfants, occupés à manger des cerises sur les autres pièces, ont ici une attitude tout autre. Dans les cartouches latéraux, les grandes figures en camaïeu représentent, à gauche, une femme portant un livre dans la main droite ; à droite, un personnage barbu avec un papier déroulé à la main.

3e pièce. — Deux figures d'hommes, apôtres ou prophètes, garnissent les médaillons latéraux, tenant des livres dans la main. Les enfants de la bordure inférieure, au lieu de manger des cerises, tiennent de grosses poires.

5e et 6e pièces. — Les cartouches latéraux sont occupés par une figure d'homme à droite et une femme à gauche.

7e pièce. — Dans le cartouche de droite, figure d'homme tenant un livre ; une femme à gauche. La composition offre certaines anologies avec le tableau de Rubens de même sujet.

8e pièce. — Figures de femmes dans les cartouches latéraux.

11e pièce. — Dans les cartouches latéraux, deux figures de femmes : l'une a un rouleau dans la main droite, un livre dans la main gauche ; l'autre montre le ciel de la main.

A cette description il convient d'ajouter que toutes les pièces portent, dans la partie haute, à la place d'honneur, les armes, les insignes et les initiales du cardinal de Richelieu. Treize sur quatorze ont reçu aux angles inférieurs le blason de l'abbé Le Masle, prieur des Roches, chanoine et chantre de Notre-Dame[1]. Une seule, la deuxième, porte un autre écusson, celui de Charpentier, secrétaire du cardinal.

Six tapisseries n'ont pas d'origine ; une est de Bruxelles ; les sept autres (5, 6, 7, 8, 9, 10, 14) ont été signées par Pierre Damour.

Inventaire de Le Masle :

Item, la donation faite par ledict deffunt sieur des Roches au proffit de l'église de Paris, de la tenture de tapisserie représentant la *Vie de la Vierge,* receue par Raymond et François, notaires, le 2 septembre 1657.

---

[1] D'argent à trois rochers de sable, posés deux et un, séparés par un chevron de gueules. — Le chevron est emprunté à l'écusson du cardinal de Richelieu, de la munificence duquel il tenait le prieuré des Roches.

34.

Dans la chambre où ledict deffunct a décédé :

Item, « douze tableaux » représentant l'*Histoire de la Vierge*, peints sur toille, qui sont les originaux des dessins de la tapisserie donnée par ledict deffunct sieur des Roches à l'église de Paris, garnis de leurs cadres, dorez, prisez ensemble la somme de 600 livres.

« Le nombre « douze » est à remarquer », dit Jules Guiffrey dans son *Étude sur les tapisseries de la cathédrale de Strasbourg*. « Il s'agit probablement des douze derniers sujets reproduits en tapisserie de 1650 à 1657. Le nom de l'auteur est passé sous silence. Eût-on manqué de le rappeler, si ç'eût été un artiste aussi célèbre que Philippe de Champaigne? Voici un argument assez sérieux pour réduire la collaboration du maître janséniste aux deux premières compositions, comme le veut Guillet de Saint-Georges. »

En 1714, époque à laquelle est modifiée la disposition du chœur, les tapisseries de Notre-Dame sont reléguées dans les magasins.

En 1721, le vendredi 13 juin, le Chapitre délibère : il songe à tirer parti du don du prieur des Roches; il consent à prêter l'*Histoire de la Vierge* à des paroisses voisines. En 1731, 1732, 1733, elles sont confiées aux paroisses de la Madeleine en Cité, de Saint-Eustache et enfin de Saint-Nicolas-du-Chardonnet.

En 1730, le Chapitre donne pouvoir à M. l'archidiacre de Paris et à M. de Fleury, chanoines, intendants de la Fabrique, de vendre les « vieilles tapisseries », tant grandes que petites, lesquelles ne servent plus, pour payer la réparation de la couverture, de l'orgue et le blanchissement de l'église.   (Arch. nat., LL. 232¹⁴.)

En 1732. « . . . Les grandes tapisseries qui représentent l'*Histoire de la Vierge* [données par feu M. Le Masle, chantre], lesquelles ne peuvent plus servir dans l'église et qui dépérissent journellement, seront mises en vente. . . » En décembre 1732, le Chapitre repousse une offre de 12,000 livres et décide que « lesdites tapisseries seront tendues dans le chœur ». Mais il n'est pas donné suite à ce vœu.

En 1736, le Chapitre est fermement résolu à mettre en vente l'*Histoire de la Vierge*. En 1739, elle est vendue 10,000 livres au Chapitre de Strasbourg, dont 5,000 comptant et 5,000 en deux payements.

Presque aussitôt après la vente, une légende nouvelle était tissée et introduite dans le cartouche inférieur : « Sumptibus Rev. et Ill. capituli Argentinensis. Pro usu cathedralis ecclesiae. Anno 1739. »

Confisquée pendant la période révolutionnaire, la tenture est restituée par le maire, le 14 vendémiaire an IX (6 octobre 1800). Le citoyen Simon Mühe la reçut au nom des catholiques. Elle décore encore aujourd'hui la nef de la cathédrale de Strasbourg.

LA TENTURE

DE

SAINT GERVAIS ET SAINT PROTAIS,

D'APRÈS PHILIPPE DE CHAMPAIGNE, EUSTACHE LE SUEUR,

THOMAS GOUSSÉ ET SÉBASTIEN BOURDON.

En 1645, la Fabrique de la paroisse Saint-Gervais, à Paris, s'adressa aux peintres Philippe de Champaigne, Le Sueur, Goussé et Bourdon pour l'exécution de six cartons de tapisseries à exposer le jour de la fête patronale de l'église [1].

Les dimensions des sujets étaient données par l'écartement des piliers de la nef et du chœur devant lesquels on se proposait de placer les tapisseries, soit environ 6 m. 80 de large sur 3 m. 60 de haut [2]. Les sujets représentés étaient les scènes du martyre et le triomphe des deux saints patrons de la paroisse, Gervais et Protais. Voici la liste des six cartons avec le nom des auteurs :

1. *Saint Gervais et saint Protais* [3], *amenés devant Astasius, refusent de sacrifier à Jupiter*, par Le Sueur [4];

2. *Flagellation de saint Gervais*, commencé par Le Sueur et achevé par Thomas Goussé ;

3. *Décollation de saint Protais*, par Sébastien Bourdon ;

4. *Apparition de saint Gervais et de saint Protais à saint Ambroise, archevêque de Milan*, par Philippe de Champaigne [5];

5. *Invention des reliques de saint Gervais et de saint Protais*, par Philippe de Champaigne [6];

6. *Translation des corps de saint Gervais et de saint Protais*, par Philippe de Champaigne.

[1] Clément de Ris, *Musées de province*, Paris, 1872.

[2] Voir *Les tapisseries de Saint-Gervais et leurs cartons*, par Ch. Bouvet (extrait de la *Revue de l'art chrétien*, 1913, p. 112-122, pl.).

[3] Saint Gervais et saint Protais, fils de saint Vital et de sainte Valérie, furent martyrisés à Milan, l'an 64 de notre ère, sous le règne de Néron.

La crypte de l'église Saint-Ambroise, à Milan, contient leurs tombeaux.

[4] Terminé en 1651, d'après Félibien, *IXe Entretien sur les vies des peintres*, éd. 1725, t. IV, p. 200.

Le Sueur exécuta d'autres compositions pour les tapissiers, entre autres une série de huit cartons, d'après le *Songe de Poliphile*. Darcel, dans une note de la *Gazette des Beaux-Arts*, 1876, p. 276, dit avoir retrouvé trois de ces cartons, dont deux chez un particulier, dont il ne donne pas le nom ; le troisième, provenant de la collection Robik, et représentant *Poliphile reçu par la reine Éleuthéride*, est conservé au Musée de Rouen.

[5] Il existe au Louvre un beau dessin de Ph. de Champaigne, préparation pour son tableau (Cabinet des dessins, n° 19863 ; H[r] 0 m. 33, L[t] 0 m. 60). Nous en donnons la reproduction, p. 272.

[6] Le Musée du Louvre possède une esquisse de Ph. de Champaigne pour ce tableau (Cabinet des dessins, n° 19858 ; H[t] 0 m. 15 ; L[t] 0 m. 27).

Ces tableaux servirent dans la suite à la décoration de la nef de l'église Saint-Gervais. La date de leur mise en place n'est révélée par aucun document officiel; toutefois il est évident qu'ils ne furent accrochés aux arcades de la nef qu'après l'achèvement des tapisseries auxquelles ils servirent de modèles. On dut entailler légèrement les piliers du côté sud pour incliner les toiles placées de ce côté et leur donner un éclairage convenable.

FRAGMENT DE LA PIÈCE
« SAINT GERVAIS ET SAINT PROTAIS
REFUSENT DE SACRIFIER À JUPITER ».

(Musée des Gobelins.)

En 1733, les tableaux durent être restaurés; ils furent replacés en 1737 (Archives nationales, LL. 750).

Hurtaut de Magny, dans son *Dictionnaire de Paris* (1779), indique la place occupée par les tableaux : « La nef est ornée de six tableaux, trois de chaque côté. Les trois qui sont à droite en sortant du chœur sont, le premier de Bourdon, les deux autres de Le Sueur [1], l'un de sa main, l'autre peint par Goussé, son élève et beau-frère. Les trois, à gauche, sont de Champaigne. »

En 1787, le *Guide des amateurs et des étrangers* signale que les tableaux occupent les mêmes places.

A la Révolution, les toiles furent conservées au Musée des Monuments français.

En 1802, elles furent réparties entre le Musée de Paris et celui de Versailles : quatre à Paris et deux à Versailles, où elles restèrent jusqu'en 1811, époque à laquelle elles furent envoyées au Musée de Lyon où elles sont encore exposées aujourd'hui : l'une,

[1] Lettre de Diderot à Grimm sur le Salon de 1763 : «N'oubliez pas de faire un tour à Saint-Gervais et d'y voir les tableaux du *Martyre de saint Gervais et de saint Protais*, et, quand vous les aurez vus, élevez vos bras vers le ciel et écriez-vous : Sublime Le Sueur! Divin Le Sueur!» (*Diderot*, éd. Tourneux.)

la *Flagellation de saint Gervais,* de Le Sueur, dans la galerie des peintres français; l'autre, l'*Invention des reliques de saint Gervais,* de Ph. de Champaigne, dans la galerie des maîtres anciens.

Des quatre tableaux qui échurent au Louvre, un seul : *Saint Gervais et saint Protais amenés devant Astasius refusent de sacrifier à Jupiter,* de Le Sueur, est exposé dans les salles françaises du xviie siècle. La *Décollation de saint Protais,* de S. Bourdon, et la *Translation des corps de saint Gervais et saint Protais* sont roulés dans les magasins. L'*Apparition de saint Gervais et de saint Protais à saint Ambroise,* de Ph. de Champaigne, est placé au-dessus de l'autel de la chapelle du lycée Henri IV, à Paris.

Ces six compositions servirent de cartons à la tenture qui fut exécutée vers le milieu du xviie siècle dans les ateliers des galeries du Louvre, que Jean Laurent dirigea de 1623 à 1662. La première pièce a disparu entre le 19 juin 1795 et le 20 mars 1874. Les cinq autres, jetées dans un coin, puis vendues par la fabrique, sont aujourd'hui conservées au Musée Galliéra.

Les tapisseries sont uniquement de laine et soie.

1. La première pièce, *Saint Gervais et saint Protais amenés devant Astasius refusent de sacrifier à Jupiter,* est aujourd'hui perdue. Le tableau du Louvre et un fragment conservé au Musée des Gobelins nous permettent de la reconstituer (fig., p. 274). Vers la droite, sous le riche portique d'un temple, saint Gervais et saint Protais, les mains liées, sont conduits par des soldats devant la statue de Jupiter, élevée sur un piédestal à gauche, et près de laquelle un sacrificateur agenouillé tient un bélier. Un prêtre, suivi d'un acolyte, apporte un vase sur l'autel. Au premier plan, à gauche, deux hommes debout (fig., p. 270). Dans le fond, assis entre deux colonnes, le consul Astasius montre la statue du dieu aux deux martyrs. A droite, une foule nombreuse et les édifices de Milan.

2. *Flagellation.* — Saint Gervais est étendu sur un chevalet, les jambes pendantes et les bras relevés au-dessus de la tête. Deux bourreaux le flagellent avec violence, tandis qu'un troisième, accroupi, tire sur une corde qui lui lie les poignets. A côté du martyr, saint Protais attend le supplice et adresse au ciel une prière. A gauche, le général Astasius, à cheval, regarde le spectacle que lui désigne du doigt un de ses capitaines, aussi à cheval. Des soldats et un jeune homme, à pied, tenant par la bride le cheval d'Astasius, complètent ce groupe devant lequel, au premier plan, est un fou maintenant un chien. A droite, deux gardes à cheval. Dans le fond, au pied de la statue de Jupiter, le grand prêtre et, devant lui, deux sacrificateurs tenant une génisse. Auprès d'eux, d'autres gardes et la foule des païens.

3. *Décollation de saint Protais* (Pl.). — Le consul Astasius est assis sur son char, à droite au second plan, à côté d'une statue de Jupiter. Au premier plan, des soldats contre une barrière au pied de laquelle se presse un groupe de femmes et d'enfants. Sur des marches, à gauche, un bourreau tient la tête du saint dont le corps décapité gît à terre. Dans les airs, deux anges portant palme et couronne. Dans le fond, la foule et la ville.

4. *Apparition de saint Gervais et de saint Protais à saint Ambroise, archevêque de Milan.* — Saint Ambroise, à genoux devant un prie-Dieu, contemple l'apparition lumineuse des deux martyrs que lui présente saint Paul. Sous les nuages qui les portent, on aperçoit des armes et des pièces d'or, symboles du paganisme. A droite,

APPARITION DE SAINT GERVAIS ET SAINT PROTAIS À SAINT AMBROISE.
DESSIN DE PHILIPPE DE CHAMPAIGNE, POUR LA TENTURE DE « SAINT GERVAIS ET SAINT PROTAIS ».
(Musée du Louvre.)

derrière saint Ambroise, deux candélabres et le siège épiscopal sous un dais de velours rouge. Au fond, derrière une balustrade, le peuple milanais en foule assiste au miracle dans la basilique de Saint-Félix et de Saint-Nabor. Il fait nuit, quelques lampes éclairent faiblement l'église, et la lune, qu'on aperçoit à travers les fenêtres, brille d'un vif éclat.

5. *Invention des reliques de saint Gervais et de saint Protais.* — Saint Ambroise, assisté de prélats et entouré d'une foule nombreuse, fait tirer de leur caveau les corps miraculeusement conservés des deux saints. Au premier plan, le sarcophage vient d'être hissé par un treuil. A gauche, une jeune fille se presse contre sa mère.

LA VIE DE SAINT GERVAIS ET SAINT PROTAIS
LA DÉCOLLATION DE SAINT PROTAIS.
ATELIER DES GALERIES DU LOUVRE.

J. Chauvet sc.

Imp. A. Fortier et Cie Paris

6. *Translation des corps de saint Gervais et de saint Protais.* — Les corps des deux saints, couchés sur un lit, sont portés en procession par des prélats dans la basilique Fausta. Sur le parcours, des malades sont guéris. Au premier plan, à gauche, un possédé est maintenu par deux hommes ; un homme à genoux implore les deux saints. A droite, un personnage prosterné. Au fond, sur une terrasse, groupe d'hommes, de femmes et d'enfants contemplant la scène.

Voici les dimensions comparatives des tableaux et des tapisseries :

NUMÉROS.	TABLEAUX.		TAPISSERIES AVANT LES RÉPARATIONS, SANS LEURS BORDURES.		TAPISSERIES AVEC LEURS BORDURES.	
	Hauteur.	Largeur.	Hauteur.	Largeur.	Hauteur.	Largeur.
2. *Flagellation de saint Gervais*...	3m60	6m80	3m60	6m25	5m00	7m65
3. *Décollation de saint Protais*...	3 58	6 77	3 70	6 30	4 85	7 25
4. *Apparition à saint Ambroise*..	3 60	6 81	3 55	6 35	4 90	7 57
5. *Invention des reliques*.......	3 65	6 82	3 70	6 50	4 96	7 42
6. *Translation*............	3 60	6 81	3 65	6 20	4 75	7 55

De la première tapisserie, *Saint Gervais et saint Protais amenés devant Astasius refusent de sacrifier à Jupiter,* il ne subsiste plus que le fragment de gauche représentant le buste des deux personnages qui, au pied de la statue de Jupiter, regardent la scène (fig., p. 270). Ce morceau est conservé au Musée des Gobelins (n° 145)[1]. Il mesure 1 m. 28 de haut sur 0 m. 74 de large. Le tableau entier a 3 m. 57 de hauteur sur 6 m. 84 de largeur.

Bordures. — Sur un fond jaune, imitant l'or, courent des rinceaux polychromes. Des anges agenouillés balancent des encensoirs. Les cartouches, en haut et en bas, sont modernes et s'accordent mal avec le style de la bordure. Les bordures montantes affectent une disposition presque semblable. Au centre, un saint debout dans une niche. En haut, un ange tient un encensoir; dans le bas, deux anges maintiennent un motif d'architecture dans lequel est placé un arbre.

On ne relève aucune marque dans les lisières.

Ces tapisseries, délaissées dans la tour de l'église, furent découvertes en 1874 par l'architecte M. Daviand, qui en signala l'intérêt. Il n'en restait que cinq. Le 20 mars 1874, le Conseil de fabrique de l'église décida de les vendre pour une somme de 8,000 francs.

---

[1] Acquis en 1881 au prix de 100 francs. Décrit dans l'*Inventaire des richesses d'art de la France, les Gobelins,* p. 18.

Une action fut intentée contre la Fabrique de Saint-Gervais par le préfet de la Seine, en vertu de la loi du 18 germinal an x, qui n'accordait aux fabriques que l'usufruit des biens dont on leur laissait la jouissance. Le procès dura deux ans et, le 29 juin 1877, un arrêt du Tribunal de la Seine condamnait la Fabrique à rembourser la somme de 8,000 francs au marchand, qui rendit les tapisseries. La Ville de Paris les plaça au Musée Galliéra (1895). Leurs bordures avaient malheureusement été coupées.

Le 1er août 1911, M. Moïse de Camondo donnait à la Ville les bordures achetées par son père. La Manufacture nationale des Gobelins restaura tentures et bordures. Les cartouches ayant été coupés, on les reconstitua comme l'on put. Après avoir abandonné l'idée de placer un écusson aux armes de Louis XIII, on se décida à fixer sur les bordures supérieures les initiales « S. G. S. P. ». Depuis le 1er mai 1913, les cinq tapisseries sont réintégrées au Musée Galliéra.

SAINT GERVAIS ET SAINT PROTAIS AMENÉS DEVANT ASTASIUS
REFUSENT DE SACRIFIER À JUPITER.

GRAVURE DE LINGÉE D'APRÈS LE TABLEAU DE LESUEUR, AU MUSÉE DU LOUVRE.

(Landon, *Annales du Musée*, t. XVI, pl. 57-59.)

LES DIACRES PRÉSENTÉS AUX APÔTRES QUI LEUR IMPOSENT LES MAINS.
DESSIN DE LA HIRE, POUR LA TENTURE DE LA «VIE DE SAINT ÉTIENNE».
(Musée du Louvre.)

LA VIE DE SAINT ÉTIENNE,

D'APRÈS LA HIRE.

Dans les grandes arcades du chœur de l'église Saint-Étienne-du-Mont, à Paris, étaient pendues des tapisseries relatant différentes scènes de l'histoire de la vie et de la mort de saint Étienne, d'après les dessins de La Hire.

Piganiol de La Force, dans sa *Description historique de la ville de Paris*, édition de 1765, t. VI, p. 115, les mentionne :

Les tapisseries de cette église [Saint-Étienne-du-Mont] qui représentent la vie de S. Étienne méritent particulièrement l'attention des connoisseurs. Bien des personnes ont cru qu'elles avoient été faites sur les desseins de Le Sueur, mais on assure que c'est d'après ceux de Laurent de La Hire, et voici ce qu'en dit Philippe de La Hire, son fils. Il fit, dit-il, en parlant de son père, tous les desseins des tapisseries pour l'église de S. Étienne du Mont, qui étoient très-finis à la pierre noire, sur du papier bistré, lavés par dessus et rehaussés de blanc, dont il n'y a eu que quelques-uns d'exécutés. On attribue aujourd'hui ces dessins à Eustache Le Sueur, mais faussement; et ce qui a donné lieu à cette erreur entre les curieux, est qu'un des frères de Le Sueur peignoit en grand, d'après les dessins de La Hire, les patrons pour ces tapisseries.

35.

Ces tapisseries, exécutées sans doute dans une des manufactures parisiennes vers le milieu du xviiᵉ siècle, sur les cartons d'un frère de Le Sueur, d'après les dessins de La Hire, sont aujourd'hui perdues. Les dessins sont heureusement conservés au Musée du Louvre (nᵒˢ 27499-27501, 27503-27508, 27510-27514). Ce sont quatorze grands dessins au crayon noir, très poussés. Quelques-uns (nᵒˢ 3, 11-14) ont été mis au carré pour être agrandis, sans doute pour les reporter sur les cartons de tapisserie.

1. *Les Apôtres distribuent les aumônes* (27500). *Actes, IV, 32-37.* — Tandis qu'un des apôtres harangue la foule, un autre distribue les pains et l'argent qu'on lui apporte. A droite, au premier plan, femmes et enfants.

2. *Ananie et Saphira apportent une partie du prix de vente de leur champ* (27501). *Actes, V, 1-10.* — Saint Pierre et les apôtres debout à droite; à gauche, agenouillé, un vieillard apporte une somme d'argent, tandis qu'une femme serre une bourse dans la main.

3. *Étienne, plein de l'Esprit-Saint, choisi comme diacre* (27499). *Actes, VI, 5.* — Sous les portiques, Étienne, touché par l'Esprit-Saint, est entouré par la foule.

4. *Les Diacres présentés aux apôtres qui leur imposent les mains* (27504). *Actes, VI, 6.* — Saint Étienne, vêtu de la dalmatique, reçoit l'imposition de saint Pierre (reproduit en tête de cette notice).

5. *Saint Étienne prêche au peuple* (27503). *Actes, VI, 8.* — Sur la place publique, devant des portiques, saint Étienne, en diacre, harangue la foule.

6. *Saint Étienne discute avec les docteurs* (27505). *Actes, VI, 9-11.*

7. *Saint Étienne arrêté par les Juifs* (27506). *Actes, VI, 12.* — Saint Étienne est saisi par les Juifs qui l'entraînent vers la salle du conseil.

8. *Saint Étienne, devant le conseil des prêtres, expose la doctrine du Christ* (27507). *Actes, VII, 2-53.* — Entouré par ceux qui l'ont arrêté, le saint diacre parle aux prêtres juifs.

9. *Saint Étienne condamné à être lapidé* (27508). *Actes, VI, 54-57.* — A la déclaration du saint qu'il voit les Cieux ouverts et le Fils de l'Homme debout à la droite de Dieu, les Juifs poussent de grands cris, se bouchent les oreilles et se précipitent sur lui. Le dessin traduit admirablement la violence du texte des *Actes*.

10. *Lapidation de saint Étienne* (27510). *Actes*, VI, 58-60. — A la porte de la ville, saint Étienne, agenouillé, prie pour ses persécuteurs; un ange lui apporte la palme du martyre. A droite au premier plan, Saul garde les vêtements des bourreaux.

11. *Les Fidèles ensevelissent le corps de saint Étienne* (27511). *Actes*, VIII, 2. — Les chrétiens, conduits par Gamaliel et Nicodème, selon la « Légende Dorée », entourent le corps du martyr et s'apprêtent à l'emporter.

12. *Saint Paul sur le chemin de Damas* (27512). *Actes*, IX, 4-7. — Dieu apparaît à Saul, qui avait consenti à la mort de saint Étienne, mais qui avait été racheté par les prières du saint. Saul est renversé de cheval au moment où il arrive à Damas; deux soldats de sa suite à gauche, plusieurs cavaliers à droite.

13. *Apparition de Gamaliel au prêtre Lucien* (27513). — Dans le baptistère où il demeure pour garder les objets sacrés, le prêtre Lucien s'est assoupi. Gamaliel, revêtu de l'aube et de l'étole, un bâton d'or à la main, lui apparaît et lui indique l'endroit où repose le corps de saint Étienne.

14. *Invention du corps de saint Étienne* (27514). — Lucien a rapporté sa vision à l'évêque Jean de Jérusalem. Celui-ci, en présence d'une foule nombreuse, a fait creuser dans le jardin du prêtre Lucien à l'endroit indiqué par Gamaliel. Des terrassiers découvrent le cercueil du saint, qu'ils s'apprêtent à ouvrir. A côté, les cercueils de Nicodème, de Gamaliel et de son fils Abibas enterrés auprès du saint.

Ces dessins rappellent, par leur style, par leur composition, par leurs dispositions générales, les tableaux de Ph. de Champaigne, de Le Sueur, de Goussé et de Sébastien Bourdon, d'après lesquels fut tissée la tenture de *Saint Gervais et saint Protais*.

LES ACTES DES APÔTRES,

D'APRÈS RAPHAËL.

Le Mobilier de la Couronne, sous Louis XIV, ne possédait pas moins de six de ces tentures célèbres, dont le prototype fut tissé à Bruxelles, pour le pape Léon X, de 1515 à 1519[1].

Deux de ces tentures sortaient des ateliers parisiens : les n°s 37 et 52 de l'Inventaire de 1663. Le n° 52, dont les panneaux mesuraient 4 m. 25 de haut, est aujourd'hui perdu :

52. ACTES DES APOSTRES. — Une tenture de tapisserie de haulte lisse, de laine et soye, relevée d'or, fabrique de Paris, manufacture des Gobelins, dessein de Raphael, représentant les *Actes des Apostres*, dans une bordure d'un feston de fleurs continu, un fonds de grisaille entre deux ornemens d'architecture couleur de bronze doré; dans le milieu de la bordure d'en hault sont les armes de France sur un globe, couronnées et soustenües de deux palmes; dans le milieu de celles des costez, le chiffre du Roy, couronné dans un petit cartouche de grisaille; et dans le milieu de celles du bas, la devise de sa Majesté; contenant 45 a.3/4 de cours sur 3 a.2/3 de hault, en 10 pièces.

La tenture cataloguée sous le n° 37 provient de la collection de Nicolas Fouquet.

37. LES ACTES DES APOSTRES. — Une tenture de tapisserie de laine et soye, relevée d'or, fabrique de Paris, dessein de Raphael, représentant les *Actes des Apostres* en petit, dans une bordure fonds rouge, composée de deux festons, l'une de feüilles de chesne couleur de bronze doré, l'autre de feüilles de laurier, avec fleurs liées d'un ruban bleu, contenant 13 aunes de cours sur 1 a.3/4 de hault en 6 pièces.

Cette tenture fut complétée à sept en 1683, par une pièce tissée dans l'atelier de Jean Souet.

94. Une pièce de tapisserie de haulte lisse, de laine et soye, rehaussée d'or, fabrique de Paris, représentant un des *Actes des Apostres* et la *Cheute d'Ananias*, en petit, dans une bordure fonds rouge, composée de deux festons, l'un de feuilles de chesne couleur de bronze doré, et l'autre de feuilles de laurier avec fleurs liées d'un ruban bleu; contenant 2 a.1/3 de cours sur 1 a.3/4 de haut.

NOTA. — Que la dite pièce a esté faite pour joindre à 6 pièces des *Actes des Apostres* en petit, dite fabrique, inventoriées cy devant à n° 37.

[1] Voir, t. II du présent ouvrage, p. 43-49, l'histoire et la description des différentes tentures de cette série.

Cette tenture est ainsi annotée dans l'état des tapisseries de 1789 :

N° 94, à or, *Petits Actes des Apôtres* en 7 pièces, complète, très jolie, réparée à neuf; les couleurs en sont très belles; elle sert aux églises et aux Fêtes-Dieu.

Ces pièces, qui ne mesuraient que 2 mètres de haut, ont échappé, peut-être à cause de leur petite dimension, à la destruction des tapisseries à or en 1797 par ordre du Directoire.

Quatre pièces de cette suite, parmi lesquelles se trouve la pièce de Jean Souet, la *Chute d'Ananias,* existent encore aux Gobelins (n°ˢ 16 à 19 de l'Inventaire).

Les trois premières appartiennent à l'ancienne tenture fabriquée à Paris pour Fouquet (n° 37).

Élymas frappé de cécité (Hʳ 2 m. o3, Lʳ 2 m. 65 ; n° 16). — A la prière de saint Paul, debout à droite, le magicien Élymas, qui avait voulu détourner le proconsul Sergius de se convertir à la nouvelle foi, est frappé de cécité. Sous le siège du proconsul se lit l'inscription suivante :

L. SERGIUS PAULLUS
ASIAE PROCŌS
CHRISTIANAM FIDEM
AMPLETITUR
SAULI PREDICATIONE.

Saint Pierre et saint Jean guérissant le paralytique à la porte du Temple (Hʳ 2 m. o6, Lʳ 2 m. 57 ; n° 17). — Les grosses colonnes torses du temple partagent la composition en trois parties : au milieu, les apôtres relèvent le paralytique ; à gauche, un homme agenouillé ; à droite, des enfants ; dans le fond, la foule.

Le Sacrifice de Lystra (Hʳ 2 m. o4, Lʳ 2 m. 70 ; n° 19). — Saint Paul et saint Barnabé, à droite sous le portique du temple, se détournent, en déchirant leurs vêtements, de la foule qui les acclame et qui s'apprête à leur offrir un sacrifice. Dans le fond, des bâtiments et la statue de Mercure.

La quatrième pièce, la *Chute d'Ananias* (Hʳ 2 m. o5, Lʳ 2 m. 70 ; n° 18), a été exécutée en 1683 seulement aux Gobelins, mais pour compléter la série précédente et avec la même bordure : une double torsade, la première de feuilles de laurier et de fleurs, liées d'un ruban bleu, la deuxième de feuilles de chêne et de glands.

Le Musée des Gobelins possède encore quatre pièces d'une autre tenture des *Actes des Apôtres,* aux armes de Claude de Bellièvre, archevêque de Lyon de 1604 à 1612, qui les avait reçues en don du Roi, comme le montre l'écu de France qui orne la bordure supérieure. La lisière bleue porte la fleur de lis jaune dans la partie montante à droite, ce qui paraît bien prouver leur origine parisienne. Ces pièces portent dans l'Inventaire des Gobelins, qui les attribue à tort à des artistes flamands, les n⁰ˢ 1-4.

Le Martyre de saint Étienne (H⁻ 4 m. 20, L⁻ 3 m. 95 ; n° 1). — Saint Étienne, à genoux, les yeux tournés vers le ciel où Dieu lui apparaît, est lapidé par les Juifs.

La Conversion de saint Paul (H⁻ 4 m. 65, L⁻ 5 mètres ; n° 2). — A droite, Paul, en centurion romain, est renversé à terre, ébloui par l'apparition. Son cheval se sauve à droite ; à gauche, son escorte se précipite à son secours.

La Prédication de saint Paul (H⁻ 4 m. 40, L⁻ 4 m. 30 ; n° 3). — Sur les marches du temple, saint Paul étend les mains au-dessus de la foule qu'il évangélise ; à droite, un vieillard, saint Denis, converti par l'apôtre, se précipite vers lui. Dans le fond, un temple et, devant sur la place, la statue de Mars.

Élymas frappé de cécité (H⁻ 4 m. 75, L⁻ 4 m. 55 ; n° 4). — La même scène que dans la tenture précédente, mais inversée, avec, dans l'inscription, la bonne orthographe d'AMPLECTITUR.

Dans cette tenture, les sujets sont dans le même sens que sur les cartons de Raphaël conservés au South Kensington, du moins pour les deux derniers, qui seuls subsistent, tandis que les sujets sont inversés dans la tenture précédente.

La bordure, qui paraît avoir été l'objet de refaçons assez considérables, est formée de deux moulures imitant le bois sculpté et doré, encadrant un thyrse de feuilles de laurier entouré d'une spirale de fleurs. La partie horizontale supérieure est interrompue par l'écu de France, empiétant sur le sujet, accompagné de deux ailes, sommée d'une crosse et d'une mitre ; dans les angles, au milieu d'une couronne de fleurs, deux écussons alternés : l'un « d'azur aux deux C enlacés sous une couronne ouverte » ; l'autre, « d'azur à la fasce d'argent, accompagnée de trois trèfles d'or, 2 et 1 », qui est de Bellièvre.

Mazarin possédait deux séries plus ou moins complètes des *Actes des Apôtres,* fabrique de Paris. L'une des deux tentures est ainsi décrite dans son *Inventaire :*

Deux autres pièces de tapisserie de haute lice de laine et soie relevées d'or et d'argent, fabrique de Paris, représentans quelques *Histoires des Apostres*, avec leurs bordures de festons, de fleurs et fruits et enfans nuds, ayant de hauteur 3 a. 5/8 de tour, savoir :

La première, qui représente saint Paul et saint Barnabé déchirant ses habits devant le sacrifice, 5 a. 5/8 ;

La deuxième, les soldats qui prennent saint Paul prisonnier dans le temple en présence d'un tribun, 6 a. 1/3.

L'autre tenture, exécutée par Lefèvre, sans doute dans son atelier de la Galerie du Louvre, est plus complète.

Le *Saint Paul neuf*. — Une autre tenture de tapisserie de haute lice de laine et soie rehaussée d'or faite par Lefebvre, représentant l'histoire de saint Paul, ayant une bordure tout autour ornée de festons et fruits avec enfant et animaux, et par haut des escriteaux en lettres d'or, ladite tenture composée de 9 pièces ayant de hauteur 3 a. 1/2, et de tour ainsi qu'il en suict, sçavoir :

N° 1. La petite pièce du Sacrifice, 3 a. 2/12 ;

N° 2. La grande pièce du Sacrifice, 5 a. 3/4 1/12 ;

N° 3. La grande pièce du Martir, 5 a. 3/4 ;

N° 4. La grande pièce de saint Paul prisonnier, 6 a. 1/3 1/12 ;

N° 5. La grande pièce de la Prédication, 5 a. 3/4 ;

N° 6. La petite pièce du martir saint Estienne, 3 a. 2/12 moins un pouce :

N° 7. Le naufrage et miracle de Malthe, 7 aulnes moins demi tiers ;

N° 8. L'appel de saint Paul à Rome, 6 aulnes moins demi tiers ;

N° 9. La conversion de saint Paul, 6 a. 1/2.

Mazarin légua cette tenture — « les *Actes des Apôtres*, fabrique de Paris, où sont les armes de S. E^{ce} » — à son neveu, le marquis de Mancini. Elle appartient aujourd'hui à la Couronne d'Italie. Sept pièces sont conservées au Palais Royal de Milan.

L'inventaire de Mazarin conservé aux archives de Monaco signale une autre pièce ayant sans doute fait partie de la tenture précédente, qui aurait, à son origine, compris treize pièces :

Une pièce de tapisserie de haulte lisse de laine et soie rehaussée d'or faicte par Lefebvre representant sainct Paul qui guarit les boiteux ayant une bordure autour ornée de festons et fruictz avecq enfans et animaux et par hault des escriptaux en lettres d'or. Ladicte pièce haulte de trois aulnes et demye et de tour de deux aulnes et demye ou environ et restant des treize pieces qui composoient la tenture entiere de l'Histoire de sainct Paul, prisée cinq cens livres.

(Archives de Monaco. S^e 1, fol. 374 v°.)

Au milieu des pièces des *Actes des Apôtres* tissées à Bruxelles qui ornaient la Galerie des tapisseries au Vatican, Barbier de Montault avait noté une pièce des Gobelins (*OEuvres complètes*, t. II, p. 138-140) :

21. Le Christ confiant à saint Pierre le soin de paître son troupeau, tapisserie des Gobelins, xviie siècle.

Les modèles des Gobelins servirent sans doute à Beauvais, où fut tissée une tenture des *Actes des Apôtres* qui se trouve actuellement à la cathédrale.

LES SACREMENTS,

D'APRÈS POUSSIN.

Appelé à Paris par le roi, sur les conseils de M. de Noyers, surintendant des Beaux-Arts, et de son secrétaire, Chantelou, pour diriger la décoration de la galerie du Louvre, Poussin, à peine arrivé, se voit chargé de mille besognes, entre autres de l'exécution de cartons de tapisserie.

Dans une lettre à Carlo Antonio del Pozzo, datée de Paris, 6 janvier 1641, il écrit :

A cette heure, je fais les croquis de beaucoup d'ouvrages qu'il me faut faire, et je crois qu'il faudra mettre la main à quelque œuvre de tapisserie. (*Correspondance*, éd. Jouanny, p. 45.)

Quelques semaines plus tard, l'affaire se précise. Raphaël de La Planche, directeur de la Manufacture de tapisserie du faubourg Saint-Germain, apporte à Poussin, sur l'ordre de M. de Noyers, les dimensions des pièces à exécuter :

Monsieur de La Planche, thésorier des bâtimens du roy, m'a apporté les mesures des tapisseries, que Monseigneur [de Noyers] a desein de faire faire. J'aurai l'honneur d'en conférer avec vous à vostre retour à Paris. (Lettre à Chantelou du 16 juin 1641, dans *Correspondance*, p. 79.)

Une lettre du 17 janvier 1642 à Cassiano del Pozzo nous indique le sujet des tapisseries : les *Sept sacrements*, d'après les tableaux que Poussin a peints à Rome pour Del Pozzo :

M. de Chantelou a mis en tête à M. de Noyers de prier V. S. Ill^me de permettre que ses sept sacrements soient copiés par un peintre que je dois, dit-il, désigner. Cela ne vient pas de mon conseil. V. S. fera ce qu'il lui plaira, mais je sais bien que je n'aurai jamais du plaisir à refaire ce que j'ai déjà fait une fois. Les travaux qu'ils me donnent ne sont pas si relevés que je ne les puisse laisser pour m'occuper à quelques nouveaux dessins de tapisseries, s'ils pouvaient penser à de grandes choses, mais à dire vrai, il n'y a rien ici qui mérite qu'on s'y tienne trop. (*Correspondance*, p. 115.)

36.

Cassiano del Pozzo répondit qu'il était très difficile de faire exécuter les copies demandées, et offrit d'en envoyer des dessins coloriés [1] :

> Par la même occasion, j'ait dit à M. de Chantelou la difficulté que présenteraient les copies auxquelles il prétend, et la courtoisie dont use V. S. en lui offrant des dessins coloriés. Je crois qu'il sentira les raisons que V. S. lui donne, mais c'est chose aisée que la fantaisie ne lui en soit passée encore avant que la réponse ne lui soit parvenue. (Lettre de Poussin, du 27 mars 1642, dans *Correspondance*, p. 126.)

Le roi et M. de Noyers tenaient beaucoup à ces cartons des *Sept sacrements* et pressaient fort Poussin :

> J'eus l'autre jour une lettre de Monsieur de Noyers où il me mandait que le Roi consentait, parce que je m'étais plaint avant qu'ils partent des travaux auxquels ils me faisaient presque perdre mon temps, à ce qu'après avoir arrêté un plan général pour la grande galerie, j'en chargeasse sous moi Monsieur Lemer, mon ami,... afin que je pusse librement m'occuper de l'exécution des dessins pour les Peintures des Sept Sacrements, pour servir à faire les tapisseries royales. (Lettre à Cassiano del Pozzo, 4 avril 1642, dans *Correspondance*, p. 132.)

Et trois jours plus tard :

> Mais néanmoins je ne scaurois bien entendre ce que Monseigneur [de Noyers] désire de moy sans grande confusion, d'autans qu'il mest impossible datendre à des frontispices de livres à une vierge au tableau de la Congrégation de Saint-Louys a tous les deseins de la gallerie et à faire de tableaus pour les tapisseries Royalles. Je n'ay que une main et une débile teste, et ne peus estre secondé de personne ne soulagé... et quand j'en serois totallement deschargé, les desseins des tapisseries sont bien suffisant pour me donner à penser. (Lettre à Chantelou, du 7 avril 1642, dans *Correspondance*, p. 134.)

Le Musée du Louvre possède huit grandes aquarelles (le *Baptême* est représenté par deux compositions différentes) de Poussin qui paraissent avoir été exécutées en vue de la tenture des *Sacrements* :

1° *Le Baptême.* — a. Baptême du Christ.

———   b. Saint Jean-Baptiste baptise dans le Jourdain.

2° *L'Eucharistie.* — La Cène.

3° *La Confirmation.*

4° *La Pénitence.* — Madeleine aux pieds du Christ, chez Lévy.

5° *L'Extrême-Onction.*

6° *L'Ordre.* — Jésus-Christ remet les clefs à saint Pierre.

7° *Le Mariage.* — Mariage de la Vierge et de Joseph.

---

[1] Il était très difficile alors de trouver des copistes. Poussin, dès son retour à Rome, à la fin de l'année 1642, voulut faire exécuter pour Chantelou des copies des *Sept sacrements* qu'il avait peints pour Del Pozzo. Il passa toute l'année en pourparlers et ne put réussir à trouver un copiste, au point que, le 12 janvier 1644, il proposa à Chantelou de copier lui-même les sept tableaux «ou bien de les faire d'une autre disposition... ils vaudront mieux que des coppies, ne cousteront guère plus, et ne tarderont pas plus à estre fets». C'est ce qui fut entendu, et, le 14 avril 1644, Poussin commença à peindre cette nouvelle série des *Sacrements*, aujourd'hui en Angleterre, comme la première (*Correspondance de N. Poussin*, passim, et notamment p. 245, 264).

Les cartons d'après ces aquarelles ne semblent pas avoir été exécutés, et Poussin, accablé de menues besognes, aigri par les difficultés qui lui étaient faites, se décida à regagner Rome en octobre 1642.

Bellori nous rapporte que Poussin avait reçu commande, pendant son séjour à Paris, de cartons de tapisseries racontant l'*Histoire du vieux Testament*.

Les choses qui se présentaient à faire pour Nicolas, outre les deux tableaux qui lui avaient été commandés de la bouche même du Roi, étaient la grande galerie du Louvre à peindre d'après ses dessins, huit histoires du Vieux Testament pour autant de tapisseries des chambres royales à l'imitation des autres de Raphaël. Et, pour lui en faciliter l'exécution, il lui était permis de se servir de ses propres compositions déjà peintes, comme celle de la Manne qui était en préparation, l'autre de Moïse qui fait jaillir l'eau du rocher dans le désert, faite pour M. de Gillier, à reporter en grands cartons coloriés, afin qu'elles fussent par la suite richement tissées et tressées d'or. (BELLORI, *Vie de N. Poussin*, trad. Rémond, p. 24.)

Ce projet, qui avait peut-être été amorcé à la suite de l'échec de la *Tenture des Sacrements,* ne sera réalisé que bien plus tard, vers 1685, époque où les Gobelins exécutèrent l'*Histoire de Moïse* d'après huit tableaux de Poussin, auxquels on ajouta deux de Le Brun[1].

H. Chardon rapporte, d'autre part, que Richelieu commanda à Poussin les cartons de tapisserie des *Bacchanales* et du *Triomphe de Neptune*[2], mais nous n'en avons trouvé trace nulle part. Nous savons seulement par Bellori que Poussin peignit pour Richelieu le *Buisson ardent*, au-dessus de la cheminée du cabinet de travail du Cardinal, et le *Temps enlevant la Vérité*, aujourd'hui au Louvre, pour le plafond de ce même cabinet.

Il existait dans les tapisseries de la Couronne une tenture des *Sacrements* où l'on a voulu voir l'œuvre exécutée d'après les aquarelles ou les tableaux de Poussin.

Cette tapisserie est cataloguée sous le n° 55 de l'*Inventaire général des meubles de la Couronne :*

55. LES SACREMENS. — Une tenture de tapisserie de laine et soye, rehaussée d'or, haulte lisse, vieille fabrique de Paris, dessein inconnu, représentant les Sacremens expliquez dans des escriteaux en lettres rouges et noires sur un fonds blanc, sans bordure; contenant 35 a. 1/2 de cours sur 3 a. 3/4 de hault; autrefois en 3 pièces, et à présent mise en 10 pièces pour la commodité de la tenture; doublée à plein de toille verte.

Cette tenture existait encore en 1789, mais en fort mauvais état, et était qualifiée de « vieille fabrique d'Angleterre ». Elle est aujourd'hui disparue. Lacordaire et Guiffrey ont pensé que les dessins en avaient pu être fournis par Poussin. Boyer de Sainte-Suzanne l'affirme, d'après une note qu'il publie sans indiquer la référence :

Les *Sacrements*, d'après Nicolas Poussin, de 10 pièces, 35 aunes de cours; hauteur 3 a. 3/4 [3].

[1] Voir t. II du présent ouvrage, p. 186.
[2] *Les frères Freart de Chantelou*, Le Mans, 1867.
[3] BOYER DE SAINTE-SUZANNE, *Les tapisseries françaises. Notes d'un curieux*, p. 170.

Il est certain que ces tapisseries ne peuvent avoir été exécutées sur les compositions de Poussin; elles sont bien antérieures. L'indication de « vieille fabrique de Paris », dans l'inventaire de 1663, prouve que cette tenture est antérieure au XVIIe siècle et date de l'époque gothique, ce que vient confirmer la mention de l'inventaire de 1789 « vieille fabrique d'Angleterre », que l'on employait couramment à cette époque pour désigner les tapisseries gothiques. Et comment aurait-on pu diviser ainsi en dix pièces trois compositions de Poussin? Ce n'est possible que pour des œuvres de l'époque gothique.

Nous devons donc renoncer à l'espoir de connaître des tapisseries exécutées aux premiers Gobelins ou dans les ateliers parisiens de la première moitié du XVIIe siècle, d'après Poussin.

HISTOIRE DE PSYCHÉ.

ETTE tenture fut exécutée, peut-être d'après des dessins de Raphaël, sur les cartons d'un artiste flamand qui fréquenta son atelier et s'imprégna de son art, Michel Coxcie.

L'histoire de Psyché, très populaire dans la première moitié du xvi⁰ siècle, se trouve contée à peu près de la même façon dans les fresques du château Saint-Ange à Rome, peintes vers 1350; dans un style raphaëlesque très marqué, dans les verrières de la galerie de Chantilly (1543) et dans une série de trente-deux gravures exécutées en 1532 par le « Maître au dé », un des élèves de Marc-Antoine, d'après des dessins que Vasari attribue à Michel Coxcie.[1]

Une tenture exécutée à Bruxelles pour François Iᵉʳ, et mentionnée sur l'Inventaire du Mobilier de la Couronne sous le n° 5, était dite faite sur les données de Raphaël. Elle appartenait sans doute à la même série. Il n'en reste malheureusement rien aujourd'hui.

Les tentures exécutées dans les ateliers de Paris au xvii⁰ siècle, et qui subsistent encore, présentent les mêmes compositions que les séries ci-dessus, et la comparaison de la pièce de la *Vieille racontant à la jeune captive l'histoire de Psyché*, par exemple, avec le même sujet des fresques du château Saint-Ange[2], des gravures de 1532[3] et des verrières de Chantilly, prouve bien que les unes comme les autres ont été exécutées sur les mêmes modèles. Les jolies toilettes à fleurs que portent Psyché et la jeune captive se trouvaient sans doute déjà sur la suite bruxelloise de François Iᵉʳ.

Un acte du 16 avril 1658 relatif à la vente faite par Anne Jolain, veuve de Maurice Dubout, à Henri Auguste de Loménie, comte de Brienne, et à sa femme,

---

[1] Max Petit-Delchet, *L'illustration décorative du mythe de Psyché à l'époque de Raphaël*, dans *Bulletin de la Société de l'histoire de l'art français*, 1910, p. 34-43, 2 pl.

[2] La seule différence essentielle vient de l'époque et du lieu de leur exécution respective : la jeune femme est nue dans la fresque, tandis qu'elle est habillée dans la gravure et la tapisserie.

[3] Le Cabinet des dessins du Musée du Louvre possède, sous le n° 4210, un dessin de la *Vieille racontant l'histoire de Psyché* qui paraît être le modèle de la gravure de 1532.

Louise de Luxembourg, de deux tentures de tapisserie en haute lisse désignées sous
le titre d'*Histoire sainte* et *Histoire de Psyché* (six panneaux) sur lesquelles il restait
dû 10,140 livres tournois, prouve que la tenture de *Psyché* fut également tissée
aux Galeries du Louvre. Une autre preuve est la similitude des bordures de certaines
pièces (coll. Duseigneur) avec les bordures de l'*Enlèvement des Sabines* et des *Bacchanales* exécutées par Lefèvre dans les ateliers du Louvre.

Dans l'atelier de la rue de la Chaise, au 27 septembre 1661, il y a sur trois métiers
une « tapisserye commencée du dessin de Psyché » (métiers 15, 18, 32), de 200 à
220 livres l'aune carrée. C'est le plus haut chiffre rencontré dans l'Inventaire. Les
pièces en cours de fabrication sont destinées au sieur Rossignol et à M. Turgot.

Dans l'inventaire d'Hémery :

Cinq pièces de tapisserie haute lisse, de Paris, qui est l'*Histoire de Psichée*, contenant
16 aunes 1/2 de cours sur 2 aunes 3/4 de haut....................... 3,000ᵗᵗ

Dans l'inventaire de La Vrillière :

Une tenture de tapisserie de haute lisse, de Paris, contenant quatre pièces et deux entre-deux,
faisant de cours 16 a. 1/2 sur 3 de haut, représentant l'*Histoire de Psyché*, dessin de Raphaël,
bordure de fruits en feston, avec des enfants et des chiffres dans le haut........ 4,800ᵗᵗ

DESCRIPTION.

1. *La Vieille raconte l'histoire de Psyché.*

Devant un édifice en ruine, une vieille, qui file sa quenouille, raconte à la jeune
captive l'histoire de Psyché. Un chien est aux pieds de la vieille femme, un âne à
droite [1].

2. *Le Père de Psyché consultant l'Oracle d'Apollon.*

Dans un temple aux colonnes torses, devant la statue d'Apollon, aux pieds duquel
est disposé l'autel du sacrifice, le grand prêtre, assisté de jeunes servants, lit sur un
livre l'oracle ; à gauche, le père de Psyché et trois personnages ; derrière, les boucs
et les taureaux destinés au sacrifice. (Fig., p. 292.)

3. *Psyché portée sur la montagne.*

Quatre hommes portent Psyché couchée sur une litière. Des joueurs de trompettes,
des porteurs de torches, des enfants nus tenant des cierges la précèdent ou l'escortent.
Derrière la litière, le père et la mère de Psyché et des amis.

---

[1] Dans la pièce de Fontainebleau, on voit à droite des soldats amenant la jeune femme.

HISTOIRE DE PSYCHE
LA TOILETTE DE PSYCHE
MANUFACTURE DE RAPHAEL DE LA PLANCHE

4. *Toilette de Psyché.*

Psyché peigne sa blonde chevelure; elle est assise en avant, sur le bord d'un lit très riche, à colonnes. Trois jeunes nymphes, dont deux aux ailes de papillon, l'assistent; elles lui présentent l'une un miroir, l'autre une aiguière. A terre, quelques fleurs. (Pl.)

5. *Repas de Psyché.*

Dans un jardin à portiques, très fleuri, Psyché, sous un dais fort riche, est assise devant une petite table. Une nymphe ailée, à gauche, lui présente un plateau chargé de fruits. A droite, une servante remplit une coupe. Des deux côtés, chanteurs et musiciens. (Pl.)

6. *Zéphyr conduit à Psyché ses sœurs.*

Zéphyr, à travers les airs, amène à Psyché ses deux sœurs. Psyché, richement vêtue, les reçoit au seuil de son palais. Au fond, sous les portiques du palais, Psyché et ses sœurs, à table, sont servies par des nymphes ailées.

7. *Psyché au temple de Cérès.*

Cérès est debout, à la porte d'un temple. Psyché est agenouillée devant la déesse. Une corne d'abondance entre elles; à gauche, faux, bêche, râteau, instruments agricoles. Au fond, vers la droite, une femme drapée.

INVENTAIRE GÉNÉRAL DU MOBILIER DE LA COURONNE (1663).

N° 5. Psiché. — Une tenture de tapisserie de laine et soye, relevée d'or, fabrique de Bruxelles, dessein de Raphaël, représentant la *Fable de Psiché*, dans une bordure de festons de fleurs et de fruits, portez par des anges de grisaille, avec une sallamandre et deux F couronnées; contenant 106 aunes de cours sur 2 a. 2/3 de hault, en vingt-six pièces doublées à plein de toille.

Nous citons cette tenture, quoiqu'elle soit des Flandres, car elle semble avoir été exécutée sur les mêmes modèles que les tentures de Paris.

En 1789, à Paris. En assez bon état, mais très passée. Brûlée le 18 avril 1797 pour en tirer l'or et l'argent qu'elle contenait, en même temps que l'*Histoire de Lucrèce*, les *Mois originaux*, les *Bacchanales*, l'*Histoire d'Arthémise* et l'*Enlèvement des Sabines*. Le produit net des lingots, déduction faite de tous frais et droits, fut de 23,198ʰ 12 sols[1].

[1] Jules Guiffrey, *Destruction des plus belles tentures de la Couronne en 1797*, dans *Mémoires de la Société de l'histoire de Paris et de l'Île-de-France*, t. XIV, 1888.

Nº 41. PSICHÉ. — Une tenture de tapisserie de laine et soye, rehaussée d'or, fabrique de Paris, de la manufacture de La Planche, représentant la *Fable de Psiché*, en six pièces, contenant 23 a. 1/8 de cours sur 3 a. 3/8 de hault.

« Deschargé, ayant été donnée par le Roi à Madame l'Électrice de Brandebourg, en l'année 1666. D. M. ».

En 1683, l'Électrice recevait en outre la série complète des *Maisons royales*.

Nº 47. PSICHÉ. — Une tenture de tapisserie de laine et soye, fabrique de Paris, manufacture de La Planche, dessein de Raphaël, représentant la *Fable de Psiché*, dans une bordure fonds orangé marqueté de jaune, avec rinceaux entremeslez de crotesques; les armes de France dans le milieu du hault, et dans le milieu du bas deux L couronnées; contenant 23 aunes de cours sur 3 a. 1/4 de hault, en six pièces.

En 1789, à Marly. An XIII, aux Gobelins. Exposée longtemps au salon dit « des tapissiers » à Fontainebleau. Aujourd'hui au Garde-Meuble.

NUMÉROS.	SUJETS.	HAUTEUR.	LARGEUR.	ATELIER.	MARQUES.	EMPLACEMENT.
1	La Vieille raconte l'histoire de Psyché..................	3ᵐ 90	3ᵐ 90	B. de La Planche (rue de la Chaise).	Bordures repliées.	Au Garde-Meuble.
3	Psyché portée sur la montagne......	3 90	6 00	Idem.	Idem.	Idem.
4	Toilette de Psyché.............	3 90	3 50	Idem.	Idem.	Idem.
5	Repas de Psyché..............	3 90	3 90	Idem.	Idem.	Idem.
6	Zéphyr conduit à Psyché ses sœurs..	3 90	5 00	Idem.	Idem.	Idem.
7	Psyché au temple de Cérès........	3 90	3 90	Idem.	Idem.	Idem.

La bordure est composée de rinceaux et de grotesques sur fond quadrillé jaune et orange. Les armes royales dans le haut, avec le chiffre du Roi, sont rapportées.

Nº 48. PSICHÉ. — Une tenture de tapisserie de laine et soye, relevée d'or, fabrique de Paris, manufacture de La Planche, dessein de Raphaël, représentant la *Fable de Psiché*, dans une bordure fond orangé, marqueté de jaune, avec rinceaux entremeslez de crotesques, les armes de France dans le milieu du hault, et dans le milieu du bas deux L couronnées, contenant 22 aunes 1/4 de cours sur 3 aunes de hault, en six pièces.

En 1789, à Fontainebleau. Très passée, ancienne et mauvaise, dessin à réparer. Actuellement à Pau.

NUMÉROS.	HAUTEUR.	LARGEUR.	MARQUES.	EMPLACEMENT.
1	3ᵐ 23	2ᵐ 55		Château de Pau.
3	3 23	5 10		Idem.
4	3 23	2 97		Idem.
5	3 23	3 90		Au Garde-Meuble.
6	3 00	4 80	Sur une marche : OSVER MOSYN [1].	Au château de Pau.
7	3 23	1 90		Idem.

[1] Peut-être est-ce la signature d'un des Mozins, tapissiers aux Gobelins depuis 1680.

Bordure à grotesques et rinceaux sur un fond rouge orangé, semé de pois jaunes.

GILLOT delt.
Gillot sc.

HISTOIRE DE PSYCHÉ
LA TOILETTE DE PSYCHÉ
MANUFACTURE DE PARIS

J. Chauvet sc.

Imp. A. Fanchel et Cie. Paris

Raphael inv.   J. Chauvet sc.

HISTOIRE DE PSYCHÉ.
LE REPAS DE PSYCHÉ.
MANUFACTURE DE PARIS.

Collection Gerrand Musée du Rosgelin.   Imp. A. Porcaboeuf r. St. Père.

167. Psiché. — Une tapisserie de laine et soye, fabrique de Paris, manufacture de La Planche, représentant la *Fable de Psiché*, dans une bordure, fond orangé marqueté de jaune avec rinceaux entremeslés de crotesques, contenant 17 aunes de cours sur 2 a. 3/4 de hault, en cinq pièces.

En 1775, à Paris. En 1789, à Compiègne. En 1791, 10 mars, à réparer. «Bellanger : 5, Psyché à or, de La Planche. Prix 272 livres.»

AUTRES PIÈCES.

Un inventaire des meubles de Gaspard-César-Charles de Lescalopier, annexé à son contrat de mariage avec Mlle de Lesseville (1737), signale entre autres «quatre pièces de tapisserie des Gobelins composant quatorze aunes de cours, sur deux aunes et demie de haut, de l'*Histoire de Psiché*» [1]. De ces quatre pièces, trois sont aujourd'hui connues : la finesse de leur exécution, les tons des laines employées rehaussés d'or, la bordure, sont en tout semblables aux deux tentures du Garde-Meuble, et prouvent qu'elles ont été exécutées dans les ateliers de Raphaël de La Planche. Elles n'ont pas d'armes, mais portent, vers le haut des bordures latérales, au-dessus d'un petit grotesque, la date d'exécution «1661» :

2. *Le Père de Psyché consultant l'oracle d'Apollon* (H^r 2 m. 75 ; L^r 3 m. 60). [Collection de M. de Crozé, à Paris.]

3. *Psyché portée sur la montagne* (H^r 2 m. 75). [Collection du vicomte Louis de La Sayette, château de Bouche-d'Uzure, près Craon (Mayenne).] On a orné les enfants, pour voiler leur nudité, de guirlandes de roses.

6. *Zéphyr conduit à Psyché ses sœurs* (H^r 2 m. 60, L^r 4 m. 60). [Collection de M. de Crozé, à Paris.]

Au Musée de Cluny (n° B 339 du catalogue Du Sommerard) : *La Vieille raconte l'histoire de Psyché*. Bordure de fleurs et de fruits avec aux angles un amour. Pièce postérieure à celles des séries du Garde-Meuble, et d'une exécution très différente.

Une tenture de six pièces provenant du château de Dizier (Loir-et-Cher) porte les armoiries et chiffres de Louise de Béthune-Sully, petite-fille de Sully. Actuellement au château de Rosny, après avoir orné le hall de l'hôtel Watel-Dehaynin. Elle serait du dessin de Bernard van Orlay ou de Jean van Orlay, si l'on s'en rapporte à la mention que fait Jules Guiffrey, dans son *Histoire de la tapisserie*, de sept cartons de l'*Histoire de Psyché*, de Jean van Orlay, vendus en 1752, à la mort de van den Heike, tapissier à Bruxelles.

Les lisières droites ont disparu, il est donc impossible de donner les marques d'atelier.

[1] *Revue historique de l'Ouest*, mai 1885.

37.

A Lyon, collection Duseigneur. Très belle suite de cinq tapisseries :

1. *La Vieille raconte l'histoire de Psyché* (H^r 3 m., L^r 2 m. 70).
3. *Psyché portée sur la montagne* (H^r 3 m., L^r 5 m. 50).
4. *La Toilette de Psyché* (H^r 3 m., L^r 3 m. 40).
5. *Le Repas de Psyché* (H^r 3 m., L^r 3 m. 20).
7. *Psyché au temple de Cérès* (H^r 3 m., L^r 2 m. 70).

Bordure à oiseaux et fleurs, amours couchés sur des lits. Au milieu du haut et des côtés, médaillon à camaïeu. Coquilles aux angles inférieurs. La bordure du côté droit de la dernière pièce n'a jamais existé.

La pièce *la Toilette de Psyché* a été vendue à la vente Th., 30 mars 1908.

A Rome, au Quirinal, une suite du xviiie siècle, les sujets quelque peu différents, aux armes du marquis Jean-Baptiste de Guébriant.

A Florence (Musée du Bargello), *le Repas de Psyché*. Provient du legs Carrayd.

A Madrid, collection de la duchesse de Parcent, *Psyché portée sur la montagne*.

LE PÈRE DE PSYCHÉ CONSULTANT L'ORACLE D'APOLLON.
TAPISSERIE DE L'«HISTOIRE DE PSYCHÉ».
(Collection de M. de Crozé.)

L'ENLÈVEMENT DES SABINES.

ᴀᴢᴀʀɪɴ possédait une tenture de l'*Enlèvement des Sabines*, fabrique de Paris, en neuf pièces, qui avait été exécutée par Lefebvre, sans doute dans l'atelier des Galeries du Louvre. L'*Inventaire* de Mazarin de 1653 en donne la description détaillée.

122. Une autre tenture de tapisserie à la marche, très fine, de laine et soie, faite à Paris par Lefebure, composée de neuf pièces, représentant l'*Histoire de l'enlèvement des Sabines,* les figures au naturel, ayant une bordure couleur d'aurore rehaussée d'or, ornée de festons, médailles, masques et cartouches, la dite tenture haute de quatre aulnes un seiziesme, faisant de tour scavoir :

Nº 1. La petite pièce du ravissement : 3 a. 1/2 1/16.

Nº 2. La petite pièce de la bataille : 2 a. 1/2.

Nº 3. Une petite pièce du combat d'un homme à cheval contre un homme à pied : 2 a. 1/2.

Nº 4. La grande pièce du duel : 8 a. 2/3.

Nº 5. La grande pièce de la bataille : 8 a. 1/2 un pouce.

Nº 6. La pièce de la louve : 4 a. 1/16.

Nº 7. La pièce des bergers : 2 a. 2/3.

Nº 8. L'enlèvement : 5 a. 3/4.

Nº 9. Autre bergerie : 2 a. 10/12

En tout quarante aulnes demi tiers demi quart et un pouce de tour non doublé. Estimé 20,000ᵗᵗ

Mazarin fit don au roi d'une autre tenture de l'*Enlèvement des Sabines,* fabrique de Bruxelles, dessin de Jules Romain, d'après laquelle fut peut-être tissée la tenture de Paris. Elle est cataloguée à l'Inventaire général du mobilier de la Couronne de 1663, sous le nº 24, et contenait « 28 aunes sur 2 aunes 5/6 de hault, en six pièces doublées de toile verte à plein ». Elle fut brûlée en 1797, par ordre du Directoire, pour en tirer l'or et l'argent qu'elle contenait [1].

[1] La première pièce représentait « la *Volupté :* le prélude de l'enlèvement des Sabines ». — « Elle ne peut se tendre aux Fêtes-Dieu », ajoute l'inventaire.

Une autre tenture de 5 pièces passa en vente en 1706 à la mort de la veuve de François d'Argouges, conseiller d'État, seigneur de Fleury-en-Bière[1], entre Melun et Fontainebleau. Elle fut acquise par l'un des héritiers, François-Dominique d'Argouges, évêque de Vannes :

Cinq pièces fabriquées des Gobelins, *l'Enlèvement des Sabines*, contenant 16 aunes de cours sur 2 de haut, prisées 3,000 livres, adjugées à Mgr l'évêque de Vannes pour..... 5,980[h]

M. H. Braquenié possédait deux belles pièces de la tenture des Sabines exécutées dans les ateliers parisiens au commencement du XVIIe siècle, avec des bordures offrant des figures d'enfants nus dans des ornements de rinceaux entremêlés d'oiseaux, de trophées, de cartouches, de dais, de dauphins et de cygnes, avec mascarons aux angles inférieurs. Elles passèrent en vente le 18 mai 1897 :

N° 7. *L'Enlèvement des Sabines.* — Dans une plaine bordée de palais à colonnades, les Romains s'apprêtent à enlever les Sabines. H[r] 3 m. 30 ; L[r] 4 m. 60.

N° 8. *Le combat des Romains et des Sabins interrompu par les Sabines.* — Dans un paysage où se dressent des ruines antiques, les femmes Sabines se précipitent dans la mêlée et arrêtent le combat entre Sabins et Romains. H[r] 3 m. 30 ; L[r] 4 m. 30.

Ces pièces, plus grandes que celles de l'évêque de Vannes, plus petites que celles de Mazarin, sont de très belles œuvres des artistes parisiens du XVIIe siècle, comme le prouvent la finesse de leur exécution et le caractère de leurs bordures que l'on retrouve dans plusieurs tentures exécutées dans les ateliers parisiens, et entre autres dans ceux du Louvre : *Histoire de Psyché* (collection Duseigneur), *Bacchanales, Mois.*

[1] Publié par Th. Lhuillier, *La tapisserie dans la Brie et le Gâtinais,* dans *Réunion des Sociétés des Beaux-Arts des départements à la Sorbonne,* du 8 au 11 avril 1885, 9° session, p. 313.

L'ENLÈVEMENT DES SABINES.

MANUFACTURE DE PARIS

LES BACCHANALES,

D'APRÈS JULES ROMAIN.

IVERSES pièces représentant des jeux de faunes et de bacchantes, des triomphes de Bacchus et des concerts de satyres, désignées généralement dans les inventaires sous le titre de *Bacchanales*, ont été exécutées dans les manufactures parisiennes. Elles semblent s'inspirer de la tenture de Bruxelles dessinée par Jules Romain, aujourd'hui disparue, mentionnée dans l'Inventaire général du Mobilier de la Couronne sous le n° 9 des pièces à or, et décrite ainsi dans l'Inventaire de Gédéon du Metz, conservé aux archives de l'Oise, sous le titre de *Triomphe de Bacchus :*

1. La première représente l'Assemblée des dieux et déesses où Cupidon triomphe, contenant 3 aunes de cours sur 3 a. 1/3 de haut.

2. La deuxième, le dieu Pan qui joue de la flûte et autres divinités qui font une musique, de 3 aunes.

3. La troisième, une bacchanale de femmes, de 3 aunes.

4. La quatrième, le triomphe de Bacchus, de 3 aunes.

5. La cinquième, un combat de satyres qui enlèvent la déesse Libera, de 3 aunes.

6. La sixième, le dieu Pan qui joue de la flûte, de 3 aunes.

7. La septième, une bacchanale d'hommes, de 3 aunes.

L'« État général des tentures de tapisseries, thermes et portières de 1789 » décrit à peu près dans les mêmes termes cette tenture :

N° 9. *Bacchanales,* or, Bruxelles, 7 pièces.

1. *Vénus à sa toilette* (n° 3 de l'Inventaire de Gédéon du Metz).

2. *Un Vieillard cherchant à préserver une femme de l'attaque de plusieurs satires* (n° 5 du même Inventaire).

3. *Silène à qui Bacchus en satire verse à boire* (n° 7 du même Inventaire).

4. *Silène porté par deux satires et couronné de fruits et de fleurs* (n° 4 du même Inventaire).

5. *Un concert* (n° 2 du même Inventaire).

6. *Divers sujets de la fable* (n° 1 du même Inventaire).

7. *Un concert* (n° 6 du même Inventaire).

Le duc de Mazarin possédait une tenture des *Bacchanales* en huit pièces, fabrique de Paris. On lit en effet, dans les comptes des recettes et dépenses pour le duc de Mazarin, année 1682 :

Au Sr Mossin, tapissier aux Gobelins, la somme de cent trente livres, pour, avec cent vingt livres qu'il a cy devant receus, faire celle de deux cents cinquante livres pour son parfait payement du marché qu'il a fait avec Monseigneur pour avoir racomodé huit pièces de tapisseries représentant les Bacanales, suivant l'ordre de Monseigneur et quittance du quinze avril 1682, cy.. 130^{tt}

Dans l'inventaire après décès de la duchesse de Mazarin, en 1699 :

Une tenture de tapisserie, fabrique des Gobelins, représentant des Bacanalles, contenant huit pièces de vingt quatre aunes de cours sur trois aunes et demye, le tout ou environ doublé de toile verte, prisé à sa juste valeur la somme de quatre mil livres cy............ m m^{tt}

(Archives du Palais de Monaco.)

L'« État des présents faits par le Roy en pierreries, meubles, argenterie, tapisseries et autres depuis 1662 jusques et y compris l'année 1791 » signale, parmi les dons faits à « l'ambassadeur de Moscovie, nommé Potemkiu », le 20 mai 1681 :

Une tenture de tapisserie de la fabrication des Gobelins, en 6 pièces, représentant des Bacchanales, dessins de Jules Romain, de................................. 7,200^{tt}

Dans l'Inventaire de Louvois (1688), publié par le vicomte de Grouchy :

N° 3. Sept pièces de tapisseries, fabrique de Paris, en manière de tableaux, rehaussées d'or, dont le sujet est des *Bacchanales*, dans l'une desquelles est le *Jugement de Pâris*, 5 aunes 2/3 et demi de cours et 2 aunes moins un douzième de haut, prisé................. 3,000^{tt}

La série la plus complète actuellement connue est celle de l'ancienne collection Spitzer en quatre pièces (n°s 20-22 du Catalogue des tapisseries), aux armes de Jean-Jacques Charon, marquis de Ménars, président à mortier au Parlement de Paris, qui épousa, le 6 mars 1671, Marie-Françoise de La Grange-Trianon, dame de Merville. Charon porte : d'azur, au chevron d'or, accompagné de trois étoiles du même ; et La Grange-Trianon : de gueules, au chevron d'argent, chargé d'un autre chevron vivré de sable accompagné de trois croissants d'or. Les sujets paraissent être les mêmes que ceux de la tenture de Bruxelles, parfois juxtaposés sur la même pièce.

1. *La Toilette de Vénus* (d'après le n° 3 de l'Inv. de Gédéon du Metz, n° 1 de l'Inventaire de 1789). H^r, 2 m. 95 ; L^r 3 m. 22. (Fig., p. 297.) — Au premier plan, l'appui d'une balustrade, derrière lequel on aperçoit, à mi-corps, une jeune femme nue. Autour d'elle s'empressent des suivantes : l'une lui présente un miroir, une autre noue ses cheveux ; une troisième dispose sur sa tête une couronne de fleurs,

d'autres portent des vases ou des écrins. Un groupe de trois, à gauche, chante en s'accompagnant sur des instruments de musique. Derrière, un paysage coupé de grands arbres ; au fond, la ville.

2. *Bacchanale*, composée de deux parties : à droite, un *Concert* (d'après le n° 2 de l'Inventaire de Gédéon du Metz, n° 5 de l'Inventaire de 1789); à gauche, *Bacchanale* (d'après le n° 7 de l'Inventaire de Beauvais, n° 3 de l'Inventaire de 1789). H‍ʳ, 2 m. 95 ; L‍ʳ, 4 m. 25. — Au premier plan, l'appui d'une balustrade, au milieu de laquelle est posé un grand bassin. A droite, dix personnages, hommes et

LA TOILETTE DE VÉNUS.
TAPISSERIE DE LA TENTURE DES « BACCHANALES ».
(Ancienne collection Spitzer.)

femmes, jouent de divers instruments de musique et chantent ; une femme joue de la flûte ; une autre, à droite au premier plan, est accoudée sur l'appui de la balustrade et tourne la tête à gauche. De l'autre côté, dix satyres ou faunes boivent et enlacent des femmes ; l'un d'eux, à gauche, joue avec un petit enfant ; un satyre, assis sur l'appui de la balustrade, fait boire le vieillard Silène. Derrière, paysage coupé de grands arbres ; à droite, les portiques d'un palais.

3. *Bacchanale* (d'après le n° 6 de l'Inv. de Gédéon du Metz, n° 7 de l'Inventaire de 1789). H^r, 2 m. 95; L^r, 3 m. 25. (Fig., p. 298.) — Au premier plan, l'appui d'une balustrade, au milieu de laquelle est assis un satyre. Derrière, vus à mi-corps, neuf femmes et satyres et trois enfants jouent du tambourin, de la flûte, et pressent des grappes de raisin. Dans le fond, arbres, feuillages, au milieu desquels on aperçoit des constructions.

4. *Bacchanale.* H^r, 2 m. 95; L^r, 2 m. 20. — Au premier plan, l'appui d'une balustrade. Derrière, vus à mi-corps, neuf personnages, hommes, femmes et enfants. Les uns portent des corbeilles remplies de fruits, les autres des instruments de musique.

BACCHANALE.
TAPISSERIE DE LA TENTURE DES «BACCHANALES».
(Ancienne collection Spitzer.)

Tapisserie de laine et soie rehaussée d'or.

La bordure, sur un fond de soie jaune, ornée de rinceaux, de termes et d'amours, de bustes entre des amours au milieu de la bordure inférieure, d'amours et de figures de Diane entre deux chiens dans les bordures latérales et des armes de Charon

BACCHANALE.

ATELIER DES GALERIES DU LOUVRE.

et La Grange au milieu de la bordure supérieure, dont des éléments (croissants et étoiles) sont semés dans les rinceaux, est tout à fait de style parisien et rappelle les bordures des tentures de l'*Enlèvement des Sabines* et des *Mois*, exécutées dans les ateliers du Louvre. Elle se retrouve dans la tenture de *Psyché* de la collection Duseigneur, provenant également des galeries du Louvre.

D'ailleurs, Darcel dit avoir reconnu dans la lisière de deux pièces d'une tenture de quatre, appartenant à la même suite que la tenture Spitzer, la signature de Jean Lefèvre, qui fut appelé à Paris en 1647 avec son frère Pierre, et travailla aux ateliers du Louvre avant de diriger les ateliers des Gobelins, où il resta jusqu'à sa mort, en 1702[1].

Deux des pièces de la tenture que connut Darcel appartiennent aujourd'hui à M. Paul Desmarais :

1. *Bacchanale.* H^r, 3 mètres; L^r, 4 mètres. — C'est la même pièce que le n° 2 de la tenture Spitzer; mais le satyre assis sur la balustrade est enveloppé dans une draperie rouge, et le groupe de quatre personnages et du satyreau, à gauche, manque.

2. *Bacchanale*, composée de deux parties : à droite, l'*Enlèvement de la déess Libera* (d'après le n° 5 de l'Inv. de Gédéon du Metz, n° 2 de l'Inventaire de 1789); à gauche, le *Triomphe de Bacchus* (d'après le n° 4 de l'Inv. de Gédéon du Metz, n° 4 de l'Inventaire de 1789). H^r, 3 mètres; L^r, 4 mètres. (Pl.) — Au premier plan, l'appui d'une balustrade, sur lequel on voit des fruits, des grappes de raisins et des vases. A droite, deux satyres enlèvent une femme demi-nue qui se débat, deux femmes et un troisième satyre attaquent les ravisseurs. A gauche, Bacchus, demi-nu, assis dans un fauteuil, est soutenu par une femme, tandis qu'un satyre essaye de le faire boire encore; une femme frappe des cymbales; une autre presse des fruits; un enfant joue. Une femme et deux satyres boivent; un satyre debout au pied d'un arbre joue de la flûte; un autre, dont on n'aperçoit qu'une partie de la figure, soutient la jambe d'un corps que l'on ne voit pas. Derrière, paysage coupé par de grands arbres. Le raccord des deux parties est très visible.

Même bordure que celle de la tenture Spitzer, mais les armes du haut sont remplacées par le même sujet qu'en bas, et l'on ne voit pas d'étoiles ni de croissants au milieu des rinceaux.

Le catalogue de la collection Ffoulke reproduit une pièce de la même série, composée également de deux parties, et coupée dans le haut :

Bacchanale, composée de deux parties : à droite, le *Concert* de la pièce n° 2 de

[1] Lettre de Darcel à Eug. Müntz, publiée par celui-ci dans la *Gazette des Beaux-Arts*, t. XXIII, 1881, 1, p. 393-395.

38.

la tenture Spitzer; à gauche, *Bacchanale* (reproduisant une partie de la tapisserie Spitzer, n° 4). — Deux satyres, deux femmes et deux enfants portant des fruits.

H^r, 7 ft. 7 in.; L^r, 9 ft. 5 in.

Le tiers supérieur de la pièce manque, et les arbres du premier plan ont été remplacés par trois colonnes ioniennes.

La bordure (la partie supérieure manque) est la même que celle des pièces de la collection Desmarais.

Ancienne collection Ffoulke, 1891. Collection Phoebe A. Hearst.

LES MOIS DE L'ANNÉE.

Parmi les modèles de tapisseries de l'inventaire de la manufacture de Raphaël de La Planche en 1661, on trouve la mention suivante :

Cinq pièces, aussi peintes en huile, sur toile, fort vieilles, contenant ensemble 14 aunes de cours sur 2 aunes de haut, représentant *Des mois de l'année*, prisés.............. 40ᴸᴸ

Plusieurs passages du même inventaire prouvent que, quoique très vieux, ces modèles servaient encore, et que plusieurs pièces étaient sur métier en 1661, entre autres celle de la *Moisson*.

L'Inventaire général du Mobilier de la Couronne de 1663 mentionne, sous le n° 40, une tenture des *Mois*, de six pièces rehaussées d'or, dans une bordure de fond lauré, ornée de huit médailles grises et contenant 17 a. 2/3 de cours sur 2 a. 3/4 de haut, qui pourrait avoir été exécutée dans les ateliers de De La Planche. On sait que les *Mois Lucas*, exécutés à la Manufacture royale des Gobelins d'après une tenture de Bruxelles, appelée *les Mois originaux*, firent oublier les vieux modèles.

Dans une vente faite à l'Hôtel Drouot, le 30 mars 1908, ont passé deux tapisseries qui ont peut-être fait partie de cette ancienne série des *Mois* inspirée des mêmes sujets que les *Mois Lucas*, et qui ont dû être tissés dans des Galeries du Louvre, car ils ont les mêmes bordures que l'*Enlèvement des Sabines*, la tenture de *Psyché* de la collection Duseigneur et la tenture des *Bacchanales* : des guirlandes et rinceaux au milieu desquels jouent de petits amours et s'ébattent des oiseaux ; quatre médaillons contiennent des divinités et figures antiques.

La première représente *la Pêche* (mois de mars) : dans les fossés d'un château en ruine, que l'on aperçoit dans le fond, trois hommes sont occupés à pêcher ; sur le pont-levis, des personnages, hommes et femmes, les regardent.

La deuxième figure, *la Paye des moissonneurs* (mois d'août) : au premier plan, la fermière compte sur une table la paye des moissonneurs que l'un d'eux vérifie, tandis que les autres, dans le fond, achèvent le travail ; derrière le groupe, au pied d'un arbre, un jeune homme s'apprête à marquer les comptes. La scène est disposée presque de la même manière dans les *Mois Lucas*.

Les dimensions des deux pièces sont les mêmes : Hʳ, 3 m. 15 ; Lʳ, 2 m. 55.

LES FAITS D'ACHILLE.

L'inventaire de 1661 signale, parmi les tableaux décorant l'hôtel de Raphaël de La Planche et parmi les modèles de sa manufacture, une tenture de l'*Histoire d'Achille* dont les originaux sont l'œuvre de Claude François, religieux récollet connu sous le nom de « Frère Luc »[1], qui s'inspire peut-être des tapisseries flamandes exécutées sur les maquettes peintes par Rubens entre 1630 et 1635 :

Dans une chambre au troisième étage où loge M. du Plessis :

Huit tableaux peints sur toile, représentant l'*Histoire d'Achilles* du sieur François, à présent nommé père Luc, Récollet, prisées ensemble............................ 400 ʰ

Dans le deuxième pavillon sur le jardin :

Item, huit pièces, aussi peintes en huile sur toile, contenant 20 aunes de cours sur 2 aunes de haut, représentant l'*Histoire d'Achilles*, prisées............................ 100 ʰ

Trois pièces de cette tenture, aujourd'hui perdues, étaient conservées au Garde-Meuble du roi, comme le porte le n° 168 de l'Inventaire général du Mobilier de la Couronne (1663) :

N° 168. *Les faits d'Achilles.* — Une petite tapisserie de laine et soye, fabrique et manufacture de La Planche, représentant les *Faits d'Achille*, dans une bordure d'un feston de fleurs et fruits au naturel qui règnent autour, ombré de jaune et brun ; contenant 9 a. 1/6 de cours, sur 2 a. 3/4 de hault en 3 pièces.

L'inventaire de 1789 précise :

N° 168. *Colère d'Achille*, en 3 pièces.

Nous connaissons une tapisserie de l'*Histoire d'Achille* qui doit avoir été tissée dans une manufacture parisienne. Elle représente Achille déguisé en jeune fille et envoyé par sa mère Thétbis à la cour de Lycomède dans l'île de Scyros, pour y être élevé au milieu des filles du roi, et fuir la prédiction de Calchas, disant qu'il périrait devant Troie. Sa bordure est ornée de bouquets de fleurs portés par des aigles, de carquois et d'armes, réunis par des rubans[2].

---

[1] Voir plus haut, p. 21 et 60, et t. II, p. 45.
[2] Paul Lafond, *L'histoire d'Achille*, dans *Réunion des Société des Beaux-Arts des départements*, 1902, 26° session, p. 233-238, 3 pl.

LES

TAPISSERIES

EXÉCUTÉES

D'APRÈS

SIMON VOUET

ET

SON ÉCOLE

LES TAPISSERIES

EXÉCUTÉES D'APRÈS SIMON VOUET ET SON ÉCOLE.

En 1627, le roi mande auprès de lui Simon Vouet, alors en Italie, « pour l'orne-ment des maisons royales, et pour les nouvelles fabriques de tapisseries que Sa Majesté avoit dessein de faire fleurir » [1]. L'ambassadeur de France à Rome est chargé de la négociation. Vouet revient à Paris le 15 novembre 1627, avec sa femme Virginia da Vezzo, qu'il avait épousée en 1626, dont on retrouve le type dans la plupart de ses œuvres, et s'installe aux Galeries du Louvre. Il « travailla d'abord à des patrons de tapisseries, qu'il faisait exécuter par d'autres peintres, à huile et à détrempe ». Félibien s'exprime à peu près de même : « comme il faisoit faire des patrons de tapisserie de toutes sortes de façons, il employait encore plusieurs peintres à travailler tous ses desseins aux paysages, aux animaux et aux ornements ».

Formé en Italie, où il était arrivé jeune, — il était né en 1590, — Vouet avait visité, de 1612 à 1627, Venise, Bologne, Gênes, séjourné longtemps à Rome, pui-sant çà et là chez des artistes de deuxième ordre, mais alors fameux, et subissant l'influence d'abord du Caravage, puis, comme l'a montré M. L. Demonts [2], celle de Véronèse, dont les œuvres lui apprirent entre autres l'art des architectures pla-fonnantes et le jeu des couleurs produisant, par leur seule juxtaposition et sans l'opposition de masses d'ombre, une belle lumière.

---

[1] Lépicié (dans sa *Vie des premiers peintres du roi*, Paris, Durand, 1752, in-8°, t. I, p. LVIII et suiv.), donne une biographie et une liste très complète des œuvres de Vouet.

[2] *Les Amours de Renaud et d'Armide, décoration peinte par Simon Vouet pour Claude de Bullion ; et Essai sur la formation* de Simon Vouet en Italie (1612-1627), dans *Bulletin de la Société de l'histoire de l'art français*, 1913, p. 59 et 326. — M. Louis Demonts, qui a consacré de longues années à l'étude de Vouet, a bien voulu nous faire profiter de ses notes. Nous sommes heureux de l'en remercier ici.

Décorateur avant tout, épris des sujets mythologiques et romanesques, Vouet devait réussir dans l'art de la tapisserie. Il exécuta peut-être lui-même un certain nombre de cartons d'après ses tableaux. La série de l'*Ancien Testament*, gravée dans son œuvre, a été certainement tissée d'après ses modèles. Mais, en général, c'est d'après les tableaux qu'il peignit pour la décoration des hôtels de Paris, — hôtel de Bullion, rue Plâtrière, bâti en 1630 par Le Vau, où il exécuta quinze toiles sur les murs et dix-neuf au plafond représentant les *Travaux d'Ulysse*, d'autres encore de l'*Histoire de Renaud et Armide*, aujourd'hui chez M. Guyot de Villeneuve, square de Messine à Paris, et des *Amours des dieux*; hôtel de Séguier, où il travailla de 1634 à 1640; cabinet de la Reine, au Palais Royal (grotesques gravés par Dorigny), — ou des châteaux des environs, — château de Rueil, au cardinal de Richelieu; château de Wideville, près de Villepreux en Seine-et-Oise; château de Chilly, où il se fit aider par François Perrier, — c'est d'après ces tableaux que ses élèves, des Français et surtout des Flamands, dessinèrent ces cartons où les figures de femmes, d'un type tout italien sur le modèle, se trouvent transformées et alourdies.

Les peintures décoratives de Vouet étaient entourées d'encadrements en stuc exécutés par Jacques Sarrazin sous sa direction, et qui sont l'origine de ces somptueuses bordures de tapisserie, d'une largeur inusitée, qui constituent un des caractères distinctifs des tentures d'alors. Des guirlandes de fleurs, de puissants rinceaux, relient les médaillons soutenus par des enfants, des satyres ou des Renommées, figures et médaillons exécutés en camaïeu gris, tels que les peignit l'artiste dans ces décorations, dont il ne subsiste guère que les peintures de l'hôtel de M. Guyot de Villeneuve et la nymphée du château de Wideville.

Des élèves très nombreux travaillaient sous les ordres de Vouet, et exécutaient les cartons qui lui étaient commandés par les manufactures de tapisseries: les Flamands Juste d'Egmont, van Boucle, Vandrisse, et les Français Scalberge, Mellin, Bellangé, Cotelle, Patel, Poërson, Alphonse Dufresnoy, François Perrier, Michel Corneille, son jeune frère Aubin Vouet, « sans compter un grand nombre de jeunes gens qui allaient dessiner chez lui », ajoute de Piles.

Un de ses élèves, J.-B. Mola, qui l'aida dès son retour en France, était remarquable pour les paysages : « Il surpassait son maître, dit d'Argenville, dans la dégradation des terrains, des lointains, et dans une excellente manière de feuiller les arbres ». Tout un atelier de paysagistes travaillait d'ailleurs à peindre les fonds de ses tableaux, comme de ses cartons de tapisserie : Patel le père, Gabriel Pérelle, Fouquières, élève de Brueghel, Herman van Swanevelt, etc. Il faut noter dans l'entourage de l'artiste tous ces Flamands, dont l'interprétation sur les murs et sur les cartons de tapisserie modifie souvent si profondément le caractère des esquisses du maître.

Vt monſtrat natura deûm, ſic œmula per te
Ars etiam authorem ſcit ſimulare ſuum.

Anno M.DC.XXXII.

SIMON VOUET PAR FRANÇOIS PERRIER

Nolite inebriari vino, in quo est luxuria Ephes. cap. 5.

Simon Vouet pinxit   Cum privilegio Regis   Mich. Dorigny sculp. Paris. 1639.

LES FILLES DE LOTH.

GRAVURE DE MICHEL DORIGNY, D'APRÈS SIMON VOUET.

HISTOIRE DE L'ANCIEN TESTAMENT,

D'APRÈS VOUET.

IMON VOUET peignit, sans doute peu après son retour en France, en 1627, les modèles d'après lesquels furent tissées les huit pièces composant cette tenture. Les six premières tapisseries ont été gravées en contre-partie par Tortebat, en 1665; la septième, dans le même sens, et peut-être d'après le modèle, par Michel Dorigny, dès 1639 (Fig.). La sixième gravure, qui représente *Samson au festin des Philistins*, porte une légende indiquant expressément que cette tenture a été commandée par le roi Louis XIII à Vouet pour décorer le palais du Louvre. « Regiorum peristromatum apparatus a Simone Voüet inventus, et Ludovici XIII Regis christianissimi jussu, decorandae Luparae depictus. »

Un dessin du Musée du Louvre (n° 33314), signé « S. Vouet », représente le personnage âgé enveloppé dans un manteau et couché au bord du Jourdain de la scène figurant *Élie enlevé sur un char de feu* (n° 2) [Fig., p. 318]. La collection de Chennevières (cf. l'*Artiste*, 1896, 1) contenait deux dessins pour le carton du *Jugement de Salomon* (n° 5) : une étude pour la bonne mère, provenant de la collection de Jullienne, et une étude pour le roi sur son trône.

Deux dessins pour le carton de *Samson* (n° 6) sont conservés, l'un au Cabinet des estampes de Munich, l'autre au Cabinet des estampes de Paris.

Deux tableaux avec quelques variantes, l'un au Musée d'Angoulême, l'autre dans la collection E. Biais, exécutés sans doute d'après Vouet, représentent les *Filles de Loth* (n° 7).

DESCRIPTION.

1° *Sacrifice d'Abraham.* — Dans un chemin de forêt, Abraham et Isaac se rendent au lieu du sacrifice. Isaac précède son père et porte sur l'épaule gauche un lourd fagot. Dans un nuage de gloire où voltigent des anges, Dieu apparaît à Abraham et lui

O nimium felix Isaac, qui ligna salutis
Portantem Christum ligna ferendo præi. Gen. 22.

Simon Vouet in. pinxit.   F. Tortebat delin. sculpsit et excudit.   Cum privilegio Regis. 1665.

Ignibus intactà merito donatur Eliseus
Veste, nec ignium dedecet illa virum.   4. Reg. 2.

Simon Vouet in. pinxit.   F. Tortebat delin. sculp. et excudit.   cum privil Regis. 1665.

Viaud del.   J. Caulier sc.

HISTOIRE DE L'ANCIEN TESTAMENT

ELIE ENLEVÉ SUR UN CHAR DE FEU

ATELIER D'AMIENS

Imp. Aufrembraid et C⁰ Paris

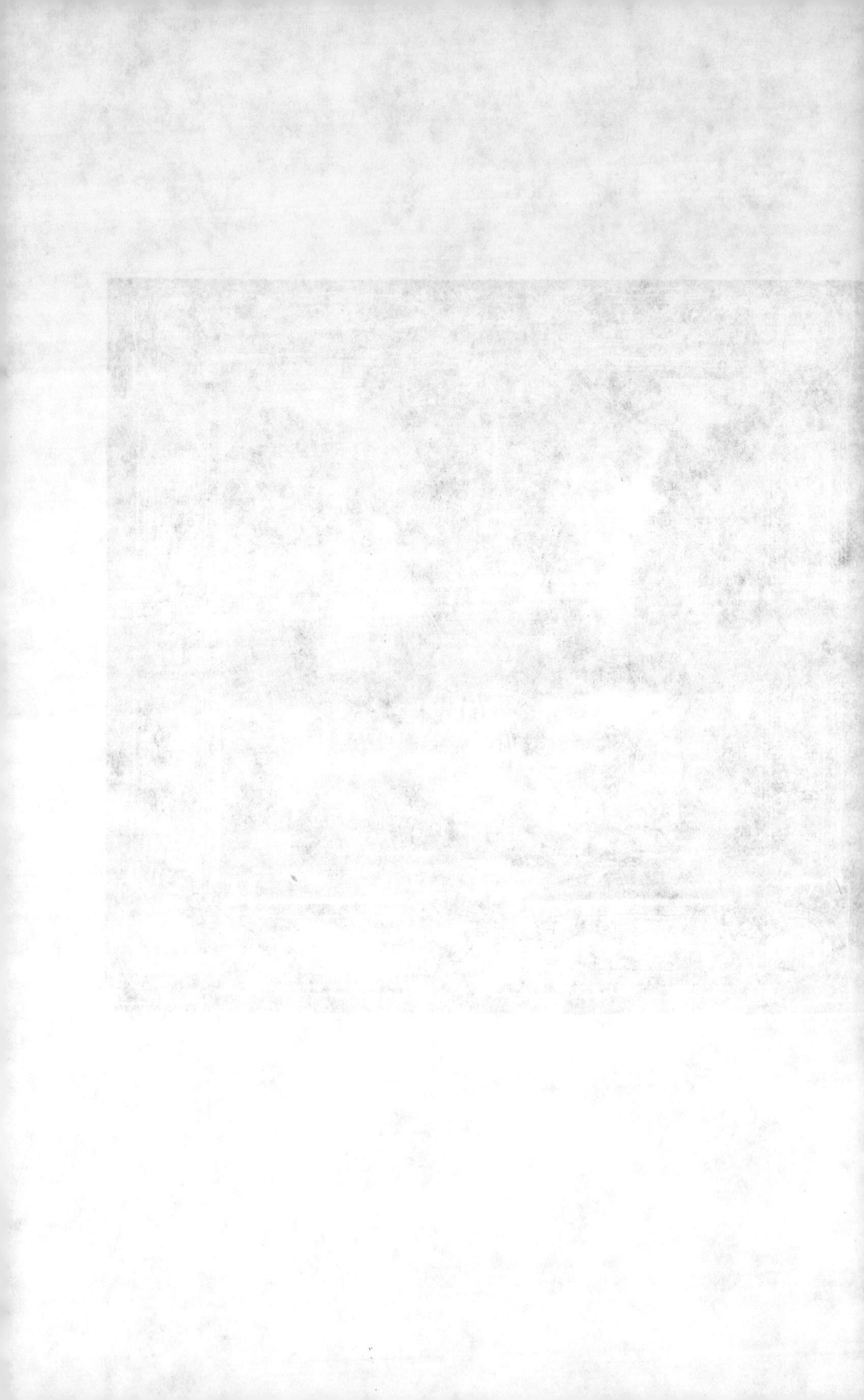

montre du doigt l'emplacement du sacrifice. On aperçoit dans le lointain la flamme du bûcher, déjà allumé. Au premier plan, les deux serviteurs d'Abraham gardent un âne et un chien.

2° *Élie est enlevé sur un char de feu.* — Sur l'autre rive du Jourdain, dont les eaux se sont écartées pour les laisser passer, Élisée est agenouillé vers la droite, et reçoit le manteau qu'Élie, enlevé sur un char de feu emporté par de fougueux coursiers, lui abandonne. Au premier plan, les fils des prophètes de Jéricho discutent et attendent le retour d'Élisée. (Pl.)

3° *Moïse sauvé des eaux.* — A droite, colonnes et ruines se dressent au milieu des arbres sur les bords du Nil; la fille du pharaon, entourée de cinq de ses femmes, recueille le petit Moïse dans sa corbeille. (Pl.)

4° *La Fille de Jephté.* — Jephté, entouré de ses gardes à cheval portant des lances et des oriflammes, déchire ses vêtements en apercevant sa fille qui se précipite au-devant de lui. A gauche, les portiques du palais; femmes, enfants, vieillards chantent des chants de triomphe, en s'accompagnant sur des instruments variés. (Pl.)

5° *Le Jugement de Salomon.* — Salomon, assis sur un trône élevé, à gauche, prononce son jugement. Le bourreau lève son glaive pour partager l'enfant; la vraie mère agenouillée arrête son bras; au pied du trône, l'autre enfant mort et sa mère. Aux côtés de Salomon, ses gardes et ses conseillers. A droite, la foule. Dans le fond, à travers les arcades d'un portique, on aperçoit les arbres du jardin. (Pl.)

6° *Samson au festin des Philistins.* — Dans la grande salle d'un palais portée par des colonnes torses décorées d'amours et cannelées, les Philistins festoient. Samson, au premier plan, à gauche, renverse une des colonnes. A droite, Dalila entourée et fêtée.

7° *Les Filles de Loth.* — Loth, pris de vin, est assis contre la paroi d'une caverne entre ses deux filles. Il arrache les voiles de l'une d'elles, tandis que l'autre, tenant encore l'amphore et la coupe vide, regarde la scène. Dans le fond, le feu du ciel détruit Sodome.

8° *Judith et Holopherne.* — Judith debout à droite, assistée par sa suivante, tranche le cou d'Holopherne, dont le sang jaillit sur son bras. Des angelots descendent du ciel et encouragent l'héroïne. La composition générale de cette scène semble s'inspirer du tableau de Biliverti.

Dans l'inventaire de la manufacture du faubourg Saint-Germain, en 1661, on trouve à plusieurs reprises la mention d'une tenture de l'*Histoire d'Abraham* qui doit être la tenture de l'Ancien Testament :

Item, six pièces peintes en huile sur toile, représentant l'*Histoire d'Abraham*, contenant 16 aunes de cours sur 2 aunes de haut, prisée 450ᴸᵗ

Infantis nequit vnda pati cunabula Mosis;
An poterit virgam sustinuisse viri? Exod. 2.

Simon Voüet in. pinxit.   F. Tortebat delin. sculp. et excudit.   cum privil. Regis. 1665.

Occurrit gratulans victori nata parenti;
Heu, sed victoris victima facta Patris. Iug. y.

Simon Voüet in pinxit.   S. Tortebat delin. sculpsit et excudit.   cum privilegio Regis 1665.

HISTOIRE DE L'ANCIEN TESTAMENT.
MOÏSE SAUVÉ DES EAUX.
ATELIER DES GALERIES DU LOUVRE

Et plus loin, parmi les ouvrages commencés sur les métiers :

Abraham, pour led. s^r Du Laurent :

Sept pièces contenant ensemble 18 aulnes moins un seizième de cours sur deux aulnes de haut, faisant en quarré 35 aulnes trois quartiers et demy qui font à raison de 160^{tt} l'aune en carré . . . . 5,740^{tt}

Une autre tenture, commandée par le s^r Aubert, est en cours d'exécution ; deux pièces sont terminées, trois autres sont sur le 16e, le 19e et le 28e métier.

D'autres inventaires particuliers, comme celui de Mazarin, signalent également des tentures de l'*Histoire d'Abraham* ou du *Sacrifice d'Abraham.*

Dans l'inventaire du duc de La Meilleraye, 1664 :

N° 173. Item, une autre tenture de tapisserie, doublée de thoisle verte, représentant l'*Histoire de l'Ancien Testament,* contenant huict pièces, dessins de Vouët, aussy fabricque des Gobelins, de trente aulnes moins un quart de cours sur trois aulnes et demys de hault. Prisée . . . . 13,000^{tt}

L'inventaire de La Vrillière signale une tenture beaucoup plus complète, en 14 pièces :

Une tenture de tapisserie de haute lisse, des galeries du Louvre, contenant quatorze pièces faisant 38 aunes de cours sur 3 aunes 2/3 de haut, et dont chaque pièce porte son histoire de l'Ancien Testament, entre autres : le Jugement de Salomon, Loth, Samson, Jephté, Élisée, Rachel, Élie, et autres, dont la bordure est à fond jaune, doublé d'une toile verte. 14,000^{tt}

INVENTAIRE GÉNÉRAL DU MOBILIER DE LA COURONNE (1663).

20. Une pièce de tapisserie de laine et soye, fabrique de Paris, manufacture des galeries du Louvre, dessein de Vouet, représentant *Les filles de Pharaon qui tirent le petit Moyse de l'eau,* dans une bordure de crotesques jaunes sur un fond bleu, les armes et la devise et les chiffres du Roy dans des cartouches soustenus par des anges, le tout de grisaille de 5 aunes de cours sur 4 aunes de hault.

Aux Gobelins en l'an XIII et en 1808. Estimée 120 francs. H^r 4 m. 72 ; L^r 5 m. 90. Actuellement au Musée du Louvre.

21. Une pièce de tapisserie, de laine et soye, fabrique de Paris, manufacture des galleries du Louvre, dessein de Vouët, qui représente l'*Histoire de Jephté,* dans une bordure pareille à celle de la pièce précédente, de 5 a. 5/6 de cours, sur 4 aunes de hault.

Aux Gobelins en l'an XIII et en 1808. Estimée 120 francs. H^r 4 m. 72 ; L^r 3 m. 70. Appartient au Mobilier National. Actuellement au château de Rambouillet.

Les bordures de ces deux pièces, qui appartiennent à la même série, présentent quelques variantes dans la disposition et le dessin des rinceaux et des figures.

Une pièce de la même série que les précédentes appartient au Garde-Meuble et est déposée à l'ambassade de France à Pétrograd : *Samson au festin des Philistins* (n° 6). H^r 3 m. 61 ; L^r 5 m. 09. La scène est conforme au dessin du Cabinet des Estampes. La bordure est la même que dans les pièces précédentes, avec les masques aux

Regiorum peristromatum apparatus à Simone Voüet Inuentus, et Ludouici XIII Regis Christianissimi jussu, decorandæ Lupara depictus   Franciscus Tortebat del. sculp. et ex priuil. excudit. Anno Domini Mill. sexcent. sexag. quinto.
Has ut Concutias Samson fragisque columnas,
Quis putet hoc robur crinibus esse tuis.   Iud. xvi.

Viue puer, nec iam dubites agnoscere matrem
Ecce iterum vitam mox dedit illa tibi. 3.Reg.3.

Simon Voüet jn. pinxit.   F. Tortebat delin. sculp. et excudit.   cum. priuil. Regis. 1665.

HISTOIRE DE L'ANCIEN TESTAMENT

LE JUGEMENT DE SALOMON.

ATELIER DES GALERIES DU LOUVRE

J. Vouet del.   J. Chauvet sc.

Imp. A. Porcaboeuf et Cie Paris.

angles inférieurs. Au milieu de la bordure supérieure est une médaille d'empereur romain, soutenue par deux amours; de chaque côté, un aigle, que l'on retrouve dans la bordure inférieure.

Le Musée des Gobelins possède deux pièces de cette tenture :

Sacrifice d'Abraham (n° 1). H^r 4 m. 10; L^r 3 m. 80. — Abraham et Isaac montent seuls vers le lieu du sacrifice; toute la partie droite du dessin, avec les deux serviteurs, l'âne et le chien, manquent. Bordure de fleurs et de fruits; des amours portent les faisceaux d'armes au milieu de chaque bordure; aux angles, dans des médaillons, petites figures : Abraham, Melchisédech, Abraham recevant les anges, sacrifice d'Abraham. Dans la lisière de droite, la signature Ⓐ, qu'il faut lire : Alexandre Comans. Un deuxième monogramme, ⋈, doit être celui d'un chef de métier dont le nom ne nous est pas parvenu. Dans la lisière inférieure à droite, la lettre P, marque de Paris. Cette pièce a été acquise en 1874.

Élie enlevé sur un char de feu (n° 2). H^r 3 m. 85; L^r 4 mètres. — La partie gauche du dessin, la personnification du Jourdain, et des arbres manquent. Même bordure que la précédente. Dans les médaillons d'angle, scènes de la vie d'Élie et Élisée. Dans la lisière de droite, la lettre A, qui prouve que cette pièce a été fabriquée dans les ateliers que les Comans possédaient à Amiens. Acquis en 1874.

Le Musée des Gobelins possède en outre sept fragments de pièces appartenant à cette même tenture et brûlées en 1871. Ils ont été remis par le Mobilier National en 1877.

Un des fragments est la partie de droite de la pièce *Moïse sauvé des eaux* (n° 3). La bordure, du même type que dans les pièces précédentes, présente cependant quelques variantes : les médaillons d'angle sont supprimés et remplacés aux angles inférieurs par des masques.

Les six autres fragments représentent des parties de bordures semblables, et des morceaux de diverses pièces, entre autres de la *Fille de Jephté* (n° 4) : tête de guerrier casqué, chevelure de femme et deux têtes de chevaux sur un fond de ciel; tête d'un nègre attachant un dogue avec une draperie et jambe nue chaussée d'une sandale; cavalier regardant à terre et tenant un étendard de la main droite; jambe d'homme chaussée d'un cothurne et jambes d'un cheval noir.

Le Musée de l'Ermitage, à Pétrograd, possède la pièce de *Samson au festin des Philistins* (n° 6). H^r 3 m. 50; L^r 6 m. 08. — La bordure aux beaux et larges rinceaux rappelle celle d'une tenture de l'*Histoire de Constantin* dont il a été question plus haut (p. 251-252).

40.

COLLECTIONS PARTICULIÈRES.

Dans la collection du chevalier de Stuers, de son vivant ministre des Pays-Bas à Paris, se trouvait la pièce du *Jugement de Salomon*.

Le catalogue de la vente du comte de Chaudordy, faite à Paris les 20-23 avril 1903, signale une tenture de l'*Ancien Testament* :

Moïse sauvé des eaux (n° 3). Hauteur 3 m. 65 ; largeur 3 m. 75.

LES FILLES DE LOTH.

TAPISSERIE DE LA TENTURE DE L'«ANCIEN TESTAMENT», D'APRÈS SIMON VOUET.

(Collection Édouard Lawton.)

La Fille de Jephté (n° 4). H^r 3 m. 65 ; L^r 3 m. 40. La partie droite de la composition a été légèrement rognée.

Le Jugement de Salomon (n° 5). Hauteur, 3 m. 65 ; largeur, 4 m. 70.

Le Jugement de Salomon (n° 5). Hauteur, 3 m. 65 ; largeur, 4 m. 40.

Une cinquième pièce de cette tenture représente au premier plan, à droite, une femme assise et filant, avec, auprès d'elle, ses deux petits enfants, et plus loin un homme qui sème, peut-être *Adam et Ève*, travaillant, après avoir été chassés du Paradis terrestre. La collection Charlier contient la même pièce, mais dans une bordure de grands rinceaux.

Ces pièces ont dû être exécutées aux galeries du Louvre. Elles portent les mêmes bordures que la tenture tissée pour le roi et dont le Musée du Louvre possède la pièce n° 3, mais le chiffre et les armes du roi ont été remplacés par des scènes et des personnages de la mythologie païenne.

Deux pièces de la même série, avec la même bordure, sont passées dans la vente Lottin de Laval, faite au château des Trois-Vals, près de Bernay, le 17 mai 1903 :

La Fille de Jephté (n° 4). H^r 3 m. 15 ; L^r 5 mètres. La bordure manque à droite et en bas.

Samson au festin des Philistins (n° 6). H^r 3 m. 45 ; L^r 5 m. 40.

Dans la collection Édouard Lawton, à La Cruz-Floirac, près de Bordeaux, 6 pièces :

Moïse sauvé des eaux (n° 3). Partie de droite de la composition.

La Fille de Jephté (n° 4). Partie centrale.

Le Jugement de Salomon (n° 5). Partie centrale.

Samson au festin des Philistins (n° 6).

Les Filles de Loth (n° 7). [Fig., p. 316.]

Judith et Holopherne (n° 8). [Fig., p. 317.]

Les bordures manquent, et plusieurs parties ont été coupées.

Dans une vente anonyme du 21 juin 1917 (n° 101 du catalogue) : *le Jugement de Salomon* (n° 5). H^r 3 m. 30 ; L^r 4 m. 30. — La pièce est coupée en deux dans le sens de la hauteur. La bordure est exactement la même que celle de la pièce du Garde-Meuble, *Samson au festin des Philistins,* déposée à l'ambassade de France à Pétrograd.

Dans une vente anonyme du 10 avril 1919 (n° 11 du catalogue) :

Moïse sauvé des eaux (n° 3). H^r 3 m. 95 ; L^r 2 m. 80. — Ne comprend

JUDITH ET HOLOPHERNE.
TAPISSERIE DE LA TENTURE DE L'«ANCIEN TESTAMENT»,
D'APRÈS SIMON VOUET.
(Collection Édouard Lawton.)

que la partie droite de la composition. Bordure de fruits et fleurs, où jouent des amours.

Vente du mobilier de l'Élysée-Palace-Hôtel à Paris (4-18 octobre 1920) :

Sacrifice d'Abraham (n° 1). H^r 3 m. 80 ; L^r 3 m. 30. — Comprend seulement la partie droite de la composition : Abraham et Isaac montant au lieu du sacrifice. Bordure « à figures d'amours, trophées et guirlandes de fleurs, présentant dans la partie supérieure un écusson armorié ». Les amours sont en grisaille, et les fleurs rouge orangé.

Samson au festin des Philistins (n° 6). H^r 3 m. 80 ; L^r 3 m. 30. — Ne comprend que la partie centrale de la composition. Même bordure.

Dans une brasserie, 31, avenue de l'Opéra :

Moïse sauvé des eaux (n° 3).

Samson au festin des Philistins (n° 6).

ÉTUDE DE SIMON VOUET
POUR LA TAPISSERIE « ÉLIE ENLEVÉ SUR UN CHAR DE FEU ».
(Cabinet des dessins du Musée du Louvre.)

J.Nanel inv.

HISTOIRE DE L'ANCIEN TESTAMENT
LA FILLE DE JEPHTÉ
ATELIER DES GALERIES DU LOUVRE

J.Chauvet sc.

(Mob. des Nationaux)

Imp.A.Porcabœuf et Cie Paris.

RENAUD ET ARMIDE,

D'APRÈS VOUET.

L A galerie haute de l'hôtel de Bullion, sis rue Plâtrière et bâti en 1630 par Le Vau, était décorée de peintures de Simon Vouet représentant les *Travaux d'Ulysse.* Les auteurs anciens et les guides de Paris les décrivent. M. Louis Demonts, s'appuyant sur une note de A. de Champeaux, a montré que ce même hôtel renfermait en outre une suite de panneaux peints figurant des scènes de l'*Histoire d'Armide* encadrées de fleurs et de paysages, qui, après être passés par l'hôtel d'Halwill, ornent aujourd'hui la salle à manger de M. Guyot de Villeneuve, square de Messine, à Paris[1]. (Fig., p. 321, 322, 326, 328.)

Voici, à côté de diverses figures de nymphes, les sujets des principaux panneaux tirés de la *Jérusalem délivrée* : *Armide la magicienne médite la perte des Croisés* (chant x); *Armide, sur le point de poignarder Renaud endormi, est arrêtée par l'Amour* (chant xiv); *Renaud, endormi, est porté par Armide et une de ses suivantes dans un char attelé de deux coursiers* (chant xiv); *Embarquement de Charles et Ubald dans la nef d'or* (chant xv); *Charles et Ubald à la Fontaine du rire* (chant xv); *Renaud dans les bras d'Armide* (chant xvi); *Renaud voit son image dans le bouclier de diamant* (chant xvi); *Renaud s'éloigne de l'Île enchantée* (chant xvi); *Armide, sur les ruines de son palais, invoque les pouvoirs de la magie* (chant xvi); *Armide fuit le champ de bataille* (chant xviii); *Renaud empêche Armide de mettre fin à ses jours* (chant xx).

Ces scènes sont encadrées de beaux panneaux de fleurs, de médaillons en

[1] Louis Demonts. *Les amours de Renaud et d'Armide, décoration peinte par Simon Vouet, pour Claude de Bullion,* dans *Bulletin de la Société de l'art français,* 1913, p. 58-78, pl.

camaïeu, avec figures allégoriques, alternant avec le chiffre de M. de Bullion, qui ont été repris dans la bordure des tapisseries exécutées d'après cette décoration.

C'est d'après cet ensemble, reporté sur cartons par les Flamands que Vouet employait à ce genre de travaux, nous dit Félibien, que fut tissée, dans l'atelier de Raphaël de La Planche et peut-être aux Galeries du Louvre, la tenture de *Renaud et Armide*. Certaines scènes ont même été ajoutées pour des tentures particulièrement importantes. Voici la description de l'ensemble le plus complet :

1. *Armide, sur le point de poignarder Renaud endormi, est arrêtée par l'Amour.* — Renaud est couché, endormi par le chant d'une sirène, au pied d'un arbre, au bord d'un lac. Armide accourt à gauche, le poignard à la main; un petit Amour lui décoche une flèche. L'auteur du carton a ajouté à la composition de Vouet deux génies arrivant sur les nues et protégeant Renaud de leur baguette. (Pl.) Voici l'histoire telle que la rapporte l'auteur de l'Inventaire du Mobilier de la Couronne conservé aux archives de l'Oise :

Armide, fille d'Arbitan, Roy de Damas et nièce d'Hidrart, fameux magicien, ayant esté excitée par son oncle à faire une entreprise par les charmes de sa beauté sur les principaux chefs de l'armée de Godefroy de Bouillon, vient au camp de ce Prince sous prétexte de luy demander secours contre l'Usurpateur de ses États qu'elle feignait avoir perdus, luy persuade de luy octroyer seulement dix chefs pour se mestre à la teste de ses peuples qui n'avaient besoin que de chefs. La plus fameuse partie des jeunes seigneurs de l'armée devient si passionnée pour sa beauté qui estoit extresme qu'ils la suivent mesme contre la volonté de Godefroy. Renaud demeurant seul insensible à ses charmes, mais s'estant querellé avec Germain, Prince de Norvaege, le tue au milieu du camp et appréhendant le ressentiment de Godefroy, se retire volontairement en pays esloigné, où faisant chemin il trouve tous les chevaliers qui avoient suivy Armide qu'elle amenoit prisonniers en Damas. Il deffoit ou espouvante ceux qui les conduisoient et donne la liberté à ces princes chrestiens. Armide ayant ouy cette nouvelle resould de se venger sur Renaud de la perte qu'il luy a fait souffrir, et, l'ayant attiré par des enchantements, elle le fait endormir par le chant d'une sirène, et lors elle court à la vengeance et le veut tuer dans son sommeil, mais l'esclat de son visage luy met puis après d'autres sentiments au cœur.

2. *Renaud, endormi, est porté par Armide et une de ses suivantes dans un char attelé de deux coursiers.* — Les deux femmes, assistées d'amours, portent le héros endormi vers le char arrêté à droite au milieu des fleurs; derrière elles, les deux chevaux. D'autres amours voltigent autour du groupe.

3. *Charles et Ubald à la Fontaine du rire.* — Les deux chevaliers embarqués dans une nef d'or — nous ne connaissons pas de tapisserie reproduisant cette scène peinte par Vouet, dans l'hôtel de Bullion — ont été conduits par une femme mystérieuse dans l'île fortunée; ils arrivent à la Fontaine du rire, «fontaine funeste qui coule pour le malheur des mortels», où folâtrent deux nymphes qui cherchent à les attirer; sur la rive, une table couverte de mets délicieux. Ubald lève la baguette d'or magique; Charles se cache derrière son bouclier, ils franchiront ainsi ce passage dangereux.

4. *Renaud dans les bras d'Armide.* — Dans un riche jardin, au fond duquel s'élèvent des portiques magnifiques, Renaud est étendu et tient dans la main droite un miroir où se regarde Armide. De petits amours apportent des bijoux. Cachés derrière les arbres, à gauche, de l'autre côté d'une mare où s'ébattent des canards, Charles et Ubald contemplent la scène [1].

5. *Renaud voit son image dans le bouclier de diamant.* — Dans le même jardin enchanté, Renaud, assis à gauche contre un arbre, contemple avec effroi ses traits

RENAUD ENDORMI EST ENLEVÉ PAR ARMIDE ET UNE DE SES SUIVANTES.
(Hôtel de M. Guyot de Villeneuve.)

dans le bouclier que lui présente Charles, tandis qu'Ubald lève la baguette magique.

6. *Renaud s'éloigne de l'Île enchantée.* — Renaud, debout dans la barque que conduit la femme mystérieuse, contemple avec douleur Armide restée évanouie sur le rivage; aux côtés de Renaud, Charles et Ubald.

[1] Le Musée du Louvre possède un tableau du Dominiquin (n° 1617), où la composition de la scène est absolument semblable. Vouet a dû connaître ce tableau, ou bien les deux artistes ont puisé à une source commune.

7. *Armide pleure le départ de Renaud.* — Assise au pied d'un arbre, devant la façade de son palais à portiques et à colonnades, Armide laisse éclater sa douleur devant deux de ses femmes, qui semblent la conseiller. Dans le fond, sous un portique, une femme cherche à retenir un guerrier. (Pl.) Manque dans la décoration de l'hôtel de Bullion.

8. *La Magicienne Armide.* — Elle est vêtue d'un lourd et riche manteau, et, la main gauche levée, la baguette dans la main droite, elle invoque les puissances de l'Enfer. Échappée de paysage à droite. Derrière, un diable brandit une torche.

9. *Armide quitte l'Île enchantée dans son char.* — On aperçoit, à gauche, la croupe des chevaux, et à droite Armide assise dans son char.

10. *Armide fuit le champ de bataille.* — Poursuivi par Renaud, l'épée levée, le fantôme d'Armide se sauve vers un myrte creux.

11. *Renaud empêche Armide de mettre fin à ses jours.* — Étendue sur le sol, Armide dirige une flèche contre son sein ; Renaud, accouru, arrête son bras meurtrier. A gauche, le cheval d'Armide, et le cheval de Renaud conduit par un amour. D'autres amours couronnent les amants. (Pl.)

12. *Renaud à cheval.* — Pièce ajoutée à une des tentures, sans doute comme entre-fenêtres.

INVENTAIRE GÉNÉRAL DU MOBILIER DE LA COURONNE (1663).

L'Inventaire général du Mobilier de la Couronne signale trois suites de cette tenture, deux avec or (13 et 21) et la troisième sans or (1).

13. REGNAULT ET ARMIDE. — Une tenture de tapisserie de laine et soye, relevée d'or, fabrique de Paris, dessin de Vouet, représentant l'*Histoire de Regnault et Armide,* dans une bordure de grisaille fonds jaune et six ovalles fonds bleu, remplies de carquois et Cupidons ; contenant 24 aunes de cours sur 3 a. 1/3 de hault, en huit pièces doublées à plein de toille verte.

L'Inventaire conservé aux archives de l'Oise donne le détail de cette tenture :

La première pièce représente Armide qui veut tuer Regnaud avec un poignard qu'elle tient nud en sa main, mais arrestée par la beauté de ce chevalier endormy sa cholère se change en un amour passionné. Cette pièce contient 3 a. 1/2 (n° 1).

La seconde pièce, Renaud est enlevé dans une des Isles fortunées par Armide et une de ses femmes, de crainte qu'elle a que l'on ne luy ravisse. Contenant 3 a. 2/3 (n° 2).

La troisième, Charles et Hubault arrivent dans l'Isle fortunée avec le bouclier et la verge qui leur avoit estée donnée par Lhermitte qui trouve Armide se baignant avec une de ses femmes : de 3 aunes (n° 3).

La quatrième, Renaud et Armide dans le Jardin où elle l'avoit transporté dans une des Isles fortunées parmy les Joyes et les délices de l'amour, où Charles et Hubaut, l'un escuyer du

S. Vouet inv.

A. Chauvet sc.

ATELIER DE RAPHAËL DE LA PLANCHE

ARMIDE VOULANT SE DONNER LA MORT
ARMIDE SUR LE POINT DE POIGNARDER RENAUD, EST ARRÊTÉE PAR L'AMOUR,
RENAUD, TROMPÉE PAR ARMIDE, NE PEUT PLUS VIVRE À SES CÔTÉS.

RENAUD ET ARMIDE

(Ancienne collection Lemaire)

(Collection Martin Reys.)

Imp. A. Froideveaux et Cie, Paris.

deffunt prince de Danemark que Soliman avoit tué et l'Espée duquel estoit réservée à Renaud, l'autre un chevalier français fort versé dans les langues orientales, le regardent à la faveur d'un arbre qui les couvre. Contenant 4 a. 1/2 (n° 4).

La cinquième représente les chevaliers crestiens envoyez par Godefroy pour tirer Renaud des enchantements où il estoit détenu, et cela par le moyen d'un bouclier merveilleux qui leur avoit esté donné par un hermite syrien confident de Pierre l'Hermite lequel luy fait connaistre la mollesse et les délices où il estoit engagé dont il fait paraistre avoir grande confusion. Contenant 2 a. 3/4 (n° 5).

La sixième, Renaud qui tasche à consoler Armide de son départ et mesme qui compatit à ses douleurs, mais elle estant incapable de consolation dans la perte d'un amant qu'elle adorait désespère et fait apréhender à Renaud les derniers efforts de sa rage sur elle mesme se voulant tuer de sa main. Contenant 2 a. 3/4 (n° 11).

RENAUD S'ELOIGNE DE L'ÎLE ENCHANTÉE.
(Hôtel de M. Guyot de Villeneuve.)

La septième, Renaud qui s'embarque avec Charles et Hubault pour aller rejoindre l'armée chrestienne et Armide évanouie sur le rivage. Contenant 2 aunes (n° 6).

La huitième, Armide enlevée dans un chariot après le départ de Renaud et la destruction de son palais enchanté dans l'Île fortunée. Contenant 2 aunes (n° 9).

Cette tenture se trouvait en 1789 à Paris : « or, fabriqué aux Galeries du Louvre, huit pièces. Bordure à figures, arabesque. Fond jaune avec médaillon fond or aux angles ».

1790 : Réparations 370ᵗ (devis du 5 février).

An XIII et 1808, aux Gobelins.

21. REGNAULT ET ARMIDE. — Une tenture de tapisserie de haulte lisse, de laine et soye, rehaussée d'or fabrique de Paris, dessin de Vouët, représentant l'*Histoire de Regnault et Armide*, dans une bordure fonds bleu semée de rinseaux d'or, deux Satirs de grisaille à chaque coin du bas; dans le milieu, la devise d'Henry IV sur un fonds rouge, et dans le hault, les armes de France et de Navarre en grand volume, soustenües d'Anges de grisaille, en cinq pièces, contenant 20 aunes de cours cy devant, et à présent 21 a. 5/6 par une sixième pièce qui y a esté adjoustée, sur 4 aunes de hault, doublée de toille verte à plein.

Voici le détail de cette tenture, d'après l'Inventaire conservé aux archives de l'Oise :

La première représente Armide qui veut tuer Regnault, de la beauté duquel estant surprise, elle s'arreste. De 5 a. 1/2 (n° 1).

La deuxième, Arnault (*sic*) dans le jardin d'Armide parmy la molesse et les délices où il est regardé par un homme caché derrière un chesne. De 5 a. 3/4 (n° 4).

La troisième, l'Escuyer du Roy de Dannemarck représente à Renault le bouclier qui luy avoit esté donné par un hermite et luy fait connoistre la molesse de la vie qu'il mène dont il a de la confusion. De 4 a. 1/2 (n° 5).

La quatrième, Renault descouvrant à Armide le dessin qu'il a de se retirer, se veult tuer. 3 aunes (n° 11)

La cinquième, Renault se rembarque avec l'Escuyer du Roy de Dannemarck et son compagnon pour aller trouver l'Armée Chrestienne, a laissé Armide pasmée sur le bord de la rive. De 3 a. 1/4 (n° 6).

La sixième, Renault à cheval, 1 a. 5/6. (Pièce ajoutée, sans doute comme entre-fenêtres; n° 12.)

I. (sans or). REGNAULT ET ARMIDE. — Une tenture de tapisserie, rehaussée de soye, fabrique de Paris, dessin de Vouët, représentant les *Amours de Regnault et Armide*, dans une bordure fonds brun, et un carquois dans chaque coin; contenant 22 a. 1/2 de cours sur 3 a. 1/8, en sept pièces doublées de toille verte.

En 1789, sept pièces à Versailles.

Aucune de ces trois tentures n'existe plus aujourd'hui au Mobilier National.

COLLECTIONS PARTICULIÈRES.

L'inventaire du cardinal de Richelieu mentionne, parmi les tapisseries données au roi avec le Palais Cardinal en 1636, et acceptées par Louis XIII en 1637, la tenture de *Renaud et Armide* d'après Vouet.

L'inventaire de La Vrillière signale une autre tenture de tapisserie de haute lisse, fabrique des Galeries du Louvre, à bordures arabesques fond bleu, représentant l'histoire de *Renaud et Armide*, contenant sept pièces, faisant 20 a. 1/2 de cours sur 3 a. 1/3 de haut, garnies entièrement de toile verte, estimée 4,600".

Le catalogue de la vente de La Vrillière en 1777 porte, sous le n° 3 : « Deux pièces de tapisserie des Gobelins, sujet tiré de l'histoire de *Médor et d'Angélique* et d'*Armide et Renaud*. »

Dans l'inventaire d'Hémery :

Une tenture de tapisserie de haute lisse, façon des Gobelins, qui est l'histoire de *Regnault et Armide,* contenant sept pièces, faisant 20 aunes de cours sur 3 a. 1/2 de haut, garnie de toile verte, estimée 3,600ʰ.

Un des exemplaires les plus complets de cette tenture est celui que donna le roi au cardinal Barberini, et qui, après avoir fait partie de la collection Ffoulke, appartient aujourd'hui à la collection Mck. Twombly.

Le catalogue de la collection Ffoulke décrit cette tenture en dix pièces :

NUMÉROS.	SUJETS.	HAUTEUR.	LARGEUR.	MARQUES.
I.	*Armide sur le point de poignarder Renaud endormi* (1)	14 ft. 9 in.	10 ft. 5 in.	P. ✿ R.
II.	*Armide enlève Renaud dans son char* (2)	14 ft. 9 in.	14 ft. 5 in.	P. ✿ R.
III.	*Charles et Ubald à la fontaine du rire* (3)	14 ft. 9 in.	12 ft. 7 in.	✿ R.
IV.	*Renaud dans les bras d'Armide* (4)	14 ft. 11 in.	16 ft. 5 in.	P. ✿ R.
V.	*Renaud voit son image dans le bouclier de diamant* (5)	14 ft. 11 in.	12 ft. 8 in.	R. ✿
VI.	*Renaud s'éloigne de l'Île enchantée* (6)	14 ft. 9 in.	10 ft. 6 in.	P. ✿ R.
VII.	*Armide quitte l'Île enchantée* (7)	15 ft. 1 in.	6 ft. 3 in.	P. ✿ R.
VIII.	*La Magicienne Armide* (8)	15 ft. 1 in.	7 ft. 8 in.	P. ✿ R.
IX.	*Armide fuit le champ de bataille* (9)	14 ft. 11 in.	6 ft. 1 in.	R.
X.	*Renaud empêche Armide de mettre fin à ses jours* (10)	14 ft. 8 in.	19 ft. 4 in.	P. R.

La signature R à côté de la marque des ateliers de Paris est celle de Raphaël de La Planche. Bordure à fond bleu où courent de larges rinceaux, avec aux angles inférieurs des figurines de satyres, aux angles supérieurs des Renommées, et au milieu de chaque bordure des cartouches contenant des figures allégoriques et soutenues par des amours; les cartouches et les figures en grisailles.

Collection Barberini, puis collection Ffoulke (1889), aujourd'hui propriété de M. Hamilton Mck. Twombly.

Dans la collection Ffoulke se trouvait en outre une tapisserie qui est un détail de la pièce n° 3 : *Renaud dans les bras d'Armide,* et qui est également sortie des manufactures parisiennes. On voit seulement le buste de Renaud et d'Armide, et derrière eux le palais de l'Île enchantée, des feuillages magnifiques et deux amours jouant avec les bijoux d'Armide.

M. Maurice Fenaille possède une pièce de la même tenture représentant *Charles et Ubald à la Fontaine du rire* (n° 3). — Cette pièce destinée à servir d'entre-fenêtres n'a pas de rinceaux ni de médaillons dans les bordures latérales. Elle est signée, comme les pièces ci-dessus, dans la lisière inférieure à droite, P ✿, et dans la lisière latérale de droite, en bas, R (Raphaël de La Planche). Hᵗ 4 m. 30 ; Lᵗ 2 m. 80. (Pl.)

Une autre tenture présente à peu près la même bordure que la précédente, sauf que, dans les angles inférieurs, les deux satyres sont remplacés par des animaux. Ces pièces sont dispersées dans plusieurs collections.

ARMIDE INVOQUE LES POUVOIRS
DE LA MAGIE.
(Hôtel de M. Guyot de Villeneuve.)

Armide, sur le point de poignarder Renaud endormi, est arrêtée par l'Amour (n° 1). — La pièce, étant destinée à un entre-fenêtres, n'a pas de bordures latérales. Dans le médaillon supérieur, des amours. Dans la lisière à droite, la signature R (Raphaël de La Planche). Exposition 1900. Appartenait alors à M. Lemaire, tapissier. Hᵣ 3 m. 10; Lᵣ 1 m. 90.

Charles et Ubald à la Fontaine du rire (n° 3). — Exposée au Grand Palais en 1900. Appartenait alors à M. Lemaire, tapissier. Hᵣ 3 m. 10 ; Lᵣ 3 m. 60.

Renaud dans les bras d'Armide (n° 4). — Trois exemplaires avec de légères variantes :

Collection Löwenfeld, à Paris. Hᵣ 3 m. 25; Lᵣ 5 m. 10.

Vente du 10 mars 1913, à l'Hôtel Drouot. Hᵣ 3 m. 35 ; Lᵣ 5 mètres.

Vente du 7 décembre 1918, à la Galerie Georges Petit. Hᵣ 2 m. 85 ; Lᵣ 5 mètres.

Armide pleure le départ de Renaud (n° 7). — Collection Martin Le Roy. Hᵣ 3 m. 75; Lᵣ 3 m. 37. — M. Marquet de Vasselot, dans le catalogue de la collection Martin Le Roy (t. IV, pl. X), décrit cette pièce sous le titre de *Didon pleurant Énée*. Nous pensons avec M. Demonts qu'il faut la rendre à la tenture de *Renaud et Armide*, dont elle présente exactement la même bordure.

Renaud empêche Armide de mettre fin à ses jours (n° 11). — Exposée au Grand Palais en 1900. Appartenait alors à M. Lemaire, tapissier. Hᵣ 3 m. 10 ; Lᵣ 2 m. 40.

Une cantonnière faite avec les deux bordures latérales et la bordure supérieure de cette tenture est passée en vente sous le n° 48 de la vente du 21 mars 1912.

RENAUD ET ARMIDE.

CHARLES ET UBALD À LA FONTAINE DU RIRE.

ATELIER DE RAPHAEL DE LA PLANCHE.

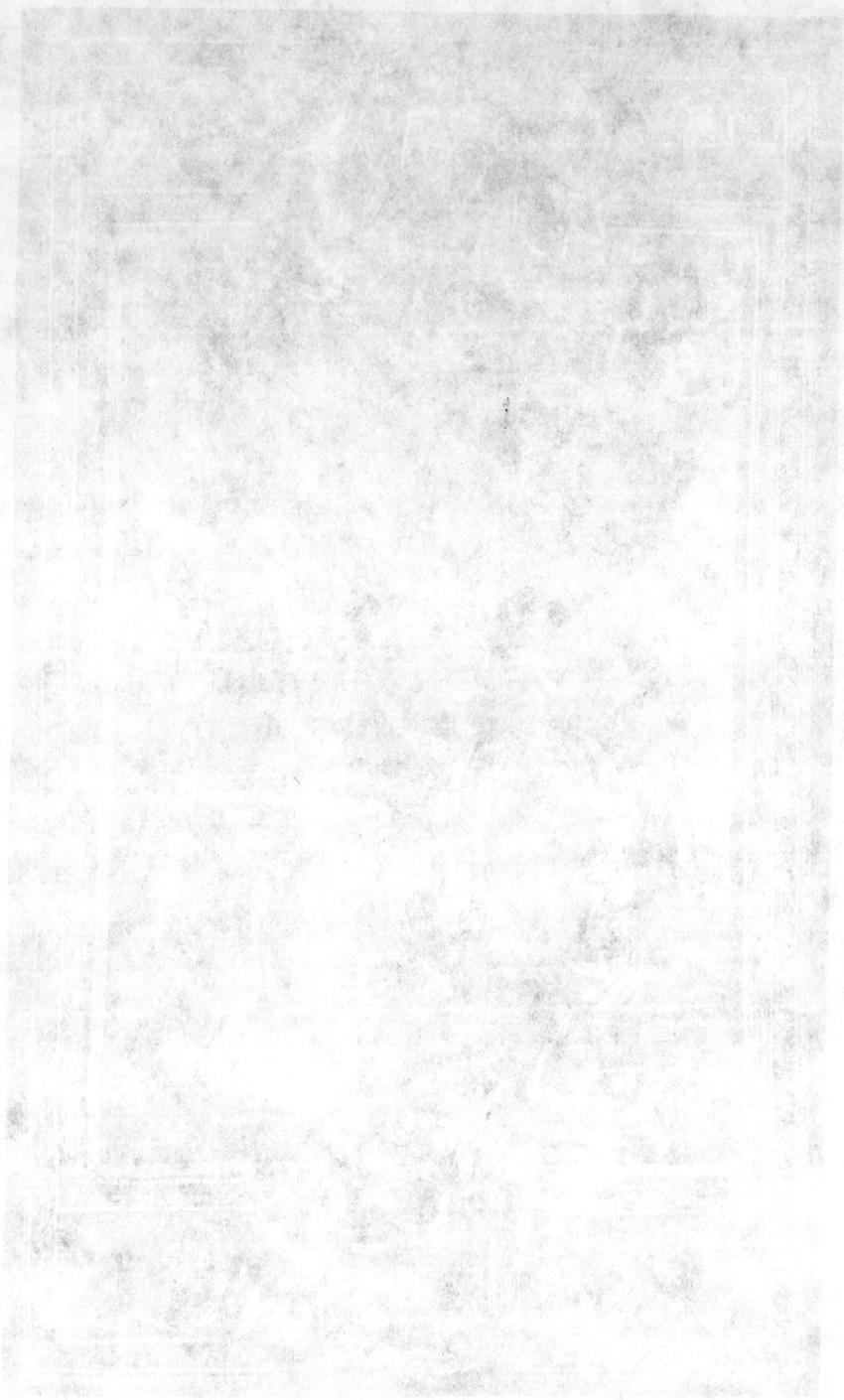

Une troisième tenture de cinq pièces qui se trouvait au château de Guermantes, propriété du baron et de la baronne de Lareinty-Tholozan, est passée en vente à l'Hôtel Drouot, 19 décembre 1917.

Sa bordure est presque semblable à celle de la tenture Barberini, sauf que le médaillon inférieur, figurant un masque dans une coquille marine surmontée d'un amour, est accosté de deux dauphins, que les Renommées des angles supérieurs sont remplacées par des amours et que le médaillon supérieur contient les armes de François Petit de Villeneuve et de Marie-Anne de Foucault, frère et belle-sœur de Michel Petit de Ravanne, dont la fille Anne-Marguerite épousa le seigneur de Guermantes : et c'est ainsi que, dans la suite, cette tenture passa au château de Guermantes.

La première de ces pièces porte, dans la lisière de droite, en bas : R $\mathbb{A}$ V

La deuxième et la troisième : $\mathbb{A}$ V

Renaud endormi est emporté par Armide et une de ses suivantes (n° 2). Lʳ 4 m 40.

Charles et Ubald à la Fontaine du rire (n° 3). Lʳ 3 m. 45.

Renaud dans les bras d'Armide (n° 4).

Armide quitte l'Île enchantée (n° 9). Les armes sont effacées.

Renaud empêche Armide de mettre fin à ses jours (n° 11). La tapisserie est coupée en deux dans le sens de la hauteur; la partie centrale manque.

Une pièce figurant la *Magicienne Armide* (n° 8; Hʳ 3 m. 30; Lʳ 2 m. 80), qui fut vendue à Paris le 27 mai 1910, a la même bordure que la tenture Barberini, avec en bas le médaillon aux dauphins de la tenture précédente. Elle porte dans la lisière latérale de droite, en bas, le monogramme $\mathbb{A}$, et dans la lisière inférieure, à droite : $\mathbb{Z}$

Une quatrième tenture n'a plus, de la bordure précédente, que le médaillon inférieur : masque dans une coquille surmontée d'un amour et accostée de deux dauphins. Dans la bordure, rinceaux et arabesques où passent des sirènes et des animaux. Aux angles, médaillons avec carquois et flèches. Le médaillon supérieur renferme une tête; les médaillons latéraux, de petits amours. Nous connaissons quatre pièces de cette tenture qui se trouvaient en 1900 chez M. Sarciron, rue de l'Arcade, à Paris :

Armide, sur le point de poignarder Renaud endormi, est arrêtée par l'Amour (n° 1). Hʳ 3 m. 30; Lʳ 3 m. 30.

Renaud endormi est emporté par Armide et une de ses suivantes (n° 2). Hʳ 3 m. 30; Lʳ 5 mètres.

Charles et Ubald à la Fontaine du rire (n° 3). Hʳ 3 m. 30; Lʳ 2 m. 75.

Renaud dans les bras d'Armide (n° 4). Hʳ 3 m. 30; Lʳ 5 m. 50.

Ces pièces, dont la bordure correspond à celle que décrit l'Inventaire général du Mobilier de la Couronne, doivent appartenir à la tenture notée dans l'inventaire sous le n° 1 des pièces sans or.

A la vente du comte de Reiset, Hôtel Drouot, 30 janvier - 3 février 1922, est passée une tapisserie d'entre-fenêtres, haute de 3 m. 60 et large de 1 m. 45, représentant la *Magicienne Armide* (8) ; bordure en haut et en bas ornée d'un large cartouche entre deux bouquets de fleurs.

Dans la collection du baron de Champchevrier, au château de Champchevrier (Indre-et-Loire), la *Magicienne Armide*, entre-fenêtres. Dans la bordure supérieure, médaillon entre une figure tenant un miroir et une sirène ; dans la bordure inférieure, groupe de deux amours les mains liées par un troisième et assis sur un bas-relief ; motifs de la bordure des deux pièces des *Travaux d'Ulysse* du palais de Riom, et des *Amours des dieux* de la collection de Champchevrier. Dans la lisière latérale de droite, en bas ✿, qu'il faut lire : Ateliers d'Amiens.

Une pièce assez grossière, tissée dans les manufactures parisiennes pendant la deuxième moitié du xviie siècle, et reproduisant *Renaud dans les bras d'Armide* (n° 4), est passée en vente à l'Hôtel Drouot, le 17 juin 1909. Hr 3 m. 35 ; Lr 4 m. 80. — Bordure de fleurs avec huit écussons ornés de carquois et de figures symboliques ; les deux écussons du milieu, en haut et en bas, sont supportés par deux amours.

PANNEAU DÉCORATIF
PROVENANT DE L'ANCIEN HÔTEL DE BULLION.
(Hôtel de M. Guyot de Villeneuve.)

LES TRAVAUX D'ULYSSE,

D'APRÈS VOUET.

P EU après son retour en France, en 1634-1635, Vouet décora la galerie haute de l'hôtel du surintendant des Finances, Bullion, de tableaux représentant les *Travaux d'Ulysse*.

Vouet et Jacques Blanchard « travaillèrent en même temps, écrit Lépicié [1], pour M. de Bullion, surintendant des Finances, à son hôtel. Blanchard y a peint, dans la galerie basse, les douze mois de l'année sous des figures allégoriques. Dans la galerie haute, son émule a traité les principaux sujets de l'*Odyssée* en quinze tableaux, sans compter ceux du plafond ; dont celui du milieu représente l'Assemblée des Dieux, et le Soleil se plei-gnant que les compagnons d'Ulysse avoient tué des bœufs qui lui étoient consacrés ; le cabinet qui précède offre l'histoire de Diane en neuf morceaux, et, au plafond, la déesse Vénus avec des Amours, qui semblent lancer des flèches sur Diane et sa suite. On peut dire qu'il y a dans ces ouvrages de grands défauts et de grandes beautés, comme dans ce qu'il fit depuis pour le même M. de Bullion à son château de Vide-ville ».

Piganiol de La Force donne sur ces peintures des renseignements plus précis [2] : « On peut dire que ces peintures ne sont point ce que ce peintre a fait de mieux : aussi n'ont-elles point été gravées avec son œuvre... Les trois tableaux qui méritent le plus d'attention sont les suivants : *Ulysse qui arrive dans l'île d'Ithaque*. L'on y voit un matelot qui fait force de rames pour arriver dans l'île et pour éviter d'être pris par les Lestrigons. *Circé à table avec Ulysse et sa suite*. Circé ne paraît occupée qu'à se faire aimer et à se faire craindre tout ensemble par ses attraits et par ses sortilèges.

[1] *Vies des premiers-peintres du roi, depuis M. Le Brun jusqu'à présent.* Paris, Durand. 1752, in-8°, t. I, p. LXIII-LXIV. —
[2] T. III, p. 224.

Ces deux tableaux sont d'une belle ordonnance et d'une grande manière, mais ils ne sont ni bien corrects, ni bien finis.

« Le sujet du troisième n'est pas d'un beau choix : c'est *Ulysse qui scie une planche de son navire en présence de sa chère Calipso.* L'attitude d'Ulysse est naturelle et vigoureuse ; celle de Calipso est belle et tendre, et sa draperie riche.

« Vouet a peint aussi le plafond de cette galerie qui est ce que nous avons de mieux en France pour la science et la perspective. »

C'est sans doute sur les cartons exécutés d'après ces tableaux que fut exécutée la tenture de l'*Histoire d'Ulysse* que signale l'Inventaire général du Mobilier de la Cou-

ULYSSE PREND CONGÉ D'ÉOLE.

TAPISSERIE DE LA TENTURE DES "TRAVAUX D'ULYSSE" D'APRÈS SIMON VOUET.
(Château de Cheverny.)

ronne dressé par Gédéon du Metz et conservé aux Archives de l'Oise (série E, fonds du Metz de Rosnay, n° 7).

N° 20. Une tenture de tapisserie de laine et soye relevée d'or, fabrique de Paris, représentant l'histoire d'Ulisse dans une bordure fond aurore à festons de fleurs et de fruits avec

LES TRAVAUX D'ULYSSE

LES SIRÈNES

MANUFACTURE DE PARIS

Collection de Monsieur le Marquis, Château de Chaumcy.   Imp. A. Fourotton Frères C.ᵉ Paris.

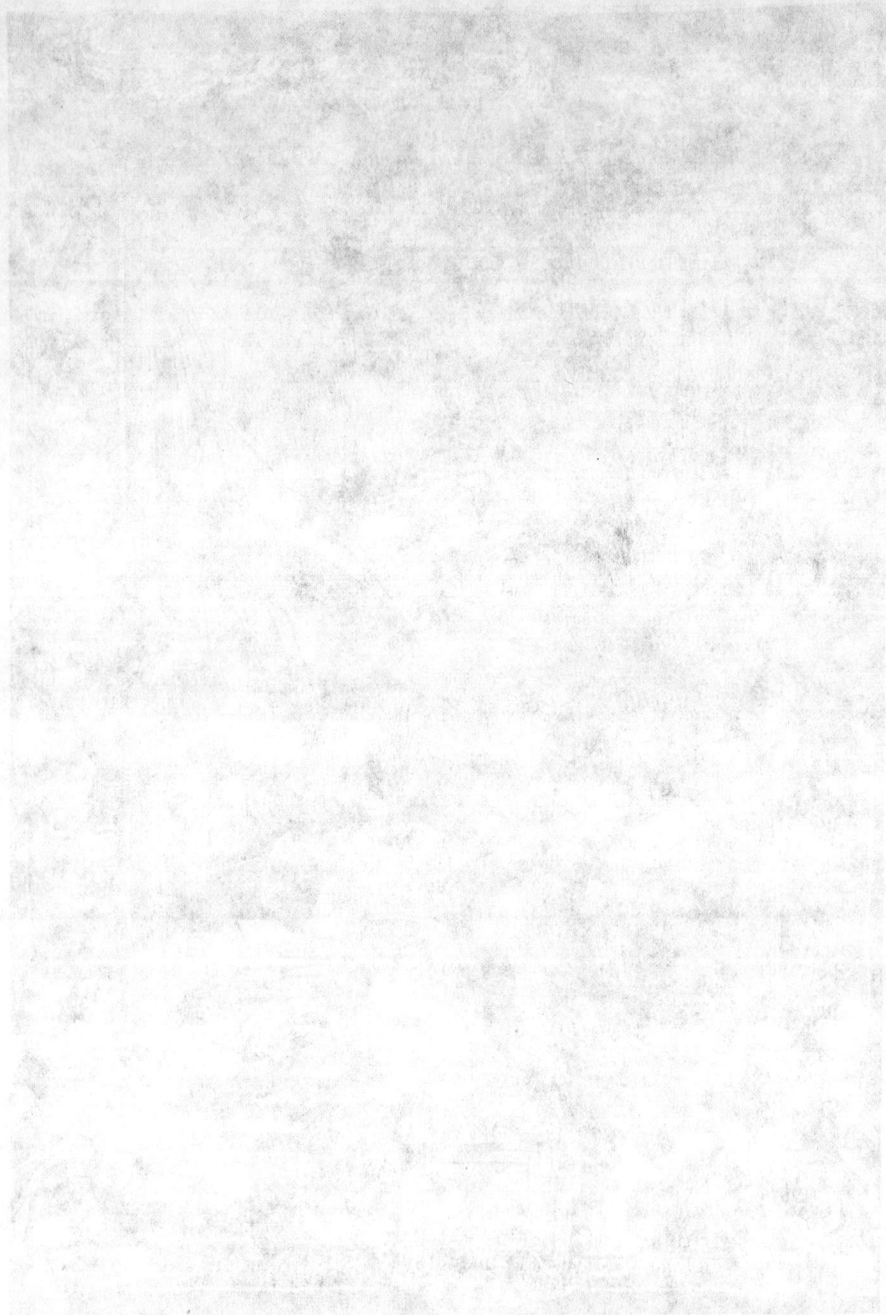

crotesques, figures et petits paysages, contenant 24 aunes de cours sur 2 aulnes 3/4 de hault, en 8 pièces, savoir :

La première, 4 a. 1/3.

La deuxième, 2 a. 1/6.

La troisième, 4 a. 1/6.

La quatrième, 2 a. 3/4.

La cinquième, 3 a. 1/4.

La sixième, 2 a. 3/4.

La septième, 2 a. 2/3.

La huitième, 2 aunes.

En 1789 : « Très vilaine. Bonne à masquer le mur aux Fêtes-Dieu ». — Arch. Nat., O¹. 3505.

1. *Ulysse prend congé d'Éole (Odyssée, chant X).* — Éole et ses enfants, portés par des nuées, encouragent Ulysse et ses compagnons qui, appuyés sur leurs rames, éloignent le vaisseau de l'île. Éole enchaîne au grand mât l'outre « faite de la dépouille d'un bœuf », qui renferme les tempêtes. Les seuls zéphyrs restés en liberté poussent le vaisseau. (Fig., p. 330.)

2. *Ulysse aborde dans l'île de Circé (Odyssée, chant X).* — Tandis que ses compagnons amarrent le navire aux arbres de l'île, Ulysse descendu à terre rencontre un grand cerf qu'il tue et rapporte aux matelots affamés. (Fig., p. 333.)

3. *Les Grecs à la table de la magicienne Circé (Odyssée, chant X).* — A gauche, sous les portiques d'un palais, les Grecs sont à table avec Circé armée de sa baguette et prennent le breuvage fatal. L'un d'eux est déjà changé en pourceau noir. A droite, les arbres d'un parc où courent des oiseaux rares.

4. *Ulysse victorieux de Circé (Odyssée, chant X).* — Ulysse, protégé par la plante que lui a remise Mercure, boit impunément le poison. Il se jette, l'épée à la main sur la magicienne, qui l'implore. A gauche, la table servie et, derrière, les servantes qui s'enfuient. Dans le fond à droite, Circé et Ulysse se promènent.

5. *Funérailles d'Elpénor (Odyssée, chant XII).* — Ulysse, sur le point de quitter l'île de Circé, brûle le corps de son compagnon Elpénor, tombé par accident de la terrasse du palais de la déesse. Dans le fond, les Grecs chargent des vivres sur le vaisseau prêt à partir.

6. *Ulysse et les Sirènes (Odyssée, chant XII).* — Grâce aux conseils de Circé, Ulysse réussit à échapper aux chants insidieux des Sirènes : il a empli de cire les oreilles de ses compagnons, et lui-même s'est fait lier au mât de son vaisseau. (Pl.)

7. *Ulysse débarqué à Ithaque* (*Odyssée*, chant XIII). — Les Phéaciens, dont on aperçoit les vaisseaux à gauche, ont ramené Ulysse à Ithaque. Deux femmes portent le héros endormi et le déposent près de l'olivier et de la grotte de Phorcys. (Fig., p. 334.) Vouet a repris ici en partie sa composition de *Renaud et Armide*.

8. *Ulysse reconnu par son chien Argos* (*Odyssée*, chant XVII). — Ulysse, vêtu en mendiant et accompagné par le pasteur Eumée, est reconnu par son chien Argos, au seuil de son palais.

Nous connaissons une tenture complète de l'*Histoire d'Ulysse*. C'est celle du marquis de Vibraye, au château de Cheverny (Loir-et-Cher). (Fig., p. 330 ou 334 et pl.)

NUMÉROS.	SUJETS.	HAUTEUR.	LARGEUR.
1	Ulysse prend congé d'Éole....................................	4ᵐ00	4ᵐ60
2	Ulysse aborde dans l'île de Circé...........................	4 00	3 60
3	Les Grecs à la table de la magicienne Circé................	4 00	6 20
4	Ulysse victorieux de Circé..................................	4 00	2 00
5	Funérailles d'Elpénor.......................................	4 00	5 00
6	Ulysse et les Sirènes.......................................	4 00	3 20
7	Ulysse débarqué à Ithaque...................................	4 00	4 20
8	Ulysse reconnu par son chien Argos.........................	4 00	2 80

Bordures de fleurs où courent des amours. En haut, entre deux aigles, médaillon orné d'une tête antique. En bas, entre deux aigles, petit sujet en grisaille dans un encadrement. Aux angles inférieurs, des masques. Au milieu des bordures latérales, faisceaux et attributs guerriers portés par deux amours.

Dans une vente faite à la Galerie Georges Petit, à Paris, le 17 mai 1920, ont passé quatre pièces d'une tenture semblable, avec la même bordure :

2. *Ulysse aborde dans l'île de Circé.* Hʳ 3 m. 20 ; Lʳ 3 m. 70.

4. *Ulysse victorieux de Circé.* Hʳ 3 m. 20 ; Lʳ 3 mètres.

7. *Ulysse débarqué à Ithaque.* Hʳ 3 m. 20 ; Lʳ 3 mètres.

8. *Ulysse reconnu par son chien Argos.* Hʳ 3 m. 20 ; Lʳ 2 m. 40.

Le Musée de Besançon possède quatre pièces de cette tenture avec les mêmes bordures :

3. *Les Grecs à la table de la magicienne Circé.* Hʳ 3 mètres ; Lʳ 3 m. 20.

6. *Ulysse et les Sirènes.* Hʳ 3 mètres ; Lʳ 2 m. 30.

7. *Ulysse débarqué à Ithaque.* Hʳ 3 mètres ; Lʳ 2 m. 10.

8. *Ulysse reconnu par son chien Argos.* Hʳ 3 mètres ; Lʳ 1 m. 05 (les bordures latérales manquent).

M. Lemaire, tapissier à Paris, possédait en 1909 une suite de cinq pièces des *Travaux d'Ulysse,* dans une bordure de guirlandes de fleurs sur fond bleu, enrichie de médaillons à figures au milieu et sur les bords. Le médaillon du haut paraît avoir été destiné à recevoir des armoiries. H^r 3 m. 25.

1. *Ulysse prend congé d'Éole.*
2. *Ulysse aborde dans l'île de Circé.* (Fig. ci-dessous.)
4. *Ulysse victorieux de Circé.*
6. *Ulysse et les Sirènes.*
8. *Ulysse reconnu par son chien Argos.*

ULYSSE ABORDE DANS L'ÎLE DE CIRCÉ.
TAPISSERIE DE LA TENTURE DES «TRAVAUX D'ULYSSE» D'APRÈS SIMON VOUET.
(Ancienne collection Lemaire.)

En 1907, chez un marchand à Angers :

1. *Ulysse prend congé d'Éole.* H^r 3 m. 10; L. 4 m. 20. — Bordure à fleurs et à médaillons contenant des profils antiques. Au milieu de la bordure inférieure, deux

petits amours, adossés ; un troisième leur lie les mains avec un ruban. Au milieu de la bordure supérieure, médaillon accosté de sirènes et de figures tenant un miroir ; au milieu des bordures latérales, médaillon avec figures entre des amours.

Ces motifs se retrouvent dans la *Magicienne Armide*, dans la tenture des *Amours des Dieux* du château de Champchevrier, et dans deux tapisseries du palais de justice de Riom :

3. *Les Grecs à la table de la magicienne Circé.*

5. *Funérailles d'Elpénor.* — Bordure de rinceaux avec, aux angles et au milieu des bordures, les mêmes figures et médaillons que dans la pièce d'Angers.

Le palais de justice de Riom renferme, en outre, une tenture de quatre pièces exécutées dans des ateliers de province, sans doute à Aubusson, où sont narrées sur des compositions toutes différentes des précédentes et dans un style plus avancé, avec la grandiloquence des décors d'opéra, quatre scènes de l'*Histoire d'Ulysse*, notamment l'épisode de l'enchanteresse Circé, qui depuis le fameux ballet de la Reine, dansé en 1582 aux noces du duc de Joyeuse, donna naissance à un grand nombre de tragédies, d'opéras et de ballets, dont les costumes ont dû influencer l'auteur de ces cartons.

ULYSSE DÉBARQUÉ À ITHAQUE.

TAPISSERIE D'APRÈS SIMON VOUET.

(Château de Cheverny.)

LES AMOURS DES DIEUX,

D'APRÈS VOUET.

ᴀɴs la décoration de plusieurs hôtels et châteaux, notamment à l'hôtel de Bullion et dans la maison du président Perrault à Paris, au château de Wideville et au château de Chilly, Vouet peignit les *Amours des dieux* et d'autres scènes mythologiques gravées dans son œuvre par Dorigny ou Tortebat, et d'après lesquelles furent exécutées, parfois avec des variantes assez considérables, un grand nombre de tapisseries.

Voici, d'après les séries qui nous ont paru les plus complètes, la description des huit scènes qui composent la tenture des *Amours des dieux*, telle qu'elle était tissée dans les ateliers des Comans et de La Planche, à Paris et à Amiens. Nous avons décrit, à la suite, une autre tenture des *Amours des dieux*, dont les sujets sont différents de ceux de la première, et diverses pièces mythologiques, certainement exécutées d'après Vouet, mais sur des sujets qui ne se trouvent pas dans ces deux tentures, et parfois même d'une composition tout autre.

1. *Jupiter et Sémélé.* — Jupiter, au milieu des flammes et des éclairs, enlace Sémélé. A gauche, l'aigle de Jupiter. A droite, deux lévriers assis, tenus en laisse par Sémélé.

2. *Neptune et Cérès.* — Neptune, le trident à la main, porté par deux fougueux coursiers qui émergent de l'eau, converse avec Cérès, assise au bord de la mer et tenant dans la main droite appuyée sur une gerbe une faucille. Derrière, un gros bouquet d'arbres. (Fig. ci-dessous.)

NEPTUNE ET CÉRÈS.

TAPISSERIE DE LA TENTURE DES «AMOURS DES DIEUX» D'APRÈS SIMON VOUET.

(Château de Champchevrier.)

3. *L'Enlèvement de Proserpine.* — Pluton, debout dans son char, tiré par de magnifiques coursiers qui l'entraînent dans le gouffre des Enfers, enlève Proserpine qui, avec ses compagnes, cueillait des fleurs dans la prairie. A gauche, les nymphes se lamentent; l'une d'elles, Cyanée, qui avait voulu retenir le char, est changée en fontaine. Derrière, des arbres. (Fig., p. 335.)

4. *Mars et Vénus.* — Vénus, assise sur un lit sur lequel retombe une lourde draperie que soutient un amour, retient Mars, tout armé, prêt à partir ; à gauche, de petits amours jouent avec le casque et le bouclier du dieu. Le palais de Strélna, près de Peterhof, renfermait le tableau original, qui a été gravé en 1638, en contre-partie, dans un ovale allongé par Michel Dorigny, et d'après lequel a été peint le carton de la tapisserie. (Fig. ci-dessous.) Une réplique de ce tableau se trouve chez M. Guyot de Villeneuve.

MARS ET VÉNUS.

GRAVURE DE MICHEL DORIGNY, D'APRÈS SIMON VOUET.

5. *Vénus et Adonis.* — Vénus, assise et vue de dos, cherche à retenir Adonis, qui, l'épieu à la main, part à la chasse ; ses chiens l'attendent avec impatience, un amour les retient à grand'peine ; derrière, deux petits amours, au milieu des arbres, jouent avec des colombes. Le Musée de l'Ermitage possède le tableau original, qui a appartenu à Crozat et a été gravé en 1638 en ovale allongé par Michel Dorigny. (Fig., p. 338.) En 1643, Dorigny a gravé, d'après Vouet, une scène un peu semblable, mais où Adonis est encore assis et semble hésiter à partir. Vénus le retient encore, tandis que derrière lui son chien attend avec impatience le signal du départ. Au premier plan à droite, deux colombes. Derrière, des arbres au feuillage épais. Au-dessus du groupe voltigent deux amours.

Dans une autre composition de la même scène, Adonis est vu de dos, à demi levé, échappant aux étreintes de Vénus demi-nue, vue de face. Un petit amour tire une flèche sur deux colombes perchées sur un arbre. Fond de verdure.

6. *Bacchus et Ariane.* — Au pied de la falaise, Bacchus, tout enveloppé de pampres, couronne Ariane d'étoiles. Une gravure de Michel Dorigny, de 1644, représente la même scène avec quelques variantes. (Fig., p. 339.)

S. *Vouet pinxit.*
Cũ privil.

M. Dorigny sculp.
Paris 1650

VÉNUS ET ADONIS.

GRAVURE DE MICHEL DORIGNY, D'APRÈS SIMON VOUET.

7. *Hercule et Omphale.* — Hercule, assis, file le rouet d'Omphale; celle-ci s'appuie sur son épaule; à droite, deux petits amours jouent avec la massue du héros; un troisième lui décoche une flèche. Derrière le groupe, une balustrade et des arbres. (Fig., p. 341.)

Une gravure de Dorigny, de 1643, représente la même scène, mais avec quelques variantes; Omphale est assise à côté d'Hercule et le désarme, tandis qu'il file le rouet, les petits amours jouant avec la massue; la balustrade et la verdure manquent. (Fig., p. 340.)

8. *Aurore et Céphale.* — Aurore, tombée amoureuse du chasseur Céphale, l'emporte endormi sur les nuages ; de petits amours retiennent les chiens de Céphale. Une gravure de·Dorigny représente la même scène, avec quelques variantes.

A cette série de huit pièces, qui paraissent composer la tenture que mentionnent les inventaires sous le titre *Les Amours des dieux*, on peut rattacher quelques

Quod parere negas Insano, Ariadna, Lyæo
Grata coronabunt mox caput Astra tuum.

Simon Voüet pinxit.   Cum privileg. Regis. 1644.   Mich Dorigny scul.

BACCHUS ET ARIANE.
GRAVURE DE MICHEL DORIGNY, D'APRÈS SIMON VOUET.

pièces à sujets mythologiques qui ne représentent pas, à proprement parler, les *Amours des dieux*, mais qui font partie de suites analogues, et qui ont certainement été exécutées d'après des tableaux de Vouet ou des gravures de ses œuvres.

43.

Te clauam mutare colô cum cerneret, Heros,
Hæc matri referam ludicra: dixit Amor.

S. Voüet pinxit,   cum priuileg. Regis   M. Dorigny Sc. 1643

HERCULE ET OMPHALE.

GRAVURE DE MICHEL DORIGNY, D'APRÈS SIMON VOUET.

La Toilette de Vénus, gravure de M. Dorigny, 1651. Vénus, demi-nue, est assise sur un lit, tandis que trois femmes la peignent et la servent. Trois amours lui présentent un miroir ovale. Une riche tenture forme dais au-dessus du lit. (Fig., p. 342.)

Une tapisserie représentant ce même sujet, exécutée d'après le tableau de Vouet, dont Dorigny n'a gravé qu'une partie, est conservée dans une collection américaine. La scène, semblable à celle de la gravure, mais en contre-partie, se passe

HERCULE ET OMPHALE.

TAPISSERIE DE LA TENTURE DES «AMOURS DES DIEUX» D'APRÈS SIMON VOUET.

(Château de Champchevrier.)

dans un jardin qui n'est pas sans rappeler celui d'Armide de l'histoire de *Renaud et Armide.* La bordure est ornée de fleurs et, au milieu, d'amours; aux angles, des médaillons à figures antiques. H^r 10 ft. 4 in.; L^r 14 ft. 5 in. (Pl.)

Diane, gravure en ovale de Michel Dorigny, 1638. La déesse est étendue à l'abri d'un rocher et caresse ses deux lévriers. Dans un ovale. (Fig., p. 346.)

Dum Venus in speculo formam cernitq capillos
Arte comi charitum, gratior, inquit, ero

Sed dum nos longis uult impluuisse capillis,
Demens, se laqueis implicat ipsa suis:

S. Vouet pinxit   *Cum priuilegio Regis*   *M. Dorigny Sculp. 1651*

LA TOILETTE DE VÉNUS.

GRAVURE DE MICHEL DORIGNY D'APRÈS SIMON VOUET.

LA DANSE DES SATYRES

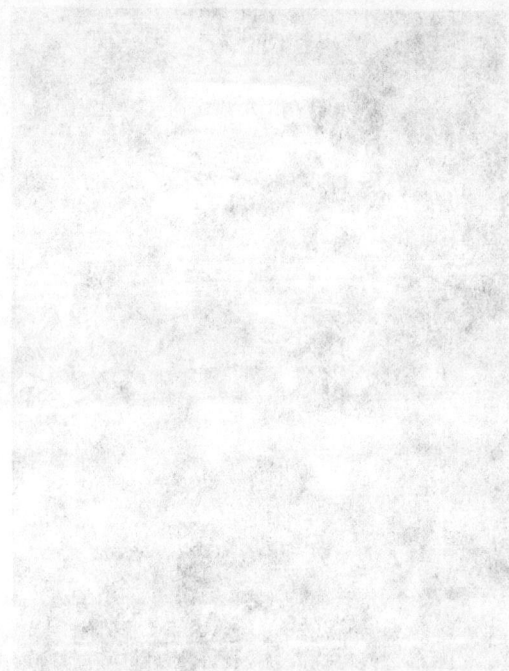

La tenture la plus complète des *Amours des dieux* aujourd'hui connue est celle qui appartient au baron de Champchevrier, et qui décore le château de Champchevrier en Indre-et-Loire. Cette tenture, à laquelle on a ajouté la pièce de la *Magicienne* de la tenture de *Renaud et Armide*, semble devoir être attribuée, d'après la marque, à la manufacture d'Amiens.

NUMÉROS.	SUJETS	HAUTEUR.	LARGEUR.	MARQUES.
1	Jupiter et Sémélé...........	3ᵐ3o	2ᵐoo	⚜ A
2	Neptune et Cérès............	3 3o	2 5o	
3	Enlèvement de Proserpine.....	3 3o	5 25	
4	Mars et Vénus..............	3 3o	3 5o	
5	Vénus et Adonis.............	3 3o	4 25	
6	Bacchus et Ariane...........	3 3o	2 5o	
7	Hercule et Omphale..........	3 3o		⚜ A

La bordure de fleurs est enrichie de médaillons à profils antiques et à sujets mythologiques. Les motifs ornant le centre des bordures sont les mêmes que ceux de la pièce d'Angers et des deux pièces du palais de justice de Riom de la tenture des *Travaux d'Ulysse* : médaillon accosté de sirènes et de figures tenant un miroir, en haut; deux amours dos à dos, les mains liées par un troisième, en bas; personnage mythologique entre deux amours, sur les côtés.

Une autre tenture, qui appartenait en 1910 à un marchand parisien, comprend les pièces suivantes :

1. *Jupiter et Sémélé.*

4. *Mars et Vénus.* — Mars est tout armé et cuirassé, et s'échappe des bras de Vénus, au lieu d'être accoudé sur le pied du lit, comme dans la pièce de Champchevrier; les amours jouent avec son casque.

5. *Vénus et Adonis.*

7. *Hercule et Omphale.*

8. *Aurore et Céphale.*

Bordure de fleurs et de fruits où passe un ruban. Au milieu des bordures, médaillons à figures mythologiques.

Une pièce de *Mars et Vénus* (n° 4), avec la même bordure, se trouvait vers 1910 chez un marchand de Versailles.

Il faut rapprocher de cette série de pièces une autre tenture des *Amours des dieux,* exécutée à Paris, dans les ateliers des Gobelins, sur les dessins de Vouet, et que décrit ainsi l'inventaire du Cardinal Mazarin, de 1653 :

> Une autre tenture de tapisserie de haute lice fine de laine et soie, façon de Paris, composée de neuf pièces, représentant les *Amours des dieux,* avec la frize fonds bleu à feuillages et grotesques, et aux coins et dans le milieu de chaque costé ornée de camaïeux en cartouches dont

VÉNUS ET CUPIDON.
TAPISSERIE D'APRÈS SIMON VOUET.
(Ancienne Collection Wœrnitz.)

les ovales sont à fonds jaune avec petites figures de clair obscur, ladite tapisserie haute de 3 aulnes demi tiers, faisant de tour sçavoir :

Diane se baignant, 3 a. 2/3.
Narcisse, 2 a. 1/8.
Vénus et Cupidon, 1 a. 3/4.
Jupiter séduisant Latone, 2 a. 1/2 1/12 moins 3 pouces.
Vénus et Adonis, 1 a. 2/3 2/12.
La Danse des satyres, 4 a. 1/4.
Apollon, 3 a. 1/4.
Cupidon faisant des flèches, 2 a. 1/2.

En tout, vingt-quatre aulnes un quart de tour garnie de toile verte par bandes, 1,900 livres.

PAN ET CUPIDON   LES AMOURS DES DIEUX   LA SOURCE

ATELIER DE RAPHAËL DE LA PLANCHE.

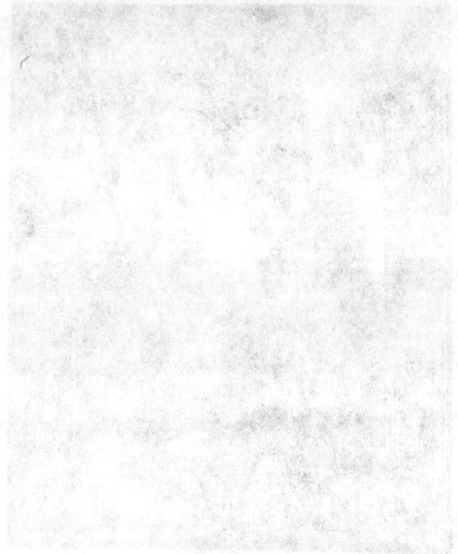

Huit pièces seulement sont décrites. Cette même tenture est mentionnée sous le n° 172 de l'Inventaire du duc de La Meilleraye de 1664 :

172. Une tenture de tapisserie, doublée de thoisle verte, contenant huit pièces, représentant les *Amours des Dieux*, dessein de Vouet, aussy fabrique des Gobelins, rehaussée d'or, de 26 aulnes et demye de cours sur 3 aulnes demy tiers de hault, prisée 8,400 ℓ.

La Danse des Satyres, appartenant à Mme Demonts, au château de Valmatte, paraît bien faire partie d'une tenture de cette série des *Amours des dieux*, mais sa bordure et ses dimensions sont différentes de celles qui sont indiquées ici.

Au premier plan à droite, Pan, assis sur la branche d'un arbre, joue de la flûte; un satyre est assis au pied de l'arbre. A gauche, trois nymphes, cachées derrière les arbres, écoutent ou s'apprêtent à entrer dans l'eau d'une source. Dans le fond, un lac sur lequel se lève le soleil; sur le bord dansent trois satyres, deux hommes et une femme. Bordure de fleurs; aux angles, médaillons à profils antiques; au milieu des bordures latérales, deux amours luttent avec des dauphins; au milieu des deux autres bordures, deux amours jouent avec des rubans et banderoles de chaque côté d'un médaillon central. — H^r 3 m. 37; L^r 4 m. 90. (Pl.)

Une pièce représentant *Vénus et Adonis* et appartenant à M. Artus, à Paris, a cette même bordure. La composition est un peu différente du n° 5 décrit ci-dessus : Adonis, vu de dos, à demi levé, échappe aux étreintes de Vénus, demi-nue, vue de face. Derrière, un arbre où sont perchées deux colombes qu'un petit amour vise d'une flèche.

Une tapisserie, d'exécution plus grossière peut-être, mais tissée également à Paris, d'après des dessins de Vouet, est décrite sous le n° 203 du Catalogue de vente du séquestre de Villeroy (Galerie Georges Petit, 28-29 avril 1922) dans les termes suivants :

La Naissance d'Adonis, d'après les *Métamorphoses* d'Ovide, livre X. H^r 3 m. 10, L^r 4 m. 60. — Au milieu, Myrrha, à demi métamorphosée en arbuste, met au monde un enfant, Adonis, que deux femmes reçoivent; à gauche, un groupe de trois femmes fait chauffer des langes et prépare le bain; à droite, des arbres; sur l'un d'eux est perché un perroquet, à un autre sont attachés deux lévriers. Bordure de fleurs entourées de rubans; aux angles, médaillons à profils antiques; au milieu des bordures du haut et du bas, médaillons renfermant une tête de femme à deux faces.

Trois autres pièces, beaucoup plus fines, avec des personnages dessinés par Vouet ou d'après lui, placés dans de beaux paysages aux lointains fuyants, pièces qui paraissent bien appartenir à une série semblable des *Amours des dieux*, se trouvaient en 1905 chez M. Wœrnitz, marchand à Paris. Ce sont :

Vénus et Cupidon. — Dans un paysage accidenté et boisé, au fond duquel court une rivière, Vénus, demi-nue, est assise à droite auprès d'une source; Cupidon debout, appuyé sur le genou de sa mère, se repose. (Fig., p. 344.)

Pan et Cupidon. — Dans un paysage boisé, Pan, assis au premier plan, joue de la flûte ; Cupidon s'avance vers lui, l'arc à la main. Dans le fond, Mercure, père de Pan, tue le berger Argus. (Pl.)

La Source. — Une nymphe, assise au bord d'une fontaine à l'ombre d'un bois, joue avec l'eau. La rivière s'éloigne vers le fond en serpentant dans un beau paysage. A gauche, au second plan, deux nymphes armées d'épieux chassent. (Pl.)

Bordure à fond de mosaïque bleu et jaune enrichie de fleurs et de fruits, d'amours et de bustes. Aux angles, médaillons avec profils antiques ; au milieu de la bordure supérieure, trois petits amours portant une couronne. Au milieu de la bordure inférieure, trois amours jouant avec des guirlandes de fleurs.

La lisière de droite de la pièce *la Source* porte la signature R de Raphaël de La Planche.

S. Voüet pinxit.
Cũ priuilgio

M. Dorigny sculp.
Parisi 1673

DIANE.

GRAVURE DE MICHEL DORIGNY, D'APRÈS SIMON VOUET.

HISTOIRE DE DAPHNÉ.

LES NYMPHES ENTOURENT PÉNÉE ET DÉPOSENT DES FLEURS AUX PIEDS DE L'ARBRE DE DAPHNÉ.

ATELIER DE RAPHAËL DE LA PLANCHE.

HISTOIRE DE DAPHNÉ.

L'inventaire de Raphaël de La Planche du 27 septembre 1661 mentionne les modèles et plusieurs tentures de l'*Histoire de Daphné*, qui eut alors un grand succès, et qui semble détachée de quelque série de pièces mythologiques exécutées, comme l'*Histoire de Psyché*, sous l'influence de l'Ecole de Raphaël :

Item, cinq autres pièces, aussi peintes en huile et sur toile, contenant ensemble 16 aunes ou environ de cours sur 2 aunes de haut, représentans l'*Histoire de Daphné*, et prisées ensemble . . . . 50^{tt}

Et plus loin :

Daphné, pour led. s. Du Laurent, 6 pièces de 18 aunes de cours sur 2 aunes de haut, ensemble 36 aunes en quarré à 120^{tt} l'aune . . . . 4,320^{tt}

D'autres pièces de cette même tenture sont en cours sur les 10e, 40e, 45e et 52e métiers :

Pour Mme de Grimault : Trois pièces de tapisserie de *Daphné*. . .
Au magasin : Deux pièces de tapisserie de l'*Histoire de Daphné*. . .
Pour six pièces de tapisserie de l'*Histoire de Daphné*. . . pour le s. de Guédreville.

Nous connaissons trois pièces appartenant à cette tenture. La grandeur de la composition, la richesse de l'exécution, la beauté des personnages, l'abondance et la finesse des feuillages et des fleurs, les placent parmi les plus belles tapisseries qui aient été exécutées, dignes d'être citées comme modèles aux tapissiers de tous les temps, aussi bien pour le dessin du sujet et la disposition des lumières et des couleurs que pour la technique.

Deux pièces se trouvaient en 1913 chez M. Samuel, marchand à New-York :

Apollon et Daphné. — Dans un beau paysage boisé et arrosé de sources et de ruisseaux, Daphné s'enfuit, poursuivie de près par Apollon au-dessus duquel voltige un amour. A gauche, deux naïades ; à droite, deux nymphes cachées derrière un arbre assistent à la scène. Au fond, Daphné changée en laurier.

44.

Les Nymphes entourent Pénée, père de Daphné. — Dans un merveilleux paysage accidenté et boisé, le fleuve Pénée est étendu, appuyé sur des urnes d'où s'échappe l'eau en abondance; sept nymphes l'entourent et lui rapportent le sort malheureux de sa fille, métamorphosée en laurier pour échapper à Apollon; elles ramassent des fleurs. Deux nymphes enlacées se promènent dans la campagne.

A la vente Gunzbourg (Galerie Georges Petit, 3o janvier 1884) est passée une pièce magnifique représentant la même scène, mais beaucoup plus complète. — H^r 3 m. 70 ; L^r 5 m. 10. Elle fait aujourd'hui partie de la collection Groult.

Au milieu, le groupe décrit ci-dessus; à droite, un autre groupe de cinq nymphes avec un chien. Dans le fond à droite, une nymphe accompagnée d'un chien sonne du cor. Derrière les arbres se cachent de petits amours. A gauche, derrière le laurier au pied duquel une nymphe vient déposer des fleurs, un amour indique du doigt l'arbre de Daphné. Bordure de fleurs et de rinceaux où courent des chiens et où jouent des amours. Dans les bordures latérales, les attributs d'Apollon et diverses figures mythologiques : l'Amour, Apollon, Daphné métamorphosée en laurier et Pan attaché à l'arbre. Au milieu de la bordure supérieure, les armes de Honoré Grimaldi, IIe du nom, prince de Monaco, duc de Valentinois : *fuselé d'argent et de gueules*, entouré du collier des ordres que le roi lui accorda le 22 mai 1642; supports : deux moines. Honoré Grimaldi mourut en 1662 ; c'est donc entre 1642 et 1662 que fut exécutée cette pièce. Dans la lisière de droite, la fleur de lis. (Pl.)

SCÈNES MYTHOLOGIQUES.

ous avons groupé ici une série de pièces mythologiques, tissées dans les ateliers parisiens et exécutées non plus d'après les modèles ou les peintures décoratives de Simon Vouet, comme les tentures des *Amours des dieux*, mais sous l'influence de Raphaël et Jules Romain. Le style des personnages et des paysages est tout à fait celui de l'*Histoire de Daphné*, à laquelle certaines pièces s'apparentent de très près, et tel détail, telle figure, tel arbre, telle fleur, tel chien se retrouvent exactement les mêmes dans l'*Histoire de Psyché*, les *Bacchanales* ou l'*Enlèvement des Sabines*.

La tenture la plus complète que nous connaissions fait partie de la collection de M. Brosselin, à Paris.

1. *Glaucus et Scylla.* — Le dieu marin Glaucus, à droite, déclare son amour à Scylla, une des nymphes de Galathée, couchée sur un rocher boisé qui domine la mer. Derrière la nymphe, un petit amour lance une flèche sur le dieu. Une gravure de van Merlen, d'après F. Chauveau, représente cette scène avec la même composition.

2. *Enlèvement d'Europe.* — Europe, assise sur le taureau que deux amours couronnent de fleurs, est assistée par deux femmes, suivant la composition traditionnelle. A gauche, escarpements boisés ; à droite, échappée sur la mer.

3. *Narcisse.* — Le jeune homme, couché au bord d'une source, se contemple dans l'eau ; derrière lui, deux amours retiennent des lévriers au nez pointu, caractéristiques des compositions de Vouet. Deux nymphes appuyées sur un bas-relief antique contemplent la scène. A gauche, la nymphe Écho, abandonnée par Narcisse. Fond d'arbres et de paysage.

4. *Méléagre et Atalante.* — Méléagre debout, l'épieu à la main, offre à Atalante assise sur un rocher les dépouilles du sanglier de Calydon qu'il vient de tuer. Les deux chiens du chasseur lèchent la hure de la bête.

5. *Céphale et Procris*. — Procris, les vêtements en désordre, le sein nu, honteuse d'avoir été séduite par Céphale, son mari, déguisé par l'Aurore, quitte le palais de son père, Érictrée, roi d'Athènes, pour aller vivre dans les bois. Elle remet auparavant à Céphale, assis à gauche au pied des portiques du palais, un chien et un dard. Dans le fond, les terrasses et les jardins du palais. (Pl.)

Bordure de fleurs prises entre deux frises d'oves. Aux angles, un gros mascaron.

GLAUCUS ET SCYLLA.
TAPISSERIE.
(Collection particulière.)

Une autre tenture de trois pièces avec la même bordure de fleurs et les mascarons d'angle, mais sans la double frise d'oves, est passée en vente à l'Hôtel Drouot le 6 avril 1908. Les deux premières pièces portent, dans la lisière à droite, la marque d'Hippolyte de Comans : ⌶⌗.

6. *Le repos de Diane*. Hᵣ 2 m. 80 ; Lᵣ 5 m. 10. — Au milieu, Diane, richement vêtue, est assise sur un rocher, les pieds dans l'eau d'un ruisseau ; deux nymphes, descendues dans le ruisseau, l'assistent ; derrière elle, assis sur des vêtements, un

NARCISSE

ATELIER DE CHARLES DE COMANS

lévrier. Fond de paysage où des nymphes sont étendues au bord du ruisseau qui serpente; à gauche, un groupe de trois nymphes; à droite, deux autres appuyées sur les ruines d'un palais antique.

Narcisse (n° 3). Hᵣ 2 m. 90; Lᵣ 3 m. 20.

Glaucus et Scylla (n° 1). Hᵣ 2 m. 80; Lᵣ 2 m. 65.

M. Maurice Fenaille possède la pièce de *Narcisse* (n° 3), avec cette même bordure de fleurs entre une frise d'oves et une frise de perles, et avec, aux angles inférieurs, une corbeille de vannerie, et aux angles supérieurs un panache de belles plumes. La pièce porte, dans la lisière à droite, la marque de Charles de Comans : ⟨⟩. — Hᵣ 3 mètres; Lᵣ 3 m. 90. (Pl.)

Cette même bordure se retrouve sur la pièce *le Repos de Diane* (n° 6), qui était en 1902 chez M. Schutz, antiquaire. — Hᵣ 3 m. 15; Lᵣ 4 m. 10.

Au château de Thoiry (Seine-et-Oise), propriété de M. le comte de La Panouse, se trouve une tenture semblable de cinq pièces et deux entre-fenêtres, avec cette même bordure de fleurs, sans les frises d'oves ni de perles, et avec, aux angles, une large fleur de lis. Cette tenture comprend, entre autres, la partie centrale de *Narcisse* (n° 3), avec, en haut à gauche, un perroquet sur une branche, et *Glaucus et Scylla* (n° 1).

Deux des sujets décrits ci-dessus sont représentés sur deux pièces aux larges bordures décorées de petites scènes figurant les *Triomphes des dieux :* en haut, Jupiter sur l'aigle, Apollon sur son char, Junon traînée par des paons; en bas, Amphitrite dans la coquille marine et Bacchus sur son char tiré par des panthères; dans les bordures latérales, amours, chiens et figures mythologiques; aux angles et au centre de chaque bordure, médaillons; le tout pris entre deux frises de fleurs. Ce sont :

Glaucus et Scylla (n° 1), dans une collection particulière. (Fig., p. 350.)

Le Repos de Diane (n° 6), acquis en 1920 par le Metropolitan Museum of Art de New-York (cf. *Bulletin,* septembre 1920, p. 197-202).

Au Musée des Gobelins se trouve, sous le n° 87, une septième tapisserie à sujet mythologique.

7° *Le Sanglier de Calydon.* Hᵣ 3 m. 15; Lᵣ 3 m. 88. — Méléagre s'apprête à percer de son épieu le sanglier de Calydon, arrêté par ses chiens. Derrière lui, la belle chasseresse Atalante lance un dard sur la bête. Bordure de bouquets de fleurs dans des vases, des paniers et des médaillons. Au milieu des bordures latérales, l'Amour et ses torches; au milieu des deux autres bordures et aux angles, carquois, flèches et arc dans un médaillon. Cette bordure est la même que celle de la tenture d'*Aminte et Sylvie* de la collection Ffoulke, que nous décrivons plus loin. Dans la lisière de droite, la signature de Charles de Comans : ⟨⟩.

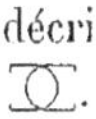

Enfin une huitième pièce se trouve dans une collection particulière :

8. *Narcisse.* — Composition en hauteur différente de la pièce n° 3. Narcisse seul au pied d'un arbre se contemple dans l'eau. Bordure de fleurs avec médaillon au milieu, et larges rinceaux aux angles.

A la vente du séquestre Simon Rosenau, les 15-17 mai 1922, est passée sous le n° 399 une tapisserie parisienne du xvii° siècle avec la même bordure de fleurs ornée de plumes aux angles supérieurs que le *Narcisse* de la collection M. Fenaille. Le sujet représente la partie centrale du *Repos de Diane* (n° 6), avec quelques légères variantes. Diane, la figure de trois quarts, a dans la main gauche un collier de perles et pose le pied gauche sur une pierre ; ses deux suivantes, debout dans l'eau du ruisseau, s'apprêtent à essuyer ses pieds. A côté, à droite, le même chien au museau pointu assis sur les vêtements. Derrière, à droite, des ruines d'un édifice antique et deux nymphes. Dans le fond, la campagne. Le groupe des trois nymphes et la partie gauche manquent. — H᷍ 3 m. 20 ; L᷍ 4 m. 10.

On peut encore rattacher à cette série de pièces mythologiques une tapisserie qui passa dans une vente faite à la Galerie Georges Petit, et qui représente, dans une bordure de larges rinceaux, la magicienne *Médée* se livrant à ses incantations ; elle est servie par une autre femme, qui apporte un fagot ; auprès d'elle jouent ses deux enfants.

Le catalogue d'une vente faite le 21 mai 1910 à l'Hôtel Drouot mentionne sous le n° 52 une pièce figurant un chasseur, peut-être *Apollon*, debout au pied d'un arbre ; un amour voltige derrière lui. Bordure de fleurs ; aux angles, un amour. Dans la lisière de droite, une fleur de lis.

CÉPHALE ET PROCRIS

MANUFACTURE DE PARIS.

VERDURES ET PAYSAGES.

Les manufactures parisiennes exécutèrent un grand nombre de verdures, verdures à oiseaux et paysages animés de petits personnages, dessinés parfois sous
l'influence de Vouet.

L'inventaire de Raphaël de La Planche, exécuté en 1661, signale des *Verdures*
dans les modèles de la manufacture :

Cinq autres pièces aussi peintes en huile sur toile, représentant une verdure, contenant
14 aunes de cours sur 2 de haut, prisées ensemble........................... 50ʰ

Item, cinq autres pièces, peintes sur papier, qui sont coppies des précédentes, de pareil
cours et hauteur, prisées ensemble................................... 25ʰ

Deux séries de modèles n'étaient pas trop, car le même inventaire signale des
Verdures et des *Verdures et oyseaux* en cours d'exécution sur un grand nombre de
métiers.

L'Inventaire général du Mobilier de la Couronne signale sous le n° 165 :

Paysages : Une tenture de tapisserie de verdure, de laine et soye, fabrique de Paris, représentant des paysages et oyseaux, dans une bordure de fleurs entourée de grandes feuilles
rouges, bleues et gris de lin en forme de panaches sur fond brun, et dans les coins et milieux
de ladite bordure une grande feuille jaune, rouge et blanc, contenant 16 aunes 7/8 de cours,
sur 2 aunes 3/4 de hault, en cinq pièces.

M. Maurice Fenaille possède plusieurs *Verdures :* d'une part, une tenture de
cinq pièces, avec dans la lisière de droite la signature d'Hippolyte de Comans, et en
bas à droite la marque de Paris, et, d'autre part, une grande pièce dans une bordure à corbeilles de fruits, signée R (Raphaël de La Planche).

Une *Verdure à oiseaux* dans une grande bordure de branches fleuries où sont
perchés des oiseaux, avec, aux angles et au milieu, des amours se caressant et jouant
avec un bouc ou des oiseaux, est passée en vente à l'Hôtel Drouot le 6 avril 1908.

H^r 3 m. 50 ; L^r 4 m. 70. Signée dans la lisière à droite : R (Raphaël de La Planche). Elle appartient aujourd'hui à M. Fenaille.

Une pièce semblable, de même hauteur et de même bordure, est conservée au palais Boboli, à Florence. Elle est signée à droite dans la lisière : R (Raphaël de La Planche).

D'autres tapisseries du même type font partie de la collection Martin Le Roy.

Un paysage présentant les mêmes verdures, avec les oiseaux et de petits personnages dans la manière de Vouet, nous a paru devoir être classé dans cette même série :

La Fuite en Égypte, H^r 3 mètres ; L^r 4 mètres, appartenant à Mme de Kerlean. — Dans un paysage que traverse une large rivière semée d'îles boisées, Joseph, au premier plan à gauche, tire par la bride l'âne qui porte la Vierge et l'Enfant Jésus. Bordure ornée de rinceaux où voltigent des oiseaux ; aux angles, cartouches chargés de perroquets ; au milieu de la bordure supérieure, armes d'un évêque-cardinal ; au milieu des bordures latérales, figures en camaïeu dans des cartouches. La bordure inférieure manque.

VERDURE

ATELIER DE RAPHAEL DE LA PLANCHE.

AMINTE ET SYLVIE.

Le catalogue de la collection Ffoulke décrit une tenture d'*Aminte et Sylvie* en huit pièces, inspirée de l'*Aminte* du Tasse, dont le succès fut prodigieux, en particulier en France, lors de son apparition en 1573 et qui eut aussitôt un grand nombre d'éditions. Cette tenture fut exécutée vers le milieu du xviie siècle, comme le prouve le style des compositions et des bordures, dans les ateliers parisiens dont elle porte la marque, et sans doute dans la manufacture du faubourg Saint-Marcel.

1. *Daphné rapporte à Sylvie l'amour d'Aminte* (acte Ier). H^r 10 ft. 8 in.; L^r 8 ft. 3 in. — Les deux femmes conversent près d'un chêne. Sylvie s'apprête à partir à la chasse avec son arc et ses flèches.

2. *Sylvie guérit Philis piquée par une abeille, en présence d'Aminte* (acte Ier). H^r 10 ft. 10 in.; L^r 10 ft. 4 in. — Philis, assise au pied d'un arbre, a été piquée à la joue par une abeille; Sylvie baise la joue piquée et la guérit; Aminte assiste à la scène et envie le sort de l'heureuse Philis.

3. *Daphné et Tircis décident d'adoucir le cœur de Sylvie en faveur d'Aminte* (acte II). H^r 10 ft. 8 in.; L^r 7 ft. 8 in. — Daphné, suivante de Sylvie, s'appuie sur une canne, et Tircis, compagnon d'Aminte, est armé d'une lance.

4. *Aminte suivi de Tircis sauve Sylvie et met en fuite le satyre* (acte III). H^r 10 ft. 8 in.; L^r 12 ft. — Sylvie, surprise par un satyre au moment où elle allait se baigner, est liée par lui à un arbre. Aminte, attiré par les cris de Daphné, met en fuite le satyre et délivre Sylvie.

5. *Sylvie et Nérine chassent* (acte III). H^r 10 ft. 11 in.; L^r 9 ft. 8 in. — Elles partent à la chasse aux loups, accompagnées de deux chiens.

6. *Daphné empêche Aminte de se tuer* (acte III). H^r 10 ft. 10 in.; L^r 12 ft. 3 in. — Aminte est assis au pied d'un arbre, le poignard à la main, prêt à se percer le

sein, au récit que lui fait Nérine de la mort de Sylvie, déchirée par les loups. Daphné arrête son bras.

7. *Désespoir de Sylvie*, qui a réussi à échapper aux loups, en apprenant qu'à la suite du récit de Nérine, Aminte s'est jeté dans un précipice (acte IV). H^r 10 ft. 8 in.; L^r 14 ft. 6 in.

8. *Sylvie retrouve le corps inanimé d'Aminte* (acte V). H^r 10 ft. 11 in.; L^r 16 ft. 10 in. — Sylvie rappelle à la vie Aminte étendu au pied d'un arbre; les broussailles ont amorti la chute du berger, qui sera bientôt dans les bras de Sylvie. A droite, le

SYLVIE GUÉRIT PHILIS PIQUÉE PAR UNE ABEILLE.
TAPISSERIE DE LA TENTURE D'« AMINTE ET SYLVIE ».
(Collection J. Duvau.)

berger Elpin explique à Daphné et à Nérine comment Aminte a voulu se tuer en se jetant du haut d'un roc. A gauche, groupe de bergers conduits par Tircis.

Bordure de bouquets de fleurs dans des vases, des paniers, des cornes d'abondance et des médaillons. Au milieu des bordures latérales, l'Amour et ses torches. Au milieu des deux autres bordures et aux angles, carquois, flèches et arc dans un médaillon. Dans la lisière inférieure à droite, la marque de Paris : P ✿. Certaines pièces porteraient, d'après la description du Catalogue, dans la lisière de droite, les signatures de Marc ou Hippolyte de Comans.

Tenture exécutée pour le cardinal Barberini, légat à la cour de France, mentionnée dans les manuscrits de la famille Barberini, t. 48, p. 72-77, et dans l'inventaire des tapisseries des Barberini en 1695.

Ancienne collection Ffoulke, 1889. Collection Hamilton Mck. Twombly.

M. Jules Duvau, à Paris, possède quatre pièces, très usées, d'une tenture analogue :

Sylvie guérit Philis piquée par une abeille (n° 2 de la tenture Ffoulke). [Fig., p. 356.]

Daphné et Tircis (n° 3).

Sylvie retrouve le corps inanimé d'Aminte. — La composition est ici différente de celle de la pièce n° 8 de la tenture Ffoulke : Elpin tient dans ses bras le corps d'Aminte; Sylvie survient à gauche.

APOLLON TUANT CORONIS.

(Collection J. Duvau.)

Le sujet de la quatrième pièce, qui appartient bien par sa bordure à la même suite, est étranger à l'histoire d'*Aminte et Sylvie*. Au premier plan, à gauche, un jeune homme décoche une flèche qui atteint au cœur une jeune femme étendue dans le fond, au pied d'un arbre. Au-dessus du jeune homme, un oiseau s'envole. (Fig. ci-dessus.) C'est la représentation d'*Apollon tuant Coronis,* telle que la montre la gravure de I. Briot.

La bordure, dont il ne subsiste que des fragments, est ornée de rinceaux où courent des lévriers, de termes et de figures d'enfants, rappelant les bordures de plusieurs tentures de *Renaud et Armide.* Au milieu des bordures latérales, l'Amour armé de sa torche; aux angles, carquois, flèches et arc, comme dans la tenture précédente. Au milieu de la bordure inférieure, médaillon figurant un masque dans une coquille surmontée d'un amour et accostée de deux dauphins, comme dans la tenture de Guermantes de *Renaud et Armide*. Dans la troisième pièce, ce motif est remplacé par celui de la bordure d'une autre tenture de *Renaud et Armide,* figurant deux enfants armés du trident et appuyés sur un médaillon surmonté d'une coquille marine.

CLORINDE ET TANCRÈDE.

ETTE tenture, dont le sujet est tiré de divers épisodes de la *Jérusalem délivrée* du Tasse, ne paraît pas avoir été copiée sur les tableaux qu'avait peints à Fontainebleau, pour les cabinets du roi et de la reine, Ambroise Dubois. Quelques tableaux de Dubois sont encore conservés, et nous connaissons les sujets des autres, assez différents de ceux des tapisseries qui sont parvenues jusqu'à nous, par l'Inventaire des tableaux du Roi, rédigé en 1709 et 1710 par Nicolas Bailly, et publié par M. Fernand Engerand (p. 334-335).

L'inventaire de 1661 ne donne pas le nom de l'auteur des cartons :

Huit pièces peintes en huile sur toile, contenant 20 aunes ou environ sur 2 aunes de haut, représentant l'*Histoire de Clorinde,* prisées 120ʰ

La tenture de *Clorinde et Tancrède* eut beaucoup de succès, et on la trouve plusieurs fois mentionnée dans l'inventaire de Raphaël de La Planche en 1661 :

Clorinde, pour led. s. Du Laurent :

Cinq pièces de 4 a. 1/16 de cours sur 2 aunes de haut, ensemble 8 a. 1/2 quartier à 160ʰ l'aune 1,285ʰ

Pour M. Turgot :

Au 24ᵉ mestier : une aune, trois quartiers moins demy seizième d'une pièce de tapisserie de *Clorinde et Tancrède,* à raison de 105ʰ l'aune 180ʰ

Pour M. Thiersault :

Huit pièces de tapisserie de l'*Histoire de Clorinde,* dont quatre pour l'alcôve, contenant ensemble 18 aunes un seizième en quarré, montant à raison de 105ʰ l'aune, à 1,896ʰ 11 s. 4 d., et les quatre aunes pour la chambre, contenant ensemble 28 aunes un seizième en quarré, qui font, à raison de 105ʰ l'aune, 2,940ʰ, lesquelles sont deues; et lesd. 1,896ʰ 11 s. 4 d. pour lad. alcôve ont esté payéz.

Voici les sujets des pièces de cette tenture que nous connaissons :

1. *Tancrède rencontre Clorinde* (chant Ier). — Auprès d'une fontaine où il était venu se désaltérer, Tancrède à gauche, revêtu de ses armes, aperçoit une femme armée, Clorinde, qui, à sa vue, remet son casque et s'apprête à remonter à cheval. Des amours percent de flèches le cœur des deux héros. (Fig. ci-dessous.)

TANCRÈDE RENCONTRE CLORINDE.

(Musée des Arts décoratifs.)

2. *Clorinde délivre Olinde et Sophronie* (chant II). — A gauche, sur le bûcher que les bourreaux allument, Olinde et Sophronie liés dos à dos à un poteau. A droite, groupe d'hommes, femmes et enfants assistant au supplice; Clorinde, à cheval, accourt et arrête les bourreaux. Dans le fond, les portiques du palais du roi Aladin, et la porte de la ville. (Pl.)

Le tableau de Lorenzo Lippi, du Musée antique et moderne de Florence, paraît avoir inspiré le sujet principal de la composition.

Aminte et Sylvie, t. 1, p. 46, n° 8.
Sylvie retrouve le corps inanimé d'Aminte.

Aminte et Silvie . . . .
. . . .

CLORINDE ET TANCRÉDE

CLORINDE DÉLIVRE OLINDE ET SOPHRONIE.

ATELIER DE RAPHAËL DE LA PLANCHE.

3. *Tancrède rend à Herminie la liberté* (chant VI). — Tancrède est debout, entouré de ses compagnons d'armes; à ses pieds Herminie, agenouillée, suivie de deux de ses femmes; entre eux, des vases et des trésors que Tancrède rend à Herminie. Au premier plan à droite et à gauche, deux Turcs captifs, agenouillés, les mains liées derrière le dos. Dans le fond, les colonnes et les portiques de la ville d'Antioche.

4. *Herminie chez les paysans.*

5. *Clorinde baptisée par Tancrède* (chant XII).

6. *Herminie relève Tancrède* (chant XIX). — Vafrin et Herminie relèvent Tancrède qui gît blessé près d'Argant mort. A gauche, au premier plan, deux chevaux tenus par un écuyer; derrière, les fortifications de la ville. (Pl.)

7. *Tancrède ordonne la construction d'un mausolée pour Clorinde.*

L'Inventaire général du Mobilier de la Couronne (1663) signale, sous le n° 162 des pièces sans or, une tenture de *Tancrède et Clorinde* :

162. CLORINTE ET TANCRÈDE. — Une tenture de tapisserie de laine et soye, fabrique de Paris, manufacture de La Planche, représentant l'*Histoire de Clorinte et Tancrède,* dans une bordure toutte de fleurs, entourée et liée de distance en distance de ruban bleu sur un fonds aurore, et dans les coins un gros fleuron de mesme couleur; contenant 19 aunes 1/2 de cours, sur 2 aunes 3/4 de hault, en six pièces.

Peut-être est-ce cette tenture, disparue à la Révolution, qui passa en vente à la Galerie Georges Petit le 8 mai 1891, décrite dans le Catalogue sous les n°ˢ 124-129. C'est une *Histoire de Clorinde et Tancrède* en six pièces. La bordure rappelle celle de la tenture du Mobilier de la Couronne : «bordure à motifs de fleurs multicolores ressortant sur fond jaune, entre deux rubans bleus». Les dimensions correspondent. Ces pièces sont indiquées comme ayant 3 m. 20 de haut et respectivement 5 m. 10, 4 m. 75, 3 m. 70, 3 m. 10, 2 m. 85 et 2 m. 50 de large.

L'inventaire de Henriette d'Angleterre de 1671 indique, sous le n° 81, comme se trouvant au Palais-Royal[1] :

Une tenture de tapisserie, fabrique du sieur de La Planche, contenant 8 pièces, de 23 aulnes de cours sur 3 aunes et un tiers de hault, représentant l'*Histoire de Tancrède et Clorinde,* prisée. 3,000ˡⁱ

Le catalogue d'une vente faite à Paris le 15 mars 1865 mentionne une tenture de *Clorinde et Tancrède* en sept pièces, hautes de 3 m. 33, avec l'indication des sujets telle que nous l'avons donnée plus haut. La pièce n° 1, *Tancrède et Clorinde,*

[1] Publié dans les *Nouvelles archives de l'art français,* 1879, t. I, p. 102.

TAPISSERIES DES GOBELINS. — I.   46
IMPRIMERIE NATIONALE.

mesure 3 m. 33 de large; la pièce n° 2, *Clorinde délivre Olinde et Sophronie*, mesure 5 m. 20 de large; les pièces n°s 5 et 6 ont 2 mètres de large.

Le Musée des Arts décoratifs possède quatre pièces de cette série, sans les bordures, provenant du legs Peyre :

Tancrède rencontre Clorinde (n° 1). [Fig., p. 360.]

Clorinde délivre Olinde et Sophronie (n° 2).

Tancrède rend à Herminie la liberté (n° 3).

Herminie relève Tancrède (n° 6).

Nous avons fait reproduire hors texte deux belles pièces qui se trouvaient, en 1905, chez un marchand aux États-Unis :

Clorinde délivre Olinde et Sphronie (n° 2).

Herminie relève Tancrède (n° 6).

Bordure de fleurs avec, à chaque angle, un petit amour.

Les mêmes pièces, sans bordure, se trouvent dans une collection privée à Paris. La pièce n° 2 est plus longue que les précédentes et comprend deux personnages de plus.

M. le comte de Colbert-Laplace possède, en son château de Mailloc (Calvados), deux pièces de cette même tenture :

Clorinde délivre Olinde et Sophronie (n° 2).

Tancrède rend à Herminie la liberté (n° 3).

CLORINDE ET TANCRÈDE.
HOMMAGE RENDU À TANCRÈDE.
ATELIER DE RAPHAËL. DE LA PLANCHE.

Imp. A. Fernabœuf et Cie Paris.

AMBROISE DUBOIS. ÉTUDE POUR LA «RENCONTRE DE CARICLÉE ET DE CALASIRIS».

(Cabinet des Estampes de la Bibliothèque nationale.)

THÉAGÈNE ET CARICLÉE.

D'APRÈS AMBROISE DUBOIS.

L'*Histoire de Théagène et Cariclée* fut tissée à plusieurs reprises dans les manufactures de Paris. Il en subsiste peut-être quelques pièces; mais nous ne les connaissons pas. Cette tenture fut exécutée d'après deux séries de modèles, les uns plus anciens au nombre de 8, déjà signalés dans l'inventaire de 1627, et d'autres plus récents, au nombre de 9, copiés sur les peintures d'Ambroise Dubois, à Fontainebleau, qu'indique l'inventaire de 1661.

Dans l'inventaire exécuté à la mort de François de La Planche, en 1627 :

Item, une autre tenture représentant l'*Histoire de Théagène et Cariclée*, contenant 8 pièces rehaulsées de soye, ayant 3 aulnes de haut et 27 aulnes de cours, faisant 81 aulnes en carré, prisée 37ᵗᵗ l'aulne. 3,000ᵗᵗ

Et parmi les dessins peints à détrempe sur papier :

Item, 8 pièces représentant l'*Histoire de Théagène et Cariclée*, garnyes de leurs bordures, prisées 200ᵗᵗ

46.

Dans l'inventaire de Raphaël de La Planche, en 1661, nous trouvons une nouvelle série de modèles pour l'*Histoire de Théagène et Cariclée :*

Neuf tableaux peints sur toile, de 6 pieds de long sur 4 pieds de haut, représentant l'*Histoire de Théagène et Cariclée*, coppies d'après M. du Bois, de Fontainebleau, prisés ensemble. . 350 ᵗᵗ

Item, une pièce aussi peinte en destrempe sur papier, représentant *Théagène et Cariclée*, prisée . . . . 6 ᵗᵗ

Cette dernière pièce provenait sans doute du vieux fonds de François de La Planche.

Voici, d'après l'*Inventaire des tableaux du Roi* dressé en 1709 et 1710 par Nicolas Bailly et publié par M. Fernand Engerand (p. 331-334), la liste des tableaux de l'*Histoire de Théagène et Cariclée* qu'avait peints Ambroise Dubois dans le cabinet du roi à Fontainebleau, d'après le roman grec d'Héliodore dont Amyot avait donné en 1547 une traduction qui eut beaucoup de succès :

1. Un tableau représentant Théagène debout, vêtu à la romaine, auprès d'un autel, faisant un sacrifice, il est accompagné de plusieurs personnes; au bas du tableau est un homme qui met un poignard dans la gorge d'un taureau.

2. Cariclée sur un char mené par deux taureaux blancs, tenant de la main droite un sceptre, et de la gauche un arc, accompagnée de plusieurs femmes qui marchent devant et plusieurs cavaliers, et dans le fond des soldats derrière un péristile et un arc de triomphe.

3. Cariclée vêtue d'une robbe de pourpre avec un manteau violet, tenant un flambeau allumé de la main droite et de la gauche un arc, accompagnée de plusieurs personnes sur un fond d'architecture.

4. Théagène tenant Cariclée dans ses bras, et des figures d'hommes qui tiennent des flambeaux allumez, sur un fond d'architecture, et dans le lointain six soldats.

5. Théagène tenant Chariclée dans une barque, et un vieillard couvert d'un manteau bleu qui les reçoit et plusieurs autres figures, sur le fond d'une mer, dans une nuit éclairée de la lune.

6. Cariclée dans une barque soutenue par un soldat habillé d'un corset rouge avec des lambrequins, plusieurs soldats et autres figures sont autour.

7. Cariclée, assise au pied d'un rocher, appuyée sur son bras droit, tenant un arc de la main gauche et de la main droite une épée; un soldat avec une cotte d'armes bleuë, assis et mourant sur son bouclier et son épée près de luy; dans un lointain sont plusieurs soldats renversez dans une barque plus éloignée.

8. Cariclée au pied d'un rocher qui panse Théagène qui est blessé; plus loin est une barque et des soldats qui en sortent.

9. Cariclée assise avec Théagène armé, qui montre un jeune homme vêtu de rouge à la romaine qui court.

10. Un tableau en plafond, représentant Cariclée assise sous un pavillon, un vieillard habillé de bleu lui tenant la main et faisant des signes à deux autres figures sur le derrière.

11. Un vieillard endormi, Cariclée debout s'appuyant sur Théagène ; Diane et Appollon sont sur un nuage qui les admirent.

12. Un tableau représentant des soldats debout, et, dans le lointain, un château embrasé et plusieurs autres figures.

13. Cariclée appuyée sur les genoux de Théagène, ayant un casque en teste, s'appuyant sur son bouclier ; un jeune homme est derrière qui tient un flambeau allumé, sur un fond d'architecture.

14. Cariclée assise avec Théagène, retenant un vieillard par son manteau qui les veut quitter.

15. Cariclée sur un lit de repos et un vieillard auprès vêtu d'une draperie bleuë et rouge, et un jeune homme plus loin sous un portique.

La plupart de ces tableaux sont encore conservés à Fontainebleau.

Le Cabinet des Estampes possède (Rés. B 5) un beau dessin, lavé et rehaussé de teintes, figurant Cariclée soutenue par Théagène et retrouvant Calasiris, peut-être étude de Dubois pour son tableau de Fontainebleau (n° 5). Nous l'avons reproduit en tête de cette notice.

ARIANE ACCUEILLE MÉLINTE À SYRACUSE.

GRAVURE D'ABRAHAM BOSSE, D'APRÈS CLAUDE VIGNON.
FRONTISPICE DE L'«ARIANE» DE DESMARETS DE SAINT-SORLIN.

ARIANE ACCUEILLE MÉLINTE À SYRACUSE.
TAPISSERIE DE LA TENTURE D'«ARIANE», D'APRÈS CLAUDE VIGNON.
(Collection de Mᵐᵉ Guiffrey.)

ARIANE,

D'APRÈS CLAUDE VIGNON.

L'édition de 1639 de l'*Ariane* de Desmarets de Saint-Sorlin, publiée chez Mathieu Guillemot, à Paris, est illustrée de dix-sept planches gravées par Abraham Bosse, d'après Claude Vignon, qui ont servi de modèles à des tentures exécutées dans les manufactures parisiennes.

Voici l'ordre et le sujet de ces gravures :

1. *Ariane accueille Mélinte à Syracuse* (Planche du titre, reproduite ci-contre). — Devant la porte de la ville, Ariane, le sein nu, accompagnée de son oncle Dicéarque, présente à Mélinte, suivi de Palamède, un cheval et une épée (livre IV, p. 151-152).

2. *Émilie et Camille relèvent Mélinte et Palamède* (En-tête du livre Ier). — Dans les rues de Rome, la nuit, Mélinte et Palamède gisent, blessés, sur le sol. Émilie et Camille, suivies de leurs serviteurs portant des flambeaux, les recueillent chez elles (p. 3).

3. *Néron couronne Mélinte, vainqueur du concours de poésie* (En-tête du livre II). — Sur un théâtre, dans l'arène, au milieu d'une foule de spectateurs, Néron dépose sur la tête de Mélinte la couronne d'or et donne à Palamède une harpe (p. 62).

4. *Diane présente Marcelin à Ariane dans le bain* (En-tête du livre III). — Ariane, nue dans le bain; devant elle apparaît Marcelin, conduit par la soi-disant déesse Diane; des amours portent des flambeaux et envoient des flèches dans l'eau de la baignoire; derrière, la servante d'Ariane, effrayée (p. 107).

5. *Mélinte s'enfuit à cheval, emportant Ariane dans ses bras* (En-tête du livre IV). — Mélinte, à cheval, serrant Ariane dans son bras gauche, s'ouvre un chemin avec son épée parmi les soldats. Derrière, la ville de Rome en flammes (p. 131).

6. *Évasion de Mélinte et Palamède* (En-tête du livre V). — Dans une barque, au pied d'une tour, Palamède et Épicharis contemplent avec stupéfaction Mélinte sautant du sommet de la tour, retenu dans sa chute par un drap qui se gonfle comme une voile (p. 219).

7. *Corinne heurte du pied Curion et Palamède qui se tiennent embrassés* (En-tête du livre VI). — Mélinte et Eurylas, à gauche, aperçoivent, à la lueur d'une lampe apportée par une servante, Corinne renversée sur Curion qu'embrasse Palamède; derrière à droite, un lit (p. 229).

8. *Ariane et Érycine emportés par Mélinte et Palamède* (En-tête du livre VII). — Mélinte, Palamède et Arcas, déguisés, ramènent vers Dicéarque Ariane et Érycide, qui avaient été enlevés par Garamante et Toxaris, et qui ne reconnaissent pas leurs amis (p. 315).

9. *Mélinte accuse Dioclès* (En-tête du livre VIII). — Devant l'aréopage de juges et de jeunes femmes que préside Ariane, Mélinte découvre sa poitrine et accuse le mauvais juge Dioclès. Tout autour, les soldats et la foule (p. 367 et 374).

10. *Mélinte attaque Eurymédon* (En-tête du livre IX). — Mélinte, suivi de Palamède et d'Amintas, saute de sa barque dans celle des corsaires qui l'avaient attaqué, les défait et défie leur chef Eurymédon (p. 434-435).

11. *Cyllénie reconnaît Lépante, à bord du vaisseau de Mélinte* (En-tête du livre X). — Dans une barque, la nuit, Mélinte, Palamède, Eurymédon et Amintas, à gauche, avec des torches; à droite, Ariane, et Épicharis assise; Lépante est tombée à la renverse et Cyllénie s'enfuit épouvantée (p. 483).

12. *Épicharis interrogée par Trébace* (En-tête du livre XI). — Sur les marches d'un palais, Épicharis, habillée en homme, est arrêtée sur la dénonciation du fils d'un geôlier de Rome dont elle était l'esclave; Trébace, accompagné d'un jeune Romain, l'interroge (p. 541).

ARIANE TUE DEUX SCYTHES QUI LA MENAÇAIENT.

GRAVURE D'A. BOSSE, D'APRÈS CL. VIGNON,
POUR L'«ARIANE» DE DESMARETS DE SAINT-SORLIN.

13. *Émilie veut tuer Mélinte* (En-tête du livre XII). — Dans les cachots d'une prison, Mélinte, pieds et poings liés, est étendu contre la muraille; Émilie, le poignard dans la main droite, un flambeau dans la gauche, s'apprête à lui percer le cœur.

14. *Mélinte, à la tête des Thessaliens, met les Scythes en fuite* (En-tête du livre XIII). — Au premier plan, femmes et vieillards; dans le fond, l'armée des Thessaliens dirigés par Mélinte poursuit les Scythes en déroute (p. 629).

15. *Alcydamas (Mélinte) tue le roi des Scythes* (En-tête du livre XIV). — En arrière, les Scythes se sauvent dans leurs vaisseaux. Dans le fond, la ville de Larisse (p. 665).

16. *Ariane tue deux Scythes qui la menaçaient* (En-tête du livre XV, reproduit p. 369). — Dans un paysage boisé, deux Scythes, se disputant Ariane, s'entr'égorgent; Ariane, encouragée par la vue d'un serpent qui est venu mordre le pied d'un des combattants, perce de flèches le Scythe victorieux. D'autres arrivent derrière (p. 709).

17. *Mélinte sur l'échafaud* (En-tête du livre XVI et dernier). — Sur l'échafaud, la tête renversée en arrière, Mélinte offre sa poitrine au sacrificateur qui doit lui arracher le cœur; il serre la main d'Ariane qui s'apprête à se percer le flanc. Au premier plan, les flèches et le plateau du sacrifice; autour, les soldats. Derrière, la ville de Larisse.

Nous connaissons quelques pièces appartenant à deux tentures exécutées d'après ces compositions.

Trois pièces dans la collection de Mme Guiffrey :

Ariane accueille Mélinte à Syracuse (n° 1). H^r 3 m. 10; L^r 3 m. 60. (Fig., p. 367.)

Émilie veut tuer Mélinte (n° 13). H^r 3 m. 10; L^r 2 m. 75. — Sujet en contre-partie.

Mélinte sur l'échafaud (n° 17). H^r 3 m. 10; L^r 2 m. 95.

Bordure de fleurs dans des cornes d'abondance; aux angles, foudres dans des médaillons; au milieu des bordures latérales, petites figures sur un fond de damier, dans un médaillon accosté par deux bustes de femmes; au milieu des deux autres bordures, petits sujets sur un fond de damier, dans un médaillon porté par deux amours.

Deux autres tapisseries dont les bordures, différentes des précédentes, sont en partie coupées, se trouvaient en 1901 chez M. Heilbronner, antiquaire :

Mélinte s'enfuit à cheval, emportant Ariane dans ses bras (n° 5).

Ariane tue deux Scythes qui la menaçaient (n° 16).

LES JEUX D'ENFANTS
LA BALANÇOIRE
ATELIER DE RAPRAËL DE LA PLANCHE.

LES MAISONS ROYALES.

L'Inventaire général du Mobilier de la Couronne signale, au nº 163 des tentures sans or, une série de *Maisons royales* :

163. Six Maisons royalles. — Une tenture de tapisserie de laine et soye, fabrique de Paris, manufacture de La Planche, représentant six *Maisons Royalles*, sçavoir : *Madrid, Versailles, Saint-Germain, Vincennes, Monceaux* et *Fontainebleau*, dans une bordure de fleurs sur un fonds remply d'armes et ornemens convenables à la chasse; dans le milieu du hault, une teste d'Apollon; par le bas, deux cornets d'abondance entrelassez de deux couleuvres sur un fonds bleu; et par les coins, quatre fleurs de lis fleuronnées; contenant 21 aunes de cours, sur 3 aunes de hault, en six pièces.

Cette tenture fut livrée au Mobilier royal en 1691 ou 1692 avec six autres tentures de la manufacture de Raphaël de La Planche au faubourg Saint-Germain : *Clorinde et Tancrède*, les *Jeux d'enfants* et quatre tentures plus anciennes qui avaient été remises sur métier : *Paysages, Constantin, Psiché* et les *Faits d'Achille*. Il s'agissait sans doute de la liquidation de cette manufacture ruinée par la fondation des Gobelins de Louis XIV, car, après 1692, il n'est plus question de tentures de R. de La Planche. Dès 1668, Sébastien-François de La Planche avait livré au Mobilier de la Couronne sept tentures : *Histoire de Constantin*, deux *Psyché*, l'*Ancien et le Nouveau Testament*, des *Verdures à oiseaux* de Vouet, et deux tentures nouvelles : les *Jeux d'enfants* et les *Rinceaux*.

D'après l'inventaire de 1792, cette tenture était alors à Versailles.

Cours : 4 a. 1/4. *Chasse au cerf.*   2 a. 1/4. *Chasse au renard.*
3 aunes. *Chasse au cerf.*   3 a. 3/4. *Chasse au loup.*
4 a. 3/4. *Chasse au cerf.*   2 a. 1/2. *Chasse au lièvre et au lapin.*
Bordure de 11 pouces.

Cette tenture est aujourd'hui perdue.

Dans la vente de la collection du baron Jérôme Pichon du 10 avril 1897, sous les nᵒˢ 1289, 1290 et 1291 passèrent trois tapisseries des Châteaux de France qui ne comprenaient, encadrés dans une bordure à entrelacs de feuilles d'acanthe et de serpents, que le paysage et le château de fond des *Maisons Royales* de Le Brun, dont les cartons avaient été exécutés par la manufacture des Gobelins, de 1666 à 1669 (voir t. II, p. 128, du présent ouvrage). Peut-être quelques modèles étaient-ils venus entre les mains de De La Planche, qui les avait fait mettre sur cartons avec une bordure spéciale, et exécuter dans sa manufacture du faubourg Saint-Germain. Les tapisseries de la collection du baron Pichon pourraient avoir été tissées dans ces conditions.

Ces trois tapisseries représentaient Fontainebleau avec la chasse du Roi d'après van der Meulen (H^r 2 m. 85; L^r 5 m. 35); un autre château (H^r 2 m. 85; L^r 3 m. 15) et un fragment d'une troisième pièce (H^e 2 m. 85; L^r 1 m. 35).

Ces trois pièces portaient dans la bordure supérieure les armes des Colbert et des Senneterre.

La Manufacture de Beauvais a exécuté également, postérieurement à 1694, des tapisseries des châteaux de France d'après van der Meulen, qui diffèrent de celles des Maisons Royales des Gobelins.

LES JEUX D'ENFANTS,

D'APRÈS MICHEL CORNEILLE.

L'inventaire de Raphaël de La Planche en 1661, dressé par Ph. de Champaigne, mentionne :

Six tableaux peints sur toile, sans bordure, contenant 18 aunes de cours, sur 1 aune 1/2 ou environ, représentant des Jeux d'enfans, prisés 900ᴸ.

C'est le prix le plus haut attribué par Ph. de Champaigne aux tableaux et modèles de la manufacture de R. de La Planche.

Il y avait en outre au magasin, prête à être vendue, une tenture sur laquelle nous n'avons d'ailleurs pas d'autres renseignements que la mention de l'Inventaire :

Cinq pièces de tapisserye représentans des *Petits enfants*, contenans ensemble 16 aunes et demy de cours sur 2 aunes et demy de haut, faisant en quarré 45 aunes un quartier, à raison de 50ᴸ l'aune . . . . 2,062ᴸ 10 s.

L'Inventaire général du Mobilier de la Couronne (1663) signale deux tentures de ces *Jeux d'enfants* sous les nᵒˢ 67 et 164 des pièces sans or, et précise que les modèles sont du peintre Corneille, et que les tentures ont été tissées dans les ateliers du faubourg Saint-Germain et livrées au Mobilier de la Couronne, la première en 1668, la deuxième vers 1691, lors de la liquidation de la manufacture de De La Planche.

67. Jeux d'Enfans de La Planche. — Une tenture de tapisserie de laine et soye, fabrique de Paris, manufacture de La Planche, dessein de Corneille, représentant des *Jeux d'Enfans*, dans une bordure d'une baguette couleur d'argent, entourée d'un rinceau de feuilles couleur de bronze doré, sur un fond bleu ; contenant 19 aunes de cours, sur 2 aunes 3/4 de hault, en six pièces.

Nᵒ 164. Jeux d'Enfans. — Une tenture de tapisserie de laine et soye, fabrique de Paris, manufacture de La Planche, représentant des *Jeux d'enfans,* dans une bordure de fleurs entourée de grandes feuilles rouges, bleues et gris de lin en forme de panaches sur fonds bruns, et dans les coins et milieux une grande feuille rouge jaune et bleu; contenant 20 aunes de cours, sur 3 aunes de hault, en six pièces.

Cette tenture fait encore partie du Mobilier National.

La bordure est celle qui est décrite sous le n° 164 de l'Inventaire général de la Couronne.

NUMÉROS D'INVENTAIRE.	SUJETS.	HAUTEUR.	LARGEUR.	EMPLACEMENTS.
58-1	Le Colin-Maillard....................................	3^{m}48	4^{m}6ı	Mobilier National.
58-2	La Balançoire......................................	2 60	2 93	—
58-3	La Poupée ou les Billes.............................	3 40	1 40	—
3547	Les Billes ou la Blocade............................	2 60	2 80	—
445-5	Les Quilles..	3 27	3 89	—
58-4	Le Cheval fondu....................................	3 68	2 40	—
3540-2	Char traîné par des chiens..........................	3 5o	5 20	

On conserve au Mobilier National plusieurs pièces de *Jeux d'enfants*, du même style et peut-être d'après les mêmes modèles, dans une bordure de jouets et d'instruments de musique, qui ont été tissées par la Manufacture de Beauvais (Inventaire général du Mobilier national, n° 96, en huit pièces). Une de ces pièces représente la *Toupie* et une autre les *Bulles de savon*.

L'inventaire de Louvois (1688), publié par le vicomte de Grouchy, signale une tenture de ces *Jeux d'enfants*, qui dut avoir une grande vogue dans la deuxième moitié du xvıı° siècle.

N° 8. Cinq pièces de tapisseries représentant des *Jeux d'enfants*; les habillements et les bordures sont rehaussées d'or et d'argent avec les armes de la maison au haut de la bordure de chaque pièce : 18 aunes de cours sur 2 aunes 2/3 de haut, plus cinq bordures montant de ladite tapisserie, prisé 2,500 livres.

Le même inventaire mentionne en outre deux tentures des *Petits enfants*, qui sont peut-être une série analogue à la précédente :

N° 17. Cinq pièces de tapisserie de *Petits enfants*, de 11 aunes 3/4 de cours sur 3 aunes de haut, prisé 1,000 livres.

N° 19. Huit pièces de tapisserie de *Petits enfants*, dont l'amour est vainqueur, 23 aunes de cours sur 3 de haut, prisé 700 livres.

LES RINCEAUX.
LE FEU.
ATELIER DE RAPHAËL DE LA PLANCHE

Imp. A. Ferroboeuf et Cie Paris

LES RINCEAUX,

D'APRÈS POLYDORE DE CARAVAGE.

'Inventaire général du Mobilier de la Couronne décrit, sous le n° 68 des pièces sans or, une tenture intitulée *les Rinceaux* et donne le nom de l'auteur, Polydore Caldara, de Caravage, élève de Raphaël, qui dessina entre autres des vases gravés par Cherubino Alberti et Santi Bartoli où l'on retrouve le même système décoratif qu'ici. La présence du soleil dans la bordure de cette tenture prouve qu'elle fut une des dernières exécutées dans l'atelier de R. de La Planche. Elle fit partie, comme la tenture précédente, de la liquidation de la manufacture de Raphaël de La Planche, après la fondation des Nouveaux Gobelins.

68. Les Rinceaux. — Une tenture de tapisserie de laine et soye, fabrique de Paris, manufacture de La Planche, dessein de Polidor, représentant *les quatre Élémens et les quatre Saisons*, en huit tableaux qui sont au milieu des huit pièces dont elle est composée, lesdits tableaux environnez de rinceaux colorez d'où sort ce qui est propre et convenable à l'Élément et à la Saison qui est représentée; contenant 25 aunes 1/2 de cours, sur 3 aunes 5/6 de hault, en huit pièces doublées de toille verte.

Six des huit pièces de cette tenture représentant des animaux, symboles des *Éléments* et des *Saisons*, dans un médaillon au milieu de rinceaux, sont actuellement exposées au Palais de Fontainebleau. Au centre, dans un médaillon, est tissé un animal : lion, tigre, sanglier, bélier, bœuf, cheval marin, aigle tenant dans ses serres les foudres de Jupiter, paon entouré de petits oiseaux de toutes sortes. Autour du médaillon central s'enroulent de larges rinceaux où courent oiseaux et écureuils.

La bordure est décorée de rinceaux enfermant des fleurs de lis, des figures de Vénus, Cérès, Apollon. Au milieu de la bordure supérieure, le soleil de Louis XIV; aux angles, grandes fleurs de lis fleuronnées entre deux enfants dont le corps se termine en volutes. Au milieu de la bordure inférieure, Amphion tenant sa lyre, assis sur un dauphin. Cette bordure rappelle celle d'une tenture de l'*Histoire de Constantin*.

NUMÉROS D'INVENTAIRE.	SUJETS.	HAUTEUR.	LARGEUR.	EMPLACEMENTS.
60-1	Le Paon ou l'Air............................	4ᵐ30	3ᵐ47	Mobilier National.
60-2	L'Aigle ou le Feu...........................	4 85	3 51	—
1319-5	Le Cheval marin ou l'Eau...................	4 30	3 60	—
1319-8	Le Tigre ou la Terre.......................	4 30	3 60	—
1319-3	Le Taureau ou le Printemps................	4 80	3 60	—
1319-7	Le Lion ou l'Été...........................	4 30	3 60	—
1319-6	Le Sanglier ou l'Automne..................	4 80	3 60	—
1319-8	Le Bélier ou l'Hiver.......................	4 30	3 60	—

Une tenture des Gobelins, exécutée sous Louis XIV (n° 71 de l'Inventaire général du mobilier de la Couronne), représentant les *Divertissements du Roy* dans un médaillon au milieu de rinceaux, est inspirée d'une même composition décorative.

On peut rapprocher de ces pièces les nᵒˢ 29 et 30, se faisant pendant, de la vente Henry Say (Galerie Georges Petit, 30 novembre 1908), où des léopards, des oiseaux, un paon, un lièvre poursuivis par des chiens, courent dans de grands rinceaux. Bordure de rinceaux. — Hᵗ 3 m.; Lʳ 2 m. 20.

TABLE DES FIGURES.

	Pages.
Plan de l'hôtel royal des Gobelins, 1691	74
Plan actuel du quartier des Gobelins, avec l'indication de l'emplacement des anciens ateliers de teinturerie et de tapisserie	75

Tenture de la galerie de François Ier à Fontainebleau :

Danaé, grav. de Bernard Thiry, d'après le Primatice	93
La Mort d'Adonis, d'après le Rosso	94
Le Combat des Centaures et des Lapithes, d'après le Rosso	95
Cléobis et Biton, d'après le Rosso	96
Scène mythologique, d'après le Rosso	97

Histoire de Diane, du château d'Anet :

Jupiter change les paysans en grenouilles	98
Diane implore de Jupiter le don de chasteté	99
Diane sauve Iphigénie	100
Diane tue Orion	102

Épisode de la vie de saint Nicolas de Myre, dessin	104

La Vie de Notre-Seigneur, tapisseries de l'église Saint-Merri :

La Circoncision, dessin	105
La Résurrection de Lazare, fragment de tapisserie	106
La Résurrection de Lazare, dessin	107

Henri II et Catherine de Médicis, dessin	108

Histoire d'Arthémise :

I.	Portrait de la reine, dessin	117
II.	Titre de l'ouvrage, dessin	119
III.	Frontispice, dessin	125
V.	L'Exposition du roi Mausole, dessin	128
VI.	Procession de prêtres et d'enfants, dessin	129
VII.	Les Trompettes à pied	130
VIII.	Un Capitaine à cheval	131
IX.	Soldats portant des trophées, dessin	132
X.	Autres soldats portant des trophées, dessin	133
XI.	Soldats portant un vase sur un brancard, dessin	134
XII.	Soldats portant des vases, dessin	135
XIII.	Soldats portant de grands vases, dessin	136
XIV.	Soldats portant des tours et tourelles en forme de trophées, dessin	137

XV.   Les Porteurs de couronnes, dessin 138

XVI.   Les Victimaires conduisant trois taureaux blancs, dessin 139

XVIII.   Enfants à cheval, dessin 141

XIX.   Chevaux caparaçonnés, dessin 142

XX.   Le Char des lions 143

XXI.   Le Char des éléphants, dessin 144

XXII.   Le Char des rhinocéros, dessin 145

XXIV.   Le Char des licornes, dessin 147

XXV.   Les Philosophes 148

XXVI.   Le Char de la chaise d'or, dessin 149

XXVIII.   La Mise au tombeau provisoire, dessin 151

XXIX.   Les Sacrifices funèbres, dessin 152

XXXI.   Le Lion d'or, dessin 154

XXXII.   Les Prêtres autour du temple, dessin 155

XXXIV.   Jeux funèbres autour de la pyramide, dessin 157

XXXV.   L'Oraison funèbre, dessin 158

XXXVI.   Le Présent à l'orateur, dessin 159

XXXVII.   Titre du deuxième livre, dessin 161

XXXVIII.   Les Hérauts à cheval 163

XXXIX.   Les Requêtes du peuple, dessin 164

XL.   Les Placets ou la fontaine d'Anet, dessin 165

XLI.   L'Assemblée des États, dessin 166

XLIII.   Le Couronnement du jeune roi 168

XLIV.   Le Festin, dessin 169

XLV.   La Remise du livre et de l'épée, dessin 170

XLVI.   L'Instruction du jeune roi 171

XLVII.   Le Jeune roi apprend les mathématiques, dessin 172

XLVIII.   Le Jeune roi apprend les beaux-arts, dessin 173

XLIX.   L'Équitation, dessin 174

L.   L'Escrime, dessin 175

LI.   La Prise d'un fort, dessin 176

LII.   Les Manœuvres d'armée, dessin 177

LIII.   Les Manœuvres navales, dessin 178

LIV.   La Natation, dessin 179

LV.   La Barre, la lutte et le saut, dessin 180

LVI.   La Chasse au cerf, dessin 181

LVII.   La Chasse au sanglier, dessin 182

La Construction du tombeau :

LVIII.   La Reine avec les sculpteurs et les architectes, dessin 183

LIX.   Le Modèle du sarcophage, dessin 184

LX.   Les Terrassements, dessin 185

LXI.   La Reine pose la première pierre, dessin 186

LXII.   Élévation du monument, dessin 187

LXIII.   Le Monument, dessin 188

LXIV.   L'Incinération, dessin 189

LXV.   Les Cendres du roi, dessin 190

Le Siège de Rhodes :

LXVI.   Le Conseil de guerre, dessin 191
LXVII.   Le Combat devant Rhodes, dessin 192
LXVIII. Le Colosse de Rhodes, dessin 193
LXIX.   La Reine distribue le butin, dessin 194
LXX.   Les Deux statues, dessin 195
LXXI.   Les Antiquités de Rhodes, dessin 196
LXXII.   La Ménagerie, dessin 197
LXXIII. La Reine fait voile pour Halicarnasse, dessin 198
LXXIV.   Le Triomphe d'Arthémise, dessin 199

HISTOIRE DE CORIOLAN :

Coriolan mis à mort par les Volsques, dessin d'Antoine Caron 213

LES AMOURS DE GOMBAUT ET DE MACÉE :

Fragment du «Repas», gr. de Jean Le Clerc 219
La Mort, gr. de Jean Le Clerc 221

LE «PASTOR FIDO» 225

LES CHASSES DU ROI FRANÇOIS :

La Chasse au héron, 1re vue 242
La Chasse au héron, 2e vue 243
La Chasse à la perdrix 244

HISTOIRE DE HENRY TROISIÈME :

Le Siège de La Rochelle par le duc d'Anjou, fragment 257

LA VIE DE LA VIERGE, d'après Philippe de Champaigne :

La Naissance de la Vierge, dessin de Ph. de Champaigne 262
La Présentation au Temple, dessin de Ph. de Champaigne 265

TENTURE DE SAINT GERVAIS ET DE SAINT PROTAIS :

Saint Gervais et saint Protais refusent de sacrifier à Jupiter, d'après Le Sueur, fragment 270
Apparition de saint Gervais et saint Protais à saint Ambroise, dessin de Ph. de Champaigne 272
Saint Gervais et saint Protais refusent de sacrifier à Jupiter, gr. de Lingée, d'après Le Sueur 274

LA VIE DE SAINT ÉTIENNE, d'après La Hire :

Les Diacres présentés aux apôtres qui leur imposent les mains, dessin de La Hire. 275

HISTOIRE DE PSYCHÉ, d'après Raphaël :

Le Père de Psyché consultant l'oracle d'Apollon 292

LES BACCHANALES, d'après Jules Romain :

La Toilette de Vénus 297
Bacchanale 298

Frontispice pour les tapisseries exécutées d'après Vouet et son école, gr. de M. Dorigny..   3o3

Portrait de Simon Vouet, par François Perrier...............................   3o7

Histoire de l'Ancien Testament, d'après Simon Vouet :

Les Filles de Loth, gr. de M. Dorigny, d'après S. Vouet..................   3o8
Le Sacrifice d'Abraham, gr. de Tortebat, d'après S. Vouet...............   31o
Élie est enlevé sur un char de feu, gr. de Tortebat, d'après S. Vouet........   31o
Moïse sauvé des eaux, gr. de Tortebat, d'après S. Vouet................   312
La Fille de Jephté, gr. de Tortebat, d'après S. Vouet..................   312
Le Jugement de Salomon, gr. de Tortebat, d'après S. Vouet...............   314
Samson au festin des Philistins, gr. de Tortebat, d'après S. Vouet..........   314
Les Filles de Loth..................................   316
Judith et Holopherne................................   317
Étude pour « Élie enlevé sur un char de feu », dessin de S. Vouet..........   318

Renaud et Armide, d'après Simon Vouet :

Renaud endormi est enlevé par Armide et une de ses suivantes, peinture de
    S. Vouet......................................   321
Renaud s'éloigne de l'Île enchantée, peinture de S. Vouet...............   323
Armide invoque les pouvoirs de la magie, peinture de S. Vouet............   326
Panneau décoratif, peinture de S. Vouet.........................   328

Les Travaux d'Ulysse, d'après Simon Vouet :

Ulysse prend congé d'Éole..............................   33o
Ulysse aborde dans l'île de Circé............................   333
Ulysse débarqué à Ithaque..............................   334

Les Amours des dieux, d'après Simon Vouet :

Enlèvement de Proserpine...............................   335
Neptune et Cérès....................................   336
Mars et Vénus, gr. de Dorigny, d'après Vouet......................   337
Vénus et Adonis, gr. de Dorigny, d'après Vouet.....................   338
Bacchus et Ariane, gr. de Dorigny, d'après Vouet....................   339
Hercule et Omphale, gr. de Dorigny, d'après Vouet...................   34o
Hercule et Omphale..................................   341
La Toilette de Vénus, gr. de Dorigny, d'après Vouet..................   342
Vénus et Cupidon...................................   344
Diane, gr. de Dorigny, d'après Vouet.........................   346

Scènes mythologiques :

Glaucus et Scylla...................................   35o

Aminte et Sylvie :

Sylvie guérit Philis piquée par une abeille.......................   356
Apollon tuant Coronis................................   357

CLORINDE ET TANCRÈDE :
Tancrède rencontre Clorinde 360

THÉAGÈNE ET CARICLÉE, d'après Ambroise Dubois :
Étude pour la « Rencontre de Cariclée et de Calasiris » 363

ARIANE, d'après Claude Vignon :
Ariane accueille Mélinte à Syracuse, frontispice de l'« Ariane » de Desmarets de
Saint-Sorlin. 366
Ariane accueille Mélinte à Syracuse. 367
Ariane tue deux Scythes qui la menaçaient, gr. d'A. Bosse, d'après Cl. Vignon. . 369

CUL-DE-LAMPE : LE TRIOMPHE D'AMPHITRITE, gr. de Dorigny, d'après Vouet. 386

TABLE DES GRAVURES HORS TEXTE.

Pages.

DAVID ET GOLIATH, modèle de tapisserie 90

TENTURE DE LA GALERIE DE FRANÇOIS Ier, ateliers de Fontainebleau :
Danaé, d'après le Primatice. — François Ier en empereur romain, d'après le
Rosso 94

HISTOIRE DE DIANE, du château d'Anet, ateliers de Fontainebleau :
La Mort de Méléagre 100

HISTOIRE DE SAINT CRÉPIN ET SAINT CRÉPINIEN 104

HISTOIRE D'ARTHÉMISE :
Triomphe d'Arthémise, dessin 110
Couronnement du jeune roi 160
Triomphe d'Arthémise 200

HISTOIRE DE CORIOLAN :
Coriolan recevant sa famille 214

LES AMOURS DE GOMBAUT ET MACÉE :
Le Jeu du tiquet 222

HISTOIRE DE DIANE :
Les Paysans changés en grenouilles 232
Sacrifice à Latone 234
Diane et la nymphe Britomartis 236

LES CHASSES DU ROI FRANÇOIS :
Départ pour la chasse. — Chasse aux canards (1re vue) 242
Chasse aux canards (2e vue) 244

HISTOIRE DE CONSTANTIN, d'après Rubens :
Constantin voit le Signe au ciel 246
Baptême de Constantin 248
Où est sainte Hélène 250
Constantin en bataille à cheval 252
Le Trépas de Constantin 254

HISTOIRE DE HENRY TROISIÈME :
Bataille de Jarnac 258

LA VIE DE LA VIERGE, d'après Philippe de Champaigne :

    La Naissance de la Vierge... 262

    La Fuite en Égypte... 266

TENTURE DE SAINT GERVAIS ET SAINT PROTAIS :

    Décollation de saint Protais, d'après Sébastien Bourdon................... 272

HISTOIRE DE PSYCHÉ, d'après Raphaël :

    La Toilette de Psyché (Garde-meuble National)......................... 288

    La Toilette de Psyché (collection Duseigneur)......................... 290

    Le Repas de Psyché.. 292

L'ENLÈVEMENT DES SABINES... 294

BACCHANALE, d'après Jules Romain....................................... 298

HISTOIRE DE L'ANCIEN TESTAMENT, d'après Simon Vouet :

    Élie enlevé sur un char de feu....................................... 310

    Moïse sauvé des eaux.. 312

    Le Jugement de Salomon... 314

    La Fille de Jephté.. 318

RENAUD ET ARMIDE, d'après Simon Vouet :

    Armide sur le point de poignarder Renaud. — Armide pleure le départ de Renaud.
        — Renaud empêche Armide de mettre fin à ses jours................. 324

    Charles et Ubald à la Fontaine du rire.............................. 326

LES TRAVAUX D'ULYSSE, d'après Simon Vouet :

    Les Sirènes.. 330

LES AMOURS DES DIEUX, d'après Simon Vouet :

    Danse des Satyres. — Toilette de Vénus.............................. 342

    Pan et Cupidon. — La Source.. 344

HISTOIRE DE DAPHNÉ.. 348

SCÈNES MYTHOLOGIQUES :

    Narcisse... 350

    Céphale et Procris... 352

VERDURE, d'après Simon Vouet... 354

CLORINDE ET TANCRÈDE :

    Clorinde délivre Olinde et Sophronie................................ 360

    Herminie relève Tancrède.. 362

LES JEUX D'ENFANTS, d'après Michel Corneille :

    La Balançoire.. 372

LES RINCEAUX, d'après Polydore de Caravage :

    Le Feu... 374

TABLE DES MATIÈRES.

Pages.

Avertissement.   VII

Notes et documents sur les origines de la Manufacture des Gobelins et sur les autres ateliers parisiens pendant la première moitié du XVIIᵉ siècle, par Jules Guiffrey   1

Pièces justificatives   31

Notice sur l'emplacement des teintureries du bourg Saint-Marcel, des maisons des Gobelin, des Le Peultre et des Canaye et de la Manufacture royale de tapisseries, avec 2 plans   73

Les tapisseries des Manufactures royales de France au XVIᵉ siècle   89

     Tenture de la Galerie de François Iᵉʳ à Fontainebleau, d'après le Primatice et le Rosso   94

     Histoire de Diane, du château d'Anet   98

Les ateliers parisiens au XVIIᵉ siècle :

     Histoire de saint Crépin et saint Crépinien   103

     La Vie de Notre-Seigneur, de l'église Saint-Merri   105

     Histoire d'Arthémise, le manuscrit et les modèles   109

     Histoire d'Arthémise, les tapisseries   200

     Histoire de Coriolan   213

     Les Amours de Gombaut et Macé   219

     Le « Pastor fido »   225

     Histoire de Diane, par Toussaint Du Breuil   231

     Les Chasses du roi François   241

     Histoire de Constantin, d'après Rubens   245

     Histoire de Henry Troisième   257

     La Vie de la Vierge, d'après Philippe de Champaigne   263

     Tenture de saint Gervais et saint Protais, d'après Philippe de Champaigne, Eustache Le Sueur, Thomas Goussé et Sébastien Bourdon   269

     La Vie de saint Étienne, d'après La Hire   275

     Les Actes des Apôtres, d'après Raphaël   279

     Les Sacrements, d'après Poussin   283

     Histoire de Psyché, d'après Raphaël   287

     L'Enlèvement des Sabines   293

     Les Bacchanales, d'après Jules Romain   295

     Les Mois de l'Année   301

     Les Faits d'Achille, d'après le P. Luc   302

Les Tapisseries exécutées d'après Simon Vouet et son école 303

    Histoire de l'Ancien Testament. 309

    Renaud et Armide. 319

    Les Travaux d'Ulysse 329

    Les Amours des dieux. 335

Histoire de Daphné 347

Scènes mythologiques 349

Verdures et Paysages. 353

Aminte et Sylvie. 355

Clorinde et Tancrède 359

Théagène et Cariclée, d'après Ambroise Dubois. 363

Ariane, d'après Claude Vignon 367

Les Maisons royales 371

Les Jeux d'Enfants, d'après Michel Corneille. 373

Les Rinceaux, d'après Polydore de Caravage. 375

TABLE DES FIGURES 377

TABLE DES GRAVURES HORS TEXTE 383

S. Vouet. In.   15   M. Dorigny. Sc.